대한제국 최초의 영문 주간지

코리안 리포지터리
1899

THE KOREAN REPOSITORY
1899

The First English Weekly In Korea
By The Trilingual Press, Seoul

Editors
Henry Gerhard Appenzeller · George Heber Jones
Business Manager
George C. Cobb

Transcriber & Translator
Jimmy Lee

Joon Process

대한제국 최초의 영문 주간지

코리안 리포지터리
1899
THE KOREAN REPOSITORY

편역자 리진만

원본 편집자 H. G. 아펜젤러 · G. H. 존스

준프로세스

대한제국 최초의 영문 주간지
코리언 리포지터리(1899)

초판 인쇄	2024년 12월 25일
초판 발행	2025년 1월 5일

원본 편집자	H. G. 아펜젤러 · G. H. 존스
편역자	리진만
펴낸이	김병근
펴낸곳	준프로세스
출판사등록	2004.07.26. (제2-4018호)
주소	서울시 중구 충무로 26-1, Suite 301
전화	822-2266-5563
이메일	joon5563@hanmail.net

이 출판물은 신저작권법에 의하여
보호받는 저작물이므로
준프로세스의 사전동의 없이
무단 전재와 복제를 금합니다.

ISBN 978-89-955595-0-5
정가 33,000원
Copyright © 2025 by the Joonprocess

The First English Weekly In Korea
The Korean Repository(1899)
Reprint & translation edition

First Printing : December 25, 2024
First Publishing : January 5, 2025

Editors: Henry G. Appenzeller · George H. Jones
Transcriber and Translator : Jimmy Lee
Publisher: Byeong-geun Kim
Published by: Joon Process
Publisher Registration: July 26, 2004 (No. 2-4018)
Address: Suite 301, 26-1, Chungmuro, Jung-gu, Seoul
Tel: 822-2266-5563
E-mail: joon5563@hanmail.net

Printed and bound in Korea
All rights reserved.
No portion of this book may be reproduced
by any process or technique
without the formal consent of the Joon Process.

ISBN 978-89-955595-0-5
Hardcover Price U.S. dollar 29.00
FREE shipping to International order
if you spend $58.00 on eligible items

일러두기

Ⅰ. 일반사항

1. 코리안 리포지터리(1899년) 내용을 참고하고자 하는 이들을 위해 편역본의 책 페이지를 원본과 같게 편집했다.
2. 연구자들을 위해 주간 코리안 리포지터리 표지 사진과 기사의 소제목을 순서대로 편집하여 부록으로 수록하였다.

Ⅱ. 한글 번역

1. 번역은 최대한 원본에 충실한 직역을 원칙으로 하였다.
2. 지명, 인명 등 한글 표기는 대부분 국립국어원의 외래어 표기법에 따랐으나 한국인에게 많이 알려지지 않은 지명, 인명 등은 영어 원문 그대로 쓰거나 단어에 (   )로 영문을 병기했다. 예: 제주(Quelpart), 미얀마(Burma), 매튜 S. 키(Matthew S. Quay) 등.
3. 원문의 기호와 약어는 그대로 따랐으며 (?) 표시는 편역자가 판독하지 못한 불확실한 단어나 구를 뜻한다.
4. 알렉산더 피터스 선교사 제주 탐방기의 날짜, 요일이 누락된 것은 편역자가 여러 정황을 분석해 날짜를 추정해 넣었다.
5. 코리안 리포지터리(1899년) 발간 당시 국호는 '대한제국, Empire of Dai Han'이었지만 'Korea' 또는 'Corée'는 기사 내용에 따라 '대한국', '한국', '조선' 등으로 번역하였다.

Ⅲ. 영어 원문

1. 책 디자인과 영어 텍스트는 최대한 원본을 재현하고자 했다.
2. 텍스트 작업에서 발견된 원본의 오타나 오류 등은 대부분 그대로 편집하는 대신 연구자들을 위해 바른 단어를 제시했다. 예: appologized(sic. apologized), OFEICIAL(sic. OFFICIAL) 등.

Explanatory Notes

I. General

1. For those who wish to refer to the contents of the original book, the pages of the translated book have been placed on the same page.
2. For researchers, the weekly Korean Repository cover photos and subtitles of the articles were edited in order and included as an appendix.

II. Korean translation

1. On principle, the translation is intended to be a direct translation that is as faithful to the original as possible.
2. Most of the Korean notations of place names and personal names follow the foreign language notation rules of the National Institute of Korean Language, but for place names and personal names that are not well known to Koreans, the original English text was used or the English word was added in parentheses ( ). For example, Jeju (Quelpart), Myanmar (Burma), Matthew S. Quay, etc.
3. The symbols and abbreviations in the original text were kept as is, and (?) indicates uncertain words or phrases that the translator could not decipher.
4. The dates and days of the week that were omitted in the missionary Alexander A. Peters' Jeju expedition were estimated by the translator after analyzing various documents.
5. When The Korean Repository (1899), was published, the national title was '대한제국, Empire of Dai Han,' but 'Korea' or 'Corée' was translated as '대한국', '한국', or '조선' depending on the content of the article.

III. Original English Text

1. The book design and English text were intended to imitate the original as much as possible.
2. Most of the typos and errors in the original text found during text editing were not edited, butthe correct words are provided for researchers. For example, appologized (sic. apologized), OFEICIAL (sic. OFFICIAL), etc.

들어가는 글

   1899년에 발간된 The Korean Repository는 서지학자들에게도 잘 알려지지 않은 잡지이다. 그 이유는 이 잡지의 전신인 코리안 리포지터리가 1892년 1월에 창간되어 1898년 12월호까지 월간으로 발행되다가 종간을 선언한 후, 이듬해 2월에 주간으로 다시 발간했지만 4개월 동안 17호를 마지막으로 폐간되었기 때문이다.
   코리안 리포지터리는 주간지로 탈바꿈한 지 5개월로 접어들던 1899년 6월 1일 자 호에서 폐간 선언을 하며 〈독립신문(THE INDEPENDENT)〉에 합병 형식으로 모든 경영권을 넘긴다는 사고(社告) "FINIS"를 실으며 20세기 문턱을 넘지 못하고 역사 속으로 사라져 갔다.

   The Korean Repository는 배재학당 내에 소재하고 감리교 선교부에서 운영하는 삼문출판사(, The Trilingual Press)에서 발간되었다. 선교사들이 1892년 1월에 창간한 '한국에서 발행된 최초의 근대 잡지'였다. 선교사 올링거(F. Ohlinger) 부처가 1년간 발행한 후에 중단했다가 1895년 1월에 아펜젤러(Henry Gerhard Appenzeller)와 존스(George Hebert Jones)가 편집인으로 헐버트(Homer B. Hulbert)는 부편집인으로 참여하여 1898년 12월까지 발행하였다.
   코리안 리포지터리는 A5판보다 약간 작은 판형 (15.5cm×22.5cm)에 40쪽 정도 분량이었다. 선교사들의 시각에서 본 한국어, 역사, 문화, 시사적인 내용 등 다양한 기사를 실었다. 당시 한국의 사정을 연구하는 데 귀중한 자료가 되고 있다. 1899년 2월부터는 주간으로 발행했는데, 월간과 같은 판형(A5판)으로 제8호까지는 4쪽 그 이후로는 8쪽 분량이었고 마지막 호인 1899년 6월 1 일자 지령은 제17호였다.

   한국기독교 출판사로서는 최초가 되는 감리교의 삼문출판사(三文出版社), 이 '三文'은 한글, 영어, 중국어로 인쇄할 수 있었기 때문에 세 가지 언어란 의미에서 붙여졌다. 삼문출판사는 당시 서울 정동에 있었기 때문에 '정동예수교출판소'라고 불리기도 하였고, 미국 감리교 선교사들의 약자인 'MEM(Methodist Episcopal Mission)'을 중국어 '美以美(메이이메이)'로 읽고 표기한 데서 '美以美活版所'로 불리기도 하였다. 다른 이름으로는 '韓美華出版所'라고도 불렀다.
   삼문출판사는 당시 정부의 인쇄 시설인 박문국(博文局), 민간 인쇄 시설인 광인사인쇄공소(廣印社印刷功所)와 더불어 출판과 문서선교를 주도한 유일한 기독교 출판사였다. 아펜젤러는 삼문출판사를 배재학당 내에 설립하여 배재학당 학생 중 학비가 부족해 학업이 힘든 학생들을 위해 활자 조판 등 인쇄 업무를 하게 하여 스스로 학비를 벌 수 있도록 도왔다. 숙련되지 않은 학생 조판 기술자들의 참여로 코리안 리포지터리는 많은 오자와 탈자가 발견되기도 한다.

그렇지만 삼문출판사는 개화기 수많은 책과 신문을 출간한 출판사이다. 우리나라 최초의 영문 잡지 The Korean Repository를 위시하여 여러 종류의 기독교 신문, 잡지 등 정기간행물을 발간했다. 또한 일반 서적과 교과서 및 기독교 출판사 명성에 걸맞은 대부분의 성경과 찬송가, 교리서 등을 출간했다. 코리안 리포지터리는 한국에 거주하는 외국인뿐만 아니라 한국에 관심이 있는 외국인에게 근대 한국의 정치, 경제, 문화, 풍습, 종교, 언어를 소개하는 유일한 소통 창구였다.

1899년 발행된 코리안 리포지터리는 글을 기고하는 사람들이 부족했고 또한 재정적 어려움으로 인해 주간 체제로 변경되었다. 이러한 연유로 공동편집자가 글을 쓰거나 다른 저자들의 글을 발췌해 싣는 횟수가 많아졌다. 편집 내용을 보자면 "CITY AND COUNTRY"와 "TELEGRAPHIC NEWS"에서 국내외 소식을 집중적으로 다루고 있다. 그뿐만 아니라 대한국의 공공 소식지인 관보(OFFICIAL GAZETTE) 내용을 정리해서 게재해 외국인들에게 대한국 현황을 알리는 소식지 성격이 강하다. 1899년 『코리안 리포지터리』 영문 잡지가 폐간하며 계승한 곳은 〈독립신문(THE INDEPENDENT)〉이었고, 코리안 리포지터리의 편집권만이 아니라 경영권까지 합병 형식으로 넘어갔다. 이러한 측면에서 코리안 리포지터리는 사료적 가치와 역사적 중요성이 크다고 할 수 있다.

이 자료집은 1899년 2월 9일부터 6월 1일까지 주간으로 17회 활판 인쇄된 The Korean Repository를 편역자가 컴퓨터로 옮기고 이를 번역하면서 필요하다고 판단한 경우 지령 별로 역주(譯註)를 달았다. 일반 독자들뿐만 아니라 연구자들에게 일차 사료를 영인본으로 보여주는 것보다는 읽기에 편하고 연구에 용이 하도록 판독이 불가한 일부 단어는 문맥과 상황을 고려해서 재생했다. 심층 연구를 원하는 연구자들은 이 원본 자료를 연세대 도서관에서 제공하는 아카이브에서 참조해 볼 수 있다.

1899년 발행 코리안 리포지터리는 대한제국 최초의 영문 주간지 임에도 불구하고 이 자료에 대한 연구가 단지 몇몇 분들에 의해 이루어지고 있는 현실을 아쉽게 생각한다. 그 이유 중 하나는 연구의 토대가 되는 1899년 발간된 The Korean Repository 원본이 연세대 중앙도서관과 완주책박물관 이외에는 우리나라 국립중앙도서관뿐만 아니라 전 세계 어느 대학 도서관에서도 접할 수 없기 때문이다. 특별히 이 자료집에서 소개하는 No. 2와 No. 16의 자료는 전 세계에 처음으로 내어놓는 것이다.

이러한 연유로 1899년 발간된 코리안 리포지터리 내용은 지금까지 널리 알려지지 못했고 또한 일부 학자들의 논문과 책뿐만 아니라 국립중앙도서관, 국립중앙박물관, 한국학중앙연구원 홈페이지에서도 여러 오류가 발견된다. 편역자는 이것이 한 세기 이전에 간행된 자료에 접근할 기회가 없어 연구할 수 없는 기술적 문제였다고 생각한다.

　부디 이 자료집이 개화기 선교역사, 근대역사, 특별히 언론 문화의 지평을 연 『코리안 리포지터리』뿐만 아니라 이 책을 발간한 삼문출판사와 편집에 참여한 여러 선교사에 대한 재조명이 있기를 바란다.

　이 자료집을 발간하기까지 성원해 주신 인하대국학연구소 이영미 박사님, 단국대 석좌교수 Brother Anthony 수사님, 완주책박물관 박대헌 관장님, 원주연세의료원 의료사료관 안성구 관장님, 아펜젤러 기념사업회 김낙환 박사님, 기독일보 이지희 기자님 그리고 미국에 있는 나의 조카 Dr. Joy Kim, 모든 분께 감사드린다.

　준프로세스에서 이번에 펴내는 1899년 발간된 코리안 리포지터리 자료집이 한국 근대사와 한국 초기 선교역사를 연구하는 데 기여하기 바란다. 독자들과 연구자들에게 조금이라도 도움이 된다면 편역자로서 보람 있는 일이라 생각하며 이 책을 내놓는다.

2025년 첫달
관악산 자락에서
李震晩

Preface

The Korean Repository, published in 1899, is a magazine that is not well known even to bibliographers. This is because its predecessor The Korean Repository was founded in January 1892 and published monthly until the December 1898 issue, and then declared its discontinuation. It was then renewaled as a weekly in February of the following year, but was discontinued after 17 issues over a period of four months.

On June 1, 1899, five months after its transformation into a weekly, The Korean Repository declared its discontinuation, announced that it would transfer all management rights to The Independent newspaper through a merger, and disappeared into history without ever reaching the threshold of the 20th century.

The Korean Repository was published by the Trilingual Press, located at Paichai School and operated by the Methodist Episcopal Mission. It was the first modern magazine published in Korea and founded by missionaries in January 1892. Missionary F. Ohlinger and his wife published it for one year. Then in January 1895, Henry Gerhard Appenzeller and George Heber Jones joined as editors, with Homer B. Hulbert as assistant editor, and it was published until December 1898.

Each monthly issue of the Korean Repository was slightly smaller than A5 size (15.5cm × 22.5cm) and had about 40 pages. It contained various articles on Korean language, history, culture, and current affairs from the perspective of missionaries. It is a valuable resource for studying the situation in Korea at that time. It was published weekly from February 1899, but in the same format as a monthly, with 4 pages up to the 8th issue and 8 pages thereafter. The last issue, dated June 1, 1899, was the 17th issue.

The first Korean Christian publishing company, the Trilingual Press, was named after the three languages it could print in: Korean, English, and Chinese. The Trilingual Press was located in Chungdong, Seoul at the time, so it was also called the 'Chungdong Jesus Publishing House'. It was also called the '美以美活版所' because the abbreviation for the Methodist Episcopal Mission 'MEM', was read and written in Chinese as '美以美 (Meiyimei)'. the Trilingual Press was also called the 'Hanmihwa Publishing House'.

The Trilingual Press was the only Christian publishing company that led publishing and document missions along with Bakmun-guk (博文局), the government's printing facility, and Gwanginsa Printing Company (廣印社印刷功所), a private printing facility. Appenzeller established the Trilingual Press within Paichai School and helped students who were struggling academically due to insufficient tuition by hiring them to printing work such as typesetting. Due to the participation of unskilled student typesetters, many typos and errors were found in The Korean Repository.

Nevertheless, the Trilingual Press published numerous books and newspapers during the Enlightenment Period of Korea. It published various Christian newspapers, magazines, and periodicals. It also published general books, textbooks, and most Bibles, hymns, and catechisms that were worthy of the reputation of a Christian publishing company. The Korean Repository was the only communication channel that introduced modern Korean politics, economy, culture, customs, religion, and language to foreigners living in Korea as well as foreigners interested in Korea.

In 1899, the Korean Repository had a shortage of contributors and was forced to change to a weekly format due to financial difficulties. For this reason, the number of times co-editors wrote articles or excerpts from other authors' articles increased. In terms of editorial content, "CITY AND COUNTRY" and "TELEGRAPHIC NEWS" focused on domestic and international news. In addition, it organized and published the contents of the Official Gazette, the public newsletter of Korea, to inform foreigners of the current state of Korea. When the English magazine of The Korean Repository was succeeded by The Independent, both the editorial rights and the management rights were transferred through a merger. In this respect, The Korean Repository can be said to have great historical value and historical significance.

I created this source book by transcribing and translating The Korean Repository into a computer. When I deemed it necessary, I added translator's notes. Rather than showing the primary sources to general readers and researchers as reprints, some words that were difficult to read were reproduced considering the context and situation so that they would be easier to read and study. Researchers who want to conduct in-depth research can refer to the original materials in the archive provided by the Yonsei University Library.

Although The Korean Repository 1899 is the first English weekly in Korea, it is regrettable that research on this material is being conducted by only a few people. One of the reasons is that the original The Korean Repository published in 1899, is not accessible in any university library in the world. We can find this book only in the Yonsei University Library and Book Museum of the Samnye Book City in Korea. In particular, documents No. 2 and No. 16 introduced in this source book are being released for the first time in the world.

For this reason, the documents of The Korean Repository published in 1899 have not been widely known until now, and many errors have been found not only in the theses and books of some scholars, but also on the websites of the National Library of Korea, the National Museum of Korea, and the Academy of Korean Studies. I think this was a technical problem that prevented research due to the lack of access to this material published more than one century ago.

I hope that this source book will shed new light on not only the history of missionary work during the Enlightenment period, modern history, and the horizon of media culture, but also on the Trilingual Press, which published this book, and the many missionaries who participated in publishing it.

I would like to express my gratitude to all those who supported the publication of historical documents: Dr. Yeong-Mi Lee of the Center for Korean Studies, Inha University, Chair Professor Brother Anthony of Dankook University, Director Taehon Pak of the Wanju Book Museum, Director Sung Ku Ahn of the Medical Records Pavilion, Yonsei University Wonju College of Medicine, Dr. Nackwhan Kim of The Memorial Institute of Appenzeller, Reporter Jihee Lee of the Christian Daily and Dr. Joy Kim in America.

I hope that The Korean Repository 1899 Source Book published by Joon Process, will contribute to the study of modern Korean history and early Korean missionary history. As a compiler of these documents, I will feel rewarded if it can be of any help to readers and researchers.

Jimmy Lee
January, 2025
at the foot of Mt. Gwanak, Seoul

차례 / Table of Contents

일러두기 / Explanatory Notes   v
들어가는 글 / Preface   vii

01. The Korean Repository V. I . No. 1   16
02. The Korean Repository V. I . No. 2   24
03. The Korean Repository V. I . No. 3   32
04. The Korean Repository V. I . No. 4   40
05. The Korean Repository V. I . No. 5   48
06. The Korean Repository V. I . No. 6   56
07. The Korean Repository V. I . No. 7   64
08. The Korean Repository V. I . No. 8   72
09. The Korean Repository V. I . No. 9   80
10. The Korean Repository V. I . No. 10   96
11. The Korean Repository V. I . No. 11   112
12. The Korean Repository V. I . No. 12   128
13. The Korean Repository V. I . No. 13   144
14. The Korean Repository V. I . No. 14   160
15. The Korean Repository V. I . No. 15   176
16. The Korean Repository V. I . No. 16   192
17. The Korean Repository V. I . No. 17   208
미주 / Footnotes   224

【부록 / Appendix】
01 발행 번호와 기사 제목 / Issue No. & Article Subject   227
02 삼문출판사 / The Trilingual Press   238
03 공동 편집자와 영업 관리자 / Editors & Business Manager   239
편역자 / Transcriber & Translator   240

코리안 리포지터리

1899

THE KOREAN REPOSITORY

1~17호

코리안 리포지터리
지역판

1권 1호,　　　　　　　　1899년 2월 9일, 목요일

코리안 리포지터리
지역판
매주 목요일 발행

편집: 아펜젤러, 존스,

영업: 콥

구독료
1회　—　—　10센,
1개월　—　—　30센

광고료일반
노출 광고 1인치(2.5cm):
　1회　—　—　1엔,
　1개월　—　—　2엔
기사식 광고:
　1회　—　—　25센,
　다음 호부터는　—　—　15센

우리의 지역 신문

『코리안 리포지터리』가 새로운 소식에 대한 욕구를 충족시키기 위해 주간지로 발행된다. 지난달 우리는 "신문이 없이 어떻게 할까요?"라는 질문을 많이 받았다. 이에 우리는 충분히 성원을 받는다면, 한동안 한국에 거주하는 사람들을 주요 독자층으로 하는 지역 신문을 발행하여 그 질문에 답하려고 노력할 것이다. 우리는 정치에는 거의 또는 전혀 주목하지 않을 것이라고 밝히고 싶다. 그 이유는 첫째, 우리는 바퀴 속의 바퀴 내부 작동 원리를 잘 알지 못하고 둘째, 우리에게는 시간을 낼 여유가 없기 때문이다. 인생은 너무 짧고 한국의 정치는 너무 순식간이다. 우리는 때때로 〈관보(官報)〉에서 일반 대중에게 흥미로운 내용을 뽑아 번역하기를 바란다. 이것은 실험이다. 이번 달 말에 재정이 부족하고 개선될 전망이 보이지 않으면 발행을 중단하겠다는 것이 우리의 솔직한 생각이다. 여러분의 도움을 바란다.

닌스테드 대령 별세

닌스테드[1] 대령이 지난달 15일 일본 고베에서 세상을 떠났다는 소식에, 외국인과 한국인을 막론하고 그의 많은 친구가 슬퍼하였다. 닌스테드는 1888년 가을 한국 군대의 교관 중 한 명으로 내한하였고, 1년도 채 안 되어 외국인 교관 전원이 직위 해제될 때까지 한국 정부에서 근무하였다. 이후 그는 일본에 머물다가 최근에는 나고야에 본사를 둔 밴틴상사에 들어갔다. 향년 46세. 그는 약 2년 전 서울에서 한 일본 여성과 결혼했는데, 그녀에게 많은 동정이 있을 것이다. 그에게는 이제 겨우 1살인 아들이 있다.

서울과 지방 소식

1월에 지진으로 인한 충격이 두 차례 있었다.

기포드 목사는 지난주 며칠간 몸이 좋지 않았다.

〈코리안 리포지터리〉 지역판을 원하는 사람은 즉시 이름을 보내 주세요.

상임성서실행위원회 반기 회의가 이번 주 월요일에 열렸다.

〈매일신문〉이 정부에 매각되어 정부의 기관지가 되었다.

내부 사정의 변화로

THE KOREAN REPOSITORY.

LOCAL EDITION.

VOL. I. NO. I.   THURSDAY, FEB. 9, 1899.

THE KOREAN REPOSITORY.
LOCAL EDITION.
PUBLISHED EVERY THURSDAY.

H. G. APPENZELLER,   -   GEO. HEBER JONES,
EDITORS.

GEORGE C. COBB,   -   BUSINESS MANAGER.

SUBSCRIPTION RATES.

Single copy	- -	Ten sen
Per month	- -	Thirty sen

ADVERTISING RATES.

Displayed Ad - One inch

Single Issue	- -	Yen 1.00
One month	- -	Yen 2.00

Reading Notices - Per line

Single Issue	- -	25 sen
Each subsequent Issue	- -	15 sen

OUR LOCAL EDITION.

THE REPOSITORY appears as a weekly in order to supply a want for news. "What shall we do without a paper?" has been propounded to us so often the last month we shall try for a while - if sufficiently encouraged - to do what we can to answer the question by publishing a local edition intended primarily for residents in Korea. We wish to say once for all that politics will receive little or no attention. In the first place we do not know enough of the inner workings of the wheels within wheels, and secondly we cannot afford the time. Life is too short and Korean politics too fleeting. We hope to make translations from the *Official Gazette* from time to time of interest to the general public. This is an experiment. If at the end of the first month we find ourselves short financially and no prospect of improvement we shall discontinue.

This is frank. Help us.

DEATH OF COL. NIENSTEAD.

The many friends of Col. F. J. H. Nienstead, both foreigners and Koreans, learned with regret the news of his death, which took place in Kobe, Japan, on the 15 ult. Col. Nienstead was one of the military instructors in the Korean army, arriving in Korea in the fall of 1888, and was in the service of the government until a little less than a year ago when the wholesale dismissal of foreign military advisers took place. Since then he was in Japan and quite recently joined the firm of Messrs. Vantine & Co., with headquarters at Nagoya. He was forty-six years of age. He was married nearly two years ago while in this city to a Japanese lady with whom much sympathy will be felt, there being a son only a year old.

CITY AND COUNTRY.

There were two shocks of earthquake in January.

Rev. D. L. Gifford was on the sick last a few days last week.

Send in your name at once if you wish the Local Repository.

The semi-annual meeting of the Permanent Executive Bible Committee took place one Monday of this week.

The Mai-il Sinmun has been bought by the government and turned into a government organ.

It is rumored that there has

구독량이 많이 감소하였다는 소문이 있다.

삼문출판사[2]는 설 연휴로 인해 이번 주 금요일과 토요일에 문을 닫는다.

외국인 거주자 중 한 명이 벙커 목사로부터 받은 편지에 따르면, 그는 건강하게 잘 지내고 있다고 한다.

송도의 콜리어 목사가 장티푸스에 걸려 중병을 앓고 있다. 남감리교 선교부의 캠벨 부인은 그의 간호를 돕기 위해 내려갔다.

화요일 저녁 아펜젤러 부인은 스웨어러 목사의 28번째 생일과 아펜젤러 목사의 41번째 생일을 축하하기 위하여 북감리교 선교사들을 자택에 초대하였다. 참석한 사람들 모두 즐겁게 지냈다.

대영성서공회 사무실이 성문 맞은편 가구 거리의 새로운 구역으로 이전하였다. 공회 총무 켄뮤어 씨는 자신의 다양한 성경책을 전시할 공간은 물론 훨씬 편리한 사무실을 얻게 되었다.

우리의 소식통을 통해 평양 기온이 영하 4도로 떨어졌고 평양에서 북쪽으로 90마일 떨어진 광산 지역의 기온은 영하 18도로 떨어졌다는 것을 알게 되었다. 우리는 이 추위로 인해 외국인 광부들이 애완동물로 키우는 새끼 표범이 한파 피해를 보지 않기를 바란다.

이 신문의 첫 호를 받은 사람들이 이 호에 대한 요금은 부과되지 않을 것이라고 말했을 수도 있지만, 다음 호부터는 실제 구독자에게만 신문을 보낼 것이다. 정기 구독을 원하는 사람은 영업 담당자에게 구독료를 보내십시오. 이 공지는 서울 밖에 사는 사람들에게는 3월 2일부터 적용될 것이다. 구독료는 매월 현금으로 결제하되, 제공된 월별 청구서를 지불하지 못하면 구독을 중단하겠다는 뜻으로 간주한다.

구독료와 광고료는 첫 번째 페이지 첫 번째 단에 기재되어 있다.

원산의 펜윅 목사는 송도의 하디 목사 거주지에서 지난 2주간 자가 격리를 했다. 볼린저 부인이 천연두로 세상을 떠날 무렵 그는 그곳을 방문해 있었기 때문이다. 그는 지난주에 서울에 왔다가 이번 주에 원산에 있는 그의 집으로 떠났다.

이번 주에는 지방에서 일하는 선교사들이 다수 서울에 와 있다. 그중에는 평양의 마펫 목사, 전주의 테이트 목사, 부산의 드류 목사, 제물포의 존스 목사 모두 상임성서위원회 정기회의에 참석하였다.

송도의 볼린저 부인이 1월 18일 별세했다는 슬픈 소식을 기록하게 되어 매우 유감이다. 그녀가 천연두로 세상을 떠난 것은 송도에 간 지 얼마 되지 않았을 때였다. 그녀는 남감리교 선교부와 관계되어 있었고 모든 사람이 좋아했다. 우리는 남감리교 선교부와 그녀의 많은 친구의 슬픔에 공감한다.

지난주 정동 인근 서대문 바로 안쪽의 감옥에서 죄수 3명이 탈옥하면서 꽤 큰 소동이 일어났다. 그들은 용케 길을 건너 성벽을 따라 나갔다. 그중 2명은 담을 넘어 콥 목사의 구내로 들어갔고, 다른 1명은 성벽을 넘기 전에 체포되었.

그들은 성벽을 오른 후 삼문출판사 사무실로 몸을 숨겼다.

콥 목사는 마침 자리에 없었고, 관리자인 Emberley 씨는 미국 공사의 동의 없이는 그들을 데려가는 것을 거부했다. 알렌 대리 공사가 도착하자마자 그들을 데려가는 데 동의했지만, 교섭이 진행되는 동안 탈옥자들은 창문을 통해 탈출했다. 날이 어두워 지면서 그들은 경찰의 추적을 피하는 데 성공했으며 진고개로 갔다고 한다.

같은 소문에 따르면 그들은 제물포에 도착하는 데 성공했고 지금은 일본에 있다고 한다.

been a large falling off in the circulation as a result of the change.

In consequence of Chinese New Years holidays the Trilingual Press will be closed Friday and Saturday of this week.

A letter received by one of our foreign residents from Rev. D. A. Bunker reports him doing well and in splendid health.

Rev. Collyer of Song-do is quite seriously ill with typhoid fever. Mrs. Campbell of the M. E. South mission has gone down to assist in his nursing.

On Tuesday evening Mrs. H. G. Appenzeller assembled the missionaries of the Methodist Episcopal mission at her home to celebrate the 28th birthday of Rev. W. C. Swearer, and the 41st birthday of Rev. Appenzeller. A most pleasant time was enjoyed by those present.

The British and Foreign Bible society has lately moved its offices into new quarters on Furniture street opposite the palace gate. This will give the agent, Mr. Alex Kenmure, room to display his assortment of Scriptures of various kinds, and gives much more convenient office room as well.

We learn from private sources the thermometer in Pyeng-yang dropped down 4° below zero and that at the mines ninety miles further north it crawled down to 18° below. We hope the cold snap was not too much for the live leopard cub which we hear is a pet among the foreign miners.

It may be due to those receiving copies of this first issue of this paper to state that no charge will be made for this issue, but in the future the paper will only be sent to actual subscribers. If you desire the paper regularly send your subscription to the business manager. This notice will not apply to those living out of Seoul until March 1st. Our terms are cash every month, and failure in payment of monthly bills rendered will be considered as equivalent to notice to discontinue sending the paper. Subscription rates and advertising rates will be found at head of first column of first page.

Rev. M. C. Fenwick of Wonsan has been self-quarantined at Song-do at the residence of Dr. Hardie for the last two weeks. He went down there to visit and was there about the time of the death of Mrs. Ballinger of smallpox. He came back to Seoul last week and left this week for his home in Wonsan.

Quite a number of the missionaries from the country stations are in the city this week. Among them we notice Rev. Moffett from Pyeng-yang, Rev. Tate from Chun-ju, Dr. Drew from Fusan, and Rev. Jones from Chemulpo, all in attendance upon the regular meeting of the Permanent Bible Committee.

We are very sorry to have to chronicle the sad news of the death of Mrs. Ballenger at Song-do on the 18th January. She had only been there a short time when she was stricken with smallpox from which she died. Mrs. Ballenger was connected with the Methodist Episcopal Mission South and was universally liked. We sympathize with the mission and her many friends.

Quite a little excitement was caused around the neighborhood of Chong Dong last week by the escape of three prisoners from the city jail just inside the West Gate. The men in some way got across the road and along the city wall, and two of them managed to get over a private wall into the compound of Rev. Cobb, the third was caught before he got over the wall. The men after climbing the wall, took refuge in the office of the Trilingual Press. Mr. Cobb was absent and the foreman, Mr. Emberley, refused to allow the men to be taken without the consent of the American Minister. Consul-General Allen upon arrival gave consent to their being taken but while the parleying was going on the prisoners escaped through a window, and as it was getting dark succeeded in eluding the police, and it is said they finally escaped to Chinko Gai, and Dame Rumor further says that they succeeded in reaching Chemulpo and are now in Japan.

전신 뉴스

1월 20일 런던. 챔벌린은 울버햄튼에서 연설하던 중 무역은 국가를 따라온다는 것을 나타내는 소영국주의자의 통계에 반대하는 말을 인용하였다. 그는 프랑스의 골칫거리인 몇 가지 원천의 제거를 거론하면서 니제르를 언급하였고, 상하이에서 조계 연장에 대한 프랑스의 주장을 철회했다. 그는 마다가스카르와 뉴펀들랜드 문제가 총회에서 해결되지 않으면 프랑스와 우방 국가들의 우호 관계를 해칠 수 있다고 덧붙였다.

1월 20일 런던. 학교 기금 총액이 118,119파운드라는 고든대학의 발표가 있었다.

1월 20일 런던. 에스테라지가 파리로 돌아왔다.

1월 21일 런던. 사모아에서 일어난 왕위 계승 분쟁과 관련하여 독일 영사는 현 후보자에 반대하였다. 영국과 미국은 오스트레일리아의 영국 군함과 캘리포니아의 미국 군함을 사모아로 출동 명령하였다.

1월 21일 런던. 크로머 경과 본트로스 파샤가 수단의 국경선을 정하는 협정에 서명하였다. 이 협정은 이집트에서 멀리 떨어진 행정부에 와디 할파 수아킨을 포함했다. 수단의 재판권은 혼합 재판소의 결정에 따라 배제되었다. 최고 권한은 이집트 총독이 영국의 동의를 받아 임명한 수단 총독에게 주어진다.

1월 23일 런던. 독일 언론은 사모아에 대하여 말을 아끼면서 공식 보고를 기다리고 있다.

1월 23일 런던. 재산관리인에 따르면 홀리가 중대한 위법행위로 유죄 판결을 받았다고 보고했다.

1월 23일 런던. 워싱턴 내각은 사모아 문제와 관련하여 미국, 영국, 독일의 삼국 회의를 제안하기로 하였다.

1월 23일 런던. 키치너를 수단 총독으로 임명한다는 법령이 카이로에서 반포되었다.

〈땅(Le Temps)〉은 수단 조약이 이집트의 보호령이 내려질 것이라 보도하며, 프랑스는 이 불가피한 일로 싸우는 대신 보상을 요구해야 한다고 조언하였다.

1월 26일 런던. 트란스발(현, 남아프리카 공화국 동북부 주)이 인도식 배급법을 2월 1일부터 시행한다. 시행 기간은 때에 따라 연장되기도 할 것이다.

1월 26일 런던. 60,000파운드가 넘는 영국 화폐가 파리은행에서 도난당하였다.

1월 26일 런던. 오티스 장군은 필리핀인들에 대한 적대 행위가 일어나지 않도록 최선을 다하라는 지시를 받았다.

1월 27일 런던. 미국 상원은 2월 6일 평화 조약을 체결하는 건을 최종 투표에 부치기로 결의하였다. 미국의 필리핀 통치를 반대하는 미국인들의 목소리가 커지고 있다.

1월 27일 런던. 자딘매디슨 상사의 보수당 동지인 케즈윅이 엡섬 의회의 의원으로 선출되었다. 그는 판사로 임명된 버크닐을 대신하게 되었다.

1월 28일 런던. 파리은행이 도난당한 거액 지폐 중 40,000파운드가 익명의 우편으로 반환되었다.

1월 28일 런던. 오데사에 주재하는 〈스탠더드〉의 통신원은 러시아군 주둔지의 사망률이 예사롭지 않다고 진술하였다. 11월과 12월에 215명이 사망하였다고 한다.

1월 28일 런던. 한 무리의 할리파 추종자들이 아부루크바에서 키치너 대령에게 항복하였다.

1월 30일 런던. 파기원 최고재판소의 대법원장 마장과 민사부 판사 2명은 보르페르가 제기한 편파 혐의를 조사한 후, 드레퓌스 사건의 판결을 형사부에만 맡기는 것은 현명하지 못할 것이라고 내각에 보고하였다.

TELEGRAPHIC NEWS.

LONDON, Jan. 20. Chamberlain, speaking at Wolverhampton, quoted against little Englander's statistics showing that commerce follows the flag. He referred to the removal of several sources of irritation to France, mentioning the Niger, and the withdrawal of the French claim for extension of settlement at Shanghai. He added that the Madagascar and Newfoundland question's might disturb friendly relations with France unless settled at meeting of general council.

LONDON, Jan. 20. Gordon college has announced total fund to be £118,119.

LONDON, Jan. 20. Esterhazy has returned to Paris.

LONDON, Jan. 21. In consequence of the dispute over the kingship of Samoa wherein German consul opposes the candidate, Britain and America have ordered the British warship from Australia and one American warship from California to Samoa.

LONDON, Jan. 21. The convention has been signed by Lord Cromer and Bontros Pasha defining the limits of Soudan. It includes Wadyhalfa Suakin in administration which is distant from Egypt. It excludes Soudan jurisdiction by mixed tribunals. It provides that supreme power shall be vested in the Governor-General appointed by Khedive with consent of Britain.

LONDON, Jan. 23. German press is very reserved about Samoa and is waiting for official report.

LONDON, Jan 23. Official receiver reports Hooley guilty of gross misconduct.

LONDON, Jan. 23, Washington cabinet has decided to propose a conference between America, Britain, and Germany on the Samoan question.

LONDON, Jan. 23. A decree has been signed at Cairo appointing Kitchener Governor-General of Soudan. *Le Temps* says the Soudan convention will entail the protectorate of Egypt and counsels France not to quarrel over the inevitable, but seek compensation.

LONDON, Jan. 26. Indian lotration(sic. lot ration) law in the Transvual(sic. Transvaal) will be enforced the first of February. Extension of time will be given in certain cases.

LONDON, Jan. 26. Over sixty thousand pounds in Bank of England notes have been stolen from the Paris bank.

LONDON, Jan. 26. General Otis has been instructed to do his utmost to avoid hostilities with the Philippinos.

LONDON, Jan. 27. The United States senate has resolved to take a final vote on the treaty of peace on the 6th of February. Opposition which opposes American rule in Philippines tends to increase in America.

LONDON, Jan. 27. Kesurck, conservative partner of Jardine Matheson, has been elected member of parliament for Epsom, replacing Bucknill who has been made judge.

LONDON, Jan. 28. 40,000 pounds of the larger notes stolen from Paris bank have been returned anonymously by post.

LONDON, Jan. 28. Correspondent of *the Standard* at Odessa states that there is alarming mortality in Russian garrison. There were 215 deaths during November and December.

LONDON, Jan. 28. A party of the Khalif's followers surrender to Colonel Kitchener at Aburukba.

LONDON, Jan. 30. Magean, chief president of the Court of Cassation, who with two judges of civil section investigated charges of partiality brought by Beaurepaire, has reported to the cabinet that it will be unwise to entrust the decision of the Dreyfus case to the criminal section alone.

그에 따라 민사부와 형사부 60명의 판사로 구성된 연합 파기부에 회부하기 위한 법안을 월요일에 제출하기로 하였다. 마장의 보고서는 형사부의 명예에 영향을 끼치지는 않았고, 최종 판결을 선언하는 책임을 형사부가 떠맡는 것이 현명하지 않다는 결론 외에는 보류되었다. 한편, 형사부는 전체 법원의 확정 재판에 근거하여 현재의 조사를 계속하고 있다. 드레퓌스 옹호자들은 이 판결이 사법부에 대한 비할 데 없는 모욕이라며 격렬하게 비난하였다.

1월 30일 런던. 와디할파에 영국 국기가 게양되었다.

1월 30일 런던. 보퍼트가 보르네오에 없는 동안 위원 3명이 북보르네오를 관리한다.

1월 31일 런던. 〈땅〉과 〈주르날 드 데바(Le Jounral des Debats)〉는 드레퓌스 사건에 관한 결정이 프랑스 사법 제도를 경멸하는 것이라며 유감스럽게 생각한다.

1월 31일 런던. 키치너 대령은 할리파를 추격하다 실패하고 옴두르만으로 돌아오고 있다.

1월 31일 런던. 카이로에 주재하는 〈타임스〉 통신원은 31일 만료되는 혼합재판소의 연장 문제를 유럽 열강 중 독일, 프랑스, 러시아를 제외한 6개 국가만이 받아들였다고 보도하였다.

2월 1일 런던. 드레퓌스 법안이 프랑스 하원의 위원회에 넘겨졌다. 뒤피는 마장의 보고서를 위원회에 제출하기로 약속했다.

2월 1일 런던. 밸푸어 의원은 맨체스터에서 연설하던 중 영국 군비의 강도와 효율이 세계 평화를 위한 최고의 안보라고 확신하며, 미국과의 우호적인 관계는 전 세계에 문명을 전하는 수단이라고 설파하였다.

2월 1일 런던. 자유당이 2월 7일 지도자를 뽑는다. H. C. 배너먼 경의 당선이 확실하다고 여겨진다.

2월 2일 런던. 모든 강대국은 혼합재판을 1년 연장하는 데 합의하였다.

2월 2일 런던. 미국은 필리핀에 지원군을 파견하기 위해 서두르고 있다.

2월 2일 런던. 워싱턴 하원은 군대의 규모를 최소 57,000명에서, 최대 95,000명으로 고정하는 법안을 통과시켰다.

2월 2일 런던. 의례적 논란이 심화하고 있다. 앨버트 홀에 모인 시위대 10,000명은 영국 국교회가 개신교도들의 요구대로 미사와 고해를 금지해야 한다고 결의하였다.

2월 2일 런던. 〈더 타임스〉는 중국에 이율 5%로 북부철도가 보증하는 230,000 파운드스털링의 차관을 제공하는 건이 확실하게 조율되었다고 발표하였다.

2월 2일 런던. 홍콩상하이은행이 이번 주말에 투자안내서를 발행한다.

2월 2일 런던. 브뤼셀 소령의 조언에 따라 로타르 소령의 병사들은 마타블에 합류했고, 반란자들은 장교들을 죽였다. 로타르는 부상을 입고 포로로 잡혔다.

2월 3일 런던. 윌리엄 매킨리[3] 대통령이 과도한 업무로 인한 피로에 시달리고 있다.

2월 3일 런던. 에스테라지 소령은 사기 혐의로 체포 위협을 받고 파기법원에서 증언 계속하기를 거부하고 네덜란드로 떠났다.

2월 3일 런던. 〈타임스〉의 한 지도자는 사모아 문제가 영국을 구속하는 경향이 있을 것이라고 확신하며 바라고 있다. 미국과 독일은 세계 평화의 가장 확실한 보장으로 더욱 긴밀한 관계를 맺고 있다.

Thereupon it was decided to submit a bill Monday to refer Dreyfus to united sections of cassation, numbering sixty judges. Magean's report is withheld except the conclusion that while the honor of the criminal section is unaffected, it will be unwise to leave in the responsibility of pronouncing the final judgement. Meanwhile the criminal section continues the present investigation on basis of definite trial by whole court. Dreyfusites furiously denounce the decision as an unparalleled slur on the judiciary.

LONDON, Jan. 30. The British flag was hoisted at Wadyhalfa.

LONDON, Jan. 30. At Borneo during Beaufort's absence three commissioners administer North Borneo.

LONDON, Jan. 31. *The Temps and Debats* regret Dreyfus decision is being derogatory to the judicial system of France.

LONDON, Jan. 31. Colonel Kitchener is returning to Omdarman after an unsuccessful pursuit of Khalifa.

LONDON, Jan. 31. *The Times* correspondent at Cairo states that only six European powers, not including Germany, France or Russia, have accepted the prolongation of mixed tribunals whose charter expires on the 31st.

LONDON, Feb. 1. The Dreyfus bill has been introduced in the French Chamber of Deputies and has been referred to a committee. Dupuy has undertaken to submit Magean's report to the committee.

LONDON, Feb. 1. Hon. Balfour, speaking at Manchester, stated that he was convinced that the strength and efficiency of the British armaments constituted the best security for universal peace, and that he regarded the good understanding which had been established with the United States to mean civilization throughout the world.

LONDON, Feb. 1. The Liberal party meets on the 7th February to elect a leader, and the election of Lord Henry Campbell Bannerman is regarded as assured.

LONDON, Feb. 2. All the Powers have agreed to prolong the mixed tribunals one year.

LONDON, Feb. 2. Americans are hastening to dispatch reinforcements to the Philippines.

LONDON, Feb. 2. The Washington House has passed a bill fixing the minimum strength of the army at 57,000 and the maximum strength at 95,000.

LONDON, Feb. 2. The ritualistic controversy is becoming acute. A demonstration of 10,000 people at Albert hall resolved to uphold Protestant demand for the suppression of mass and confessional in the established church.

LONDON, Feb. 2. *The Times* announced that the Chinese five per cent loan of £230,000 sherling has been definitely arranged and is guaranteed by the northern railways.

LONDON, Feb. 2. Hongkong & Shanghai bank issues prospectus the end of this week.

LONDON, Feb. 2. According to advices from Brussels Major Lothair's soldiers joined Matable, the mutineers killing their officers. Lothair was wounded and taken prisoner.

LONDON, Feb. 3. President McKinley is suffering from fatigue brought on by overwork.

LONDON, Feb. 3. Major Esterhazy has refused to continue his evidence in the Court of Cassation and has gone to Holland as he was threatened with arrest on charge of fraud.

LONDON, Feb. 3. A leader in *the Times* confidently hopes that Samoan troubles will only tend to bind Britain. United States and Germany closer together as the surest guarantee of the peace of the world.

코리안 리포지터리
주간판

1권 2호,   1899년 2월 16일, 목요일

코리안 리포지터리
주간판
매주 목요일 발행

편집: 아펜젤러, 존스,
영업: 콥
구독료

1회	– –	10센,
1개월	– –	30센

광고료일반

노출 광고 1인치(2.5cm):

1회	– –	1엔,
1개월	– –	2엔

기사식 광고:

1회	– –	25센,
다음 호부터는	– –	15센

러시아 대리대사 및 총영사.

신임 러시아 대리대사이자 총영사인 알렉상드르 파블로프 대령이 1월 10일 서울에 도착해 12일 황제를 접견했다.

파블로프 씨는 러시아 외무부에 합류하기 전에 몇 년 동안 해군 장교로 복무했다. 그는 1891년 당시 북경 주재 러시아 공사로 임명된 카시니 백작과 함께 동아시아 지역에 왔다.

그는 처음에는 공사관 무관이었지만 곧 제2서기로 승진했고 곧바로 제1서기로 승진했다. 약 2년 전 카시니 백작이 공사로, 워싱턴으로 전근했을 때, 파블로 씨는 북경 주재 대리대사가 되었으며, 서울로 발령받을 때까지 이 직책을 맡았다.

파블로프 씨의 전임자인 마타닌(M. de Matanine) 씨가 1월 21일 서울을 떠났다.

서울 제물포 철도.

이 철도는 새해 첫날 미국 기업조합으로부터 일본 기업조합으로 이전되었다. 날씨가 풀리고 초여름에는 기차가 운행될 것이라는 소문이 퍼져있고 철로 건설 작업이 곧 재개될 것으로 보인다. 우리는 아직 완성되지 않은 몇 가지 예측이 있기 때문에 어떤 예단에도 빠지지 않을 것이다.

지난 18일 의회에서 이 안건이 나왔을 때 논의는 흥미로웠다. 의회는 철로를 완성하기 위해 1,800,000엔의 추경 예산을 요구했다. 〈오사카 아사히〉에 따르면 도쿄의 일본 상인들은 신디케이트를 결성했고 정부의 보증을 받아 모르스 씨가 철도 공사를 완성하고 새로운 기업연합에 넘겨준다는 조건으로 100만 엔을 선지급했다고 한다.

이 금액은 보상금 조로 지급됐으나 부족하다고 80만 엔을 더 요구했다. 이 보상금을 지불하고 이미 지급한 100만 엔을 충당하기 위해 의회에 추경 예산 동의가 요청되었다.

이 발의안은 〈고베 크로니클〉 신문에서 인용한 다음 설명에서 볼 수 있듯이 활발한 토론을 촉발했다.

호시 씨(유명한 진보파 지도자)는 법안이 중요한 것이기 때문에 정부가 이에 대해 다음 사항을 자세히 설명해 주기를 요청했다. (1) 이 사업을 수행하기 위해 모르스 씨와 기업연합 사이에 언제 계약이 체결되었는지 밝히라고 했고,

THE KOREAN REPOSITORY.

WEEKLY EDITION.

VOL. I. NO. II. THURSDAY, FEB. 16, 1899.

THE KOREAN REPOSITORY.
WEEKLY EDITION.
PUBLISHED EVERY THURSDAY.

H. G. APPENZELLER,	-	GEO. HEBER JONES,
	EDITORS.	
GEORGE C. COBB,	-	BUSINESS MANAGER.

SUBSCRIPTION RATES.

Single copy	-	-	Ten sen
Per month	-	-	Thirty sen

ADVERTISING RATES.
Displayed Ad - One inch

Single Issue	-	-	Yen 1.00
One month	-	-	Yen 2.00

Reading Notices - Per line

Single Issue	-	-	25 sen
Each subsequent Issue	-	-	15 sen

THE RUSSIAN CHARGE D'AFFAIRES AND CONSUL-GENERAL.

Alexandre Pavlow, Esq., the new Russian Charge d'Affaires and Consul-General, arrived in Seoul on the 10th of January and was presented in audience to the Em- peror on the 12th following.

Mr. Pavlow served as a naval officer for several years before he joined the service of the Russian Foreign Office. He came to the Far East in 1891 with Count Cassini, who was then under appointment as Russian Minister at Peking. He was first attache to the Legation but was soon promoted to second Secretary, and later to the post of first Secretary. On Count Cassini's departure some two years ago to Washington as Minister, Mr. Pavlow became Charge d'Affaires at Peking which position he held until his transfer to Seoul.

M. de Matanine, Mr. Pavlow's predecessor here, left Seoul on Jan. 21st.

THE SEOUL CHEMULPO RAILROAD.

This road was transferred by the American Syndicate to a Japanese syndicate on New Year's day. Work of construction we understand will be resumed a soon as the weather moderates and rumors are afloat that early summer will see trains running. We shall not indulge in any prophecies as we have several against us still unfulfilled.

The discussion in the Japanese Diet when the subject came up on the 18th ult. was interesting. The supplementary budget asked for an appropriation of yen 1,800.000 in order to complete the road. According to the *Osaka Asahi*, Japanese merchants of Tokyo formed a syndicate and under guarantee of the government advanced a million yen to Mr. Morse on the understanding that he finish the road and hand it over to the new syndicate. This amount was paid out of the indemnity fund but was insufficient and yen 800,000 more were called for. To provide for this as well as to cover the million yen already advanced the consent of the diet was asked.

The motion precipitated a lively discussion as may be seen in the following account reproduce from the *Kobe Chronicle:*

Mr. Hoshi (the well-known Liberal leader) desired the Government, as the Bill was an important one, to explain it in full. He wished to know (1) when the contract was concluded between Mr Morse and the syndicate to undertake the scheme; (2) when the Specie Bank

(2) 정금은행은 Morse 씨에게 언제 매매 계약금을 지급했는가? (3) 그 철도의 공사가 얼마나 진척되었으며, 그 공사를 완성하려면 소요 비용이 얼마나 더 필요한가? 이에 대해 정부 대표인 사카야 씨는 계약이 1897년 5월에 체결되었다고 답했다. 모르스는 그해 10월에 정금은행으로부터 100만 엔을 받았다. 현재까지 27마일(약 44km)이 완성되었으며 앞으로 건설 공사 완료까지 더 필요한 비용은 75만 엔이라고 밝혔다. 거기서 호시 의원은 모르스 씨가 그렇게 많은 돈을 빌릴 수 있는 상황에 있지 않다고 말했다.

모르스 씨에게 계약금이 지급되었을 때 왜 정부는 개입하지 않았는가? 사카야 씨의 답변이 불분명했기 때문에 각계각층의 정부 대표에게 많은 질문이 쏟아져 흥분했고, 의장은 하원 의사진행을 비공개로 하자고 제안했고 그에 따라 비공개로 진행되었다. 법안이 채택되었다는 소식이 발표되자 잠시 후 하원은 대중에게 다시 공개하였다.

일본 장관 집의 부음 소식

아주 안타까운 소식이 가토 마수스 일본 공사에게 14일 화요일 전해졌는데, 그가 받은 전보에 따르면 그날 도쿄에서 가토 부인이 사망했다는 것이다. 가토 여사는 이곳 서울에서 아주 잘 알려져 있고 꽤 호감을 받는 사람이었다. 그녀는 암 치료를 받기 위해 지난해 10월 서울을 떠나 도쿄로 갔다. 공사와 그의 가족은 이 큰 시련에서 그들을 아는 모든 사람의 진심 어린 애도의 마음을 받고 있다.

도시와 지방 소식.

한국의 설날은 지난 2월 10일이었다.

H. G. 언더우드 박사는 지난주 지방 순회 여행을 위해 서울에서 출발했다. 모펫 목사(S. A. Moffett)는 일요일 유니온교회에서 많은 공감을 받는 설교를 했다.

새로운 이화 학교 건물은 교사와 학생들이 사용하고 있다. 지난 토요일 저녁, 미국 공사의 부인인 알렌 여사(Mrs. Allen)가 이 학교의 많은 여학생을 초대하고 접대했다.

서울의 남대문 밖에 있는 '전쟁의 신 사원'이 화요일 저녁에 불에 탔다.

> 램프용 Westminister 150° 테스트 오일; 석유 난로용 미네랄 콜자 300° 테스트 오일. 2~4t 이 TOWNSEND CO., 지사에 입고 됨.

존경하는 일본 영사의 아내인 S. Akidzuki 부인은 매주 수요일 오후에 손님들의 예방을 받는다는 것을 알리고 싶어 한다.

S. A Moffett 목사와 Miss M. Alice Fish 의료선교사의 약혼이 발표되었다. 결혼식은 내년 5월 서울에서 있을 예정이다.

윤치호 씨가 어제 서울을 떠나 제물포를 경유해 원산으로 출발했다. 그는 원산의 덕원 감리 겸 덕원부윤과 원산항재판소 판사를 겸직했다.

〈LOCAL REPOSITORY〉 구독을 원하면 구독 신청을 해야 한다는 점을 기억하십시오. 귀하의 잡지 구독은 이 신문과는 아무런 관련이 없습니다.

남부지방에 광산을 개발할 목적으로 전 광산국장 이용익 씨가 같은 직위에 임명될 것이라는 소문이 돌고 있다.

원산 관세국장인 J. F. 오이센(J. F. Oiesen)이 지난 몇 주 동안 우리 수도를 방문했으며 그는 관세청장인 맥리비 브라운(McLeavy Brown) 씨의 손님이었다.

서울 유니온 교회에서는 내일 오후 4시부터 6시까지 열리는 오락 행사에 모든 교인을 정중히 초대할 것이다.

영국교회 선교회의 E. H. Baldock 박사는 아직도 외부 활동을 조금도 못 하고 있다. 그의 상처는 그에게 큰 불편을 안겨주었다.

서울에 새로운 출판사가 설립될 가능성이 있다. 6천 엔에 달하는 자금이 모금되었으며,

paid Mr. Morse the bargain money; (3) how far the work of the line had progressed and how much more was needed for its completion. In reply Mr. Sakaya, the Government delegate, replied that the contract was concluded in May, 1897. Mr. Morse receiving a million yen from the Specie Bank in October of the same year. Up to the present time 27 miles had been completed, and the expenditure still needed for construction work was Y750,000. Mr. Hoshi there upon remarked that Mr. Morse was not in a position to warrant his borrowing such a large sum of money.

Why did not the Government interfere when the money was paid to him? Mr. Sakaya's reply being ambiguous, numerous questions were thereupon put to the Government delegate from all parts of the House Members becoming excited, the President proposed that the House should sit with closed doors, which was accordingly done the House was reopened to the public after an interval, when it was announced that the Bill had been adopted.

DEATH INVADES JAPANESE MINISTER'S HOME.

Very sad news was received by the Hon. Masus Kato, the Japanese Minister, on Tuesday, the 14th. in a telegram announcing the death of Mrs. Kato at Tokyo on that day. Mrs. Kato is very well known here in Seoul and was quite a favorite. She left Seoul last October, going to Tokyo to receive medical treatment for a cancer. The Minister and his family have the sincere sympathy of all who know them in their great trial.

CITY AND COUNTRY.

Korean New Year came on Feb. 10th.

Dr. H. G. Underwood left Seoul last week for an itinerating tour in the country. Rev: S. A. Moffett preached a very acceptable sermon on Sunday at the Union Church.

The new Ewa School building is occupied by the teachers and pupils. Some of the larger girls of the school were received and entertained last Saturday evening by Mrs. Allen, the wife of the U.S. Minister.

The temple of the god of war, situated outside of the South Gate of the city, burned on Tuesday evening.

Westminister 150° test oil for lamps; Mineral Colza 300° test oil for oil stoves. 2-4t
    TOWNSEND & Co., Agents.

Mrs. S. Akidzuki, the wife of our esteemed Japanese Consul, wishes it knows that she receives every Wednesday afternoon.

The engagement of the Rev. S. A Moffett and Miss M. Alice Fish, M. D., is an nounced. The wedding will be in Seoul next May.

T. H. Yun, Esq. left Seoul yesterday for Wonsan; via Chemulpo to assume the duties of Magistrate and Superintendent of Trade of the place.

Remember if you want the *LOCAL REPOSITORY* you must subscribe for it. Your subscription to the magazine has nothing to do with this paper.

It is rumoured that Mr. Yi Yongik, ex Director of Mines, is to be appointed to the same position with the object of opening mines in the southern provinces.

J. F. Oiesen, Commissioner of Customs at Wonsan, visited our capital the last few weeks and was the guest of the Chief Commissioner, Mr. McLeavy Brown.

The usual entertainment will be given in the room of the Seoul Union tomorrow afternoon from four to six o'clock to which all the members are cordially invited.

Dr. E. H. Baldock, of the English Church Mission, is still unable to be around to any extent. His wound has been a great cause of inconvenience to him.

There is a prospect of a new publishing house being established in Seoul. Money to the amount of Y6,000 has been raised

공장 설비 조달을 위한 초기 단계가 진행되고 있다. 이 회사는 전적으로 한국 회사이며, 그 설립 목적은 책을 번역하고 출판하는 것이다.

지난 한 달간 정동에 있는 병원에서 커틀러 박사의 치료를 받은 그레이트하우스 부인이 다시 건강을 회복했다는 소식에 기쁘게 생각한다.

앨런 미국 총영사는 한국 정부가 정한 거주 및 사업 시행 규칙을 미국인들에게 알리기 위해 한국을 방문하는 외국인을 위한 안내서 책자를 발간했다.

지난 금요일 서울에 도착한 마닐라 전황 소식은 이곳 미국인들 사이에서 많은 논평을 불러일으켰다. 미국인과 저항 세력 사이의 평화가 유지될 수 없었다는 점에 대한 일반적인 유감의 목소리가 사방에서 들려오고 있다.

영국에서 1년, 미국에서 1년 반을 보낸 젊은 한국인 필립 이 씨는 설날을 며칠 앞두고 고국으로 돌아왔다. 그는 미국에 있는 동안 기독교 연합회와 연결되었다.

지난 7일 밤 6인치(약 15cm) 가량의 눈이 내렸다. 한국인들에게 하얀 새해를 선사할 만큼 오랫동안 녹지 않았다. 올겨울 눈이 많이 내렸기 때문에 한국인들은 올해 대풍년이 올 것으로 예측한다.

〈Japan Mail〉 신문은 다음과 같이 보도했다. "오미야 초버 씨, 오자키 사부로 남작 등이 계획한 한국은행이 내년 5월에 출범할 것이라는 주장이 있다. **** 이미 한국의 일부 중요 관리들의 적극적인 내락을 받았다는 소문이 있다."

현재 시기는 한국 관료들이 자신을 임명하거나 주권자의 명령에 따라 "사직서를 내는" 의식을 거행하는 때이다. 이는 〈관보〉에 47명의 새로운 관관들이 등재된 이유 중 일부를 설명할 수 있다. 다른 임명직 발령 절차가 계속될 것이다.

전신 뉴스

2월 4일, 런던. 하바나에서 보낸 전보에 따르면 고메스는 매킨리에게 전보를 보내 쿠바 군인들을 해산하고 그들이 집으로 돌아갈 수 있도록 미국이 제공한 300만 달러를 분배하는 데 협력할 것을 약속했다고 한다.

2월 4일, 런던. 프랑스 정부는 파기원 판사에 대한 보레페어(Beaurepair)의 혐의에 대해 추가 조사를 명령했다.

2월 4일, 런던. 호주 총리 회의에서 연맹의 모든 분쟁 사항이 만장일치로 해결되었다.

2월 6일, 런던. 뉴욕에서 보고에 따르면 필리핀에서 적대행위가 시작되었고 마닐라가 공격받았다고 한다.

2월 6일, 런던. 워싱턴주의 보도에 따르면 평화조약을 비준하기 위해 미국 상원에서 필수 과반수를 확보할 가능성은 거의 없다고 한다.

2월 6일, 런던. 2월 2일 전보를 참조하면 중국 대출이 97에 발행되었고 HST는 7일에 마감된다.

2월 6일, 런던. 1월 20일 이후 Port Loan에서는 새로운 전염병 사례가 발생하지 않았다.

2월 6일. 이후 전보에 따르면 마닐라에서 치열한 전투가 벌어졌으며 14시간의 교전 끝에 미군은 2개의 진지를 장악하고 전진하여 20명이 사망하고 125명이 상처를 입었다고 나와 있다. 필리핀 군은 커다란 손실을 보았다.

and initiatory steps are being taken to procure the plant. The company is entirely Korean and its object is to translate and publish books.

Mrs. Greathouse, who has been under medical treatment the past month by Dr. Cutler in her hospital in Chong-dong, we are happy to learn, is nearly well again.

U. S. Consul-General Allen is having printed a guide to foreigners coming to Korea, by which he intends to acquaint Americans of the rules of residence and business laid down by the Korean government.

The news of the battle at Manila which reached Seoul last Friday created much comment among the Americans here. General Regret is heard on all sides that peace between the Americans and insurgents could not have been preserved.

Philip S. Yi, a young Korean who spent a year in England and one and a half years in the United State, returned to his native land a few days before the Korean New Year. He was connected with the Christian Alliance while in America.

The fall of some six inches of snow on the night of the 7th inst. remained on the ground long enough to give the Koreans a white New Year. Koreans are loud in their predictions of a year of plenty because of the abundance of snow this winter.

The Japan Mail says: "It is alleged that the Bank of Korea, projected by Mr. Omiya Chober, Baron Ozaki Saburo and others, will be started next May. **** Rumour alleges that they have already enlisted the active sympathy of some important Korean officials."

This is the time when Korean officials go thro the ceremony of "laying down their offices" to take them up or otherwise at the commands of their sovereign. This may account in part for the listing of forty-seven new magistrates in the *Official Gazette*. Other appointments are still to follow.

TELEGRAPHIC NEWS.

LONDON, Feb. 4. A telegram from Havana states that Gomez has telegraphed McKinley assuring him of his co-operation in disbanding Cuban soldiers and in distributing $3,000,000 offered by America to enable them to return to their homes.

LONDON, Feb. 4. The French government has ordered a supplementary inquiry into Beaurepair's charges against the judges in the Court of Cassation.

LONDON, Feb. 4. A conference of Australian premiers has unanimously settled all disputed points of federation.

LONDON, Feb. 6. There is a report in New York that hostilities have begun in the Philippines and that Manila has been attacked.

LONDON, Feb. 6. Despatches from Washington state that there is small prospect of securing requisite majority in United States senate in favor of ratifying the treaty of peace.

LONDON, Feb. 6. Referring to the telegram of the 2nd of February the Chinese loan has been issued at 97 and hst closes on the 7th.

LONDON, Feb. 6. No fresh cases of the plague have occurred in Port Loan since the 20th of January.

LONDON, Feb. 6. A later telegram states that severe fighting has taken place at Manila and after a fourteen hours' engagement the United States troops carried two positions and advanced their lines losing 20 killed and 125 wounded. The Filipinos suffered a heavy loss.

신학의 싹이 움트고 있음.

한국에는 아직 신학교가 존재하지 않는다. 여러 선교부에 소속된 한국인 사역자들에게 주어지는 특별한 성경적, 신학적 교육은 보통 이 시기에 서울과 다른 곳에서 개최하는 중반기 사역자 훈련반에서 진행한다. 장로교 선교부 강좌를 얼마 전에 마쳤다. 현재 감리교 선교부 강좌에는 21명의 한국인이 참석하고 있다. 토요일에는 거의 수업이 없다. 아마도 신학이라는 단어는 이 수업과 관련하여 사용하기에 매우 강력한 단어일 것이다. 그들은 아직 성경 훈련반이나 성경학원에 지나지 않는다. 그러나 그들로부터 미래의 신학교가 성장할 것이다.

진보적인 청소년.

군산의 한 소년은 부모님을 불쾌하게 하려고 머리칼을 잘랐다. 부모는 이 행위에 너무 격분하고 슬퍼하여 "그를 죽은 자식으로 취급했고" 친척과 친구들을 불러 죽은 자를 위한 의식을 거행하며 제사를 지내고 통곡하며 비난을 즐겼다. 고칠 줄 모르는 청년은 혼자 조용히 앉아 그 모든 것을 금욕적인 구경꾼으로 삼았고, 그가 Drew 박사 병원에 채용되었을 때 그는 관리하는 사람의 진료소로 가서 그가 집에서 받은 돌봄 진행 상황을 보고했다. 한 달 동안 그의 부모는 그에게 음식을 주는 것 외에는 그 소년에 대해 아무런 연락도 하지 않았다. 그는 이제 외국 풍 옷을 입게 되었기에, 그곳 사람들은 그가 한국어를 유창하게 구사하는 능력을 칭찬하면서도 그가 '조선인'이라는 그의 입회를 받아들이지 않는다고 한다. 이는 강력한 내부 증거가 더 약한 외부 증거에 대해 결정적이지 않은 경우이다.

랜디스 의사(Dr. Landis)를 추모하며.

THE KOREAN REPOSITORY 편집자님께:
친애하는 편집자님: 다음과 같은 내용을 게재할 수 있도록 지면을 허락해 주시겠습니까?

(1) 제물포에 세우는 랜디스 의사[4] 추모비 목적으로 기부된 금액은 290달러에 이릅니다.

(2) 묘비 비용은 89달러입니다. 운반 및 설치 비용은 11달러였습니다. 전부 합하면 정확히 100달러입니다.

(3) 재인쇄에 9달러가 소요되었습니다. 고인이 된 의사의 사진과 묘비 사진을 찍는 것이 제안되었습니다.

이 사진 중 한 장 또는 두 장의 사본을 원하는 구독자는 저에게 자신의 연락처를 보내 주시겠습니까?

(4) 모든 사진에 대한 비용을 낸 후에도 약 170달러의 잔액이 남아 있으며, 잔액에 대한 제안을 기쁘게 받아들일 것입니다.

(5) 현재 제물포에 건설 중인 새 병원에 "랜디스 기념 병동"을 추가하는 것이 제안되었습니다. 이를 위해 주교(Bishop)[5] 는 영국화 50파운드를 기증하였습니다. 아직 기념관 건립 기금을 기증하지 않은 분이 지금 기증을 원하신다면 그들의 후원금도 이 기금에 넣을 수 있으며, 다른 제안을 받지 않는 한 위에 언급된 잔액을 이 기금에 양도할 것을 제안합니다.

(6) '3명의 친구'가 힘을 합하여 소천하신 의사를 추모하는 제물포 성 미카엘 성당에 스테인드 글라스 창문을 설치하고 있습니다. 리포지터리 독자 중 어느 분이라도 자신의 후원금을 이 기념관에 보내기를 원한다면 저는 그들의 선한 소식에 기뻐할 것입니다.

(7) 리포지터리 지면에 후원자 명단을 게시하는 것은 공간을 너무 많이 차지할 것 같아 생략하고자 합니다.

감사드립니다. M. N. 트롤로프

이 칼럼은 귀하의 광고를 게재하기에 좋은 지면이 될 것입니다. 게시해 보십시오~

THEOLOGY IN EMBRYO.

No Theological Seminary is as yet existent in Korea. Such special biblical and theological instruction as is given the Korean workers attached to the various Mis sions is obtained in the Mid-year Workers Training Classes which usually assemble in Seoul and other places about this time. The Class of the Presbyterian Mission adjourned a short time ago. The Class of the Methodist Mission is now in session with twenty one Koreans in attendance. It will adjourn probably Saturday. Theological is probably 100 strong a word to use in connection with these Classes. They are yet little more than Bible Training Classes or Biblical Institutes. But from them will grow the theological seminaries of the future.

PROGRESSIVE YOUTH.

A lad in Kunsan cut his hair to displease his parents. The latter were so enraged and grieved at this conduct that they "looked upon him as dead" and calling in their relatives and friends went thro the ceremony for the dead, sacrifices were offered and the wailing indulged in. The incorrigible youth was a stoic spectator thro it all, sitting quietly by himself and when hired he made his way to the dispensary of Dr. Drew (from whom we have the account) and reported the progress of the services. For a month no notice was taken of the boy by his parents other than giving him his food. He has taken to wearing foreign clothing now and it is said the country people do not accept his asservation(sip. observation) that he is "a Daihan man" tho they are loud in praises of his ability to speak the native language fluently an instance where internal evidence tho strong is not conclusive against weaker external.

MEMORIAL TO DR. LANDIS.

To The Editor of THE KOREAN REPOSITORY:
DEAR SIR: Can you allow me space to make the following statement?

(1) The money subscribed for the memorial to Dr. Landis, chiefly in Chemulpo, amounted to $290

(2) The tombstone cost $89; freight and cost of erection amounted to $11; exactly $100 in all.

(3) $9 have been spent in reprinting: a photo of the late doctor and it is pro- posed also to photograph the tombstone.

Will those subscribers who would care for a copy of either or both of these photos send me their names?

(4) Even after paying for all the photographs, there will remain a balance of about $170, as to the disposal of which I should be glad to receive suggestions.

(5) It is proposed to add a "Landis Memorial Ward" to the new hospital, now being built in Chemulpo. Towards this the Bishop has subscribed £50 sterling. If any who have not yet subscribed to the Memorial would wish to do so now, their subscriptions can be put to this fund, to which also, unless I receive other suggestions, I propose to hand over the balance above referred to.

(6) "Three Friends" are uniting to put up a stained glass window in St. Michael's Church, Chemulpo, in memory of the late doctor. Should any of the subscribers prefer their money to be devoted to this memorial I should be glad to hear from them.

(7) I am afraid it would take up too much space to publish the list of sub- scribers in your columns.

I am, Sir,

M. N. TROLLOPE.

This column would be a good place for your advertisement. Try it.

코리안 리포지터리
주간판

1권 3호, 1899년 2월 23일, 목요일

코리안 리포지터리
주간판
매주 목요일 발행

편집: 아펜젤러, 존스	
영업: 콥	
구독료	
1회	10센
1개월	30센
광고료일반	
노출 광고 1인치(2.5cm):	
1회	1엔
1개월	2엔
기사식 광고:	
1회	25센
다음 호부터는	15센

포르 대통령 별세

프랑스 공화국 대통령 펠릭스 포르 씨가 이번 달 17일 아침 뇌졸중으로 갑작스럽게 사망하였다.

그는 향년 58세이며 1895년 1월 27일 임기 7년의 대통령으로 선출되었다.

장례식은 23일 파리의 노트르담 대성당에서 거행될 것이다. 같은 날 오전 10시 서울의 프랑스 성당[6]에서도 장례식을 치를 것이다.

2월 18일 상원과 대의원으로 구성된 프랑스 국민회의는 루베 씨를 대통령으로 선출하였다. 그는 61세로 상원의원, 국무회의 의장, 내무장관을 거쳐 1896년 1월부터 상원의장을 역임했다.

마닐라에서의 전투

2월 4일 필리핀군은 미군의 전초 기지를 공격했고 총력전이 이어졌고 5일 낮까지 맹렬한 전투가 전개되었다. 필리핀 군은 처참하게 패했고 몇 마일 뒤로 후퇴했으며, 미군의 돌격을 견뎌낼 수 없었다. 전함 찰스턴 호와 모내드넉 호는 필리핀군에 포격을 가하여 수많은 사상자를 냈다. 미군은 대략 75명이 사망하고 150명이 다쳤다. 반군들의 손실은 4,000명에서 5,000명으로 추정된다.

〈홍콩 텔레그래프〉

연간 사업

1898년은 한국의 성경 사업에 있어서 괄목할 만한 진전을 이룬 해였다. 최초의 한국어 신약성경은 번역자위원회의 개개인들에 의하여 완성되어 현재 인쇄소에 넘겨진 상태이다. 이는 그 자체로 기록할 만한 일이다. 위원회 전체 차원에서는 아직 작업이 끝나지 않았다. 미국성서공회, 스코틀랜드성서공회, 대영성서공회 모두가 번역과 출판에 관여하고 있다. 마지막으로 언급한 대영성서공회에서는 선교사들 외에도 서울에 총무를 상주시키고 성경을 보급하는데, 한 해 동안 장기 또는 단기로 일한 매서인 은 25명, 부인매서인은 12명이었다. 작년에 출간된 한국어 성경(쪽 성경)은 모두 93,000부 출판되고, 실제 판매는 34,913부였다.

THE KOREAN REPOSITORY.

WEEKLY EDITION.

VOL. I. NO. III. THURSDAY, FEB. 23, 1899.

THE KOREAN REPOSITORY.
WEEKLY EDITION.
PUBLISHED EVERY THURSDAY.

H. G. APPENZELLER,	-	GEO. HEBER JONES,
	EDITORS.	
GEORGE C. COBB,	-	BUSINESS MANAGER.

SUBSCRIPTION RATES.

Single copy	-	-	Ten sen
Per month	-	-	Thirty sen

ADVERTISING RATES.
Displayed Ad - One inch

Single Issue	-	-	Yen 1.00
One month	-	-	Yen 2.00

Reading Notices - Per line

Single Issue	-	-	25 sen
Each subsequent Issue	-	-	15 sen

DEATH OF PRESIDENT FAURE.

Monsieur Felix Faure, President of the French Republic, died suddenly on the morning of the 17th inst., apoplexy being the cause of his death.

He was 58 years old and was elected to the presidency for seven years, on the 17th of January, 1895.

The obsequies will take place in Paris on the 23d at the cathedral of Notre Dame, and a funeral service will be held in Seoul on the same day at 10 a. m., at the French cathedral.

On the 18th of February the National Assembly, composed of the Senate and Chamber of Deputies, elected Monsieur Emile Loubet as President of the Republic. Aged 61 years, the new President has been successively senator, president of the Council, Minister of Home affairs, and since January, 1896, he was president of the Senate.

THE FIGHTING AT MANILA.

On Feb. 4 the Filipinos attacked the American outposts and a general fight ensued, which raged fiercely until midday on the 5th. The Filipinos were disastrously defeated and were driven back several miles, finding it impossible to withstand the American charges. The warships Charleston and Monadnock shelled the Filipinos, doing great execution. The American loss is approximately seventy-five killed and one hundred and fifty wounded. The rebel loss is estimated at from four to five thousand.
—*Hongkong Telegraph.*

A YEAR'S WORK.

The year 1898 marked a remarkable advance in Bible work in Korea. The translation in its first form of the New Testament was finished by individual members of the Board of Translators and is now going thro the press. This in itself is worthy of record. The Board as a whole has not finished its work. The American Bible Society, the National Bible Society of Scotland, and the British and Foreign Bible society are all engaged in the work of translation and publication. The society last named has an agent living in Seoul and the circulation, aside from what is done by missionaries, is done thro this society. There were twenty-five colporteurs and twelve Bible women-Koreans-employed for a longer or shorter period during the year. The total number of Korean Scriptures (portions), published last year was 93,000, and the actual sales 34,913

이는 1897년에 6,335부, 1896년에 2,997부, 1895년에는 1,253부 판매된 것과 비교하면 한국인들이 기꺼이 성경과 기독교 서적을 사는 것은 선교사들에게는 언제나 놀라운 기쁨이다.

중국식 설날

2월 10일 금요일은 중국인들의 음력 달력에 따른 1월 1일 설날이다. 1895년까지 수 세기 동안 한국에서는 중국 달력이 널리 사용되었으며, 그에 따라 여러 가지 풍습과 규례가 발달하였다. 1895년 그레고리력이 법적으로 채택되면서 1월 1일이 공식적으로 설날이 되었으나, 사람들은 중국 달력을 고수하여 음력 1월 1일을 축제의 날로 축하한다. 그 이유 중 하나는 원래 순백색이었으나 대지 색으로 변한 겨울 의복을 한 번 갈아입어야 할 시기가 대략 그 무렵이기 때문이다. 그러므로 이날에는 아주 고귀한 사람부터 거리의 막노동자들까지 온 나라가 새 옷 또는 깨끗하게 세탁한 옷으로 갈아입는 것이다.

서울 전역에서 이 계절이 일반적으로 지켜지고 있다. 거리는 다채로운 색동옷을 입은 어린이들로 활기가 넘친다. 하늘은 싸움박질하는 연들로 가득하다. 채권자는 옛날의 무자비한 힘으로 불행한 채무자를 쫓는다. 돌싸움은 언제나처럼 인기가 많지만, 비록 싸움을 직접 벌이는 부담은 '심부름꾼 소년'에게 지워진 것 같지만 말이다. 온 한국은 태양이 동지를 통과하는 것을 돕기 위하여 15일 동안 진지한 삶을 접어두고 자신을 희생하는 장대한 노력을 기울인다.

문학적 지식 시험

지난 금요일 서울 연합회 회원들을 위하여 제공한 예능은 독특하고 매력적인 행사였다. 다양한 문학 작품과 작가들이 희곡 형식으로 선보였고 관객들은 그 이름을 말해야 했다. 연합회 청년들과 어린이들은 웨이크필드 부인을 매우 만족스러운 방식으로 도왔다. 이화학당의 여학생들은 차를 접대하였고, 참석자 모두가 매우 즐겁게 지냈다.

서울과 지방 소식

장티푸스에 걸려 크게 앓았던 콜리어 목사가 회복기를 보내고 있다.

공립학교들은 명절 기간 쉬고 다음 주 월요일에 다시 문을 연다.

> 램프용 Westminister 150° 테스트 오일; 석유 난로용 미네랄 콜자 300° 테스트 오일. 2~4t 이 TOWNSEND CO., 지사에 입고 됨.

주한미국공사관의 샌즈 서기관은 류머티즘 때문에 2주 이상 자택에 머물고 있다.

12월에 원산을 떠난 맥길 박사와 그 가족이 지난달 무사히 샌프란시스코에 도착하였다. 현재 그들은 일시적으로 로스앤젤레스에 머무르고 있다.

헐버트 교수는 뉴욕에서 런던으로 짧은 출장을 다녀왔다. 그는 다음 달쯤 서울에 돌아와 학교 업무를 재개할 것으로 기대한다.

대신들을 통하여 직위를 얻은 관리들은 이들 공훈에 대한 포상으로 10엔을 받는다고 한다. 포상을 받는 사람들의 수는 확정되지 않았다.

상류층의 한문 고전을 가르치는 학교가 고위층에 의하여 재조직될 것이다. 현 학부대신 신기선은 공자의 교리를 독실하게 신봉하는 사람이다.

최근 보부상들이 농상공부 대신에게 황국협회 재조직을 청원하였다. 농상공부 대신은 황제[7]의 칙령에 따라 황국협회가 폐지되었으며,

as against 6,335 in 1897, 2,997 in 1896, and 1,253 in 1895. The readiness with which Koreans buy Scriptures and Christian books generally is a constant and pleasant surprise to the missionary.

THE CHINESE NEW YEAR.

Friday Feb. 10th was New Year's day according to the Chinese reckoning. For centuries until 1895 the Chinese calendar prevailed in Korea and about it has grown up a large number of customs and observances. Tho the Gregorian calendar was legally adopted in 1895 and Jan. 1st is observed as the official New Year, yet the people hold to the old calendar and celebrate its opening as a gala day. One reason for the strong hold it has on the people is that by this time the winter costume has reached that stage in its transformation from immaculate white to the color of mother earth where it becomes convenient to make a change. Therefore on that day the entire nation, from the patrician of the bluest blood to the unwashed coolie on the street, appears in new or freshly laundried garments.

The season is being generally observed throughout Seoul. The streets are gay with the variegated costumes of the children. The air is full of pugnacious kites. The creditor pursues the unfortunate debtor with all the merciless vigor of yore. Stone fights appear to be as popular as ever, tho the burden of maintaining them seems to have fallen upon the "small boy." All Korea. in supreme self-sacrifice, has given up serious life for fifteen days and has united in a grand effort to help the sun through the winter solstice.

TEST OF LITERARY KNOWLEDGE.

The entertainment furnished to the members of Seoul Union last Friday was a unique and charming affair. Different literary productions and authors were presented in charade form and the audience was expected to give the name. The young people and children connected with the Union assisted Mrs. Wakefield in a very satisfactory manner. Tea was served by the ladies of the Ewa School and every one present thoroughly enjoyed themselves.

CITY AND COUNTRY.

The Rev. C. T. Collyer, whose serious illness of typhoid fever we noted, is convalescing.

The Government schools, which are closed during the Korean holidays, will be reopened next Monday.

Westminster 150° test oil for lamps; Mineral Colza 300° test oil for oil stoves. 2-4t
    TOWNSEND & Co., agents

W. F. Sands, Secretary of the United States Legation, has been confined to his house with rheumatism for a fortnight or more.

Dr. W. B. McGill and family, who left Wonsan in December, last month arrived safely at San Francisco and are staying temporarily at Los Angeles, Cal.

Prof. Hulbert made a short business trip from New York to London. He expects to reach Seoul and resume work in his school some time next month.

It is reported that those officials who received their positions thro the Ministers are to be rewarded for meritorious services to the amount of ten yen each. The number is not specified.

The school for the study of Chinese classics by the high classes is to be reorganized. The present Minister of Education. Hon. Sin Kisun, is a staunch believer in the doctrines of Confucius.

The peddlers lately petitioned the Minister of Agriculture and Commerce for the reorganization of their guild. The Minister gave them little encouragement telling them the organization had been abolished by Imperial edict and

그는 정부의 추가적인 조치에 따를 뿐이라고 하면서 그들을 거의 격려하지 않았다.

본지 제1호는 서대문 안쪽의 감옥에서 죄수 3명이 탈주한 사건을 다룬 바 있다. 이 일로 간수장, 서기, 간수 등 5명 이상의 관리가 직위를 박탈당했다.

대영성서공회 총무 켄뮤어 씨는 피터스 씨와 제주도 탐방 여행을 떠났다. 그들은 이번 달 2월 18일 제물포에서 증기선에 올랐으며 한 달 남짓 여행을 할 예정이다.

셔먼 박사가 6주간 강화도에 머무르기 위하여 월요일에 서울을 떠났다. 그는 서울에 돌아오면 현지인처럼 한국어를 구사할 것이라고 말하면서, 서울 청중에게도 좋은 코넷 취주 음악을 선보일 것이라고 말했다.

전신 뉴스 / 상중(喪中)의 프랑스

2월 17일 런던. 전보에 따르면 포르 대통령이 3시간 동안 병을 앓은 후 어젯밤 10시에 파리에서 사망했다고 한다.

2월 18일 런던. 포르 대통령은 엘리제궁의 서재에서 뇌졸중으로 별세하였다. 드레퓌스 사건 때문에 걱정이 많았기 때문이라고 한다. 23일에 국장으로 거행될 예정이다.

2월 7일 런던. 프랑스 상공회의 위원회는 Madeau's가 제출한 보고서가 설득력이 없다는 근거로 드레퓌스 법안을 기각하였다.

2월 7일 런던. 캠벨-배너먼 경이 자유당 지도자로 선출되었다.

2월 7일 런던. 미국 상원이 3표 차이로 평화조약을 비준하였다.

2월 7일 런던. 고베의 한 선교사가 오사카 주교로 임명되었다.

2월 7일 런던. 카프리비 백작과 코부르크의 알프레드 공작이 별세하였다는 발표가 있었다.

2월 8일 런던. 의회가 개원하였다.

연단에 선 여왕은 영국과 열강이 우호적인 관계를 지속하고 있다고 말하였다. 또한 옴두르만 원정의 성공적인 수행을 언급하면서 영국과 이집트 병력의 용맹스러움을 인정하게 되어 자랑스럽다고 밝혔다.

정부는 러시아 황제가 군비 감축의 가능성을 타진하기 위하여 소집한 회의에 기꺼이 참여한다. 물론 무정부주의자들의 회의에서 나올 모든 결의안에 동의할 수는 없다. 현재 법령에 적절히 수정을 가한 법안이 의회에 제출될 것이다. 케이프가 해군에 기여한 것에 대해 큰 만족감을 표하고, 런던 정부 법안과 교육 사업 및 주택 구매 인력을 처리하기 위한 조치를 발표한다.

2월 8일 런던. 워싱턴에서 뒤늦게 온 전보에 따르면, 내각은 일로일로에 혹독한 공격을 결정했으며 필리핀인들의 정부를 함락시키기 위해 노력할 것이라고 밝혔다.

2월 8일 런던. 모랄로스 중국 차관이 10차례 이루어졌다.

2월 9일 런던. 영국 상원은 여왕의 연설에 대하여 답변을 투표로 통과시켰다. 살리스베리 경은 중국의 미래가 영국의 손에 있지 않으며 영국은 조약의 이행과 자국의 이익 보호를 위하여 중국 정부와 거래해야 한다고 언명하였다. 그는 영국이 동방 제국들의 영토 획득이나 분할을 고려하지 않고 있으며, 또한 지난 1년 동안 영국의 이익은 과거 어느 때보다 크고 다른 나라들의 이익과 비교해도 크다고 말하였다.

2월 10일 런던. Beaurepaire의 혐의는 흥분한 목격자들의 과장된 추론과 부하들의 험담에 근거하기 때문에 이 보고서는 판사를 완전히 미화한 것으로 이해되었다.

2월 10일 런던. 커먼즈 브로드릭은 하원에서 연설하면서

that he was subject to the further pleasure of the government.

On account of the escape of three prisoners noted in our first issue from the jail inside the west gate no less than five officials, including the chief keeper, clerks, and keepers, were deprived of their positions.

Mr. Alex Kenmure, Agent of the British and Foreign Bible Society, and Mr. A. A. Pieters went on a tour of inspection to Quelpart. They went by steamer from Chemulpo on the 18th inst. and will be gone for a month or more.

Dr. H. C. Sherman left Seoul on Monday for a six weeks' stay on the island of Kangwha. The doctor says he will talk Korean like a native when he returns, and he expects to work up some fine cornet music for the benefit of Seoul audiences as well.

TELEGRAPHIC NEWS.
France in Mourning

LONDON, Feb. 17. A telegram announces that President Faure died at Paris at 10 o'clock last evening after an illness of only three hours.

LONDON, Feb. 18. President Faure died of apoplexy in his study at Elysee and it is believed that this was due to worry over the Dreyfus affair. There will be a state funeral on the 23d.

LONDON, Feb. 7. A committee of French chamber has rejected the Dreyfus bill on the ground that Madeau's report is not convincing.

LONDON, Feb. 7. Compbell(sic. Campbell) Bannerman has been elected leader of the Liberal party.

LONDON, Feb. 7. The United States senate has ratified the treaty of peace by a majority of three votes.

LONDON, Feb. 7. A missionary at Kobe has been consecrated Bishop of Osaka.

LONDON, Feb. 7. The deaths of Count Caprivi and Prince Alfred of Coburg are announced.

LONDON, Feb. 8. Parliament has been opened. The queen's speech states that relations of the British with the Powers continue to be friendly; it refers to the brilliant conduct of the Omdurman campaign and is proud to acknowledge the distinguished bravery of the British and Egyptian troops.

The government gladly participates in the conferences summoned by the Czar to consider the possibility of limiting armaments, and although it is unable to concur with all the resolutions of the proposed anarchist conference some requisite amendments to the present laws will be submitted to Parliament. It swells with great satisfaction on the contribution by the Cape to the navy, and announces the London government bill and measures for dealing with educational work and men to purchase dwellings.

LONDON, Feb. 8. A late telegram from Washington states that the cabinet have decided on rigorous offensive attack on Iloilo and will endeavor to capture Filipino's government.

LONDON, Feb. 8. The Molalos Chinese loan has been ten times covered.

LONDON, Feb. 9. The House of Lords has voted a reply to the Queen's speech. Lord Salisbury referring to China said that her future was not in the hands of Britain and that the latter must deal with the Chinese government concerning the execution of treaties, and safeguarding British interests. He said that we do not contemplate the acquisition of territory nor the dismemberment of the eastern empires. He also said that England's advantages in the past year were greater than before, and greater in comparison with those of other nations.

LONDON, Feb. 10. It is understood that the report completely whitewashes the judges, as Beaurepaire's charges are based on exaggerated inferences of excited witnesses and gossip of underlings.

LONDON, Feb. 10. In address before Commons Brodrick anticipated great results

웨스트리버의 튜닝파가 개통되면 큰 성과를 거둘 것으로 예상했다. 그는 다른 강대국들에 대한 적대감과 질투를 비난했다. 그레이는 중국에서 영토 확장을 피하기 위한 선의의 선언을 환영했고 러시아와의 솔직한 이해를 통해 어려움을 해소할 것을 주장했다.

2월 11일 런던. 위원회 보고서의 어제 버전이 확정되었다. 그런데도 Gout은 Dreyfus 법안 통과를 주장하고 있다.

2월 11일 런던. Flintshire 주의 의회 의원인 Samuel Smith는 법에 대한 제례주의자들의 법 준수를 보장하기 위한 입법을 요구하는 여왕 연설에 대한 답변으로 제출된 수정안은 21표 대 89표로 부결되었다. Balfour는 일부 과잉을 인정하고 주교들의 무능함이 입증될 때까지 문제를 주교의 손에 맡길 것을 하원(House of Commons)에 촉구했다.

2월 13일 런던. Andre와 그의 동료들 유해가 시베리아 북부의 연회장 옆에서 발견되었다는 정황 보고가 접수되었다.

2월 13일 런던. 위원회의 거부에도 불구하고 프랑스 의회는 332대 216으로 드레퓌스 법안을 채택하였다.

2월 13일 런던. 미국 매킨리 대통령이 평화조약에 서명하였다.

2월 13일 런던. 주독미국대사는 사모아에 대한 독일의 처사에 강력하게 항의하였다.

2월 13일 런던, 제국의회에서 연설한 블로우씨는 독일이 계획한 필리핀의 계획안을 부인하며 필리핀들은 독일의 지원을 전혀 받지 못했으며, 독일과 미국의 이익이 앞으로 절대 충돌하지 않을 것으로 믿는다고 말했다.

2월 15일 런던. 영국에서 난파선, 홍수, 해일을 동반한 강풍이 계속되고 있다. 큐나드 기선 회사의 파보니아 호는 2주나 지체되었고 지난번의 보도에 따르면 속수무책으로 표류하고 있다. 미국에서는 눈보라와 전례 없는 한파로 매주 유럽에서 오는 증기선들이 도착하지 않고 있다.

2월 15일 런던. 브로데릭은 중국 문제에 관한 청사진을 조만간 내놓기로 약속하였다. 그는 위해(威海)[8] 방어 문제가 훨씬 진전되었으며 거기에 대한 제안이 의회에 제출될 것이라고 말했다.

2월 15일 런던. 프랑스 상원은 드레퓌스 법안을 위원회에 넘기었다.

2월 16일 런던. 미국 상원은 26대 22의 평화조약 비준이 필리핀을 영구 합병하려는 것이 아니라 필리핀에 자치 정부를 마련하려는 것이라는 내용의 결의안을 채택하였다.

2월 16일, 런던. 프랑스애국동맹은 프랑스 군대의 모든 장교에게 초대장을 발송하여 동맹에 가입을 권유하였다.

2월 17일 런던. 파견된 예인선은 Cunard 증기선 Pavonia 또는 Hamburg 정기선 불가리아를 찾지 못했다.

2월 17일 런던. 호주 언론은 영국의 사모아 합병이 현재의 무정부 상태에 대한 유일한 해결책이라고 촉구하였다.

2월 17일 런던. 영, 미, 캐나다 문제 위원회의 협상 결렬은 미국인들이 상호주의를 인정하지 않기 때문에 일시적으로 중단될 가능성이 있다.

2월 17일 런던. 치티 판사가 별세하였다는 발표가 있었다.

2월 18일 런던. 프랑스 하원이 대통령을 선출하기 위하여 이번 주 토요일 베르사유에 모일 것으로 보인다. 유력한 후보는 Depuy, Brisson, Cavlnac 및 상원의장 Soubet이다.

2월 18일 런던. 멜버른에 있는 헨리의 창고에서 화재가 발생하여 50만 파운드 분량의 차(tea)를 포함 전소되었다.

2월 18일 런던. 의회의 긴급한 사정으로 니카라과 운하 법안에 대한 심의가 이번 회기에는 보류되었다.

from the opening of Tunningfa on Westriver; deprecated hostility and jealousy towards other powers. Grey welcomed declarations of good desire to avoid territorial expansion in China and advocated a candid understanding with Russia obviating difficulties.

London, Feb. 11. Yesterday's version of the committee's report is confirmed. Nevertheless Gout insists on passing the Dreyfus bill.

London, Feb. 11. An amendment made to the address in reply to the Queen's speech by Samuel Smith, member of Parliament for Flintshire, demanding legislation to secure obedience of ritualists to the law, has been rejected by 21 votes to 89. Balfour admitted certain excesses and urges house to leave the matter in the hands of the bishops until their impotence is proved.

London, Feb 13. Circumstantial report has been received that the remains of Andre and his comrades have been found beside their ballroom in northern Siberia.

London, Feb 13. In spite of committee's rejection the French Chamber has adopted the Dreyfus bill by 332 votes to 216.

London, Feb 13. President McKinley has signed the treaty of peace.

London, Feb 13. The American ambassador in Berlin has strongly protested against the conduct of Germany in Samoa.

London, Feb. 13. Herr von Bulow, speaking in the Reichstag, repudiated the designs on the Philippines which have been attributed to Germany and said that the Filipinos had received no German support of any kind and that he believed that German and American interests would in no place clash in the future.

London, Feb 15. There have been continuous gales in Britain accompanied by wrecks, floods and tidal waves. The Cunard liner, Pavonia, is a fortnight over due and was last reported as drifting in a helpless condition. There has been a blizzard and unpresedented cold in America and weekly steamers from Europe have not arrived.

London, Feb 15. Broderick has promised to bring out shortly a voluminous blue book on the China question. He states that the question of the defense of Wei-hai-wei is far advanced and that proposals there anent will be submitted to Parliament.

London, Feb 15. The French senate has referred the Dreyfus bill to a committee.

London, Feb. 16. The United States senate has adopted by 26 votes to 22 a resolution declaring that the ratification of the treaty of peace does not imply permanent annexation of the Philippines but that it is intended to prepare the island for self-government.

London, Feb 16. The League de Patrie Francaise has sent invitations to all officers of the French army to join the league.

London, Feb 17. Tugs sent out have failed to find the Cunard steamer, Pavonia, or the Hamburg liner, Bulgaria.

London, Feb 17. Australian papers urge the annexations by Britain of Samoa as being the only solution of the present anarchy.

London, Feb 17. The collapse of negotiations of the Anglo-American commission of Canadian affairs is apprehended momentarily owing to the unwillingness of Americans to grant reciprocity.

London, Feb 17. The death of Justice Chitty is announced.

London, Feb 18. The National Assembly of France will probably meet at Versailles on Saturday to elect a president. The probable candidates are Depuy, Brisson, Cavlnac, and Soubet, the president of the senate.

London, Feb. 18. Henry's warehouse in Melbourne has been burned including a half million pounds of tea.

London, Feb 18. Owing to parliamentary exigencies the Nicaragua canal bill has been shelved for the present session.

코리안 리포지터리
주간판

1권 4호, 　　　　　　　1899년 3월 2일, 목요일

코리안 리포지터리
주간판
매주 목요일 발행

편집: 아펜젤러, 존스,
영업: 콥
구독료

1회	–	10센,
1개월	–	30센

광고료일반

노출 광고 1인치(2.5cm):

1회	–	1엔,
1개월	–	2엔

기사식 광고:

1회	–	25센,
다음 호부터는	–	15센

대성당에서의 추도식.

지난 목요일 아침 펠릭스 포르(Félix Faure) 대통령을 기리기 위해 프랑스 대성당에서 열린 추도식은 인상적이었다. 대성당의 내부는 특히 제단과 관대 주변을 매우 예술적으로 장식했다. 프랑스 장관의 선물인 상록수 왕관과 국기에 휘감긴 프랑스 주민들이 증정한 상록수 대형 십자가가 눈에 띄고 많은 찬사를 받았다. 수녀들은 그들이 전담한 장식을 단 3일 만에 완성한 데 대해 많은 찬사를 받아 마땅하다.

10시에 바로 미사가 교구장인 푸아넬 신부에 의해 집전되었다. 미사가 끝난 후 뮈텔 주교는 관대 근처에서 장례식을 집례하는 두 명의 주교 대리의 도움을 받았다. 모든 외국 대표와 많은 서울 시민이 참석했다. 미스터 콜랭 드 플랑시 공사, 알렌 의사, 궁내부 대신이나 외부대신은 영구대(靈柩臺) 부근 귀빈석에 착석했다. 용산의 모든 프랑스 사제와 신학교 학생들이 이 행사를 위해 참석했다. 수녀원 어린이들의 노래[9] 는 훌륭했고 전체 추도식 중 가장 인상적이었다.

잘 무장한 필리핀 사람들.

〈Manila Times〉 보도

내륙에서 들어오는 미국인들은 반군이 Luzon에는 이질적인 전쟁 도구를 비정상적으로 잘 공급하는 것처럼 보인다는 것을 관찰한다. 그들은 신비한 방식으로 얻은 것인 속사포 개틀링과 맥심에 특별한 관심을 기울였다.

아마도 홍콩에 거주하는 혁명군과 미국 지배의 저항에 동조하는 사람들은 아기날도의 손에 있는 여러 개의 전쟁 탄약 화물을 가져가는 데 성공했을 것이다. 확실하게도 고요한 밤에 해안을 따라가면 어디에서나 좋은 기회와 보급품을 받을 수 있다.

한국 사회면

달성감리교회 엡워스연맹은 지난 목요일 저녁 즐거운 친목회를 가졌다.

여성 지부는 서만(Dr. Sherman) 박사의 집에서 즐겁게 보냈다. 그녀는 마담 브룩스(Brooks)와 콥(Cobb)의 협력을 받았다. 짧은 영성 프로그램 후에 여성들은 사교 게임을 즐기고 다과로 마무리했다. 남자 지부 모임은 병원 건물에서 열렸다. 그들의 프로그램은 연설과 음악으로 구성되었으며 프로그램이 끝난 후 다과가 제공되었다. 두 곳 모두에서 그들은 저녁을 진정으로 즐기는 것 같았다.

THE KOREAN REPOSITORY.

WEEKLY EDITION.

VOL. I. NO. IV.   THURSDAY, MARCH. 2, 1899.

THE KOREAN REPOSITORY.
WEEKLY EDITION.
PUBLISHED EVERY THURSDAY.

H. G. APPENZELLER,   -   GEO. HEBER JONES,
EDITORS.

GEORGE C. COBB,   -   BUSINESS MANAGER.

SUBSCRIPTION RATES.

Single copy - -	Ten sen
Per month - -	Thirty sen

ADVERTISING RATES.

Displayed Ad - One inch

Single Issue - -	Yen 1.00
One month - -	Yen 2.00

Reading Notices - Per line

Single Issue - -	25 sen
Each subsequent Issue - -	15 sen

MEMORIAL SERVICE AT THE CATHEDRAL.

The memorial services at the French cathedral in honor of President Faure last Thursday morning were of an imposing character. The interior of the cathedral was very artistically decorated, especially around the altar and the catafalque. A crown of evergreens, the gift of the French Minister, and a large cross of evergreens presented by the French residents, entwined by the national flag, were prominent and much admired. The sisters deserve much credit for the decorations of which they had entire charge and but three days in which to perfect them.

Promptly at 10 o'clock grand mass was celebrated by Father Poisnel, rector of the parish. After mass, bishop Mutel assisted by two pro-vicars, officiated at the funeral services close by the catafalque. All the Foreign Representatives and many of the residents of Seoul were present. Monsieur Collin de Plancy, the Hon. H. N. Allen, the Minister of the Imperial Household, and the Minister of Foreign Affairs had the seats of honor at each corner of the catafalque. All the French priests and seminary students of Riong-san came up for the occasion. The singing by the boys from the orphanage was excellent and the whole service most impressive.

FILIPINOES WELL ARMED.

The Manila Times says:—Americans coming in from the interior observe that the insurgents seem unusually well supplied with implements of war, foreign to Luzon. Especial notice has been taken of the rapid fire guns, Gatling and Maxim, that they have obtained in some mysterious manner. In all probability sympathizers with the revolution and the resistance of American dominion, residing in Hongkong, have managed to get several cargoes of munitions of war into Aguinaldo's hands. Certainly there is an excellent opportunity to and supplies anywhere along the coast on a still night.

A KOREAN SOCIAL.

The Epworth League of the Talsung Methodist church held a delightful social last Thursday evening. The women's branch was entertained by Mrs. Dr. Sherman at her home. She was assisted by Mesdames Brooks and Cobb. After a short devotional program the women enjoyed social games and closed with refreshments. The men's branch held forth at the hospital building. Their program consisted of speeches and music, and after its completion refreshments were served. At both places the evening seemed to be genuinely enjoyed.

도시와 지방 소식

정치적 폭풍이 소강상태에 있다.

부산의 로스 목사 부부 사이에서 난 아기의 이름은 듀이(Dewey)이다.

램프용 Westminster 150° 테스트 오일; 석유 난로용 미네랄 콜자 300° 테스트 오일. 2~4t 이 TOWNSEND & CO., 입하되어 있다.

삼문출판사에서는 3월 1일부터 추후 공지가 있을 때까지 은화와 한국 통화를 5% 할인하여 받는다. 영업 관리자 GEORGE C. COBB

Miss L. C. Rothweiler 와 Miss. L. E. Frey 감리교 선교사는 지난 금요일 휴가차 미국으로 가려고 서울을 떠나 제물포로 출발했다. 그들은 일요일에 제물포를 떠났다.

의심의 여지 없이 일본의 상업 관계의 변화로 인해 환율이 다시 높아지고 있다. 종이 엔화는 국내에서 유통되고 있으며 이곳 서울뿐만 아니라 일본에서도 프리미엄을 누리고 있다.

천왕은 왕세자 전하의 회복에 대한 감사의 표시로 작은 범죄를 저지른 처벌을 1점 면제하는 칙령을 발표했다.

2월 20일 정부는 외국인이 거주하고 있는 구역이나 왕궁이 있는 구역에 한국인이 출입하는데 필요했던 모든 출입증을 폐지했다. 이제 한국인이라면 누구나 이 길을 자유롭게 지나갈 수 있다.

남부 Imp'i 군의 주요 마을은 최근 해일로 황폐해졌고 500채의 가옥이 파괴되었다. 현은 100달러를 기부하여 사람들이 짚을 사서 살 수 있는 임시 거처를 만들도록 했다.

우리의 소식지 첫 호를 받은 지방에 살고 있는 친구는 이렇게 소식을 전해왔다. "짧았지만 독립신문의 몰락 이후 새로운 REPOSITORY가 나오기까지 매우 긴 시간이었습니다." 그는 KOREAN REPOSITORY JR. 라는 제호를 제안하고 1엔을 동봉하며 우리의 성공을 기원했다. 계속 발간하려면 지금보다 더 많은 구독자의 신청서가 있어야 한다. 독자들께서 바로 구독 신청서를 보내 주기를 희망한다.

세 번째이자 마지막 공지.

이번 호부터 서울이나 제물포에 사는 사람은 자신의 이름이 정기 구독자로 등록되지 않는 한 주간 리포지터리를 받지 못할 것입니다. 우리는 지난 3주간 공지했으며 그것으로 충분하다고 생각합니다.

최고 위원은 전쟁의 신을 위해 남부 사원 재건과 관련하여 가족이 사망하여 직책에 부적격하다는 이유로 다른 사람이 임명되었다. 순결과 불결에 관한 고대의 법칙이 여전히 지배적이다.

대한제국 전신국은 월요일에 3월 1일 이후 단어 당 다음과 같은 전신 요금이 부과될 것이라고 공지했다. 중국 56 센: 유럽 Y3.04; 유럽의 러시아. Y1.48; 러시아, 아시아, 동부, Y1.14; 워싱턴과 뉴욕 Y4.01.

한국과 중국 새 조약의 첫 번째 조항은 의주를 개항장으로 만들었다. 상무를 총괄하는 상무관은 감리사 주사와 같이 그곳에 파견될 것이다. 대한제국이 개항 수를 늘리는 정책은 축하받기에 마땅하다.

지난해 가을 국민회의에서 여성교육회는 여학교 설립을 요구해 예산 3,000엔을 편성했다. 그러나 지금까지 교육부 장관의 반대 때문에 아무 조치도 취해지지 않았다는 주장이 제기되고 있다.

피쉬(M. A. Fish) 의사는 18일 토요일 평양에서 약 10마일 떨어진 시골을 여행하던 중 불행하게도 자전거에서 떨어져 무릎 아래 다리가 골절되었다. 헌트 부인은 당시 그녀와 함께 있었고 피쉬 양은 그들이 가지고 있거나 얻을 수 있는 유일한 의자에 고정하고,

CITY AND COUNTRY

There is a lull in the political storm.

The infant son of Rev. and Mrs. Ross, of Fusan is named Dewey.

Westminster 150° test oil for lamps; Mineral Colza 300° test oil for oil stoves. 2-4t
        TOWNSEND & CO., Agents.

From March 1st the Trilingual Press will discount silver dollars and Korean currency five percent until further notice.
  GEO. C. COBB, Manager.

Miss L. C. Rothweiler and Miss. L. E. Frey of the Methodist Mission left Seoul last Friday for Chemulpo enroute for the United States on furlo. They left Chemulpo on Sunday.

Exchange is going up again owing no doubt to the change of commercial relations in Japan. The paper yen has found its way to the interior and commands a premium there as well as here in Seoul.

The Emperor, as an expression of gratitude for the recovery of His Royal Highness the Crown Prince, has issued an edict remitting the punishment by one point of those committed for smaller offences.

Feb. 20th the government abolished all passes which have been necessary for Koreans to enter the quarters where foreigners live and in which is located the palace. Now any Korean who likes may freely pass this way.

The chief town of the Imp'i prefecture in the south was recently devastated by a tidal wave and 500 houses destroyed. The prefect contributed $100 with which the people bought straw and made temporary booths in which to live.

A friend living in the country on the receipt of our first number writes: "It was short but it seemed very long since the demise of the *Independent* to the birth of the infant REPOSITORY." He suggests the paper be called KOREAN REPOSITORY JR., encloses one yen and wishes us success. We must have more names on our list than we have now to continue. Let every one send in his name promptly.

THIRD AND LAST CALL.- From this issue no person in Seoul or Chempulpo will receive the WEEKLY REPOSITORY unless their names are regularly entered as subscribers. We have given three weeks' notice and we deem that sufficient.

The chief commissioner, in connection with the rebuilding of the South Temple to the God of War, having had a death in his family he was deemed disqualified for his post and another appointed. The ancient laws of purity and defilement still prevail.

The Imperial Korean telegraph office issued notice on Monday that after March 1st the following rates would be charged per word: China 56 sen: Europe Y3.04; Russia in Europe. Y1.48; Russia, Asia, East, Y1.14; Washington and New York Y4.01.

The first article of the new treaty between Korea and China makes We-ju an open port. A Superintendency of Trade with a Kam-ni sa and force of Chu sas will be located there. Korea is to be congratulated upon the policy of increasing the number of open ports.

During the People's Meetings last fall the Female Educational Society asked to have schools established for the education of girls and an item of yen 3,000 was placed in the Budget. But up to this time nothing has been done owing to the opposition, it is alleged, of the Minister of Education.

Miss M. A. Fish, M. D., while travelling in the country, about 10 miles from Pyeng-yang, Saturday, the 18th inst, had the misfortune to fall off her bicycle and fractured her leg below the knee. Mrs. Hunt was with her at the time and had Miss Fish fixed up in the only chair they had or could get

급히 보낸 구조팀이 도착하기 전에 몇 마일을 걸었다. 몇 주 전 Swallen 씨의 양 손목이 "부러진 것만큼이나 심한" 염좌에 이어 이것이 평양에서 유행하는 것이 아닌가 하는 생각이 들게 했다.

진남포 관세청장 대행, 진남포 주재 러시아 부영사, 진남포 시의회 의장, 영국 진남포 총영사, 진남포 도로위원회 위원장이 최근 평양을 공식 방문했다. 이 모든 사무소가 유진 페네(Mr. Eugene Peugnet) 한 사람의 노력으로 연합했을 때, 진남포에서는 합동이 사실임을 알게 될 것이다.

공지

서방 외국인 대중 모임이 지난 9일 오후 4시에 양화진에 있는 외국인 묘지에 관한 중요한 문제를 논의하기 위해 서울연합회관에서 소집되었다. 주최자는 묘지위원회 위원장이었다.

목포에서 온 단신.

1899년 1월 6일 유진 벨 부부가 딸을 출산했다.

한국의 대규모 신규 전신국과 우체국이 거의 완공되었다.

버지니아의 C. C. Owen 목사는 1898년 11월 5일 남장로교 선교회에 합류하기 위해 목포에 도착했다.

목포와 교류하고 싶은 친구들은 한국 우편이 아닌 일본 우편으로 편지를 보내야 한다.

켄뮤어(Kenmure) 목사와 피터스(Pieters)는 제주(Quelpart)로 가는 길에 2월 21일 목포에서 하루를 보냈다.

감리직을 수락하기 위해 원산으로 가던 윤치호 선생이 2월 22일 목포를 경유했다. 이 방문객들은 외국인이나 원주민 거주지의 급속한 성장에 큰 놀라움을 표명했다. 무역은 호황을 누리고 있으며 이미 대규모 일본 정착촌이 설립되었다. 중국인 몇 명, 영국인 1명, 미국인 3명, 프랑스인 1명이 이곳에 거주하는 외국인들이다.

방파제가 완성된 후 몇백 달러만 더 지출하면 증기선이 부두를 따라 올 수 있으므로 삼판선과 화물선을 없앨 수 있다.

새로운 일본영사관, 대한제국 우체국, $9,500.00의 방파제 공사가 다음 달에 시작될 확장 공사 중 하나이다. 또한 세관장의 거주지이기도 하다.

화물선은 거의 매일 운행하며 3월부터는 히고호와 겐카이호도 정기적으로 운항한다. 웅장한 항구는 동쪽의 모든 함대를 수용할 수 있을 만큼 크다. 군함은 이곳에서 24마일의 강을 오를 수 있다.

전신 뉴스

런던, 2월 19일. Loubet은 483표를 얻어 프랑스 대통령으로 선출되었으며, 유일한 다른 후보인 Meline은 270표를 얻었다.

런던, 2월 19일. 파보니아 호는 안전하다. 그 선박은 Azores로 견인되었다.

런던, 2월 20일. Loubet은 급진당원들과 Dreyfusites, Meline은 온건파와 반듀레프사이트의 지원을 받았다. Beaurepaire 신문 토요일 기사에 따르면 수상이 파나마 기소로부터 Baron Reinach를 보호했을 때 Loubet을 비난하면서 맹렬하게 공격했다. 적대적인 시위와 파나마의 외침은 Loubet이 파리로 돌아온 것을 의미했다. Dersulede는 포르의 장례식을 계기로 군중들을 끌어들이고 현 정권에 반대하는 대규모 시위를 조장했다. 혼란은 자정이 지날 때까지 계속되었는데 46명이 다쳤고 250명이 체포됐다. Anti-Dreyfusite 신문은 선거를 대중의 불행으로 매도하고 Loubet을 파나마에 의해 오염된 소인배라고 칭하고 있다. 온건한 언론과 수정주의자들은

and had walked several miles before the help sent post haste for had arrived. Following on Mr. Swallen's severe sprain of both wrists, "as bad as a break," of a few weeks ago makes us wonder if this thing is epidemic up in Pyengyang.

The Acting Commissioner of Customs of Chinnampo, the Imperial Russian Vice-consul of Chinnampo, the President of the Municipal Council of Chinnampo, her Britannic Majesty's pro-consul of Chinnampo, and the Chairman of the Road Committee of Chinnampo, made a visit to Pyengyang on official business lately. When it is known that all these offices are combined in one person - Mr. Eugene Peugnet - it will be seen that consolidation is a fact in Chinnampo.

NOTICE.

A mass meeting of western foreigners is called to meet in the rooms of the Seoul Union on the 9th inst. at four p. m. to discuss important matters pertaining to the Foreign Cemetery at Yang-wha-chin. By order of Chairman Cemetery Committee.

NOTES FROM MOKPO.

A daughter was born to Mr. and Mrs. Eugene Bell, Jan. 6th, 1899.

The large new Korean telegraph offices and post office is nearly completed.

Rev. C. C. Owen, M. D., of Va., arrived at Mokpo Nov. 5, 1898, to join Southern Presbyterian Mission.

Friends wishing to communicate with Mokpo should write via Japanese post and not by Korean.

Rev. Alex. Kenmure and Mr. A. A. Pieters enroute to Cheiju (Quelpart) spent the day at Mokpo, Feb. 21st.

Mr. T. H. Yun, enroute to Wonsan to accept the position as Kamni, passed thro. Mokpo, Feb. 22nd. These visitors have expressed great surprise at the rapid growth of the foreign and native settlements. Trade is booming and already a large Japanese settlement is established. A few Chinese, one British subject, three Americans, and one Frenchman are the other foreigners here.

After the sea wall is completed, with only a few hundred dollars more expended, steamers can come alongside the wharf and thus do away with sampans and cargo boats.

A new Japanese Consulate, an Imperial Post office, and a $9,500.00 sea wall are among the improvements to be begun next month. Also a residence for customs commissioner.

Freight steamers call almost daily and beginning with March, the Higo and Genkai will also run regularly. The magnificent harbor is large enough to accommodate all the fleets in the east. A man-of-war can ascend the river here 24 miles.

TELEGRAPHIC NEWS.

LONDON, 19. Loubet was elected President of France, obtaining 483 votes, Meline, the only other candidate, receiving 270 votes.

LONDON, Feb. 19. The Pavonia is safe. She was towed into the Azores.

LONDON, Feb. 20. Loubet was supported by Radicals and Dreyfusites, and Meline by Moderates and anti-Dreyfusites. An article published by Beaurepaire on Saturday virulently attacks Loubet accusing him when premier of shielding Baron Reinach from Panama prosecution. Hostile demonstrations and shouts of Panama marked Loubet's return to Paris. Dersulede harangued mobs and invited a great demonstration against present regime on the occasion of Faure's funeral. Disturbances continued until past midnight; 46 people were injured and 250 arrests were made. Anti-Dreyfusite papers denounce election as a public misfortune and call Loubet that mediocrity who is tainted by Panama. Moderate journals and revisionists eulogize

Loubet의 고결함을 찬양하고 협력과 화해를 설파하고 있다.

런던, 2월 20일. Michael Hicks Beach 경은 Kitchener 경의 연금 수령권을 매입하기 위해 £39,000의 청구서를 하원에 제출할 것이다.

런던, 2월 21일. 일요일 저녁 파리에서 폭도들이 로스차일드 은행과 여러 신문사의 창문을 부수면서 시위가 재개되었다. 100여 명이 체포되었다. 파리의 영국 특파원들은 시위 참가들은 주로 돈을 받고 동원된 폭도들의 소행이라고 믿고 있다. 국가는 대체로 Loubet의 선출 결과에 만족한다.

책과 정기간행물.

우리에게는 "서울 여성과 어린이를 위한 성 베드로 병원의 영국 교회 의료 사업 연차 보고서"가 있다. Katharine M. Allan, M. D. 은 내과 의사이다. 성 베드로 공동체의 수녀와 동료들은 간호사와 보조원이다. Margaretta 수녀는 약국과 C. S. P.일을 맡고 있으며, A. B. Turner는 병원 목사이다. 이 보고서는 1896년 11월 14일부터 1898년 9월 30일까지의 실적을 포함한다. 총 시약소를 방문한 인원은 여성 16,140명이고 신규 내방은 5,840명, 기존 환자 6,301명; 어린이들의 신규 환자는 1,999명, 기존 환자는 2,000명. 외래에서 707명이 방문했고 병원 입원 환자는 319명이었다. 이것은 좋은 결과이며 우리는 그들이 가진 광범위한 영향력에 대해 담당 의사와 병원의 직원들을 축하한다.

치료한 질병의 분류에 선행하는 Dr. Allan의 언급은 매우 흥미롭다. 우리는 적어도 10년 또는 12년 전에 남성과 소년에 대해 비슷한 말을 들었던 것을 기억한다. 우리는 그 시간이 더 나아지겠다고 생각했지만, 우리 병원의 의사들은 여전히 같은 이야기를 하고 있다는 것을 이 보고서에서 확인할 수 있다. 환자를 병원으로 보냈지만 되돌아갔다.: 돌아간 이유를 보면

(1) 그녀는 혼자 살기 때문에 집을 떠날 수 없다고 한다. (2) 그녀는 남편을 위해 요리하고 빨래해야 하고, 그녀가 떨어져 있으면 남편은 다른 아내를 맞이할 것이다. (3) 유아를 돌봐야 함. (4) 환자는 수술을 두려워하고 매일 "약을 먹으러" 오겠다고 한다. (5) 시골에 살고 집에 소식을 전할 수 없다. (6) 재봉사, 세탁소 일꾼 등으로 병원에 있으면 집안일에 지장이 생기고 마지막으로 "남고 싶지만, 한국 관습에 어긋나서 할 수 없다는 이유를 대는 조선 여인들".

"외국인이라면 누구나 연로한 어머니에 대한 헌신과 보살핌에 있어서 한국인들의 모범을 따르는 것이 좋을 것이다. 그들의 노모가 아플 때 그들은 우리가 가장 연약한 아기를 돌보듯이 그녀를 돌보았고, 시간에 관한 한 철저히 한국적인 방식으로 그녀를 다루고 옮겼지만, 제가 장담하건대 매우 온화하게 대한다.

이상하게도 한국 신사들은 노모를 병간호하기 위해 어떤 지위에 있든 일을 그만둔다. 왜 아내나 누이에게 간호시키지 않느냐'는 질문에 그는 '그녀는 내 어머니이고 아플 때 그녀를 돌보는 것이 내 의무이기 때문입니다.'라고 대답했다."

Allan 박사는 Kilburn의 성 베드로 수녀에게 다음과 같이 우아한 경의를 표하며 이 짧은 공지를 마쳤다. "열심히 일하는 모든 노동자 중에서 조선인의 구호, 개선, 물질적 발전을 위해 조선인들보다 더 열심히 노력하는 투쟁의 영웅은 없습니다.

그들은 기꺼이 발걸음을 옮겨 왕궁과 빈민의 오두막집을 방문하고, 참을성 있게 희생하고, 허물에 관대하고, 보잘것없는 재물을 가지고 합당한 대의를 위해 순교자의 소임을 수행했으며, 인간의 성품을 고귀하게 만드는 최고의 미덕을 가지고 있다."

Loubet's uprightness and preach union and pacification.

LONDON, Feb. 20. Sir Michael Hicks Beach will submit to the House of Commons a bill for £39,000 to purchase annuity for Lord Kitchener.

LONDON, Feb. 21. Renewed demonstrations were made in Paris on Sunday evening when a mob smashed windows of Rothchild's bank and of several newspaper offices. A hundred arrests were made. English correspondents in Paris believe that the demonstrations are largely the work of paid rowdies. The country generally is satisfied with the election of Loubet.

BOOKS AND PERIODICALS.

We have before us the "Annual Report of the Church of England medical work at St. Peter's Hospital for women and children, Seoul," Katharine M. Allan, M. D., is Physician in charge; sisters and associates of St. Peter's Community are nurses and assistants; dispenser, Sister Margaretta., C. S. P., and the Rev. A. B. Turner is chaplain. The time covered in this report is from November 14, 1896, to September 30, 1898. Total attendance at dispensary, 16,140 Women, new cases 5,840, old cases 6,301; children, new cases 1,999, old cases 2,000. Out practice, 707 visits were made, and 319 cases were admitted into the hospital. This is a good showing and we congratulate the Physician-in-charge and her staff on the wide sphere of influence they have.

The remarks by Dr. Allan which precede the classifications of diseases treated are very interesting. We remember hearing similar comments about men and boys no less than ten or twelve years ago. We thought the that time would work changes for the better but the doctors in our mission have still the same story and this report confirms it.

A patient is sent to the hospital but refuses: (1) She lives alone and so cannot leave the house. (2) She has a husband to cook and wash for, and if she remained away he would take another wife. (3) Care of an infant. (4) The patient fears an operation, and "drinking medicine" she can come for daily. (5) Lives in the country and cannot send word. (6) Is a seamstress, laundress, etc, and if she remains the work will suffer, and lastly, the "Korean lady who would like to remain but cannot, as it not in accordance with Korean custom."

"Any foreigner might do well to follow the example of a Korean gentleman with regard to his devotion and care of his aged mother. When ill he cared for her as we would for the most delicate infant, handling and moving her in a manner which is thoroughly Korean so far as time is concerned but, I assure you, with great gentleness.

Strange to say the Korean gentleman gives up his work, no matter what his position, in order to nurse his mother. When asked, Why do you not allow your wife or sister to do the nursing? he replies, "because she is my mother and it is my duty to care for her when ill."

Dr. Allan pays a graceful tribute to Sister of St. Peter, Kilburn, with which we close this brief notice. "Of all the earnest workers there are no heroes in the strife who toil more earnestly for the relief, the betterment and material advancement of Koreans, than they.

They visit alike with ready, willing steps, the palace of the magnate, and the hovel of the pauper, patient self-sacrificing, generous to a fault, with their scanty hoard, they fill the role of martyrs in a worthy cause, and exemplify the highest virtues that give nobility to human character."

코리안 리포지터리
주간판

1권 5호,   1899년 3월 9일, 목요일

코리안 리포지터리
주간판
매주 목요일 발행

편집: 아펜젤러, 존스,

영업: 콥

구독료

1회	– –	10센,
1개월	– –	30센

광고료일반

노출 광고 1인치(2.5cm):
1회	– –	1엔,
1개월	– –	2엔

기사식 광고:
1회	– –	25센,
다음 호부터는	– –	15센

내각의 변화.

지난주 내각에서 오랫동안 기대했던 변화를 향한 첫걸음을 목격했다.

조병직(趙秉稷)[10]은 다시 한번 권력을 잡고 민종묵(閔種默)은 외부(외교부) 대신이 된다. 신기순은 학부(교육부) 대신 직을 유지하면서 가족의 중병으로 사직한 유귀환 법부(법무부) 부대신 대행도 맡게 됐다. 민영규(閔泳奎)는 재정부에서 병무부로, 심상훈(沈相薰)은 옛 재정부 대신으로 자리를 옮겼다.

우리가 알고 있는 보부상 체재의 개편이 이루어졌다.

이러한 변화의 전주곡 또는 결과로 또는 완전히 별개로 러시아 공사 파블로프 씨는 지난 4일 토요일 오후 황제를 오후 2시부터 4시 30분까지 개인적으로 알현했다.

그럴 수 있습니까?

북쪽에서 이상한 소문이 들려온다. 현재 접수된 사실을 알려드린다. 서울의 새로 완공된 문(즉, 서대문)밖에는 많은 무당과 여성 주술사들이 살고 있다. 작년에 이 여성 중 다섯 명은 "동역자", 자녀와 재산을 가지고 부정기선을 타고 북쪽 지방으로 들어갔다. 두 달 동안 황해도 지방에서 일한 후 그들은 함경도에 들어가 마을과 촌락에서 부녀들이 번 돈으로 생활했다.

주술업은 번창했고 돈을 관리하는 남자들은 각각 $200 이상을 모았다. 남자들은 이 돈을 고원 부사에게 가지고 가서 서울에 물건을 주문하고자 했다. 그 소식이 지방 경찰에게 알려지자, 그들은 남자들과 그들과 함께 있던 하인들 모두 열 명을 강도로 체포했다. 아마도 민간인이 고원에 들어가 이렇게 많은 돈을 내놓은 것은 이번이 처음이었을 것이다. 그러나 그 사람들은 강도라는 혐의를 반박했지만 10명 전원이 경찰의 고문을 받아 그들 중 한 명은 다음날, 다른 한 명은 그다음 날 사망했다.

지방 지사가 자리에 없기에 여성은 관할권을 가진 이웃 관리에게 도움을 청했고, 그 관리는 살아 있는 8명의 남성을 자신의 마을로 보내라고 명령했다. 그는 그들이 절망적인 사건에 처해 있고 불미스러운 일에 휘말릴까 두려워 아무것도 하지 않고 불행한 사람들을 다시 고원으로 돌려보냈다. 여기서 그들은 다시 포악한 경찰의 공격을 받았고 심하게 구타당하여 심하게 불구가 되었다.

그들의 돈은 이때쯤 모두 사라졌고 새로운 부사가

THE KOREAN REPOSITORY.

WEEKLY EDITION.

VOL. I. NO. V.   THURSDAY, MARCH. 9, 1899.

THE KOREAN REPOSITORY.
WEEKLY EDITION.
PUBLISHED EVERY THURSDAY.

H. G. APPENZELLER,   -   GEO. HEBER JONES,
EDITORS.

GEORGE C. COBB,   -   BUSINESS MANAGER.

SUBSCRIPTION RATES.

Single copy	- -	Ten sen
Per month	- -	Thirty sen

ADVERTISING RATES.

Displayed Ad - One inch
Single Issue	- -	Yen 1.00
One month	- -	Yen 2.00

Reading Notices - Per line
Single Issue	- -	25 sen
Each subsequent Issue	- -	15 sen

CHANGES IN THE CABINET.

The past week witnessed the first steps looking towards the long expected change in the Cabinet. Cho Pyeng-sik is once more on the way to power and Min Chong-mouk, is to be Minister of Foreign Affairs; Sin Ki-sun while retaining the portfolio of Education was also made Acting Minister of Law vice Yu Kui-whan who was excused on account of serious illness in his family. Min Yung-kui was transferred from the Finance to the War Department while Sim Sang-hun takes up his old position as Minister of Finance.

The reorganization of the Peddlers' guild we understand has been effected. As a prelude or as a consequence to these changes or whether entirely apart from them, the Russian Charge d'Affairs, Mr. Pavlov, had a private audience with the Emperor last Saturday afternoon the 4th inst. lasting, so it is said, from two o'clock to half past four.

CAN THIS BE SO?

A strange story comes from the north. We give the facts as currently reported. Outside the "new" Gate, (i. e. West Gate) of Seoul live a number of mutangs or female exorcists. Last year five of these women with their "consorts," children and goods, went north into the provinces on a tramp. After two months working thro Whanghai they passed into Ham-kyeng, living on what the women made in the villages and hamlets.

The trade proved flourishing and the men taking charge of the money accumulated over $200 each. This money the men took into the Magistracy of Ko-won and tried to purchase orders on Seoul. The thing became known to the local police and they seized the men and the servants with them, ten in all, charging them with being robbers. Probably this was the first time private people had ever ventured into Ko-won and exhibited such a sum of money. The men however refuted the charge of being robbers, but the entire ten were subjected to such torture by the constables that one of them died the next day, and another one the following day.

The local prefect being absent and a neighboring official having jurisdiction the women appealed to him for help, who ordered the eight men living to be removed to his town. He saw they were in a hopeless case and fearing to become involved in the unpleasantness he refused to do anything and sent the unfortunates back to Ko-won. Here they were set upon again by their captors and so beaten that they became badly crippled. Their money was by this time all gone and when the new magistrate

고원에게 왔을 때 그 문제는 그에게 너무나 잘 전달되어 나머지 사람 중 7명이 7월 21일에 처형당했고, 열 사람 중 유일한 생존자는 시각장애인 한 사람뿐이다. 이 무렵 여자들은 남자들을 풀어주기를 바라며 수입을 가지고 돌아왔다. 이 와중에 여인들 역시 강탈당하고 심하게 학대당했다. 그러나 그들은 탈출하여 서울로 왔다. 최근 고원에서 도망친 악당 중 한 명이 서울의 거리에서 여성 중 한 명에게 신원이 확인되어 체포되었다. 그는 살인을 인정했지만, 경관을 비난했다.

화염에 휩싸인 마닐라.

지난달 25일 자 〈효고 뉴스〉에 따르면 마닐라가 화염에 휩싸였다고 한다, 원주민 봉기로 1,500채의 집이 파괴되었다.

도시와 지방 소식

용산에 양조장을 짓는 프로젝트가 진행 중이다.

평양의 W. A. 노블 목사와 노블 부인 사이에서 지난 1일 아들이 태어났다.

지난 6일에 C. C. Vinton 박사 부부가 아들을 낳았다.

최근 태풍으로 남해안에서 400~500명이 목숨을 잃었다고 한다.

65명의 거지가 서울에 있는 3개의 정부 보호소에 수용된 것으로 보고되었다.

칼 볼터(Carl Wolter)와 그의 가족은 6일 월요일에 증기선 Chowchowfu호를 타고 제물포를 떠나 상하이로 향했다.

동양종합광업의 레이 헌트 씨는 16일 제물포에 도착할 예정이다.

2월 28일 황실 초상화 사원 영희전(永禧殿)[1] 앞의 홍살문이 바람에 무너졌다.

정부는 얼마 전부터 여학교와 산업학교를 모두 설립하는 방안을 검토해 왔다. 신기선 현 학부 대신의 반대로 이 두 부문에 대한 지출이 예산에서 제외되었다.

제물포성공회 주치의 가든(Dr. W. A. Carden) 박사는 낙동에 있는 영국 병원에서 병으로 입원 중이다.

제물포의 타운젠드앤드컴퍼니 D. A. 데쉴러가 한국으로 돌아오는 길의 요코하마에 도착했다.

> 램프용 Westminister 150° 테스트 오일; 석유 난로용 미네랄 콜자 300° 테스트 오일. 2~4t이 TOWNSEND CO., 지사에 입고 됨.

이달 1일부터 제물포~용산 간 증기기선이 운행을 시작했다. 이제 기차 철로를 기대함!

북장로교회 선교회 F. S. 밀러 목사와 가족들이 미국으로 휴가차 지난 3일 서울에서 출발했다.

지난 금요일 오후 서울유니온의 마지막 겨울 연회파티 시리즈가 성황리에 막을 내렸다.

남대문 밖에 있는 '전쟁의 신 사당'을 재건하기 위해 한국인과 중국인이 20,000달러 이상의 후원금을 모았다.

전라북도 무주의 5개 마을에서 큰 화재가 발생해 여러 명이 숨지고 62채의 가옥이 소실됐다.

초등학교 지원을 위해 각 도의 세금 수입에서 한 달에 30달러를 충당하도록 명령받았다.

가로철도 주택용 기계류가 이번 주 서울로 들어올 예정이며 콜번(콜브란)씨가 곧 그 설치를 감독할 것으로 예상된다.

일본의 학생들은 빈궁한 상황에 부닥쳐 있다. 이전에는 일본인들의 호의가 그들을 도왔지만, 국민회의에서 거둬들인 징수와 정부예산에 편입되었다는 소식 이후에는 사람들이 등을 돌렸다. 그들은 구호품을 다 써버렸고,

come(sic. came) to Ko-won the matter was so represented to him that of the remaining men seven were executed on the 21st of the Seventh Moon, and a blind man left as the only survivor of the ten. About this time the women came back with their earnings hoping to release the men. Of this they were also robbed and badly abused. They escaped however and came to Seoul. Recently one of the runners from Ko-won was identified in the streets of Seoul by one of the women and placed under arrest. He acknowledges the killing but throws the blame on the constables.

MANILA IN FLAMES.

The Hiogo News of the 25th ult. states that Manila has been fired. Fifteen hundred houses have been destroyed by the native rising.

CITY AND COUNTRY.

There is a project on foot to establish a brewery at Yongsan.

A son was born to the Rev. W. A. and Mrs. Noble of Pyeng-yang on the 1st inst.

A son was born to Dr. and Mrs. C. C. Vinton on the 6th inst.

It is said that between 400 and 500 lives were lost on the southern coast during the recent storms.

Sixty-five beggars are reported as having been received in the three government shelters at Seoul.

Herr Carl Wolter and family left Chemulpo per steamer Chowchowfu for Shanghai on Monday, the 6th.

Mr. Leigh Hunt, of the Oriental Consolidated Mining Co., is expected to arrive at Chemulpo on the 16th.

On Feb. 28th the Red Arrow Gate in front of the Temple of Imperial Pro'ra ts (sic. Portraits) was blown down by the wind.

The government for some time past has had a plan in consideration to establish both girl's and industrial schools. Owing to the opposition of the present Minister of Education Sin Ki-son the appropriation to both these objects has been removed from the Budget.

Dr. W. A. Carden, the physician of the Anglican Mission at Chemulpo, is ill at the English hospital in Nak Tong.

D. A. Deshler, of the firm of Townsend & Co., of Chemulpo, has arrived at Yokohama, on his way back to Korea.

Westminister 150° test oil for lamps; Mineral Colza 300° test oil for oil stoves. 2-4t
TOWNSEND CO., Agents.

The river steamers began running between Chemulpo and Yongsan about the first of this month. Now for the trains!

Rev. F. S. Miller and family of the Northern Presbyterian Mission left Seoul on the 3rd inst. on furlo to the United States.

The last of the series of winter entertainments of the Seoul Union took place last Friday afternoon and was a very great success.

Over $20,000 has been subscribed by Koreans and Chinese for the rebuilding of the Temple to the god of war outside the South Gate.

A great fire has devastated five hamlets in Mu-chu, North Chulla, in which several lives were lost and sixty-two houses were destroyed.

It has been ordered that the sum of thirty dollars a month be devoted from the tax receipts in each prefecture for the support of primary schools.

The machinery for the house of the street railroad is being brought up to Seoul this week and Mr. Colburn(sic. Collbran) is expected shortly to superintend its installation.

The students in Japan are in bad straits. Previously the kindly disposed in Japan aided them until news came of the collection taken by the People's Meeting, and the appropriation made for them in the government Budget. They have used up

교육부는 그것들을 무시하고 있으며, 일본인 친구들은 여전히 행운이 그들에게 깃들 것이라는 인상을 가지고 일한다.

현재 서울교도소에는 다음과 같이 240명의 수감자가 수용되어 있다. 법무부 수감자 3명; 대법원 수감자 30명; 서울지방법원 수감자 67명; 연쇄 갱단 범죄자들 140명.

최근 서울에 개교한 초등학교 중에는 한국여성회 주관으로 문을 연 여학교가 있다. 20명이 넘는 학생이 등록하고 정부 학력인증 학교가 되기를 희망하는 것으로 시작했다.

중국 장관의 요구에 따라 제물포에 있는 새로운 중국 조계지의 한인 주택을 철거하기로 했다. 새로운 조계지는 항구의 가톨릭 성당과 감리교 교회 사이에 있으며 121가구가 철거 명령을 받았다.

한국 신문은 서울 부산철도에 관심을 가진 일본 자본가들이 노선을 조사할 예정이며 도로 비용은 약 1,500만 엔으로 추산한다고 보도했다. 또한 프랑스 측량팀이 서울에서 서울-의주 노선으로 출발한 것에 주목한다.

최근 내린 비는 상서로운 징조로 받아들여진다. 가을과 겨울의 가뭄으로 인해 겨울 채소의 수확량이 적고 우물이 전반적으로 말라 버린 후 계속되는 비와 서리가 일찍 풀리는 것은 건강과 풍년의 약속으로 간주한다. 우리는 결과를 보게 될 것이다.

금광에 대한 감독권은 지난해 황실부에서 농상공무부 산하로 갔다가 다시 황실부에서 맡기로 했다, 이용익 씨가 지난해 가을 국민당 탄핵 당시 맡았던 내장원경으로 다시 관보에 올랐다.

그의 첫 번째 행동 중 하나는 황해도 지방의 한 한국인 광산에 대한 수용 명령을 내린 것이었다. 화가 난 영업권자는 즉시 그를 찾았고 격렬한 항의를 시작할 때, 이 씨는 독립협회에 가서 연설해야 한다고 이유를 대며 그의 항의를 차단했다.

석전(돌싸움)은 여전히 한국인들의 관심을 끌고 있다. 최근 서울 강변에서 돌싸움 꾼들이 충돌해 1명이 숨졌다. 경찰 당국은 그의 사망과 문제를 일으킨 사람들을 쫓았고 누군가를 위해 해결의 실마리를 찾았다. 정부는 이 위험한 놀이를 억제하기 위해 상당한 노력을 기울이고 있는 것 같다.

'전쟁의 신 사당' 대문 붕괴는 계속해서 신문의 관심을 끌고 있다. 이와 관련된 한 이야기는 손에 불을 붙인 향을 들고 거리에서 발견된 한 여성이 신의 검을 찾고 있다고 말했다. 불이 난 원인이 무엇인지 묻자, 그녀는 관왕 신이 정치 울타리의 개혁측에 가담하기로 결심하고 자신의 사당에 불을 지르고 백성들 가운데로 나왔다고 말했다.

"서울~제물포 철도부설권이 일본 신디케이트에 이양돼 인도 준비를 하고 있다. 공사를 조사하기 위해 한국에 다녀온 엔지니어 요시카와 씨가 최근 귀국해 진척 상황을 보고했다. 회사 총지배인으로 임명된 아다치 씨는 곧 한국으로 올 것이다. 내년 11월경에 철도 노선이 개통될 것으로 예상된다."라고 〈Kobe Weekly Chronicle〉, 2월 22일 자는 보도했다. 수석 엔지니어는 지난 5일 서울에 도착했고, 공사는 곧 재개될 것이다.

일본에서는 경부선 철도를 조기에 착공하자는 움직임이 일어나고 있다.

the collection, the Educational Department ignores them, and the Japanese friends still labor under the impression that only fortune shines on them.

The Seoul prison contains 240 prisoners at present as follows: Department of Justice, prisoners 3; Supreme Court prisoners 30; Seoul Municipal Court prisoners 67; chain gang criminals 140.

Among the primary schools opened in Seoul recently was one for girls under the auspices of the Korean Ladies Club. It starts with an enrollment of over 20 students and hopes for government recognition.

In response to a demand of the Chinese Minister the Korean houses in the new Chinese concession at Chemulpo are to be removed. The new concession lies between the Catholic and Methodist churches of the port and 121 houses are involved in the order of removal.

The Korean papers report that the Japanese capitalists interested in the Seoul Fusan railroad are to make a survey of the route and that the road will cost about 15,000,000 yen. They also note the departure from Seoul of the French surveying party, on the Seoul-We-ju line.

The recent rains are greeted as an auspicious omen. After the drought of the autumn and winter which resulted in a poor crop of winter vegetables and a general drying up of wells, the continuous rain and the early breaking up of the frost are regarded as promises of a year of health and plenty. We shall see.

The oversight of gold mines which was taken from the Imperial Household Department and placed under the Department of Agriculture, Commerce and Public works last year has once more been placed with the Imperial Household. Mr. Yi Yong-ik has been gazetted as the Imperial superintendent again, the position he held when he was impeached by the People's Party last autumn. One of his first acts was to vocate(sic. vacate) a concession made to a Korean of mines in the Whang Hai province. The angry concessionaire immediately sought him and started in on a philippic when Mr. Yi interrupted him with the request that he should go and deliver his speech to the Independence Club.

Stone fights still occupy the attention of the Koreans. The warriors of the river suburbs of Seoul had a collision recently and one man was killed. The police authorities got after those who caused his death and trouble is in store for some one. The government is making a serious effort apparently to suppress this dangerous recreation.

The destruction of the Temple of the god of War continues to occupy the attention of the papers. One story in connection with it tells of a woman who was found in the streets with lighted incense sticks in her hands she explained saying that she was in search of the sword of the god. When asked what caused the fire she said that Kwan-wang the god had determined to join the reform side of the political fence so he had set fire to his temple and come forth among the people.

"The rights in the Seoul-Chemulpo Railway having been transferred to a Japanese syndicate, preparations for delivery are being made. Mr. Yoshikawa, an engineer, who proceeded to Korea to investigate the work of construction, returned recently and reported on its progress. Mr. Adachi, who has been appointed General Manager of the Company, will proceed to Korea shortly. It is expected the line will be opened about November next." - *Kobe Weekly Chronicle*, Feb. 22nd. The chief engineer arrived in Seoul on the 5th inst. and work will be resumed shortly.

The agitation to begin work at once on the Seoul-Fusan Railway is going on in Japan.

관보

대한제국 우체국은 지난 1일부터 서울과 제물포 간 야간 우편 서비스가 처음부터 다음과 같이 개설되었음을 공식적으로 알리게 된 것을 영광으로 생각합니다.

서울에서 출발 - - 매일 오후 7시
제물포 도착 - - 매일 오전 6시
제물포 출발 - - 매일 오후 7시
서울 도착 - - 매일 오전 6시

이 특사를 통해 제물포로 보내는 편지는 서울에서 접수합니다

1° 오후 6시까지 이 도시의 우편함에	
2° 일반 우체국에서	등기 우편물은 오후 6시까지
	기타 우편물은 오후 6시 45분까지

제물포에서 새로운 야간우편으로 도착하는 우편물은 오전 7시 30분 이후 서울에 배송됩니다.
서울~제물포 일일 우편(서울 출발 오전 9시 30분~서울 도착 오후 4시 30분)은 계속 그대로 유지합니다.

1899년 3월 1일. 서울

진실을 찾아서.

선교사는 한국에서 모든 계층의 지식인들과 접촉한다. 때때로 그들은 갓 칠한 하얀 벽에 점들이 있는 것처럼 아이디어가 없다. 또는 그들은 여러 주제의 독서와 교제 때문에 알게 된 이상한 자만심으로 온통 가득 차 있을 수 있다. 일부는 "네, 네, ~아니올시다, 아니올시다"라고 자동인형처럼 응답하는 대화에 재미를 느낀다. 때때로 그들은 확실한 생각을 하고 있거나 정직한 의심이 그들의 마음에 우러나는 정보를 찾고 있다. 나는 최근의 기독교에 관해 이야기하기 위해 온 상급반 젊은이의 방문을 받았다. 그는 인간의 삶에 미치는 기독교의 영향력과 비교할 때 인간의 마음과 그 동기에 영향을 미치는 유교의 무력함을 한탄하면서 대화를 시작했다.

이에 관해 설명해 달라고 했더니 그는 바로 답하기를 "나는 잘은 모르지만, 유교는 사람의 외모 즉 멋있게 보이는데 치중하고 있지만, 기독교는 사람의 내면을 꾸미고 사람의 마음을 진정성 있게 만드는 것 같습니다." 이렇게 대답하면서 그는 십자가에 달려 돌아가신 예수님 죽음의 의미와 죽음의 필요성에 대해 나에게 질문하기 시작했다. 하나님의 아들이라는 그의 주장; 성실한 그리스도인이 되는 길; 가톨릭과 개신교의 상충하는 주장; 부활에 대하여; 천국과 지옥은 어디에 있는가; 고난의 목적; 죽음과 사후의 삶.

우리는 한 시간 넘게 이야기를 나눴고, 그는 갑자기 작별 인사를 하고 곧 다시 오겠다고 약속하고 깊은 생각에 잠긴 채 방을 나갔다. 나는 이 젊은이가 대표하는 바로 그런 사람들 가운데서 한국 교회의 지도자가 나타날 것이라 믿는다. 고대인의 숭배와 전통에 정직하게 충성하는 그들은 넘어지지도 않고 기독교로 넘어오지도 않았지만, 우리는 그들이 진리를 깨달을 때까지 기다렸다가 최종적이고 돌이킬 수 없는 조처를 한다

항구에서의 즐거움.

지난달 25일 제물포에 있는 중국 영사관에서 통 씨 부부는 음력 설날을 매우 즐겁게 축하했다. 항구의 외국인 거주자들의 야회가 열렸고 많은 사람이 참석했다. 아름다운 불꽃놀이는 내빈들뿐만 아니라 초대받지 않은 지역 주민 약 800명이 즐겼다. 영사관 응접실에서는 다과가 제공되었으며 영사관 홀에서는 중국인 거주자들에게 만찬이 제공되었다. 대형 곰 인형이 있는 곡예사들의 무대가 행사장 분위기를 띄웠다. 모든 이들이 참가한 행운권 추첨 행사는 매우 즐거웠다.

Official Circular

The Imperial Post Office of Korea has the honour to inform the Public, that a night-mail-service has been established, from the 1st instant, between Seoul and Chemulpo as follows:

Departure from Seoul - - 7 P. M. daily
Arrival at Chemulpo - - 6 A. M. daily
Departure from Chemulpo - - 7 P. M. daily
Arrival at Seoul - - 6 A. M. daily

Letters for Chemulpo to be sent by this courier will be accepted at Seoul.

1° In the boxes of this city until 6 P. M.	
2° At the General Post Office	Registered articles until 6 P. M.
	Other correspondences until 6.45 P. M.

Mail matters arriving from Chemulpo, by the new night-courier will be delivered at Seoul, after 7.30 A. M.

The daily mail-service between Seoul and Chemulpo will remain unaltered (Departure from Seoul at 9.30 A. M. - Arrival at Seoul at 4.30 P. M.)

SEOUL, 1 March, 1899.

IN SEARCH OF TRUTH.

The missionary comes in contact with intellects of every grade in Korea. Sometimes they are as devoid of an idea as a freshly whitewashed wall is of marks; or they may be scribbled all over with strange conceits picked up by miscellaneous reading and companionship. Some are as interesting to talk with as an automaton which can wheeze "yea, yea - ani olseita, ani olseita." Sometimes they have definite ideas or are in search of information upon which an honest doubt has risen in their hearts. I had a call recently from a young man of the latter class who came to talk with me about Christianity. He began by lamenting the powerlessness of Confucianism to influence the human heart and its motives as compared with the influence of Christianity in men's lives.

I asked him to explain this and his striking answer was "I don't know, but it seems to me that Confucianism confines itself to decorating man's exterior and making him to look good, while Christianity decorates the interior of man and makes his heart genuinely good." With this as an introduction he began to question me concerning the meaning and necessity of Christ's death on the cross; of His claims to be God's son; of the way to become a sincere Christian; of the conflicting claims of Roman and Protestant Christianity; of the resurrection; heaven and hell, their locality; of the purpose of suffering; of death and the hereafter.

We talked for over an hour and then he bade me an abrupt farewell and promising to come again soon, left the room in deep thought. It is from among such men as this young man represents that the leadership of the church in Korea will arise. Honestly loyal to the cult and traditions of the ancients, they neither flop over nor fall over into Christianity, but wait until enlightened and then take the step as final and irrevocable.

GAIETY AT THE PORT.

The end of the Chinese new year was celebrated in a very enjoyable manner by Mr. and Mrs. Tong at the Chinese Consulate in Chemulpo on the 25th, ult.

A soiree was given to the foreign community of the port and a very large number was in attendance. The exhibition of beautiful fireworks was witnessed by the guests and about 800 uninvited from among the local inhabitants. Refreshments were served in the Consulate parlors and a dinner to the Chinese residents in the Consulate Hall. A band of jugglers with a large bear furnished entertainment. All united in voting it a very enjoyable function.

코리안 리포지터리
주간판

1권 6호,　　　　　　　　　1899년 3월 16일, 목요일

코리안 리포지터리
주간판
매주 목요일 발행

| 편집: 아펜젤러, 존스, |
| 영업: 콥 |

구독료

| 1회 | - | 10센, |
| 1개월 | - | 30센 |

광고료일반

노출 광고 1인치(2.5cm):

| 1회 | - | 1엔, |
| 1개월 | - | 2엔 |

기사식 광고:

| 1회 | - | 25센, |
| 다음 호부터는 | - | 15센 |

필리핀 전쟁.

적대행위가 발발하자마자 아기날도(Aguinaldo)는 협상을 시작하기 위해 적대행위 중단을 요청했지만, 그의 요청은 오티스(Otis) 장군에 의해 거부되었습니다. 소총의 도움을 주기 위해 햇불이 요청되었고 섬의 온 마을은 잿더미가 되었다. 불을 끄는 동안 군대는 원주민의 공격을 받았다.

Hongkong Telegraph의 기사에 따르면 Caloocan에서의 전투는 다음과 같이 매우 가혹했다고 전한다.

수요일 밤과 목요일 오전에 많은 원주민이 말라본과 마닐라 사이의 해안을 둘러싸고 있는 비타스 지역의 수많은 개울과 염습지를 따라왔다. 그들의 의도는 Caloocan을 완전히 차단하고 McArthur 장군의 후방에서 Tondo에 진입하는 것이었다. 동시에 다른 쪽에서 Caloocan에 대한 공격이 이루어졌고 필리핀 포병은 먼동이 틀 무렵 낮에 미군에게 공격을 시작했다. 그들은 곧바로 잘 배치된 몇 발의 포격에 쫓겨났고, 그곳을 불태우고 있는 친구들을 돕기 위해 무리가 톤도에 들어갔다는 것이 발견되었다. 그들은 아주 짧은 시간에 바리케이드와 흉벽을 세웠다. McArthur 장군, Hughes 장군, Dewey 제독 사이에 교신이 번개처럼 이루어졌다.

보병23사단. 마닐라의 미네소타와 오리건 연대, 칼로오칸의 아이다호와 몬태나 연대는 군함과 함께 합세하여 잘못 동원된 불쌍한 원주민들에게 교훈을 주었다. 필리핀인들은 필사적으로 싸웠지만 소용이 없었다. 돌담으로 둘러싸인 한 집에서 그들은 저항을 시도했지만, 울타리에서 60구의 시체가 발견되었다. Caloocan과 Malabon 사이의 또 다른 곳에서 그들은 작은 다리를 방어하려 했지만, 그들 중 106명이 그곳에서 죽은 채 발견되었다. 시체 더미로 판단하면 현재 전개된 전투에서 치열한 전투 중 하나였던 이번 전투에서 최소 500여 명이 사망했을 것이다. 지금까지 미국 측의 사상자 수는 10명이 사망하고 35명이 부상한 것으로 나타났다.

매킨리 대통령이 임명한 위원회는 2일 순양함 볼티모어를 타고 홍콩을 떠났다. 그 과정은 큰 관심을 가지고 지켜볼 것이다.

2월 12일 자 차이나 매일 특파원은 마닐라에서 어느 군대가 필리핀인들에게 참혹하게 공격해 전투를 마쳤는지에 대한 질문을 다음과 같이 보도했다.

"나는 미국인들이 필리핀인들에게 적극적인 적대행위로 몰아넣었다는 주장에 조금이라도 진실이 있는지를 찾기 위해 가장 철저한 조사를 했다."

THE KOREAN REPOSITORY.

WEEKLY EDITION.

VOL. I. NO. VI. THURSDAY, MARCH. 16, 1899.

THE KOREAN REPOSITORY.
WEEKLY EDITION.
PUBLISHED EVERY THURSDAY.

H. G. APPENZELLER,	-	GEO. HEBER JONES,
	EDITORS.	
GEORGE C. COBB,	-	BUSINESS MANAGER.

SUBSCRIPTION RATES.

Single copy	-	-	Ten sen
Per month	-	-	Thirty sen

ADVERTISING RATES.
Displayed Ad - One inch

Single Issue	-	-	Yen 1.00
One month	-	-	Yen 2.00

Reading Notices - Per line

Single Issue	-	-	25 sen
Each subsequent Issue	-	-	15 sen

THE WAR IN THE PHILIPPINES.

Immediately on the outbreak of hostilities Aguinaldo asked for a cessation of hostilities in order that negotiations might be opened but his request was refused by General Otis. The torch has been called to the aid of the rifle and towns and villages in the islands are laid in ashes. The troops while putting out the fires are attacked by the natives.

The fighting at Caloocan was very severe as shown by the following from the *Hongkong Telegraph:*

During Wednesday night and Thursday morning large numbers of natives came along the numerous creeks and salt-marshes of the Vitas district, fringing the sea-shore between Malabon and Manila. Their intention was to cut off Caloocan entirely, and enter Tondo in rear of General McArthur's position. At the same time, an attack was made on Caloocan from the other side, the Philipino artillery opening fire at the Americans at daylight. They were soon driven off by a few well-placed shells, and it was then discovered that swarms of them had got into Tondo, to aid their friends who were burning the place down. They threw up barricades and breastworks in a very short time. Signals flew like lightning between General McArthur, General Hughes and Admiral Dewey.

The 23rd Infantry. Minnesota and Oregon regiments from Manila, and the Idahos and Montanas from Caloocan together with the warships combined to give the poor misguided natives a lesson. The Philipinos fought desperately but that was no use. In one house, surrounded by a stone wall, they tried to make a stand, and sixty dead bodies were found in the enclosure. In another place, between Caloocan and Malabon, they tried to hold a little bridge and 106 of them were found dead there. There must have been, judging by the heaps of corpses, not less than 500 killed in the whole fight which was one of the stiffest of the present campaign. The returns of casualties on the American side so far show ten killed and thirty-five wounded.

The commission appointed by President McKinley left Hongkong on the 2nd in the cruiser Baltimore. Its proceedings will be watched with great interest. The question as to which army at Manila provided the assault which ended so disastrously to the Filipinos is treated by the special correspondent to the China mail of Feb. 12 as follows: "I have made the most thorough investigations to find if there was the slightest truth in the allegations that the Americans had forced the Filipinos into active hostilities."

이러한 주장에 대해 확증을 찾을 수 없다. 실제로는 그 반대였던 것 같다. 거의 약점에 가까운 자제심은 원주민에 대한 미국의 대우에서 두드러진 점이었다. 접경지에서 필리핀인들은 반복해서 미군 전선으로 올라와 고의로 무기를 장전하여 보초병을 겨누고 면전에서 경멸적으로 웃으며 자신의 전선으로 퇴각했다. 이러한 행위가 오래 용납될 수 없다고 느꼈다. 미군이 심각한 도발에 직면했을 때 매우 훌륭하게 행동한 것은 병사들의 자제와 그들의 장교들이 그들에 대해 가졌던 통제에 대해 많은 것을 말해주고 있다. 도처에서 미국 총사령관인 오티스 장군이 평화를 위해 개인적인 영향력을 행사했다고 들었다."

2월 23일 자 홍콩의 〈N. C. Daily News〉에 실린 기사는 다음과 같다.

"원주민들은 지난 18일 네그로 섬에서 성조기를 게양했다. 그들은 아무런 조건 없이 보호령이 되기를 원하고, 아기날도와는 아무런 관계를 맺지 않기를 원한다."

4명의 필리핀 위원이 미군 사령관인 오티스 장군을 방문하고 있다.

네그로 섬의 인구는 약 50,000명이며 면적은 거의 3,800제곱마일이다.

전신 뉴스.

3월 3일 자 런던. - 〈The Times〉는 저장(浙江) 지방에서 양보를 요구하는 이탈리아 정부에 공감하며 영국 외무부가 더 늦기 전에 사태의 진정한 상황을 파악하기를 희망한다고 했다. 중국은 빠르게 붕괴하고 있으며, 국가의 미래는 무엇을 해야 할지 이해하는 국가에 달려 있다.

3월 5일 자 런던. - 영국은 이탈리아가 저장(浙江)[12] 지방에 있는 삼문만(三門灣)을 임대해 달라는 요구를 승인한 것으로 여겨진다.

3월 5일 자 런던. - 브로드릭(Mr. Brodrick)경은 하원에서 잉커우(營口) 철도 양보 조건에 대한 러시아의 항의에 관한 질문에 답변하면서 영국 정부는 중국과의 관계를 구속력 있는 것으로 간주한다고 말했다.

3월 6일 자 런던. - 듀이 소장과 오티스 준장은 공로를 인정받아 각각 제독과 소장으로 진급되었다.

3월 6일 자 런던. 실벨라 씨가 보수 내각을 구성했다. 코르테스는 해산되었다.

3월 6일 자 런던. - 〈Daily Graphic〉은 Claude MacDonald 경이 총리아문(總理衙門)에서 중국이 잉커우(營口) 철도 계약을 거부하도록 강제하려는 시도에 저항하는 데 영국의 지원에 의존할 수 있다고 확신했다고 말했다.

외국인 묘지.

양화진 묘지 관련 업무를 처리하기 위해 9일 서울과 인근 지역에 거주하는 서양인들의 모임이 서울연합회관에서 열렸다. 참석인원은 그리 많지 않았다. 4시 30분에 Hon. H. N. Allen은 회의 개회를 선언하고 총무는 1896년 11월 11일에 열린 지난 회의록을 읽은 후 사무국장은 묘지공원의 만족스러운 상태를 보여주는 보고서를 읽었다. 재무의 보고 내용은 중요한 사항이므로 아래에서 자세히 설명한다.

묘지 위원회에는 3명의 공석이 있었는데 이들은 Reinsdorf, Pavlow 및 Wakefield의 선출로 채워졌다.

전체 토론 후 "일반 규칙 및 규정"의 제4조 내용이 수정되었으며 수정된 제4조는 다음과 같다:

"누구든지 묘지공원을 준비하는데 첫 번째 기금으로 10달러 혹은 그 이상을 헌납한 사람은 묘비를 세우는 비용을 포함하여 무료로 묘지를 한 번 조성할 수 있다."

회의는 기금 모금 방식에 대해 어느 정도 논의했고

Of these allegations I can discover no corroboration. Indeed the contrary seems to have been the case. Forbearance almost to weakness has been the predominant note in the American treatment of the natives. On the frontier lines the Filipinos have come up to the American lines over and over again, have deliberately loaded and pointed their weapons at the sentinels, laughed contemptuously in their faces, and as contemptuously retired to their own lines. It was felt that this conduct could not be tolerated for long. It says much for the restraint of the men and the control their officers had of them that the American troops behaved so splendidly in the face of serious provocation. On every hand I hear that General Otis, the United States commander-in-Chief, exerted his personal influence on the side of peace." A special despatch to the *N. C. Daily News* from Hongkong of dated Feb. 23 says, "The natives hoisted the United States flag on the island of Negroes on the 18th inst. They desire a protectorate with no reservation, and no relations with Aguinaldo." The four Philippine Commissioners are visiting General Otis, the United States General in command. Negroes has a population of about 50,000 and an area of nearly 3,800 square miles.

TELEGRAPHIC NEWS.

LONDON, March 3rd.-*The Times* sympathises with the Italian government in its demands for concessions in Chekiang province and hopes that the British Foreign Office will grasp the true condition of affairs before it is to(sic. too) late. China is fast breaking up, and the future of the country lies with those countries who understand what to do.

LONDON, March 5th.-It is believed that Great Britain approved of the demand made by Italy for a lease of Sanmen bay, in the province of Chekiang.

LONDON, March 5th.-The Hon. Mr. Brodrick, replying in the House of Commons to a question concerning the Russian protest against the terms of the Newchwang railway concession, said that the British government regards its engagements with China as binding.

LONDON, March 6th.-Rear-Admiral Dewey has been appointed an Admiral and Brigadier-General Otis a Major General for distinguished services.

LONDON, March 6th.-Senor Silvela has formed a Conservative Cabinet. The Cortes has been dissolved.

LONDON, March 6th. -The Daily Graphic states that Sir Claude MacDonald has assured the Tsungli Yamen that China may rely on the support of Great Britain in resisting any attempt to force her to repudiate the Newchwang railway contract.

THE FOREIGN CEMETERY.

A meeting of western foreigners resident of Seoul and vicinity was held in the rooms of the Seoul Union on the 9th instant to transact business relating to the cemetery at Yang-wha-jin. The attendance was not very large. At 4.30 o'clock the Hon. H. N. Allen called the meeting to order and after the reading of the minutes of the last meeting which was held as far back as Nov. 11, 1896, the secretary read his report showing the satisfactory condition of the cemetery. The report of the treasurer is of sufficient importance that we give it in full below. There were three vacancies on the Cemetery Committee and these were filled by the election of Messrs. Reinsdorf, Pavlow and Wakefield.

After a full discussion section four of the "General Rules and Regulation" was amended and the section as amended now reads: "Any person who has paid the sum of ten dollars, or more, to the first cost of preparing the ground shall be entitled to one interment free of cost, including the fee for the erection of gravestones." The meeting discussed at some length the mode of raising money and empowered the treasurer to send the subscription list and

재무에게 새로운 거주자가 도착하면 가입 신청서와 연간 회비 서약서를 보낼 수 있는 권한을 부여했다.

재무 보고.

H. G. Appenzeller는 서울의 외국인들을 담당하고 있다.

이 보고서는 1896년 11월 11일부터 1899년 3월 9일까지의 재무 결과이다.

영수내용		
1896년 11월 11일, 이월금	$97.90	
연간 회비 수령 금액	324.10	
신청 시 영수 금액	195.00	
묘지 터 판매 영수 금액	70.00	
매장 수수료	15.00	
이자	8.53	720.63
지출내용		
신축 및 묘지 조성비	$410.42	
매장 비용	49.90	
경비원 임금	111.60	
사무실 잡비	7.35	578.67
1899년 3월 9일, 잔액		141.96

위와 같이 정중하게 제출함.
회계 책임자 H. G. APPENZELLER,

그럴듯하지만 확실하지는 않았다.

지난가을 헐버트 교수가 미국에 갔을 때 그는 약간의 돈을 빚진 한국인에게 수표로 냈다. 한국인은 수표를 8엔에서 800엔으로 고쳤다. 이것은 수표가 발행된 은행의 출납원에 의해 쉽게 발견되었고, 위조범은 체포되어 한국 당국에 넘겨졌다. 조사를 받자 그 남자는 자신이 Hulbert 씨와 10년 계약을 맺고 있으며 한 번에 전체 금액을 인출하고 싶다고 항변했다. 우리가 두려워하는 풍조가 여기에 너무 만연해 있다. 변명이 너무 그럴듯하지만, 사건은 즉시 기각되었다.

도시와 지방 소식

W. H. 엠벌리 부부가 지난 11일 딸을 낳았다.

동양통합광산회사의 Leigh Hunt 씨는 증기선 겐카이 마루 호를 타고 어제 제물포에 도착했다.

George C. Cobb 목사는 항구에서 10일간 체류한 후 화요일 제물포에서 돌아왔다.

서울-제물포 간 철도 침목을 실은 배가 곧 제물포에 도착할 것이다.

서울제물포철도공사는 다음 달 초부터 철로 공사를 재개할 계획이다.

전기철도 동력실 기계의 일부는 현재 용산에 있으며 곧 최종 목적지로 옮겨질 예정이다.

F. S. Miller 목사와 그의 아내 친구들은 Miller 여사가 건강이 많이 좋아졌다는 소식을 듣고 기뻐할 것이다. 그들은 일주일 더 제물포에 머무를 것으로 예상된다.

미국에서 돌아온 H. B. Hulbert 목사는 빠른 연결 기록을 경신했는데, 요코하마에서 하루, 고베에서 하루, 제물포에서 단 한 시간 동안 대기했을 뿐이다.

극빈 아동들의 보호소는 지난 14일 서울시 북부에서 모화관으로 언더우드 박사가 지원하는 쉼터로 이전했다.

한국 정부가 125만엔 규모의 백동화(니켈동전)[13]를 발행한 것으로 추정된다. 정부가 그것들을 상환할 준비가 되어 있지 않다면 니켈동전은 궁극적으로 파운드당 약 30센트인 금괴 가격으로 내려갈 가능성이 있다.

제물포 부두 개선사업이 순조롭게 진행되고 있다. 약 166피트의 토지가 매립되고 있으며 작업 비용은 40,800엔이 투입된다. 그 위에 영구 구조물은 세우지 않을 것이다. 저장 및 정미 목적을 위한 임시 창고들이 그곳에 세워질 것이다.

일본인 엔지니어 히사노 씨는 7명의 조수와 함께 어제 서울에서 부산 철도 노선 시찰을 시작했다. 우리의 일본 제휴 신문인 〈Kanjo Shimbun〉은 제안된 도로

pledge of annual dues to new residents on their arrival.

REPORT OF TREASURER.

H. G. Appenzeller in account with the western foreigners of Seoul.

Time covered by this report, November 11, 1896, to March 9, 1899.

RECEIPTS		
November 11, 1896, To, amount on hand	$97.90	
Receipts from Annual, dues	324.10	
Receipts from subscriptions,	195.00	
Receipts from sale of grave spaces	70.00	
Receipts from interments	15.00	
Interest	8.53	720.63
DISBURSEMENTS		
By new building and, ground improvements	$410.42	
By interment expenses	49.90	
By keepers wages	111.60	
By sundry office expenses	7.35	578.67
March 9 1899, amount on hand		141.96

Respectfully submitted,

H. G. APPENZELLER, Treasurer.

PLAUSIBLE BUT NOT CONCLUSIVE.

Last fall when Prof. Hulbert went to America he left a check with a Korean to whom he owed a little money. The Korean raised the check from 8 yen to 800 yen. This was easily detected by the cashier of the bank on which the check was drawn, the forger was arrested and handed over to the Korean authorities. On examination the man put forth the plea that he was under a ten years contract with Mr. Hulbert and that he was anxious to draw the whole amount at once a tendency we fear only too prevalent here. The explanation was so plausible that the case was forthwith dismissed.

CITY AND COUNTRY.

A daughter was born to Mr. and Mrs. W. H. Emberley on the 11th inst.

Mr. Leigh Hunt, of the Oriental Consolidated Mining Company, arrived in Chemulpo yesterday per steamer Genkai Maru.

Rev. George C. Cobb returned from Chemulpo Tuesday after ten days sojourn at the port.

A ship load of ties for the Seoul-Chemulpo railroad is expected soon at Chemulpo.

The Seoul-Chemulpo railroad company are planning to recommence operations on the road early next month.

Part of the machinery for the power house of the electric railroad is now at Yong-San and is to be brought to its final destination soon.

The friends of Rev. F. S. Miller and wife will be glad to hear that Mrs. Miller is much improved in health. They expect to remain at Chemulpo another week.

Rev. H. B. Hulbert on his return from America beat the record on quick connections, waiting over one day at Yokohama, one day at Kobe, and one hour at Chemulpo.

The Home for Destitute Children was moved on the 14th from the northern part of the city to Mowhakwan in what was known as the Shelter supported by Dr. Underwood.

It is estimated that the Korean government has issued nickel coins to the amount of 1,250,000 yen. Unless the government is ready to redeem them there is likelihood of their eventually declining to the bullion price which is about thirty cents per pound.

The water front improvements at Chemulpo are progressing finely. About 166 feet of land is being reclaimed and the work is to cost 40,800 yen. No permanent structures are to be erected upon it. Temporary godowns for storage and rice-cleaning purposes will be erected there.

Mr. Hisano, a Japanese engineer, together with seven assistants started from Seoul yesterday on an inspecting tour for the route of the Seoul-Fusan railway. Our Japanese contemporary, the *Kanjo Shimbun*, is authority for the statement that the road proposed

노선은 서쪽의 공주와 전주 마을을 포함하고 그곳에서 남쪽 해안을 따라 부산까지 이어진다는 보도에 대한 권위를 가지고 있다. 이것은 길이가 실질적으로 매우 늘어나지만, 한반도 중부의 높은 산을 피할 것이다.

정부는 현재 많은 수의 새로운 군수를 지역에 파견하기 위한 준비를 하고 있다. 그러나 새로 임명된 사람 중 일부는 요구 사항이 다소 까다로우며 무엇보다도 기독교인이 거주하는 지역에 파견되는 것은 고사하고 있다. 곧 발령 내용이 공표될 것이다.

바로잡습니다.

코리언 리포지터리 편집자 여러분께:

나는 귀하가 이해하는 바와 같이 보부상의 개편이 영향을 받았다는 귀하의 지난 호 기사를 보았습니다. 귀하가 이 주장을 한 정보가 정확하지 않았으며 보부상의 개편이 영향을 받지 않았음을 확인하고 다음 호에서 이 기사 정정을 할 수 있기를 정중하게 요청합니다.

매우 정중하게, H. K. Ko.

우리는 기꺼이 이 소통 공간을 제공합니다. 우리는 두 개의 독립적이고 신뢰할 수 있는 출처로부터 정보를 받았음을 밝힙니다. 편집자. K. R.

원산에서 온 소식

외국인들과 한국인들, 장애인, 불구자, 시각장애인, 문둥병자, 귀신 들린 자들은 그리어슨 박사의 도착을 기뻐하며 환호했다. 다른 사람들은 사회가 부족하다고 불평할 수도 있으나 그에게는 부족함이 없다. 중국인들의 새해는 등불과 폭죽의 빈약한 놀이와 함께 소박하게 지나갔다. 밤이 되면 눈을 부릅뜨고 내장에 불을 붙인 채 비틀거리며 거리를 헤매던 늙은 용은 이제 사라졌다. 의심할 여지 없이 그의 일곱 머리와 열 뿔은 여순(旅順)항[14] 또는 위해(威海)항 어딘가를 쫓아다니고 있을 것이다. 모두 윤 씨(윤치호)의 도착을 들뜬 기대로 기다리고 있다.

폐하의 방문을 제외하고는 어떤 도착도 더 큰 관심을 불러일으킬 수 없다. 보수 측은 물론이고 진보 측도 그가 서울에서 가는 유배지가 원산인 것을 반가워하는 듯하다. 장로교 선교회는 지난 26일 토요일에 2주간의 성경공부 과정을 마쳤다. 60명의 한국인이 참석했는데, 원산과 동해안 북쪽 북청에서도 참석했다.

〈광고〉 인체에 대한 교훈
전테공용문답 34쪽. 가격 12센

이화학당의 Paine과 Frey 선생은 인체에 대해 작지만, 포괄적인 이 책 수업을 시작했다. 그들의 학교에서 사용할 수 있도록 이 주제에 관한 교과서를 공급하기 시작했다. 우리는 다른 학교에서도 이 책을 소개할 것이라고 확신한다. 이제 학교에 다니는 모든 소년 소녀는 이 훌륭한 책에 무엇이 포함되어 있는지 알아야 한다. 그 책의 제본을 맡긴 젊은이들은 그 책에 매우 좋은 내용이 많이 포함되어 있다는 정보를 자발적으로 알렸다. 우리는 그들의 의견에 매우 동의한다. 몇 년 전에 한 선교사 부인이 기초적인 지리학을 출판했다. 교육부의 누군가가 그것을 보고 즉시 새 책을 출판했는데, 그 부인은 오랫동안 그것을 알지 못했다. 이 겸손한 작은 책의 저자들은 조심하지 않는 한 다소 의심스럽긴 하지만 유사한 칭찬을 받을 수 있다.

6개월간의 미국 방문을 마치고 지난 9일 저녁 서울에 도착한 헐버트 사범학교 교수를 다시 뵙게 되어 기쁘다. 평화조약의 서명과 비준에 보여준 그의 열정이 그에게 불리하게 작용하지 않았다는 것을 보여주면서 교수는 참으로 매우 건강해 보인다. 헐버트 부인과 아이들은 내년 가을 한국에 올 때까지 미국에서 지내게 된다.

램프용 Westminister 150° 테스트 오일; 석유난로용 미네랄 콜자 300° 테스트 오일. 2~4t 이 TOWNSEND CO., 지사에 입고 됨.

covers the towns of Kong-ju and Chun-ju on the west and thence along the southern coast to Fusan. This will increase the length very materially but it will avoid the high mountains in the center of the peninsula.

The government is at present making arrangements to send a large number of new prefects into the country. But some of the new appointees, however, are a little exacting in their demands, among other things refuse to take districts where Christians reside. So, at least, it is reported.

A CORRECTION.

To the Editors of the Korean Repository:

I see in your last paper a statement that the reorganization of the Peddler's Guild, you understand, has been effected.

I have made inquiries and feel authorized in stating that the information on which you make this assertion was incorrect and that the reorganization of the Peddler's Guild has not been effected and respectfully request that you could make this correction in your next issue.

Very Respectfully, H. K. Ko.

We gladly give space to this communication. We received our information from two independent, and what seemed to us reliable, sources. — Ed. K. R.

NOTES FROM WONSAN.

Foreigners and natives, the halt, the maimed, the blind, lepers and demon-possessed have hailed with joy the arrival of Dr. Grierson. Others may complain of a dearth of society there is no lack for him.

The new year for the Chinese has passed modestly, with only a meagre display of lanterns and fire-crackers. The old dragon that used to wobble through the streets at night, with glaring eyes, and internals all on fire has disappeared. No doubt his seven heads and ten horns are somewhere kicking about Port Arthur or Wei-hai-wei.

All await with lively expectation the coming of Mr. Yun. Apart from that of His Imperial Majesty no arrival could create a greater interest. Conservative, as well as Progressives seem glad that the place of his exile from the capital is to be Wonsan.

The Presbyterian Mission closed a two weeks session for Bible study on Saturday, 26th inst. Some sixty natives were in attendance, representing Wonsan and the eastern coast as far north as Puk-ch'eng.

LESSONS ON THE HUMAN BODY

젼톄공용문답 pp 34. Price 12 sen.

Missess Paine and Frey of the Ewa School have given in this small but comprehensive book lessons on the human body. It was begun, so we understand, to supply a textbook on this subject for use in their own school. We feel quite sure other schools will introduce the book. Every boy and girl in school now should know just what is contained in this excellent volume. The lads to whom the binding of the book was committed volunteered the information that the book contained much that was very good. We quite agree with them. Several years ago a missionary lady published an elementary geography. Someone in the Department of Education saw it and a new edition was promptly published, the lady not knowing it for a long time. The authors of this modest little volume, unless on their guard, may receive a similar, albeit somewhat doubtful compliment. We are glad to see back again from his six months' trip to the United States Prof. Hulbert of the Normal School, who arrived in Seoul on the evening of the 9th inst. The professor looks very well, indeed, showing the excitement incident to the signing and ratification of the treaty of peace did not affect him unfavorably. Mrs. Hulbert and the children will remain in America until next fall when they will come to Korea.

Westminster 150° test oil for lamps; Mineral Colza 300° test oil for oil stoves. 2-4t

Townsend& Co., Agents.

코리안 리포지터리

주간판

1권 7호,   1899년 3월 23일, 목요일

코리안 리포지터리
주간판
매주 목요일 발행

편집: 아펜젤러, 존스,
영업: 콥

구독료
1회 — — 10센,
1개월 — — 30센

광고료일반
노출 광고 1인치(2.5cm):
1회 — — 1엔,
1개월 — — 2엔
기사식 광고:
1회 — — 25센,
다음 호부터는 — 15센

황태자 전하.

황태자 전하는 지난 일요일에 26번째 생일[15]을 맞았고, 평소와 같이 이러한 경우에 왕세자 전하는 하루 일부를 한국 정부 관리들과 외국 대표들의 축하와 축복을 받으며 보냈다. 한국인들은 이른 아침에 알현실로 모였고, 외국인 축하객들은 10시에 맞았다. 외교관과 공사들로부터는 먼저 그리고 개인적으로 인사를 받았다. 그런 다음 정부의 외국인 고문과 정부 기관에 고용된 교수들의 예방을 받았다.

우리는 이것이 전하가 큰 행사에서 폐하와 함께 영접할 수 있을 만큼 건강해진 것은 근래 몇 달 만에 처음이라고 생각한다. 그리고 그는 최근의 오랜 병의 결과를 매우 분명하게 보여주었다. 우리는 전하께서 곧 완전히 회복하실 것을 믿는다. 이날을 축하하기 위해 천황은 외국 손님들이 즐길 수 있도록 여흥을 준비하도록 명했다. 참석한 사람들을 만족시키기 위해 가장 좋은 것들로 가장 풍성하게 공급되었던 축제 음식을 풍성하게 먹은 후, 손님들은 한국 대형 밴드의 음악과 약 15명의 한국 무희의 우아한 자세와 춤을 거의 두 시간 동안 감상하고 즐겼다. 총 4개의 춤이 공연되었다.

관객들에게 원주민 노래를 신청곡으로 받으려는 시도도 있었지만, 무희들은 아마도 너무 많은 외국인이 있어 다소 수줍은 것처럼 보였고, 그들과 함께 동석하도록 허용된 후에야 어느 정도 열정적으로 노래하도록 유도될 수 있었다. 유럽 스타일의 노래와 너무 다른 노래임에도 불구하고 관객 중 일부는 충분히 감미로운 목소리를 가지고 있음을 보여줄 만큼 충분히 노래를 불렀기 때문이다. 연회는 한국인들이 베푸는 방법을 너무나 잘 알고 있는 그 환대를 몇 시간 동안 즐긴 후 3시 30분쯤에 마쳤다.

한국은 무역을 위한 훌륭한 고속도로이다.

사적으로나 신문에서 적지 않은 추측이 현재 완공을 앞둔 거대한 시베리아 횡단 철도의 가능한 출구에 대해 골몰하고 있다. 블라디보스토크, 대련만(大連灣) 또는 잉커우(營口)[16] 그리고 한국 남부의 목포로 추정되는 항구 세 곳이 언급된다.

우리는 특히 마지막 장소에 관심이 있다. 우리가 아직 단 하나의 철도도 가지고 있지 않다는 것은 사실이며 심지어 수도와 그 항구 사이의

THE KOREAN REPOSITORY.

WEEKLY EDITION.

VOL. I. NO. VII.   THURSDAY, MARCH. 23, 1899.

THE KOREAN REPOSITORY.
WEEKLY EDITION.
PUBLISHED EVERY THURSDAY.

H. G. APPENZELLER, - GEO. HEBER JONES,
EDITORS.

GEORGE C. COBB, - BUSINESS MANAGER.

SUBSCRIPTION RATES.

Single copy	Ten sen
Per month	Thirty sen

ADVERTISING RATES.

Displayed Ad - One inch
Single Issue	Yen 1.00
One month	Yen 2.00

Reading Notices - Per line
Single Issue	25 sen
Each subsequent Issue	15 sen

HIS IMPERIAL HIGHNESS THE CROWN PRINCE.

His Imperial Highness the Crown Prince celebrated his 26th birthday on Sunday last and, as usual on such occasions, His Majesty and His Highness spent part of the day in receiving the congratulations and good wishes of the Korean government officials, and the foreign representatives. The Koreans were received in audience early in the morning, while the hour of ten o'clock was set for the audience of foreigners. The diplomats and legation attaches were received first and in a body; and then the foreign advisors and professors in the government employ.

This, we believe, is the first time in some months that His Highness has been well enough to receive with His Majesty at a large function; and he shows yet very plainly the effects of his recent long illness. We trust His Highness will soon recover entirely. In honor of the day, the Emperor had ordered are entertainment prepared for the enjoyment of the foreign guests. After partaking abundantly from the festive board that had been most bountifully supplied with good things to satisfy the inner man, the guests were then in good humor for appreciating and enjoying nearly two hours of the graceful posturing and dancing of some fifteen Korean dancing girls to the music of a large Korean band. Four dances in all were given.

An attempt was also made to give the audience some selections of native songs, but the girls seemed rather shy, presumably at the presence of so many foreigners, and could be induced to sing with some enthusiasm only after they had been allowed to group themselves together with the backs of nearly all of them to the audience. As it was though they sang enough to show that some of them have sweet enough voices even though the singing was so different from the European style. The assembly broke up at about half after three, after having enjoyed for several hours that hospitality, which Koreans know so well how to dispense.

KOREA A GREAT HIGHWAY FOR TRADE.

Not a little speculation, both in private and in the papers, is indulged in as to the probable outlet of the great Trans-Siberian railway now nearing completion. Three places are mentioned, Vladivostok, Talien-wan or Newchwang, and a port probably Mokpo in southern Korea.

We are specially interested in the last place. It is true we do not yet have a single railroad, not even the much talked of one between

철도가 단 하나도 없다는 것은 사실이지만, 우리는 갖게 될 것이다. 이와 함께 서울-부산 노선에 대한 새로운 이야기가 있으며 일본이 그것을 설계에서 제거하려는 의도로 보인다. 서울-의주 노선은 아직 개설되지 않았지만 확실하다. 이 노선들이 완공되면 북쪽의 본선과의 연결은 어렵지 않을 것이다.

목포는 부동항(不凍港)이며 요코하마, 상하이, 북경 사이의 큰 무역로와 매우 가깝고 그러한 터미널이 필연적으로 필요로 하는 대량의 무역량을 수용할 수 있는 충분한 규모의 항구를 보유하고 있다. 동쪽으로 향하는 상품은 북쪽의 블라디보스토크로 가지 않고 중국 성경(盛京)을 거쳐 압록강을 건너 반도 전역으로 내려올 것이다. 이 견해는 일부 개인과 한국의 일부 일본 신문이 공유하고 있으며 대담한 계획과 실행의 시대에 누가 이것이 불가능하다고 말할 것인가. 목포에 있는 우리 동료들이 이 같은 전망에 압도되지 않기를 바란다.

관보. 칙령.

의식원 이호익(李鎬翼)은 전라북도 전주에 지금의 왕가 뿌리인 시조를 모시는 사당을 지으라는 명을 받았다.

사직: 3월 16일 민영돈, 특명전권공사
임명: 3월 20일. 민병한 내부 협판.
　　　3월 21일. 운우상 경무사

도시와 지방 소식

H. G. 언더우드 부인은 강변에 있는데 몸이 좋지 않다.

'Americanitis'는 런던에서는 신경쇠약을 의미한다.

평양의 J. Hunter Wells 박사는 금광을 방문했다.

G. H. 존스 선교사는 평양과 주변 지역을 방문하기 위해 화요일 제물포를 출발했다.

17일의 한파는 온도계를 영하 10도에서 11도까지 떨어뜨렸다. 정원사가 일찍 심은 씨앗은 휴면 상태에 있다.

W. M. 베어드 선교사와 가족들은 지난주 제물포에 들렀는데 그들은 미국으로 휴가를 가기 위해 일본으로 가는 배를 기다리고 있다.

이범진(李範晉) 워싱턴 주차미국특명전권공사는 그의 아들 종희를 로아노크 대학에 입학시켰다. 이 대학에서는 지난해 6월 한국인이 문학사로 학위를 받았다.

O. R. Avison 박사와 가족은 내일 캐나다로 휴가를 떠난다. 에비슨 박사는 1893년 여름 한국에 와서 그때부터 국공립병원을 맡아왔다.

평양에 있는 우리 친구들은 그 도시에 외국 아이들을 위한 학교를 개설하고자 교사를 확보하기 위해 베어드 씨를 회장으로 하는 유치원이나 학교 협회를 조직했다.

지난 21일 Hioki와 Akitizaki 여사의 후원으로 열린 자선 바자는 잘 마쳤다. 이것은 일본인이 개최한 두 번째 바자인데 이는 자선 목적으로 개최한 것이다.

삼문출판사에서는 은화를 5%, 페니와 5센트를 8% 할인하여 받고 5엔을 초과하는 금액은 받지 않는다는 사실을 대중이 알기를 바랍니다. 어떤 상황에서도 한국 지폐는 받지 않습니다.

우리의 협력지인 〈북경천진타임즈〉는 2월 25일 자 기사에 "한국의 정세"란 제목으로 글을 실었다. 사설 칼럼에는 "지적인 관찰자가 우리에게 보낸 매우 흥미로운 소식"이라고 언급되어 있다. 기사를 인용하고 싶지만, 우리의 규칙은 우리 자신을 사실로 제한하고 이 "매우 흥미로운"

the capital and its port, but we are going to have. Then there is renewed talk of the Seoul-Fusan line and it looks as tho the Japanese intended to take it off the paper. The Seoul-Weju line is not yet laid out but that is assured. When these lines are completed connection with the main line in the north will not be difficult.

Mokpo is entirely ice-free, in close proximity to the great trade route between Yokohama, Shanghai and Peking, and possesses a harbor sufficiently large for the great amount of trade such a terminal would necessarily require. Eastward bound goods, instead of going north to Vladivostock, would traverse Shing-king, cross the Yalu and come down the whole length of the peninsula. This view is shared by some individuals and by some Japanese papers in Korea and in these days of bold planning and execution who will say this is beyond the possible, or even probable. We hope our friends in Mokpo will not be overwhelmed at the prospects.

OFFICIAL GAZETTE. / EDICTS.

Yi Ho-ik of the Board of Ceremonies is ordered to build in Chun-ju in North Chulla Province a shrine to the founder of the family from which the present royal line sprang.

RESIGNATIONS.

March 16th. Min Yong-ton, Minister abroad.

APPOINTMENTS.

March 20th. Min Pyeng-han, Vice Minister of Home Affairs.

March 21st. Wun U-sang, Chief of Police.

CITY AND COUNTRY.

Mrs. H. G. Underwood is at the river quite ill.

Americanitis is the name for nervous prostration in London.

Dr. J. Hunter Wells of Pyeng-yang made a trip to the gold mines.

Rev. Geo. Heber Jones left Chemulpo Tuesday for a visit to Pyeng-Yang and surrounding territory.

The cold snap on the 17th sent the thermometer ten or eleven degrees below freezing. The seeds planted by the early gardeners lie in a dormant state.

Rev. Wm. M. Baird of Pyeng Yang and family have been stopping in Chemulpo the past week, waiting for a steamer to Japan on his way to America on furlo.

The Korean Minister at Washington, Ye Pom Chin, entered his son Chonghi at Roanoke College. This college graduated a Korean last June with the degree of A. B.

Dr. O. R. Avison and family leave tomorrow for Canada on furlo. Dr. Avison came to Korea in the summer of 1893 and has been in charge of the Government Hospital since that time.

Our friends in Pyeng-yang organized a Kindergarten and School Association with Mr. Baird as president, the object being to secure a teacher to open a school for the foreign children in that city.

The Charity Bazaar held under the patronage of Mesdames Hioki and Akitizaki on the 21 inst; was well-patronized. This is the second bazaar held by the Japanese the receipts of which are devoted to benevolent objects.

The Trilingual Press wishes the public to know that they will discount silver yen five per cent and pennies and nickels will be discounted 8 per cent, and will not be received for amounts larger than 5 yen; while under no circumstances will Korean cash be received.

Our esteemed contemporary, *The Peking Teintsin Times* publishes in its issue of Feb. 25 a batch of "Affairs in Korea" from a correspondent. In the editorial columns reference is made to these "very interesting notes sent us by an intelligent observer." We should like to quote the notes but as our rule is to limit ourselves to facts and as these "very interesting" notes were written January 30

기사는 1월 30일 자로 작성되었으며 과거 시제로 언급된 일부 사항은 여전히 미래에 있으므로 인용을 자제한다. 우리가 취재원으로부터 모든 것을 들은 다음 나머지는 우리의 상상력에 의존한다면 좋은 분량의 기사를 매일 발행할 수 있다.

〈스탠더드〉의 오데사 특파원은 동아시아 지역이 이번 봄에 일련의 해군 및 군사적 진화를 목격할 것이라고 보도했다. 여순(旅順, Port Arthur)항과 대련만(Talien-wan)의 주둔군은 동등하게 분할되며, 각 부대는 해군 편대의 지원을 받는다. 진화 캠페인의 목표는 여순항의 공격과 점령이 될 것이다.

이곳에서 호의적으로 기억되고 있는 감독 부인은 무엇보다도 편집자들에게 보내는 메모에서 다음과 같이 말했다. 나는 현재 이 나라의 커다란 관심이라는 주제의 '양쯔강을 넘어서' 라는 책 발간을 준비하고 있다. 올해가 가기 전의 중국에 관한 책이 넘쳐날 것이다. 내가 알고 있는 선교계의 모든 사람이 친절하게 나를 기억해 주기를 바란다. 나는 그들 모두를 기억할 것이다.

목포 특파원이 우리 신문 2일 자에 보도된 내용을 정정하기 위해 다음과 같이 글을 보내왔다. 그들의 방파제에 9,500엔이 쓰였다는 기사는 95,000.00엔으로 수정되어야 한다. 그는 3월 17일 날짜에 "한국 정부와 일본인 사이의 방파제에 대한 계약이 이미 체결되었다"라고 기사를 보내왔다. 모든 세부 사항이 정리되었으며 작업이 곧 시작되리라 한다.

다음 사건은 한국에서 그렇게 특이한 속임수가 아니다. 김명훈은 강변에 산다. 그는 예전에 돈이 부족했고, 정직하게 자금을 확보할 방법을 찾지 못해 잘될 것 같은 계획을 세웠다. 홀아비인 양주의 이약남 씨가 새로운 부인을 맞으려 하고 있음을 알고 자신 사위의 딸이 과부가 되었고 좋은 남편감을 만나 재혼할 용의가 있음을 알렸다. 그러면서 혼사를 준비하려면 20달러를 내야 한다고 했다.

20달러는 곤궁한 김 씨가 받아서 즉시 먹어 치웠고, 기대하던 신랑은 과부를 데리러 왔지만, 그녀는 김 씨와 아무 상관이 없는 약혼하지 않은 처녀라는 것을 알게 되었다. 그 결과 김 씨는 사위의 딸을 팔려고 시도한 적이 있다는 사실을 후회하며 현재 감옥에서 괴로워하고 있다.

지난 6일 자 〈노스 차이나 헤럴드〉는 중국의 분할에 대해 논의하면서 영국이 젊은 황제의 열망을 진심으로 지지하고 인도하지 않는 데서 황금의 기회를 잃었다고 생각한다. 균형은 흔들리고 있었고 대영제국의 영향력이 황제에게 유리하게 돌아섰으리라는 것은 의심의 여지가 없다. 하지만 그 기회는 사라졌고 중국의 가장 친한 친구들은 중국의 상태가 절망적이라는 것을 인정할 수밖에 없다.

정동에서 1,000마일도 떨어지지 않은 곳에 사는 한 미국인 청년이 애국심에 벅차서 아버지의 부지 뒤뜰에 성조기를 세웠다. 그가 높은 지점 중 하나를 선택한 것은 사실이며 우리 경찰의 훈련된 눈이 그것을 염탐하고 새 분기에 이 깃발의 의미에 대한 조사가 즉시 시작되기까지는 며칠이 걸리지 않았다. 옆집에 사는 영국인은 먼저 설명을 요청받았고, 성조기에 대해 우호적인 감정을 인정할 준비가 되어 있는 동안 자신의 부지 서쪽에 공화국의 상징이 존재한다는 사실에 대해 무지하다고 고백했다.

한국 국기에 대한 새로운 위협을 찾아내야 할 막중한 책임을 안고 옆집으로 간 경찰관은 아무도 보지 못한 채 부엌문까지 다가가 "저쪽에 펄럭이는 게 무슨 뜻이냐?"고 말했다. "아!" 요리 천재는 환한 웃음으로 화답했다. 그것은 우리 한국인들에게 의미가 없는 장난일 뿐이다. 경찰관은 신고하기 위해 물러났고 소년은 여전히 깃발을 게양하고 있다.

and as some of the things spoken of as in the past tense are still in the future we refrain. We could publish a good sized daily were we to take all we hear and then draw on our imagination for the rest.

The *Standard's* Odessa correspondent reports that the Far East will witness this spring a series of naval and military evolutions on an imposing stale. The garrisons at Port Arthur and Talien-wan are to be equally divided, each force being supported by a naval squadron The objective feature of the evolutionary campaign will be the assault and capture of Port Arthur.'

Mrs. Bishop, who is well and favorably remembered here, in a note to the editors among other things says, I am greatly occupied with the preparation of a book, 'The Yanztze Valley and Beyond' a subject of great interest in this country now. There will be a deluge of books on China before the year is out. Kindly remember me to all whom I know in the mission circle. I do not forget one of them.

Our correspondent from Mokpo writes us to correct the statement made in our issue of the 2nd inst. that 9,500 yen were to be expended on their sea wall. It should have been 95,000.00 yen. He writes under date of March 17th, The contract for the wall has been already closed between the Korean Government and a Japanese. All details have been arranged and the work is to begin shortly.

The following incident is not such an unusual game in Korea. Kim Myeng-hun lives in the river suburbs. He was hard up for money sometime ago, and being at loss to find means to secure funds honestly, hit upon a plan which seemed to promise well. He went to Mr. Yi Yak-nam of Yang-ju, who is a widower in search of a wife, and announced that the daughter of his son-in-law was a widow and would be willing to marry a good husband. It would be necessary to pay twenty dollars however in order to arrange the preliminaries. The twenty dollars was paid and immediately devoured by the distressed Kim, and the expectant bridegroom came to claim the widow only to find that she was an un-betrothed maiden who would have nothing to do with him. As a result Mr. Kim now languishes in jail sorry he ever attempted to sell his son-in-law's daughter.

The *North China Herald* of the 6 inst. discusses The Partition of China and thinks England has lost the golden opportunity in not heartily supporting and guiding the young Emperor in his aspiration. The balance was wavering and it is unquestionable that the influence of Great Britain would have turned the scale in the Emperor's favor. But the chance was lost and the best friends of China are forced to allow that her condition has become hopeless.

An American lad living not more than a thousand miles from Chong dong in an exuberance of patriotic fervor put up Old Glory in the back yard of his father's lot. It is true he selected one of the highest spots and it was not many days until the trained eye of our ever-watchful police spied it and inquiry as to the meaning of this flag in a new quarter was at once instituted. The Englishman living next door was first called upon to give account and while he was ready to admit a friendly feeling for the Stars and Stripes confessed ignorance of the presence of the symbol of the republic to the west of his lot.

The policeman went to the next house and exercising due precaution in view of the heavy responsibility resting upon him in ferreting out this new menace to the Korean flag got as far as the kitchen door without seeing any one, "What meaneth the fluttering of yonder flag?" "Ah!" replied the culinary genius with a hearty laugh, that is only child's play - it has no meaning for us Koreans. The policeman withdrew to make his report and the lad still flies his flag.

필리핀 군대의 건강.

오티스 장군은 2월 1일로 끝나는 임기 7개월 동안 그의 사령부 부대의 건강에 관한 정부 보고서에서 다음과 같이 보고했다. 전체 사망자는 220명이었고 그중 41명은 부상과 사고로 인한 것이었다. 장티푸스 65명; 천연두 43명; 이질 22명; 말라리아열 8명. 나머지 사망자들은 다양한 질병으로 인한 것이다. 천연두는 불안을 유발한다. 전체 명령으로 여러 번 예방 접종을 했다. 12명의 의사가 몇 주 동안 본토인들에게 백신을 접종하고 있다. 더 질병이 많이 나타나는 계절은 3월, 4월, 5월이며 더운 날씨에 열병, 천연두 및 이질이 더 퍼진다. 지휘부의 9%가 병에 걸린 것으로 보고되었으나, 대부분은 가벼운 질병이었다.

부처님의 사리.

올해 초 바스티(Basti)[17] 지역의 Paprahwa 근처에서 Peppe 씨가 발견한 의심할 여지가 없는 부처님의 사리와 화장 재는 북서 지방 유일한 불교 군주 정부가 현존하는 시암 왕에게 바쳐졌다. 이들은 미얀마와 스리랑카의 불교도에게도 유물 일부를 제공한다는 조건으로 제공된다. 시암 국왕은 이 제안을 감사히 받아들였으며 지난달 인도에서 유물을 받도록 왕립 위원회를 파견했다. 미얀마 불교도와 실론 불교도에게 바칠 유물은 앞으로 방콕에서 시암 왕이 이들 단체의 대표자들에게 전달할 것이다. 〈더 오리엔트〉.

책과 정기간행물.

Annie L. A. Baird의 '한국어 초보자를 위한 50가지 도움말'이 발간되었다. 두 번째 판은 16절 크기로 63쪽이다. 우리는 이 유용한 작은 책의 두 번째 출간을 환영한다. 이 책은 심부름하는 소년이나 노무자들에게 사용하려고 몇 가지 문구를 원하는 외국인은 이 사례를 사용하지 않을 것이다. 이 책은 주로 선교사를 대상으로 하며 실무 지식을 습득하는 것이 첫 번째 의무인 사람들은 이 책을 사는 데 들어가는 비용을 투자하여 이 책을 사서 보라고 감히 제안한다. 이 책은 값을 헤아릴 수 없을 만큼 매우 귀중한 것이다. 그것은 이 언어를 공부하는 사람에게 그토록 특이하게 얽히고 혼란스럽게 하는 결과를 파악하지 못한 것에 대한 어떤 의문도 없애준다. 이 책을 따라 연습하고, 지시를 따르고, 충고에 주의를 기울이면 학생은 한국어를 올바르게 사용하고 있는 자신을 잘 알게 될 것이다. 베어드 여사는 학생들에게 진지하고 올바른 소리를 가르치기 위해 더 많은 삽화와 문장을 제공하기 위해 한국어책 선물을 가지고 있는 것을 당연하게 여기고 매우 적절하게 받아들인다. 그녀는 진실하게 터벅터벅 걸은 후에 생각하는데, 첫 5년 동안은*** 아직 멀리 있는 것처럼 보이는 약속의 땅이 보일 것이며, 공부는 즐거움이 되고 깨우치는 것은 기쁨이 될 것으로 생각한다.

관보.

대한제국 우체국은 지난 1일부터 서울과 제물포 간 야간 우편 서비스가 다음과 같이 개설되었음을 대중에게 알리게 된 것을 영광으로 생각합니다.

서울 출발 매일 오후 7시
제물포 도착 매일 오전 6시
제물포 출발 매일 오후 7시
서울 도착 매일 오전 6시

이 특사를 통해 제물포로 보내는 편지는 서울에서 접수됩니다.

1차. 오후 6시까지 이 도시의 우편함에.

2차. 일반우체국에서는 오후 6시까지 등기 우편물을 접수합니다. 기타 우편물은 6시 45분까지. 제물포에서 새로운 야간우편 서비스로 도착하는 우편물은 서울에서 오전 7시 30분 이후 배송됩니다. 서울-제물포 일 일 우편(서울 출발 오전 9시 30분-서울 도착 오후 4시 30분)은 그대로 유지된다.   1899년 3월 1일, 서울.

HEALTH OF PHILIPPINE TROOPS.

In a report to his government concerning the health of the troops of his command for the seven months ending Feb. 1 General Otis makes the following statement. The whole member of deaths was 220 of which 41 were due to wounds and accidents; 65 of typhoid fever; 43 of smallpox; 22 of dysentery; and 8 of malarial fever. The remaining deaths were due to various diseases. Smallpox causes apprehension. The entire command has been vaccinated several times. Twelve physicians have been engaged for several weeks vaccinating natives. The more sickly season is during the hot months of March, April and May, when fevers, smallpox and dysentery are more prevalent. Nine per cent of the command were reported sick, the great majority of the cases being slight ailments.

BUDDHA'S BONES.

Buddha's undoubted bones and ashes which were discovered by Mr. Peppe near Paprahwa in Basti district early this year, have been offered by the North-West Province's government to the King of Siam, who is the only existing Buddhist monarch. The offer is made on condition that the latter offers a portion of the relics to the Buddhists of Burmah and Ceylon. The King of Siam has gratefully accepted the offer, and deputed a Royal Commission to receive the relics last month in India. The relics to be given to the Burmah and Ceylon Buddhists will be made over hereafter in Bangkok by the King of Siam to representatives from these bodies.
— *The Orient.*

BOOKS AND PERIODICALS.

Fifty Helps for the Beginner in the use of The Korean Language by Annie L. A. Baird. Second edition, 16 mo. pp. 63. We welcome this second edition of this useful little volume. The globe trotter the foreigner who wants a few phrases to fire at his boy or coolie, will have no use for this look. It is intended primarily for the missionary and we venture to suggest the first money invested by one whose first duty is to get a working knowledge should be to secure a copy of this book. It is simply invaluable.

It does away with any excuse for not getting hold of the endings so peculiarly entangling and confusing to the student of this language. Let this book be mastered, the suggestions followed, warnings heeded, and the pupil will find himself well on towards as correct use of Korean. Mrs. Baird takes for granted, and very properly so, that the student is in earnest, has a Korean present to teach the correct sounds and to furnish more illustrations and sentences. She thinks that after drudging faithfully thro "the first five years *** the promised land tho yet far distant will be in view, and study will be a pleasure and acquisition a delight."

Official Circular.

The Imperial Post Office of Korea has the honour to inform the Public, that a night mail-service has been established from the 1st instant, between Seoul and Chemulpo as follows:

Departure from Seoul - 7 P. M. daily
Arrival at Chemulpo - 6 A. M. daily
Departure from Chemulpo - 7 P. M. daily
Arrival at Seoul - 6 A. M. daily

Letters for Chemulpo to be sent by this courier will be accepted at Seoul.

1. In the boxes of this city until 6 P. M.
2. At the General Post Office

Registered articles until 6 P. M.
Others correspondences until 6.45 P. M.

Mail matters arriving from Chemulpo by the new night courier will be delivered at Seoul. after 7.30 A. M.

The daily mail-service between Seoul and Chemulpo will remain unaltered (Departure from Seoul at 9.30 A. M. — Arrival at Seoul at 4.30 P. M.)　　　Seoul, 1 March, 1899.

코리안 리포지터리

주간판

1권 8호,   1899년 3월 30일, 목요일

코리안 리포지터리
주간판
매주 목요일 발행

편집: 아펜젤러, 존스,
영업: 콥

구독료

1회	–	–	10센
1개월	–	–	30센

광고료일반

노출 광고 1인치(2.5cm):

1회	–	–	1엔,
1개월	–	–	2엔

기사식 광고:

1회	–	–	25센,
다음 호부터는	–	–	15센

러시아는 고래잡이 항구를 확보하고자 한다.

황제는 한국 동부의 3개 항구, 즉 강원도의 울산(Oulsan)과 성진포(Sungchinpo), 함경도의 진포도(Chinpodo)를 러시아 포경회사에 임대했다. 조계지는 길이 700m, 너비 350m이다. 자세한 내용은 알 수 없지만 키서팅 백작이 협상한 것으로 알고 있다. 러시아 포경선만 항구에 들어올 수 있으며 연중 특정 계절에만 들어올 수 있다. 한국 관리는 그의 국가의 이익을 돌보기 위해 파견될 것이다; 연간 450엔을 사용료로 지불하고 임대 기간은 12년이다.

기간이 만료되면 항만에서 개설된 모든 시설물은 한국 정부에 귀속된다. 이 허가는 포경회사의 이익을 위해 이루어진 것이며 러시아 정부와는 아무런 관련이 없는 허가이다. 천황은 지난 23일 허가서를 비준했다.

현지 신문 중 하나에 보고된 중추원의 이 주제에 관한 토론은 매우 흥미롭기에 우리는 그 자료를 번역해서 소개한다.

권재형(權在衡) 대신: 내각의 결정을 중추원에 상정하고 본인은 질병으로 출석할 수 없다고 말한 후 허가 승인 또는 거부 제안에 대한 논의를 요청했다.

유맹(劉猛) 중추원 의관(議官): 우리 국토는 우리 왕조의 위대한 창시자에 의해 대한인을 위해 확보되었으며 러시아인들에게 이 허가를 함으로써 다른 나라들도 비슷한 혜택을 위해 우리를 뒤쫓을 것이다. 우리는 제국을 끝까지 온전하게 유지해야 한다. 만약 우리가 하지 않는다면, 2천만의 우리 국민은 어디로 가서 살 것인가.

권 대신: "허가는 무제한인 것이 아니라 단지 12년 동안만"이라며 "연간 450엔을 받고 우리와 외국과의 긴밀한 관계도 고려해야 한다"라고 답했다.

강원로(姜元魯) 중추원 의관(議官): 우리 정부가 언제 돈을 양보하고 살아남았는가. 정부는 12년 후에 우리가 받게 될 5,000달러를 놓치지 않을 것이므로 나는 그 보조금을 만들기 위해 투표할 수 없다.

원세성(元世性)[18] 중추원 의관(議官): 이 허가를 하지 않는 것은 잘못이 될 것이라는 장관의 말을 들었다. 다른 사람들은 우리가 동의하면 잘못이라고 말한다. 러시아가 우리에게 대포로 위협하고 우리가 콜레라 재앙의 시대처럼 많은 숫자가 죽어가더라도 제국을 지키는 것은 우리의 의무이다.

조한우(趙漢禹) 중추원 의관(議官): 러시아는 영토에 욕심이 많다. 이 허가가

THE KOREAN REPOSITORY.

WEEKLY EDITION.

VOL. I. NO. VIII.　　　　　　　　　　THURSDAY, MARCH. 30, 1899.

THE KOREAN REPOSITORY.
WEEKLY EDITION.
PUBLISHED EVERY THURSDAY.

H. G. APPENZELLER,　-　GEO. HEBER JONES,
EDITORS.

GEORGE C. COBB,　-　BUSINESS MANAGER.

SUBSCRIPTION RATES.
Single copy	- -	Ten sen
Per month	- -	Thirty sen

ADVERTISING RATES.
Displayed Ad - One inch
Single Issue	- -	Yen 1.00
One month	- -	Yen 2.00

Reading Notices - Per line
Single Issue	- -	25 sen
Each subsequent Issue	- -	15 sen

RUSSIA SECURES WHALING PORTS.

The Emperor has leased three ports in eastern Korea to the Russian Whaling Company, namely Oulsan (울산) and Sungchinpo (성진포) in the province of Kangwon, and Chinpodo (진포도) in the province of Hamkyeng. The concession is 700 metres in length and 350 in width. We have not been able to learn full details but understand this has been negotiated by Count Keyserting; that the ports may be entered only by Russian whalers, and only at certain seasons of the year; that a Korean official will be detached to look after the interests of his country; that 450 yen are to be paid annually and the lease is for a period of twelve years.

At the expiration of the time all improvements made at the ports revert to the Korean government. This concession is made in the interest of the whaling company and it is claimed has nothing to do with the Russian government. The Emperor ratified the concession on the 23rd inst.

The discussion on this subject in the Privy Council as reported in one of the native papers is full of interest and we make a free translation from it:

Minister Kwon Chai hyeng brought the decision of the Cabinet to the Council and after stating that sickness prevented his attendance asked for a discussion of the proposition to grant or refuse the concession.

Councillor You maing: Our country was secured for us by the great founder of our dynasty and by granting this concession to the Russians other nations will be after us for similar grants. We must hold the empire down to the last foot intact, if we do not where shall the twenty millions of our people go to live.

Minister Kwon replied: The concession is not absolute but only for twelve years We receive yearly 450 yen and the closer relations between us and foreign nations is to be considered.

Councillor Kang Won-lo said: When has our government given concessions for money and survived. The government will not miss at the end of twelve years the 5,000 dollars we are to receive and I therefore cannot vote to make the grant.

Councillor Won Sei-sung said: We are told by the Minister that it would be a fault not to make this concession. Others say it is a fault if we concur. It is our duty to defend the empire even thou Russia should turn her cannon upon us and we should die in numbers as in times of the cholera scourge.

Councillor Cho Han-ou: Russia is greedy for territory. If this concession

승인되면 러시아는 더 많은 것을 요구할 것이기 때문에, 처음 시작부터 러시아의 요구를 받아들이지 않아야 러시아가 우리 땅을 가지도록 허용하지 않을 수 있을 것이다.

홍종후(洪正厚) 중추원 의관(議官) 발언: 의원들의 발언을 흥미롭게 들었으니 나는 더 이상 언급할 것이 없다. 우리는 이 요구를 러시아에 허가해서는 안 될 뿐만 아니라 목재, 철도, 광산 및 어업에 대한 허가를 취소하고 이를 우리 법정에서 재판하게 한 장관들은 취소해야 한다. 이렇게 함으로써 향후 추가 요구의 반복을 방지할 수 있다.

투표 결과는 허가 승인에 반대했다.

김익승(金益昇) 與臣府 參書官은 (이미 청원을 가결한) 정부와 추밀원 사이에 화합이 이루어지지 않은 것에 크게 흥분하여 빈번하게 그의 주먹을 탁자 위에 폭력적으로 내리쳐서 테이블이 박살이 났다.

신기선(申箕善)[19] 議政府 議政 署理는 제위기념관에서 중추원 의관의 언행을 항의하고 해임을 건의했다. 그의 청원이 승인되었고 5명의 의관과 참서관이 해임되었다.

원산 해관장은 개발되지 않은 한국 어업의 막대한 부에 대해 처음으로 우리의 관심을 환기했다. 한국인들은 보통 가정 공급을 위한 작은 어획량에 만족하고 있다. 최근 키스터링 백작의 포경선이 들어와 조업할 수 있는 동해안 3개 항구를 확보하려는 시도에 대해 상업 관련 단체에 큰 관심을 불러일으키고 있다. 우리는 허가 신청이 이번이 처음은 아니라는 것을 알지만 한국 정부는 이전부터 이를 일관되게 거부해 왔다.

〈The Japan Times〉의 다음 단락은 일본이 산업을 발전시키기 위해 취하고 있는 활발한 관심뿐만 아니라 해상이 포함하고 있는 부에 대한 아이디어를 제공한다. 세관의 통계에 의하면 한국 연안에서 조업하는 러시아 포경선에 의해 잡힌 고래 고기가 2,030,912파운드 작년에 나가사키에서 수입되었다. 상기 이외에도 지난 2개월 동안 나가사키에 있는 외국 기업이 1,102,223파운드(49,200엔) 이상의 고래 고기를 수입했다.

우리 어민들이 큰 고래 떼가 많은 한국 해역에서 이 유익한 사업을 등한시하는 것은 오래전부터 안타까운 일이었다. 그러나 우리는 Ishin Jono 씨가 최근 포경회사를 설립하고 노르웨이에서 온 경험 많은 포경 사수와 계약했다는 사실을 알게 되었다. 포경을 위해 지난달 10일 이 회사가 보낸 증기선이 한국 바다에서 잡은 다 성숙한 고래 2마리를 싣고 단기간에 돌아왔다. 새로 도입된 노르웨이 포경 설비들은 의심할 여지 없이 우리 어민들의 관심을 끌 것이며 향후 발전과 수익성 있는 산업에 대한 유인책이 될 것이다.

내각 교체

우리가 다른 칼럼에 게재한 21대 칙령은 심상훈(沈相薰) 의정부 참정이 민병한(閔丙漢) 내부대신 서리가 제출한 임명명부에 대해 천황과 사전 협의 없이 항의한 데서 비롯되었다. 목록에는 제국의 재가를 받은 15명의 지사 명단이 포함되어 있었다. 의정부 참정은 목록 작성 과정에서 내부대신 서리가 비리를 일삼았고 황제에게 알리지 않을 수 없었다고 주장했다. 그 결과 내부대신 서리는 10년 동안 유배 명령을 받았다. 그러나 의정부 참정이 황제에게 문제를 제기하기 전에 먼저 측근들과 상의하고 그들의 동의를 얻은 불법 행위로 인해 그는 곤경에 처했고 그는 15년 동안 유배 명령을 받았다. 두 경우의 유배 장소는 칙령에 언급되지 않았으며 우리는 아직 그 정보를 갖고 있지 않다.

필리핀 상황.

필리핀에서 온 최신 뉴스는 3월 4일 산 페드로에서 심각한

is granted she will demand more and the time to cut her off is at the beginning and not allow her to have any of our land.

Councillor Hong Chong-who said: I have listened with interest to the remarks of the members of the Council and no more need be said. We should not only not grant this demand to Russia but the concession of timber, railroads, mines and fisheries made should be cancelled and those Ministers who made them tried by our courts; this would prevent a repetition of further demands.

On a vote being taken the decision was against granting the concession.

Secretary Kim Ik-sung became much excited at the absence of harmony between the government (which had already voted to grant he petition) and the Council, brought his fist down upon the table with such violence and frequency that the table was broken.

Acting Prime Minister, Sin Kisun, in a memorial to the throne complained of the utterances and behavior of the councillors and recommended their dismissal from their position. His petition was granted and the five councillors and the secretary were dismissed.

The Commissioner of Customs in Wonsan was the first to call our attention to the great but undeveloped wealth of Korean fisheries. The Korean ordinarily is satisfied with a small catch for home supply. Recently a great deal of interest has been aroused in commercial circles over this attempt of count Keysterling to secure three ports along the eastern coast of Korea into which whaling boats could enter and land their prizes. This we understand is not the first time application has been made for concessions but the Korean Government has steadfastly refused heretofore.

The following paragraph from *The Japan Times* gives us some idea of the wealth the waters contain as well as the lively interest Japan is taking in developing this industry: According to the Customs returns about 2,030,912 pounds of whale flesh, amounting to yen112,940 in value were imported at Nagasaki last year by Russian whalers operating off the Korean coast. In addition to the above, more than 1,102,223 pounds (yen 49,200) were also imported during the last two months by a foreign firm at Nagasaki. It has long been thought regrettable that our fishermen were neglecting this profitable business in Korean waters, where whales are to be found in great swarms. We learn, however, that Mr. Ishin Jono has lately founded a whaling company and has engaged an experienced whale gunner from Norway. A steamer despatched by this company on the 10th of last month for whaling has come back within a short period loaded with two full grown whales from Korean seas. The newly introduced Norwegian system of whaling will undoubtedly interest our fishermen and will become an incentive to further development and profitable industry.

MINISTERIAL CHANGES.

The edict of the 21st which we publish in another column had its origin in the protest, without previous consultation with the Emperor, of the Acting Prime Minister, Shim Sanghun, against the list of appointment submitted by the Acting Prime Minister, Min Pyeng-han. The list contained the appointment of fifteen magistrates and had received Imperial sanction. The Acting Prime Minister contended there were irregularities on the part of the Acting Home Minister in the preparation of the list, which he could not help but bring to the notice of the Emperor. As a result the Acting Home Minister was ordered sent into banishment for ten years. But the irregularity of the Acting Premier in counseling first with his colleagues and securing their consent before laying the matter before the Emperor brought him into trouble and he was ordered into exile for a period of fifteen years. The places in both cases are not mentioned in the edict and we have not yet learned.

THE PHILIPPINE SITUATION.

The latest news from the Philippines is that on March 4th there was severe

전투가 있었고 베닝턴이 말라본의 참호를 포격하고 침묵시켰다는 것이다.

Dewey 해군 소장은 미국 해군의 최고위인 제독으로 진급했다는 소식을 들었다.

관보. / 칙령.

1899년 3월 21일 자.

우리는 지방 관리를 선정할 때 신중히 처리하라는 엄격한 명령을 내렸다. 내부대신이 보내준 인사 명부가 정성을 다해 만들어졌다면 왜 예외를 두었을까. 우리는 그것이 너무 혐오스러워서 여기서는 언급하지 않으려 한다. 이에 우리는 내부대신 서리 민병한을 해임하고 그를 10년간 유배형에 처한다. 각료들은 목록 작성과 관련하여 잘못된 사항이 있으면 우리에게 그 오류를 진술할 권리가 있다. 그러나 여전히 구습에 물든 그들은 법령의 존엄성을 전혀 고려하지 않고 우리가 승인한 임명 명단을 제쳐두려고 했다. 범한 죄가 너무 커서 그들을 형벌에서 구할 수 있는 다른 법이 없다.

이런 범죄를 묵과하면 더 이상 국가를 국가라고 부를 수 없다. 이에 참정 심상훈을 면직시키고 그를 15년간 유배형에 처한다. 이 사건과 관련하여 회의에 참석한 다른 참정대신 같은 사람들도 죄를 자백하는 대로 해임되어야 할 것이다. 그리고 14일 내부에서 보낸 명단과 15일 의정부에서 보낸 명단을 모두 파기(소각)시켰다.

신기선(申箕善)이 의정부 의정 서리, 민종묵(閔種默)[20] 은 내부대신 서리로 임명됐다.

상소 금지

이승만의 부인[21] 은 석 달 전 아무런 혐의 없이 체포된 남편을 대신해 지난주 황제 앞으로 청원을 시도해 눈길을 끌었다.

그녀는 궁궐 대문 앞에서 상소했지만, 며칠 후 중추원에 청원서를 제출하라는 지시를 받고 경찰에 의해 쫓겨났다. 그녀는 중추원 의원들이 있는 사무실에 갔지만, 거기서는 그런 청원을 제기할 곳이 아니라는 말을 들었다. 자신의 청원을 받아줄 사람을 찾지 못한 이 여성은 다른 방안을 찾지 못하고 집으로 돌아갈 수밖에 없었다. 1년 전만 해도 6명 정도의 상소자들이 궁궐 대문 앞에서 여러 종류의 상소를 하는 모습은 가장 흔히 볼 수 있는 장면 중 하나였다.

도시와 지방 소식

윤치호[22] 씨는 지난 3월 6일 원산항 판사로 부임했다.

D. L Gifford 목사는 지난주에 남부지방의 긴 순회 여행을 마치고 돌아왔다.

한국 정부는 러시아 정부에 300만 달러 차관을 신청했다.

황제는 지난 24일 Mrs. Jordan과 그녀 자녀들의 고별 알현을 받았다. 25일에는 O. R. 에비슨 박사와 그 가족의 작별 알현을 받았다.

뉴욕의 J. S. Fassett 상원의원은 지난주 제물포의 Townsend 씨와 함께 미국 공사의 손님으로 서울을 방문했다. Fassett 상원의원은 28일 서울을 떠났다.

R. A. Hardie 박사는 일요일 송도 시내에 머물렀다. 그는 우리가 얼마 전에 보도한 최근 중병에 걸렸던 C. T. Collyer 목사의 회복에 대해 알려왔는데 콜리어 목사는 지난주에 처음으로 외출할 수 있었다고 한다.

대영성서공회 총무인 켄뮤어(A. Kenmure)와 피터스(A. A. Pieters)는 5주간의 제주섬 여행을 마치고 3월 23일 돌아왔다. 그들의 여행은 흥미로웠다고 전했다. 그들이 제주섬에서 내륙으로 돌아올 때는 평범한 한국 삼판선(杉板船)을 타고 돌아왔다. 제주에서 첫 섬까지의 거리는 약 40마일(약 64km)이다. 우리가 아는 한 이 두 분은 이 제주섬을 방문하고 탐험한 최초의 선교사들이다.

fighting at San Pedro, and the Bennington had shelled the intrenchments at Malabon and silenced them. Rear Admiral Dewey received word of his promotion to the rank of Admiral, the highest place in the United States navy.

OFFICIAL GAZETTE. / EDICTS.

Match 21. We have given strict injunctions to use care in the selection of magistrates. If the list of appointments sent us by the Minister of Home Affairs was made with due care, why was exception to it taken. We feel it so detestable that we prefer not to make mention of it. We therefore, dismiss Min Pyenghan, the Acting Minister of Home Affairs, and send him into banishment for ten years. As for the Cabinet Ministers if there was anything irregular connected with the preparation of the list, it was their right to state the error to us. But still accustomed to the old mode, they paid no regard to the dignity of the rules and essayed to set aside the list of appointments which we had approved. The crime is so great that there is no other law that can save them from condign punishment.

If such a crime is condoned the country cannot be called country any longer. We therefore dismiss from office Shim Sang hun, the Acting Premier, and send him into banishment for fifteen years. The other Ministers of State who were present at the meeting and connected with the affair must also be dismissed as fast as they confess their guilt. And the list that was sent by the Home Department on the 14th and the list sent by the Cabinet on the 15th let both be destroyed (melted). Sin Ki Sun was appointed Acting Prime Minister and Min Chong Muk Acting Minister of Home affairs.

NO APPEAL.

The wife of Yi Sungman during the past week attempted to lay a memorial before the Emperor in behalf of her husband whose arrest some three months ago without any charge of crime attracted considerable attention. She took her place in front of the palace, but was sent away by the police after a few days, being told to lay her petition before the Privy Council. She went to the office where this body meets only to be told that this was not the place to present such matters. The woman, unable to find any one to receive her petition, had no alternative left but to return to her home. A year ago the sight of half a dozen or more memorialists at the Palace Gate with petitions of all sorts was one of the most common scenes witnessed.

CITY AND COUNTRY.

Mr. T. H. Yun entered upon his duties as the magistrate of Wonsan on the 6th inst.

Rev. D. L Gifford returned last week from an extended itinerating tour thro the south.

The Korean government has applied to the Russian government for a loan of $3,000,000.

The Emperor gave a farewell audience on the 24th inst. to Mrs. Jordan and her children. On the 25 inst. Dr. O. R. Avison and family were received in audience.

State Senator J. S. Fassett of New York visited Seoul last week in company with Mr. Townsend of Chemulpo and were the guests of the United States Minister. Senator Fassett left the capital on the 28th.

Dr. R. A. Hardie of Songdo was in the city Sunday. He reports the convalescence of Rev. C. T. Collyer whose recent severe illness we reported a short time ago. Mr. Collyer was able to be out for the first time last week.

Mr. Alex. Kenmure, Agent of the British and Foreign Bible Society, and Mr A. A. Pieters returned on the 23d from a five weeks' trip to the island of Quelpart. They report having had an interesting trip. Returning they came in an ordinary Korean sampan from Quelpart to the mainland. The stretch of open sea is about forty miles. As far as we know these gentlemen are the first missionaries to visit this island and explore it.

부활절 맞이 예배.

성금요일과 부활절을 기념하는 예배가 서울과 제물포에서 다음과 같이 거행됩니다.

3월 31일 성금요일 미사, 제물포 성미가엘 성당에서. 오전 11시, 저녁 오후 6시 30분.

4월 2일 부활절. 오전 8시 30분 성찬식; 오전 11시 예배와 설교; 저녁 기도회 오후 6시 30분.

서울 성공회 / 성금요일.

아침 기도회 7시 30분; 오전 11시 연도 형식 기도 및 성찬식 전 예배. ; 십자가 위에서 하신 우리 주님의 마지막 말씀에 대한 설교로 3시간 예배, 12시~ 오후 3시까지; 오후 6시에 저녁 기도회와 설교.

부활절

오전 8시 성찬식. ; 오전 11시 아침 기도와 설교; 오후 6시 저녁 기도.

서울 유니온교회.

부활절예배는 다음 주 주일 오후 3시 30분에 배재학교 예배당에서 드립니다. 목사님의 설교와 특별한 부활절 찬양이 드려지는데 많은 분이 참석해 주시기를 바랍니다.

평양에서.

평양북도 광산에서는 특별한 소식이 없다. Dr. Wells는 그곳에서 몇 주 전에 다양한 미국인과 한국인에게 필요한 서비스를 전문적으로 제공했다. 외국인 중에는 약 10년 또는 12년 전의 서울에서 목격한 일반적인 소비와 같은 상황을 발견한 것으로 잘 알려진 D. A. 벙커 부부가 있다. 이전에 세관원이었던 Mr. Van Ess의 웃는 모습이 이제 치타발비(Chitabalby, 금광) 안팎에서 빛난다. 하버드 1888년 졸업생인 회사 감사인 H. F. Meserve 씨는 작년에 발간된 수업 교재에 한국에 대해 좋은 광고를 실어 주었다. 일본 유센 카이샤에서 이전에 잘 알려졌던 E. D. 바스토 선장은 수데베이커의 1/4 갑판 또는 한국산 카트를 가지고 태평양 횡단 정기선의 다리에서 나오는 것과 같은 "상 프로이트"로 광산의 운송 부서를 지휘하고 있다.

Mr. Albert Taylor는 부지배인이며 분석 시금하는 사람이다. Mr. J. R. Duff는 곡상동(Kok Sang Dong)의 총지배인이다. Mr. G. A. Taylor는 전무이며, Krumm 씨, Will Taylor 씨, Buckley 씨, Salmon 씨, MacCollough 씨 등은 정규 직원이다. 이 전문가들 외에도 전문 기계 설치 기사들이 있는데 그들은 Henderson 씨, Crowe 씨, Cogswell 씨, Ford 씨, Beattie 씨 그리고 Tompkins 씨이다.

해관이나 정부나 누군가는 제물포와 평양 사이를 오가는 증기선에 구명조끼와 최소 2척의 소형 보트가 장착되어 있는지 확인해야 한다. 작가는 경채라는 작은 커피 주전자를 가지고 여러 번 해안을 오르락내리락했다. 기계 고장이나 바위 위에 좌초되는 것과 같은 사고에 대한 대비책은 알 수 없다. 물이 새는 작은 보트 한 척이 전부이며, 비상시에는 힘 있는 일본인들이 무리를 지어 내려가고 나머지는 교대하도록 내버려 두었다. 내가 위험하고 비참한 상황에 주의를 환기하는 것은 회사를 위한 구명조끼와 두 척의 새 배를 건조로 만드는 결과를 낳기를 바람에서이다.

약 두 달 전에 평양에서 한 남자가 술에 취해 말다툼하며 싸우다 사망했다. 살인자는 도망쳤다. 한국의 법이나 관습에 따라 시신을 매장할 수 없었던 것은 세 명의 치안 판사가 시체를 보아야 하기 때문이다. 세 번째 관리가 아직 검시하지 않았기 때문에 그 남자는 그가 죽은 마을의 집에 여전히 누워 있다. 불쌍한 기자(Kija) 노인은 3,000년 전에 죽었지만, 만약 그가 오늘날 살아있다면, 그가 태어나기 훨씬 전인 3,000년 전에 그런 일들이 일어났다는 것을 듣고 울 것이다!

선박 운항 뉴스. / 도착.

24일 평양에서 출발한 치타마루 호; 25일 경성에서 출발한 창룡선(蒼龍船), 28일 시모노세키에서 출발한 후시키 마루 호; 오사카와 고베에서 출발한 타마가와 마루 호.

출발.

24일, 진남포행 리요 마루호; 고베와 오사카행 치쿠고가와호; Port Arthur행 보스토크호; 25일 군산행 치타호; 27일 진남포행 현익선(顯益船).

EASTER TIDE SERVICES.

Services in celebration of Good Friday and Easter will be held in Seoul and Chemulpo as follows: ST. MICHAEL'S, CHEMULPO.

GOOD FRIDAY, MARCH 31. Morning service at 11 a. m. ; evening service at 6:30 p.m.

EASTER DAY, APRIL 2. Holy Communion at 8:30 a m.; morning prayer and sermon at 11 a. m.; evening prayer at 6:30.

CHURCH OF ADVENT, SEOUL.
GOOD FRIDAY.

Morning prayer at 7:30; Litany and ante-communion service at 11 a. m.; three hours service with addresses on Our Lord's last words spoken from the cross, 12 a. m. to 3 p. m; evening prayer with address at 6 p. m.

EASTER DAY

Holy Communion at 8 a. m.; morning prayer and sermon at 11 a. m.; evening prayer at 6 p m.

UNION CHURCH, SEOUL.

Easter services will be held in the chapel of Pai Chai School next Sunday afternoon at 3:30 o'clock. Preaching by the pastor. Special Easter music. All are cordially invited to attend.

FROM PYENG YANG.

There is no special news from the mines in northern Pyeng-yang province. Dr. Wells was up there professionally a few weeks ago rendering what services were necessary to the various Americans and Koreans. Among the foreigners there are the well known Mr. and Mrs. D. A. Bunker who find something of the same situation as to the general outlay as they witnessed in Seoul some ten or twelve years ago. The smiling features of Mr. Van Ess, formerly of the customs, now shine in and around Chitabalby. Mr. H. F. Meserve, the auditor of the company, a graduate of Harvard '88, gave Korea a good advertisement in the class book published last year. Capt. E. D. Barstow, formerly and popularly of the Nippon Yusen Kaisha, is in command of the transportation department of the mines and holds forth from the quarter deck of a Suudebaker or a Korean cart with the same "sang froid" as from the bridge of a trans-Pacific liner. Mr. Albert Taylor is Assistant General Superintendent and assayer. Mr. J. R. Duff is Superintendent at Kok Sang Dong. Mr. G. A. Taylor is General Superintendent, while Messers. Krumm, Will Taylor, Buckley, Salmon, MacCollough, and others have permanent places. Besides these experts there are several master millwrights among whom are Messers. Henderson, Crowe, Cogswell, Ford, Beattie and Tompkins.

The customs or the government or somebody ought to see that the steamers plying between Chemulpo and Pyeong-yang are supplied with life preservers and at least two small boats each. The writer has been up and down the coast many times on the little coffee pot called the Kyengchae. Preparations for such an accident as a break in machinery or a run on a rock are unknown. One little leaky boat is all it carries and in case of emergency the strongest Japanese would crowd it down and leave the rest to shift. I hope this calling attention to a dangerous and pitiful condition of affairs may result in having life preservers and two new boats for the company.

About two months ago a man was killed in a drunken brawl in Pyeng-yang. The murderer escaped. The dead man couldn't be buried according to Korean law or custom until three magistrates had viewed the body. The third magistrate has not appeared yet and so the man still lies in a house in town where he died. Poor old Kija died over 3,000 years ago, but if he was alive today he would weep to hear of such things happening 3,000 years before he was born much less that time after!

SHIPPING NEWS. / ARRIVALS.

On the 24th, the Chita Maru from Pyeng Yang; the 25th, the Changriong from Kyengsung; the 28th, the Fushiki Maru from Shimonoseki; the Tamagawa Maru front Osaka and Kobe.

DEPARTURES.

The 24th, the Riyo Maru for Chinampo; the Chikugogawa for Kobe and Osaka; the Vostock for Port Arthur; the 25th, the Chita for Kunsan: the 27th, the Hyenik for Chinampo.

코리안 리포지터리

주간판

1권 9호,   1899년 4월 30일,[23] 목요일

편집자의 글

이번 호부터 주간 리포지터리를 이전 페이지의 두 배로 늘린다. 우리가 이렇게 지면을 늘리는 이유는 더 많은 기사와 약간의 광고 공간에 대한 외관상의 요구 때문에 이렇게 한다. 이 주간지는 아직 시험 단계를 넘지 않았으며 확대와 함께 우리는 시작할 때 했던 것과 같은 발표를 한다. 즉, 신문이 비용을 감당하지 못하면 우리는 발행을 중단할 것이다. 지금까지 신청한 구독 신청 명단이 실망스럽다. 서울에 사는 많은 외국인은 이웃의 신문을 빌려보고 있거나 혹은 전혀 읽지 않는 외국인이 많이 있다. 그리고 서울 밖의 많은 외국인 역시 그렇게 지내고 있다.

하지만 구독자가 많지 않아 아쉽지만, 지금까지 발간된 다른 영문 정기간행물보다 한국에 거주하는 외국인들에게 더 많이 다가가고 있으며, 현재로서는 국내 유일의 영자지라는 점에서 자부심을 품고 있다. 그렇기에 우리는 광고 목적으로 우리 지면을 이용하여 이 나라에 있는 외국인들에게 다가가고자 하는 사람들을 초대하고자 한다. 다른 페이지에 게시된 광고 요금표에서 볼 수 있듯이 우리는 광고 가격을 크게 내렸으며 이 지면을 통해 여러 후원자를 찾을 수 있기를 바란다. 우리 편집 방침은 한 페이지에 한 열의 광고만 허용되며 첫 페이지와 4페이지에는 광고를 허용하지 않는다.

우리는 이 주제에 대해 계속 언급하지 않을 것이지만, 지금보다 더 일반적이고 진심 어린 재정적 지원이 없다면 우리는 단순히 영어 독서 대중이 주간지에 관심이 없다고 결론을 내리고 출판을 중단할 것이라는 결론을 내릴 것이다.

서울 시외에 거주하는 가입자의 이익을 위해 우리는 한국 또는 일본 우표를 계좌로 받을 것인바, 그 우표는 1센트 또는 2센트짜리 여야하고 고액 우표는 받을 수 없다.

일본인 이민자.

언제나 즐거운 기대를 안고 찾아보는 〈재팬타임스〉 지난 9일 자 신문에는 일본인들의 이민 지역으로 한국을 논한다. 그것은 〈지지(Jiji)〉와 〈니뽄진(Nippon-jin)〉과 같은 일본 주요 저널에서 주제에 관한 토론을 만족스럽게 기록하고 있다. 두 신문 모두 이 나라가 계속해서 증가하는 인구의 상당 부분을 흡수할 수 있는 충분한 면적을 제공할 수 있다고 보고 있으며, 그러나 아직 개발되지 않은 지방은 수도의 남쪽에 있기에, 서울-부산 철도 및 기타 비옥한 땅을 경유하는 노선의 신속한 건설을 촉구하는 데 동의한다.

또 다른 논설은 서울에서 원산까지 철도를 건설하는 데 그 일을 일본인이 해야 대마도 및 일본 본토와 직접 통신선이 열릴 수 있다고 주장한다. 지난가을 18일간에 걸쳐 한국을 방문한 〈타임스〉지의 편집자는 한국 사람들이 번영하고 있고 새로 도착한 사람들이 어떤 식으로든 정직한 생활 수단을 얻는 데 거의 어려움을 겪지 않는다는 것을 알게 되었다고 말했다. 현재 한국에는 약 15,000명의 일본인이 거주하고 있다. 이들은 주로 사기업에 종사하고 있다.

THE KOREAN REPOSITORY.

WEEKLY EDITION.

VOL. I. NO. IX.   THURSDAY, APRIL. 30, 1899.

A WORD FROM THE MANAGER.

With this issue we enlarge the WEEKLY REPOSITORY to twice its former size. We do this because of a seeming demand for more reading matter and for some advertising space. The paper has not passed its probationary stage yet and with the enlargement we make the same statement that we made in the first issue, viz, if the paper fails to pay expenses we shall stop it. We have been disappointed so far in our subscription list. There are quite a lot of foreigners herein Soul(sic. Seoul) who are either reading their neighbor's paper, or are not reading any at all. And a larger number outside of Soul are doing the same thing.

But while we are disappointed in not having more subscribers we feel safe in saying that we reach more foreign residents in Korea than any other English periodical which has been published, and at present we are the only English paper in Korea. Therefore we invite those desiring to reach the foreigners in this country to try our columns for advertising purposes. As will be seen in our advertising rates published elsewhere we have greatly reduced our prices and hope to find a liberal patronage along this line. We shall only allow of one column of advertisements on any one page and no ads will be accepted for the 1st or the 4th page.

We shall not keep harping on these subjects but we will say once for all that if there is not a more general and hearty support financially than there this been we shall simply conclude that the English reading public does not care for a paper and shall suspend publication.

For the benefit of subscribers living out of town we will receive postage stamps on account, either Korean or Japanese, but they must be either one or two cent stamps, the large denominations cannot be accepted.

JAPANESE EMIGRATION.

The Japan Times to which we always turn with pleasant anticipations, in its issue of the 9th inst. discusses Korea as a field for Japanese Emigration. It notes with satisfaction the discussion of the subject by such leading journals as the *Jiji* and the *Nippon-jin*. Both the papers it appears look upon this country as affording sufficient room for the absorption of a large part of our ever-increasing population, and they agree in urging the speedy construction of the Seoul-Fusan railway and other lines thro the fertile, but as yet undeveloped provinces to the south of the capital.

Another paper calls for the building of a railway from Seoul to Wonsan and that the work should be done by the Japanese as in that way a direct line of communication could be opened with Tsushima and the mainland of Japan. The editor of *the Times* during his visit to Korea last fall which extended over eighteen days tells us he found his fellow-countrymen here prosperous and new arrivals experiencing little difficulty in obtaining means of obtaining an honest living in some way or other. There are now about 15,000 Japanese in Korea. These are engaged largely in commercial enterprises.

우리가 검토하고 있는 기사의 내용은 한국이 농업 정착에 대해 훨씬 더 나은 전망을 제시하고 제조업 정착에 대해서는 그 정도는 덜하다고 지적한다. 지금은 경작되지 않은 채 버려진 비옥한 땅은 일본 농부의 능숙한 관리 아래 지금까지는 보지 못하던 많은 수확할 것으로 믿어진다. 한국은 지금도 일본에 쌀을 공급하고 있지만 이 공급량은 일본 농민들이 한반도로 광범위하게 이주함으로써 많이 증가할 수 있다.

〈時事通信社(The Jiji)〉는 한국이 500만 명의 이주민을 수용할 수 있는 충분한 터전이 있다고 말한 박식하고 신뢰할 수 있는 한국인의 말을 인용했다. 〈타임스〉의 편집자는 이 말을 다소 과장된 것으로 받아들이지만, 한국에 일본의 나머지 인구를 흡수할 넓은 토지가 있다는 것은 의심의 여지가 없다. 이 모든 것은 매우 흥미롭고 우리는 일본에는 매우 중요한 당위성을 의심하지 않지만, 한국인들은 이러한 대규모 이주 또는 식민지화 계획에 대해 어떻게 생각하는지 궁금할 따름이다.

서울 남대문에서 종로까지 걸어가다 보면 수도의 가장 중요한 이 거리에서 가장 좋은 부지를 한국인 소유주가 아닌 외부 사람이 소유하고 있다는 사실은 누구에게나 잘 알려져 있다. 아마도 다른 거리도 어느 정도는 마찬가지일 것이다. 가장 평범한 관찰자라도 한국인들이 어떻게 1급지에서 2급지 또는 3급지로 쫓겨났는지를 알아차리지 못할 수 없다. 물론 종로는 두드러진 예외이지만 예외는 일반적인 규칙을 강조할 뿐이다.

항구에서 한국인은 방문객의 여행 가방이나 트렁크를 호텔로 옮기기 위해 폭력적인 노력을 기울이는 짐꾼들 외에는 자리를 차지하지 못한다. 우리는 불과 며칠 전에 종로의 한 상인이 동생을 위해 1,200달러에서 1,500달러의 빚을 졌다는 이야기를 들었다. 우리 소식통에 따르면 많은 상인이 일본인들과 중국인들에게 많은 빚을 지고 있다는 정보를 귀띔해 주었다. 그러한 상태는 사업을 접는 것을 의미한다.

이제 이 나라가 일본 나머지 인구의 배출구가 된다면, 우리는 이곳 원주민들이 어떻게 될 것인지를 묻지 않을 수 없다. 우연히 우리는 한국으로의 이민이 일본의 이익을 우선하여 옹호한다고 들었다. 이 정책은 한국의 물질적 번영을 엄청나게 증가시키고 아마도 이 나라의 행정 시스템의 결정적인 개선을 가져올 것이다. 위에서 소개한 정서가 더 사려 깊은 일본인들에 의해 받아들여지고 있다는 것은 현재의 징후로서 분명하다.

필리핀 전쟁.

3월 7일 자 〈홍콩 텔레그래프〉 특파원은 상황을 요약하여 다음과 같이 썼다:

"필리핀인들은 현대식 군사 교육의 혜택을 받지 못하고, 배불리 먹지 못하고, 의류 지급도 잘 안되고, 급여를 받지 못하고, 사실상 모든 면에서 어려움이 있음에도 불구하고, 미국이 스페인으로부터 필리핀에 대한 권리를 이양받았을 때 예상했던 것보다 더 많은 문제를 일으킬 완고한 적이다. 약 35,000명의 병력이 없으면 미군은 전함의 공세를 제외하고는 수비에만 머물 수 있으며 적에 대해 성공적으로 작전을 수행하여 적을 소탕할 수 없다. 위에서 언급한 병력을 마음대로 사용할 수 있는 미국 사령관은 필요한 권한이 있는 경우 필리핀인을 포위하고 사방에서 그들을 에워싼 다음 그들에게 피할 수 없는 대안인 죽음이나 항복을 선택하게 할 수 있다."

그날 이후의 사실 기록은 특파원의 진술을 뒷받침하는 것 같다.

상원의원과 오하이오 수송선은 3월 초에 약 1,500명의 정규병과 4,000정의 자동 소총을 싣고 도착했다.

그랜트 수송선은

The journals whose articles we are reviewing point out that Korea presents a far better prospect for agricultural, and to a lesser degree, manufacturing settlement. The tracts of fertile land now left uncultivated are believed would, under the skillful management of the Japanese farmer, yield a harvest such as he is not accustomed to see at home. Korea supplies Japan with rice even now and this supply could be largely increased by an extensive emigration of our farmers to the peninsula.

The Jiji quotes a well informed and trustworthy Korean as saying that Korea has room enough for as many as five million settlers. This statement the editor of *the Times* receives with some reservation, as he well may, but it is not to be questioned that there is a large field there for the absorption of our surplus population. All this is very interesting and we doubt not of vital importance to Japan but one may well wonder what the Korean thinks of such a scheme of wholesale emigration or colonisation.

A walk from the South gate of Seoul to Chong-no will convince anyone that the best sites on this most important street of the capital are held by other than Korean owners. The same is true to a less extent; possibly of other streets, but the most casual observer cannot fail to notice how the Korean has been and is being driven from the first class places into second or third rate places. Chong-no of course is a prominent exception, but the exception only emphasizes the general rule.

At the ports, the Korean occupies no place except the coolie in his violent efforts to secure a valise or trunk of the visitor to carry to the hotel. We heard only a few days ago of an instance where a merchant in Chong-no had to shoulder a bad debt of twelve or fifteen hundred dollars for his brother. Our informant volunteered the information that many merchants were heavily in debt to the Japanese and the Chinese. Such a state means closing up of business.

Now if this country is to become an outlet for the surplus population of Japan, we may well ask what is to become of the natives here. We are incidentally told that the idea of emigration to Korea is, of course advocated primarily for the interests of Japan, but there is no doubt that the results will be in many ways highly beneficial to the Koreans themselves, for the successful carrying out of the idea will bring about an immense increase in the material prosperity of the country and probably also a decided improvement in its administrative system. It is evident from present indications the sentiments quoted above are entertained by the more thoughtful Japanese.

THE WAR IN THE PHILIPPINES.

A correspondent of the *Hongkong Telegraph* writing under the date of March 7th in summing up the situation wrote as follows:

"It is becoming more and more apparent daily that the war between the Americans and Filipinos wilt be a prolonged one, continuing for an indefinite period in spite of the fact that the Filipinos have not the advantage of the blessings of modern military education, in spite of the fact that they are ill-fed and clad and unpaid, and as a matter of fact, handicapped all round, they still prove a stubborn enemy, who will probably give the Americans more trouble than they bargained for when they purchased the claim to the Philippines from Spain.

Without a force of about 35,000 men the Americans can only remain on the defensive, with the exception of the offensive undertakings of the warships, and cannot successfully operate against the enemy so as to make short work of them. With a force of the number above-mentioned at their disposal, the American commanders can, provided that they have the powers necessary, surround the Filipinos, hemming them in on all sides, and then hold out the inevitable alternatives - death or surrender."

The record of facts since that date seems to bear out the correspondent in his statements.

The transports Senator and Ohio arrived early in March bringing about 1,500 regulars and 4,000 repeating rifles.

The transport Grant reached Manila on

3월 10일 약 1,700명의 정규병과 로튼 소장을 태우고 마닐라에 도착했다. 로튼 장군은 부사령관이 될 것이다.

3월 14일과 15일에 치열한 전투가 벌어져 필리핀군은 막대한 손실을 보았지만, 미군은 거의 피해를 보지 않았다.

반란군은 3월 16일 대규모 병력을 이끌고 일로일로 교외 지역을 단호하게 공격했지만, 치열한 전투 끝에 격퇴되었다.

3월 20일 자 〈Despatches〉에 의하면 19일 피튼 장군의 여단이 필리핀군을 15마일이나 추격하는 전투가 있었다고 보도했다. 미군 사상자 수는 30명에 달했다.

전함 오리건과 수송선 서먼은 20일경 마닐라에 도착했다.

Aguinaldo는 매일 참호에 있는 부하들을 방문하고 모든 면에서 그들을 격려하기까지 하는 매우 활동적인 것으로 알려져 있다.

스페인 장군 리오스(Rios)는 스페인 포로의 석방을 위해 아기날도에게 $ 3,000,000을 제안하기를 원했지만, 미국인은 그 돈이 미군을 공격하는 데 사용될 것이기 때문에 그가 그렇게 하는 것을 거부했다. 미군의 포함(砲艦)은 전선에 있는 군인들에게 매우 큰 도움이 되며, 강을 거슬러 올라가도록 강요하고 포탄으로 군대를 위한 길을 터준다.

3월 초에 도착한 볼티모어는 미국 기병 중대를 수송해 왔으며 필리핀인들에게는 신기함과 공포를 동시에 안겨 주었다. 마치 미군이 반란군을 천천히 포위하고 있는 것처럼 보이며, 머지않아 필리핀인들은 미국 정부를 상대로 무의미한 전쟁을 벌임으로써 얻을 것이 없고 잃을 것이 매우 많다는 것을 알게 될 것처럼 모든 작전이 양호하다.

홍콩 상하이 은행공사

납입자본금 $10,000,000
적립금 £1,000,000,
영업 비용 $10,000,000[24]
주주의 책임 준비금 $10,000,000

일일 잔액이 500엔 이상이면 당좌 예금의 이자는 2퍼센트입니다.

다음 조건에 따라 예금을 받을 것입니다.
12개월 연 5%
6개월 연 4%
3개월 연 3%

제물포 지사

HOLME RINGER & CO.

HOLME RINGER & CO.는
다음 회사를 대리하는 수송 대리 회사임

극동 러시아 증기 항해 회사.
페닌슐라 &
오리엔탈 스팀 내비게이션 컴퍼니.

캐나다 퍼시픽 왕립 우편 기선 회사.
태평양 우편 증기선 회사.
동서양 증기선 회사.
북태평양 증기선 회사.

로열 익스체인지 어슈어런스
코퍼레이션에서
보험증서를 작성함

한국 제물포.

the 10th of March with about 1,700 regulars and Major-General Lawton on board. General Lawton is to be second in command.

Severe fighting occurred on March 14th and again on the 15th with heavy losses among the Filipinos but scarcely any damage to the Americans.

The insurgents made a determined attack on a suburb of Iloilo on the 16th of March with a large force but were repulsed after a severe battle.

Despatches of March 20 report that there was a battle on the 19th in which General Wheaton's brigade pursued the Filipinos 15 miles. The American casualties amounted to 30.

The battleship Oregon and the transport Sherman arrived at Manila about the 20th.

Aguinaldo is said to be very active, going so far as to visit his men in their trenches every day and encouraging them in every way.

The Spanish General Rios wanted to offer Aguinaldo $3,000,000 for the release of the Spanish prisoners, but the Americans refused to allow him to do so because the money would have been used against the Americans. The gunboats of the American forces are a very great aid to the men in the field, forcing their way up the streams and with shells clearing the way for the troops.

The Baltimore which arrived early in March, brought a company of American cavalry which are at once a novelty and a terror to the Filipinos.

It looks as if the American forces were slowly surrounding the insurgent forces and that it will not be long before the Filipinos will see that they have nothing to gain and very much to lose by waging a futile war against the United States government which is seeking their good in every move.

HONGKONG AND SHANGHAI Banking corporation.

PAID-UP CAPITAL $10,000,000
RESERVE FUND
 £1,000,000, Ex. 2s, $10,000,000
RESERVE LIABILITY OF
 SHAREHOLDERS $10,000,000

Interest allowed on CURRENT ACCOUNT at 2 per cent. on Daily Balance over Yen 500.

Money will be received on FIXED DEPOSIT on the following terms:—

For 12 months at 5 per cent. per annum; for 6 months at 4 per cent per annum; for 3 months at 3 per cent per annum.

CHEMULPO AGENTS

Holme, Ringer & Company.

HOLME RINGER & CO.

TRANSPORTATION AGENTS

Representing

Russian Steam Navigation in the East.
Peninsular & Oriental Steam Navigation Company.
Canadian Pacific Royal Mail Steamship Company.
Pacific Mail Steamship Company.
Occidental & Oriental Steamship Company
Northern Pacific Steamship Company.

Insurance Written In
ROYAL EXCHANGE ASSURANCE CORPORATION.

CHEMULPO, KOREA.

코리안 리포지터리
주간판
매주 목요일 발행

편집: 아펜젤러, 존스,		
영업: 콥		
구독료		
1회	– –	10센,
1개월	– –	30센
우편료 별도 / 광고료		
1개월 노출 광고		
1줄	– –	5엔,
1/2줄	– –	3엔
1인치	– –	1엔
기사식 광고:		
1회		25센,
다음 호부터는	–	15센

우리도 그렇게 되기를 바란다!

17일경 도쿄에서 받은 전문은 미국이 중국에 조차지를 요구했다는 보도와 상반된다.

다른 사람들이 말하는 것처럼.

우리의 신뢰를 받는 최근의 〈The Chinese Recorder〉의 3월호는 다음과 같이 보도했다. 우리의 이웃인 〈The Korean Repository〉의 발간 중단에 대해 알게 되어 유감스럽게 생각한다. 그러나 우리는 그것이 일시적일 뿐이며 가까운 장래에 새로운 생명과 활력으로 되살아날 것이라고 믿는다.

동시에 The Korean Repository 주간 호를 받게 되어 기쁘다. 이것이 환생(幻生)인지, 부모와 자식인지, 속간인지는 우리 앞에 있는 숫자로는 알 수 없다. 미래는 틀림없이 결정될 것이다. 그러나 지금은 그렇게 할 수 없다.

이와 관련하여 우리는 〈Japan Mail〉이 우리가 〈독립신문[25] ,The Independent〉 입장에 섰다고 생각한다는 점에 주목한다. 현재 편집 중인 〈The Korean Repository〉는 15개월이 넘었고 〈독립신문〉이 발간되기 이전에 자체 편집 체계를 가지고 있었으므로 이는 불필요한 가정이다.

중국 내의 이탈리아

북경의 이탈리아 공사 R. de Martino는 三門灣(Sanmun Bay)의 양도를 요구했다. 이것은 3월 초의 일이다. 나중에 입수된 전보에 따르면 Dowager 황후는 이 요구에 단호한 반대를 보였으며 어떤 의원도 이 문제에 대해 일종의 타협을 제안할 용기가 없을 것이다. 북경의 고위 장관들은 중국이 지금, 이 요구를 받아들이면 다른 나라들의 영토 요구가 계속되리라는 것을 알고 있다.

우리가 가지고 있는 최신 뉴스는 이탈리아 정부가 이번 사건이 전적으로 북경 주재 공사가 본국으로 보낸 잘못된 보고서에서 비롯되었다고 주장하며 양도 요구를 철회했음을 보여준다.

그러나 영국의 배후 지원을 받는 이탈리아는 아마도 새로운 요청서를 제출할 것으로 예상된다. 한편, 중국은 3월 22일 자 베이징에서 배포한 기사에서 이탈리아의 두 번째 요구가 도착하기 전에 저장성(浙江省) 안문과 시크푸를 대외 무역에 개방하는 문제를 고려하고 있다고 밝혔다. 그들의 계획이 실행될 가능성이 높다.

하루 뒤 배포된 기사에 따르면 독일이 이탈리아에 강제력을 호소하면 돕지는 않겠지만 이탈리아가 3국 동맹[26] 의 회원국이라는 점을 고려하여 움직임을 방해하지는 않겠다고 암시했다는 소문이 외교계에 전해졌다.

미국 공사가 휴가를 간다.

알렌(H. N. Allen) 공사와 가족은 미국으로 휴가를 떠나기 전에 친지들과 작별 인사를 나눴다. 그들은 지난 5일 서울을 떠났고 9일 제물포에서 휴가 출발한다. 그들은 유럽을 거쳐 약 6개월 동안의 휴가를 보낼 것이다.

THE KOREAN REPOSITORY.

WEEKLY EDITION.
PUBLISHED EVERY THURSDAY.

H. G. APPENZELLER, - GEO. HEBER JONES,
EDITORS.

GEORGE C. COBB, - BUSINESS MANAGER.

SUBSCRIPTION RATES.

Single copy	- -	Ten sen
Per month	- -	Thirty sen

POSTAGE EXTRA / ADVERTISING RATES

Displayed Ad - One month

One column	- -	Yen 5.00
One half column	- -	Yen 3.00
One inch	- -	Yen 1.00

Reading Notices - Per line

Single Issue	- -	25 sen
Each subsequent Issue	- -	15 sen

WE HOPE SO!

A telegram received at Tokyo on the 17th ult, contradicts the report regarding the U. S. demand for a concession from China.

AS OTHERS SAY.

Our esteemed contemporary, *The Chinese Recorder*, for March says: We are sorry to note the suspension of our neighbor, The Korean Repository. We trust, however, that it is only temporary, and that in the near future it may be resuscitated with new life and vigor.

At the same time we are pleased to receive The Korean Repository weekly edition. Whether this is a case of transmigration, or parent and child, or substitution, we are not told in the number before us. The future will doubtless decide. Just so, we cannot now.

In this connection we note the *Japan Mail* thinks we stepped into the shoes of *the Independent*, a gratuitous assumption, as The Korean Repository under its present editorship, was over fifteen months old, and should have shoes of its own, before the *Independent* was born.

ITALY IN CHINA

The Italian Minister in Peking, Comm R. de Martino, demanded the cession of Sanmun Bay. This at the beginning of March. Later telegrams to hand state that the Empress Dowager shows much determined opposition to the demand and that no Councillor will have the courage to propose even some sort of compromise to the question. The high Ministers at Peking know that if China gives in now there will be no end of demands for territory made by other countries.

The latest news we have shows that the Italian Government withdrew the demand alleging that the present affair originated entirely from the incorrect reports sent home by her Minister in Peking.

It is supposed, however, that, backed by England, Italy will probably submit a fresh demand. In the meantime in a despatch from Peking dated March 22, China, it is stated, is considering the question of opening anmun and Seek Poo, Chehkiang province, to foreign trade before the second Italian demand is preferred. It is likely that the scheme will be carried through.

A despatch a day later says that, It is rumored in diplomatic circles that Germany has intimated to Italy that she would not help her in case of an appeal to force but she would not hamper Italy's movements in view of the latter's position as member of the Triple Alliance.

THE AMERICAN MINISTER GOES ON FURLO.

Hon. H. N. Allen and family were granted farewell audience prior to their leaving for the United States. They left Seoul on the 5th inst. and will leave Chemulpo on the 9th. They go by the way of Europe and will be gone about six months.

지역 사회 인사들과 특히 미국인들은 그들의 즐거운 항해와 안전한 귀국을 기원했다. 공사의 두 아들은 미국에 남아 학교에 다닐 예정이다.

W. F. Sands 서기관은 Allen 공사 부재 시 공사대리를 맡게 된다.

과일 관리자에 관한 관심.

우리는 다음 편지에 지면을 할애합니다.

친애하는 아펜젤러 씨:

부활절 사과에 대단히 감사합니다. 이렇게 좋은 사과를 재배하고 이 늦은 기간까지 훌륭한 모양을 유지한 귀하의 성공은 분명히 언급할 가치가 있으며 앞으로 과수원을 운영하고자 하는 사람들을 자극하기 위해 기록되어야 합니다. 당신의 주간지에서 그것을 언급하지 않는 이유는 무엇인지요?

당신의 진실한, H. N. 알렌

이 제안에 따라 우리는 이달 초까지 네 가지 종류의 사과를 보관할 수 있었다고 말할 수 있습니다. 우리는 두 가지 변종 중 하나의 종자를 가지고 있었고 유감스럽게도 이름을 밝힐 수 없습니다. 우리가 여러 개 가지고 있던 볼드윈 품종은 부분적으로 적어도 지난 10월의 더위와 나무에 너무 많은 열매를 맺도록 했기 때문에 사과 맛이 상당히 좋지 않았다.

로마니트 사우스는 훌륭하게 보관되어 올해 초 못지않게 맛있었습니다. 그것은 겨울철에 즐길 사과입니다. 또한 우리가 다이 장군에 대해 말할 수 있어 기쁜 일인데, 서울의 대표적인 과수 관리자로 인정받은 그는 3월 어느 정도까지 배를 보관했다는 사실입니다. 그는 다양성에 대해 확신하지 못하지만, 그것이 Keifer의 잡종이라고 생각합니다.

상하이와 홍콩에 주재하는 미국인들은 미국아시아협회라는 모임을 결성했다. 그 목적은 동양에서 영국의 이익을 증진하기 위해 많은 일을 해온 중국에 있는 영국협회의 목적과 유사하다.

삼문출판사는

감리교회 한국선교회 관리하에 있습니다.
최근 많은 양의
봉투와 필기 종이 송장을 받았습니다.

또한 교회에 맞는

교회 회계장부 일체가 갖춰져

곧 판매를 개시합니다.
보기 사양을 보내 주세요.

코리언 리포지터리
주간지

리포지터리 주간지는
한국에서 발간하는
유일한 영어 주간지이며,
따라서 한국에 거주하는
외국인에게 전할 수 있는
유일한 광고 매체입니다.

코리언 리포지터리
과월호 판매

편집부에는 다음과 같이
과월호 잡지가 있습니다.

볼륨 II 1895년 발행본.
볼륨 III 1896 발행본.
볼륨 IV 1897 발행본.
볼륨 V 1898 발행본.
이 귀중한 책을 원하는 분들은
H. G. Appenzeller에게
가격 및 추가 정보를
요청하시기를 바랍니다.

The community in general and the Americans in particular wish them a pleasant voyage and safe return. The Minister's two sons will remain in the United States where they will attend school.

W. F. Sands, the secretary, will be in charge of the Legation during the absence of Minister Allen.

OF INTEREST TO FRUITISTS.

We give place to the following letter:
DEAR MR. APPENZELLER:

Thank you very much for the Easter apples. Your success in raising such fine apples and in keeping them in such excellent shape till this late date certainly deserves mention and should be recorded for the stimulation of other prospective orchardists. Why don't you mention it in your paper?

Yours sincerely,
H. N. ALLEN.

Acting on this suggestion we may say we were able to keep four different varieties of apples until the beginning of this month. Of two varieties we had but a single specimen and regret we cannot give their names. The Baldwin of which we had several had deteriorated considerably in flavor, due in part at least to the heat of last October as well as to the fact that the tree was allowed to bear too many.

The Romanite South kept splendidly and was as delicious as at the beginning of this year. It is a choice winter apple. We are also happy to say that General Dye, whom we are glad to recognize as the leading fruitist in Seoul, kept pears until some time in March. He is not sure of the variety but thinks it is Keifer's Hybrid.

Americans in Shanghai and Hong-Kong have organized a party known as the American-Asiatic Association. Its purpose is similar to that of the British associations in China which have done so much to further the interests of England in the Orient.

THE
Trilingual Press.

Under the management of the Korea Mission of the Methodist Episcopal church.

Just Received
A Large Invoice of

ENVELOPES AND
WRITING PAPER.

A SET OF CHURCH RECORDS
adapted to the Korea church
WILL SOON BE ON SALE.

SEND FOR SPECIMEN SHEETS.

Korean Repository

WEEKLY EDITION

Is the only paper in the English Language published in Korea, and therefore the

ONLY ADVERTISING MEDIUM

reaching the foreign population in Korea.

KOREAN REPOSITORY

Back Numbers.

The editors have on hand back numbers of the magazine as follows:

Volume II	1895.
Volume III	1896.
Volume IV	1897.
Volume V	1898.

Those desiring any of these valuable books should apply to H. G. Appenzeller for prices and further information.

도시와 지방 소식

군인들의 저녁 노랫소리가 도시에서 다시 들린다.

Dr. O. R. Avison과 가족은 지난 금요일에 제물포를 떠나 미국으로 휴가차 출발했다.

사람을 구함- 우리 거리에서 통행자들을 모욕하는 전문 거지들을 없애줄 사람.

C. T. Collyer 목사는 지난 일요일을 서울에서 보냈다. 그는 여전히 최근의 심각한 질병의 영향을 보여주고 있다.

영국 공사대리 부인 J. N. 조던 부인은 체류 기간을 정하지 않고 유럽으로 가기 위해 서울에서 출발해 제물포로 갔다.

A. M. F. 또는 A. M. T. 라는 머리글자가 새겨진 은수저가 발견되었으며 원주인은 자기 소유임을 증명함으로써 그것을 찾아갈 수 있다. 은수저는 삼문출판사 사무실에 있다.

공식성경번역가위원회는 5월 1일부터 반기 회의를 개최할 예정이다. 위원회는 매일 만나 한 달 또는 그 이상 회의를 계속할 것이다.

측량위원회 크름씨는 지난 1일부터 측량을 시작했다. 서울을 면밀히 조사하기 위해 그는 겨울 동안 그가 가르친 과학반 학생들의 도움을 받았다.

〈나가사키 프레스〉는 전 한국 내각총리대신 서리이자 지금은 정치적 망명자인 박영효(朴泳孝)의 움직임을 관심 있게 주목하고 있다. 박영효는 지난 15일 자 신문에서 가고시마에 갔다가 짧은 부재 후 나가사키로 돌아왔다는 소식이 실렸다.

작년 한국종교지학회 달력에 진료소나 예배당이 빠진 모든 선교사님은 담당 총무인 Dr. H. G. Underwood에게 즉시 해당 진료소나 예배당에 대한 정보를 보내 주기를 바란다.

황제 폐하는 지난 3일 미국 공사관 서쪽에 인접한 새 도서관 건물을 직접 시찰하셨다. 그 건축물은 Mr. J. Henry Dye가 설계하고 건축했다. 벽돌로 지은 단층 건물인데 정동을 아름답게 꾸며주고 있다.

주간지를 시작하게 된 것을 축하하고 축복합니다. 장담하건대, 작은 신문은 우리에게 큰 도움이 된다. 또 다른 사람은 "서울에서 발간된 신문이 있으면 구독자 명단에 내 이름을 올려라."라고 한다. 긴 구독자 명단 전체에서 단 한 사람만이 너무 작은 규격에 구독료가 매우 비싸 보인다는 의견을 표명했다. 우리는 성장의 여지를 남기기 위해 작게 시작했다. 우리에게 조언해주신 구독자들 모두에게 감사드린다.

부활절 엄수.

지난 일요일은 부활절이었다. 누가 서울교회와 관련이 있는지 아무도 모를 수 없었다. 부활절은 모든 교회에서 대규모로 지켜졌다. 한국교회에서 많은 사람이 관심을 보였으며, 사람들이 직접 참여하는 장식과 특별 예배는 이 축제가 한국 기독교인들을 사로잡고 있음을 보여주었다.

로마 가톨릭교회에서는 일반적인 추가 예배가 열렸다.

영국 교회의 유일한 대표자인 성공회 교회에서는 평소와 같이 특별 예배가 열렸다. A. B. Turner 목사는 부활에 대해 설교했으며 그 조직과 관련하여 보육원을 위해 특별한 사무실 반지가 만들어졌다.

유니온교회에서는 특별한

CITY AND COUNTRY.

The evening song of the soldier is heard again in the city.

Dr. O. R. Avison and family left Chemulpo last Friday for America on furlo. Wanted-some one to clear our streets of the professional beggars that are disgracing them.

Rev. C. T. Collyer spent last Sunday in the capital. He is still showing the effects of his recent severe illness.

Mrs. J. N. Jordan, wife of the British Charge d'Affairs left Soul for Chemulpo enroute to Europe for an indefinite stay.

A silver spoon bearing the initials A.M.F. or A.M.T. has been found and the owner can have the same by proving property. The spoon is at the Trilingual Press office.

The Official Board of Translators of the Scriptures will hold their semi-annual meeting beginning the first of May. The board will meet daily and continue in session for a month or possibly longer.

Mr. Crumm of the Surveying Board began on the 1st inst. to make a careful survey of Seoul. He is assisted by a class of students whom he instructed during the winter in the elements of the science.

The Nagasaki Press notices carefully the movements of Pak Yong Ho, an ex-Korean minister of state and now a political refugee in this country, who, we are informed in its issue of the 15 inst., went to Kagoshima, but returned to Nagasaki after a brief Absence.

All missionaries whose dispensaries or chapels were omitted from the sheet calendar of the Korean Religious Tract Society last year are requested to send information concerning them to the corresponding secretary, Dr. H. G. Underwood immediately.

His Majesty, the Emperor, personally inspected, on the 3rd inst., the new library building west of and adjoining the United States Legation grounds. The building was designed and erected by Mr. J. Henry Dye. It is one story high, built of brick, and is an ornament to Chong-dong.

Congratulations and best wishes come in to us from all sides on beginning the Weekly. The little paper is a great boon to us, I assure you. Another says, If there is any paper published in Seoul put my name down for it. Only one in the whole long list ventures to express the opinion that the price seems very high for so small a sheet. We began small so as to leave room for growth. We thank our friends one and all for their kind words.

EASTER OBSERVANCES.

That last Sunday was Easter no one could be ignorant of who has anything to do with any of the Seoul churches. The day was observed on a large scale in all the churches. At the Korean churches large crowds of people showed something of the interest manifested, while the decorations and special services participated in by the people themselves showed the deep hold that this feast is taking upon the Korean Christians.

At the Roman Catholic churches the usual extra services were held. At the Church of the Advent, the only representative of the Church of England, special services were held as if usual with them. Rev. A. B. Turner preached on the resurrection, and a special office ring were taken for the orphanages in connection with that organization.

At the Seoul Union church special

음악 공연이 있었고 꽃장식이 아주 훌륭했다. 그리스도의 부활과 인간의 죽음에 관한 영원성의 관계에 대해 목사가 적절하게 주석한 주제였다.

한국의 개신교 교회당은 화려하게 장식되어 있었고 예배 때마다 사람들로 가득 찼다.

이처럼 한국인들이 부활절에 관해 관심이 높다는 것은 기독교 정서가 국민 사이에서 급속도로 성장하고 있고 기독교 축제가 꽤 많은 한국인 사이에서 정착된 행사가 되기 시작했다는 것을 보여준다.   M

종합 뉴스.

한국인은 힘들고 부럽지 않은 시간을 보내고 있다. 한국인은 여러 방면에서 그의 공식 상관들과 맞서고 있다. 한 현지 신문은 침묵이 더 나은 이해관계를 유지하는 당사자들에게 불쾌감을 주는 사건을 보도했다.

신고인이 소환되었으나 그가 자리를 비운 사이 사무실에서 풍자 글과는 아무 상관이 없는 또 다른 남자가 최근 편재하는 기관인 듯 수사관에게 호출되고, 그러나 원고의 요청에 따라 법원에 의해 기각되었다.

키서팅 백작에게 양보를 승인하는 데 찬성표를 던진 추밀원 의원들이 정치적 견해에서 친러시아적이었다는 사실을 감히 폭로하는 편집자가 그의 뒤를 따르는 특별 수사관들과 식사한다. 그의 동료들은 매우 제한적인 정도의 표현의 자유와 같은 것이 여기에 존재하지 않는다는 점에 주목하고 신문을 운영하는 유일한 방법은 신문을 외국인에게 보내는 것으로 생각하기 시작했다.

한 심부름꾼이 리포지터리 편집자에게 잔디 몇 조각을 팔아서 수입을 얻었고 저녁에는 편집자들이 모두 정직한 사람이라는 것을 알게 되었지만, 다음 날 아침 11시 전에 자신이 당국이나 다른 누군가에 의해 구금되었고 1달러 20센트를 지불하고 풀려났다.

쌀은 한 단위에 2센트 이상 오르고 있다.

종교 신문은 보리술(막걸리?)의 가격이 오르고 있고 많은 사람이 미커버[27]와 같이 뭔가 세상을 뒤집을 수 있는 사람이 나타나기를 기다리고 있다는 다소 관련 없는 보도를 한다.

한편 전 중추원 부의장과 전 내무부 장관은 서울을 떠나 머나먼 유배지인 그들의 고향으로 향한다. 10여 년 전 서울에 처음 세워졌다가 제물포로 옮겨져 1센트 또는 조금 더 가치 있는 동전을 주조했지만 5센트로 통용되는 조폐국은 아직 용산까지 올라오지 않고 있다. 밤은 시원하게 유지되고 온도계는 빙점 주위에 매달려 있고 바람의 신(Aeolus)은 이 나라 특히 강을 자신이 유지한다.

서울유니온은 4일 테니스 시즌을 개막하고 서울자전거클럽은 무체인 3대의 자전거를 자랑한다. 봄 시인은 잉크를 섞고 있고 우리는 터질 듯한 꽃봉오리와 무한한 길이의 운율 분출물을 찾는다.

주목받는 사람들

전 세계 소식.

로도스 씨의 케이프-카이로 철도 프로젝트 거리는 3,229마일이고, 그 예산은 5천만 달러이다.

프랑스 정부의 연간 예산은 7억 달러, 즉 3.5백만 프랑이다. 국가 부채는 3천 5백만 프랑에 달한다. 이 재정 상태는 프랑스가 다른 어떤 것도 할 수 없는 평화를 유지하도록 구속한다.

music was provided and the floral decorations were very fine. The resurrection of Christ and its relations to death and immortality of man was the theme ably discussed by the pastor.

The Korean protestant churches were handsomely decorated and were crowded to their utmost capacity at all their services.

This great interest in Easter among the Koreans shows that Christian sentiment is growing rapidly among the people and the Christian festivals are beginning to be fixed institutions among quite a large number of Koreans.   M

MIXED NEWS.

The Korean has a hard and an unenviable time. He runs against his official superiors on all sides. A native paper reports an incident distasteful to parties whose interests are better conserved by silence.

The reporter is summoned but as he is away another man at work in the office who has nothing to do with the squib, is called by the special detectives, a body that seems of late to be omnipresent, and is then dismissed by the Court subject, however, to the call of the plaintiff.

An editor who ventures to intimate that the members of the Privy Council who voted in favor of granting the concession to Count Keyserting were pro-Russian in the political views dins the special detectives at his heels. His confreres take note that such a thing as free speech even in a very limited degree does not exist here how and are beginning to think the only way to run a newspaper is to attach it to a foreigner, with all of which we have no sympathy.

A coolie sells a few pieces of sod to the editor of The Weekly Repository, gets his pay editors are all honest men in the evening, and before eleven o'clock the next morning finds himself detained by the authorities or somebody else but is released by the payment of one dollar and twenty cents.

Rice advances two cents or more a measure; a religious paper makes the somewhat irrelevant statement that barley wine is going up in price and that many people are, Micawber-like, waiting for something to turn up.

In the meantime the ex-Vice President of the Privy Council and ex-Minister of Home Affairs leave Seoul quietly for their distant homes in exile. The Korean mint which was first erected in Seoul some ten years or more ago, then removed to Chemulpo where it has coined nickles worth one cent or a trifle more but are passed as five cents, is not being brought up to Yong-san. The nights remain cool the thermometer hangs around freezing point and Aeolus keeps the country and especially the rivers to himself.

The Seoul Union opens the tennis season on the 4th and the Seoul Bicycle Club boasts of three chainless wheels. The spring-poet is mixing his ink and we away look for metrical effusions of limitless length with the bursting buds.

The Man on the Wall

THE WORLD AT LARGE.

In Mr. Rhodes' Cape-to-Cairo railway project the distance is 3,229 miles, and he needs $50,000,000.

The French government's expense for the year is $700,000,000, or three and a half milliards of francs. The national debt amounts to thirty-five milliards of francs. This financial condition binds France to keep the peace as nothing else could.

도시샤대학

M. L. G.는 〈히고 신문(Hiogo News)〉에 다음 글을 게재했다.

대중은 때때로 이 기관의 역사에서 최근 사건에 대해 알렸다. N. W. McIvor 씨는 지난 9월 미국 위원회의 법적 대표로 일본에 왔고, 그와 학교의 이전 선교사 교사들은 관재인들과 일련의 회의를 시작했다.

이 회의는 문제를 평화적으로 해결하는 데 실패했으며 사건을 일본 법원으로 보내기 위한 모든 준비가 이루어진 직후 이사회는 사임했다.

이에 따라 새로운 이사회 조직이 필요하게 되었다.

이는 일본 기부자, 미국 기부자 그리고 동창들의 지명을 통해 조직되었다. 새 이사회가 조직된 후 가장 먼저 한 일 중 하나는 불과 1년 전 구 이사회에 의해 불변의 기본 원칙이 훼손된 구 정관을 복원하는 것이었다.

이 기독교 정신은 도시샤대학의 모든 학과에서 도덕 교육의 기초로서 원래의 위치로 복원되었다.

미국 위원회의 대표들은 기독교에 관한 이 조치를 고려하여 학교에 대한 완전한 통제권을 인정하는 성명을 그들에게 전달했다.

이 성명서는 다음과 같이 마무리되었다: "우리는 기독교가 도시샤대학의 모든 부서에서 불변의 정관 원칙에 따라 도덕적 가르침의 기초를 형성해야 한다는 것을 알고 있다. 기독교는 전 세계의 위대한 기독교 교회에서 공통으로 믿고 수용하는 살아 있는 근본적인 기독교 원칙의 집합체이다."

수탁자는 위에서 언급한 정관 불변의 원칙에 따라 원래 설립자의 희망과 목적을 수행하기 위해 모든 재산을 신탁에 보유하고 있음을 인정한다.

이런 식으로 한때 번성했던 이 기관은 새로운 생명을 얻었다. 우리 앞에 놓인 길은 모두 순탄하지는 않다. 재정 및 기타 어려움들이 우리 앞 길에 놓여 있다.

새로운 전함 메인.

전쟁 이후 처음으로 제작한 미국의 새로운 전함 Maine의 설계는 산티아고의 교훈 영향을 보여준다. 새 함선은 5인치 및 12인치 강철 장갑으로 거의 완전히 덮여 있다. 새 전함은 크기가 1/5인 영국 전함보다 5,000톤 더 많은 장갑을 탑재할 것이다. 전함은 또한 영국 최신 함정보다 6인치 포 2문을 더 탑재하고 다닌다. 대포와 강철 장갑 무기가 산티아고 전투에서 승리를 가져왔다.

새 전함에는 방화처리 되지 않은 목재가 없다. 전함은 영국 전함 Formidable의 15,000마력에 비해 더 강한 16,000마력의 엔진을 갖게 될 것이며 18~19노트의 속력을 낼 것이다. 수석 엔지니어 Melville의 권장 사항에 따르면, 전기 활용은 전함의 선상에서 탄약을 들어 올리고 포를 옮기는 데 엄청나게 사용될 것이다. 전함은 거의 무장하지 않은 상부 구조를 가지지 않을 것이며, 소방 본관은 모두 장갑 갑판 아래에 있으며 층뒤판과 간격을 두고 장착된다.

Charles Beresford 경은 영국이 동양의 해당 지역에서 무역 우위를 차지할 수 있도록 우장(牛莊, 현 營口市)에서 목단(盛京 현, 瀋陽市)까지 영국 증기선 라인을 구축하는 것을 선호한다. 찰스 경은 중국 제국의 안정이 유럽 국가들의 최선의 이익이 될 것으로 생각한다.

THE DOSHISHA

M. L. G. writes in the *Hiogo News*.

The public have been apprised from time to time of recent events in the history of this institution. Hon. N. W. McIvor having come to Japan in September last as the legal representative of the American Board, he and the former missionary teachers in the school began a series of conferences with the trustees.

These conferences failed in accomplishing a pacific settlement of the questions at issue, and just as all preparation had been made to take the case into the Japanese Courts, the trustees resigned in a body.

This made the organization of a new Board necessary.

This has been done through nominations by the Japanese donors, the American donors, and the alumni. One of the first things which the new board did after organization was to restore the old constitution, whose unchangeable fundamental principles suffered at the hands of the old Board just a year ago.

This Christianity has been restored to its original position as the basis of the moral education in all departments of the Doshisha. The representatives of the American Board, in view of this action in regard to the Christianity, have given them a statement recognizing their full control over the institution.

This statement closes with these words ; "It is understood by us that the Christianity, which is to form the basis of moral teaching in all departments of the Doshisha under the unchangeable principles of its constitution is that body of living and fundamental Christian principles believed and accepted in common by the great Christian Churches of the world."

The trustees, on their part, recognize that they hold all the property in trust to carry out the wishes and purposes of the original founders in accordance with and unchangeable principles of its constitution as above referred to.

In this way this once-flourishing institution takes a new lease of life. The way before it us not all smooth. Financial and other difficulties lie directly across its pathway.

NEW BATTLESHIP MAINE.

The designs for the new American battleship Maine, the first that have been prepared since the war, show the influence of the lessons of Santiago. The new ship is almost completely covered with 5 in. and 12 in. steel armor. She will carry 5,000 tons more plating than British battleships of one fifth greater size. She also carries two more 6-in. guns than the new British Formidable. Guns and armor won the day at Santiago.

The new ship will have no wood on board that is not fire proofed. She will have engines of 16,000-horsepower as against the Formidable's 15,000-horse power, and will steam eighteen or nineteen knots. Electricity, in accordance with Chief Engineer Melville's recommendations, will be enormously used on board her to hoist ammunitions and move guns. She will have next to no unarmored superstructure, and the fire-mains are all below the armored deck, fitted at intervals with risers.

Lord Charles Beresford favors establishing a line of British steamers from Newchwang to Mukden in order that England may have trade supremacy in that part of the Orient. Lord Charles thinks that the stability of the Chinese empire would be for the best interests of European nations.

코리안 리포지터리
주간판

1권 10호,   1899년 4월 13일, 목요일

제주도 탐방기

켄뮤어(Mr. Kenmure) 씨와 나는 2월 18일 한국 증기선 창룡선(蒼龍船)을 타고 제물포를 떠나 켈파트(제주) 섬으로 출발했다. 오후 6시 30분 제물포를 출발해 다음 날(역주: 1899년 2월 19일) 오전 9시에 첫 번째 기착지인 군산에 도착했다. 우리는 두루 의사(Dr. Drew)와 전킨 선교사(Mr. Junkin)를 만나기 위해 해변으로 갔고, 그날이 주일 이어서 한국인들의 예배에 참석할 수 있었다.

우리는 50여 명의 교인이 참석한 것을 보고 놀랐다. 내가 3년 전 이곳을 방문했을 때는 기독교에 대해 알기를 원하는 원입인은 3명밖에 없었는데, 이제 전킨 선교사의 교회에는 남성 28명과 여성 9명의 등록 교인이 있다. 지난 연례회의 이후에 모든 여성 교인은 입교했으며, 그 회의 이후 남자 교인들 수는 두 배로 늘어났다.

교회당은 성도 수에 비해 너무 좁아서 새 예배당 건축을 위해 모금을 하고 있다. 매 주일 연보 금액은 1.5달러($1.5) 이상이며 새 예배당에 필요한 재정의 상당 부분이 이미 채워져 있다.

몇 년 전 군산에서 관청을 다른 도성으로 옮긴 이후 도성은 빠르게 쇠락해 갔고, 지금은 주택 수가 이전의 절반도 되지 않는다. 그러나 5월 1일 항구가 개항되면 그것은 빨리 회복될 것이라는 데 의심의 여지가 없다. 군산은 창포강(Chang-Po river, 현 금강) 하구에 위치하며 항구가 크고 수심이 깊지만, 밀물 때에만 대형 증기선이 통과할 수 있는 약점이 있다. 강을 따라 많은 읍과 마을이 있다. 강 위쪽으로 90리(27마일)를 거슬러 올라가면 강경(Kan gim, 江景)이 있고, 동쪽으로 20리 더 가면 놀미(Nolmi, 論山)가 있는데, 이 두 도성은 이 지방에서는 큰 읍이고 여기서 (5일마다) 장이 열린다. 강을 따라 300리를 거슬러 올라가면 충청남도 수도인 공주(Kong-Joo, 公州)가 있는데 여기서는 매해 2차례 커다란 축제가 열린다. 강을 따라 공주까지 배의 운항이 가능하고, 군산 동쪽 100리 지점에는 전라북도 도청인 전주가 있다. 이 지역에서 군산 북부까지 30리 안쪽과 강 건너편까지 소형 배로 갈 수 있다. 군산 북부 지역과 강 건너편 언덕은 울창한 소나무로 덮여 있고 최근에는 석탄층이 발견되었다. 항구 맞은편에는 섬이 하나 있는데 거기에는 봄, 여름에 수백 척의 어선이 모여든다. 군산 지역은 땅이 비옥하고 인구가 많으며, 좋은 숲이 있고 날씨는 서울보다 훨씬 온화하며, 번영하는 요새를 건설할 수 있는 요건을 갖췄다.

군산을 중심으로 이 지역의 특징은 들판과 언덕 위에 버려진 사람 시체들이 흩뿌려져 있는 것이다. 사람들은 자주 시체를 땅에 매장하지 않고 땅 위에 놓고는 약 3피트(약 0.9m) 높이의 짚 더미로 덮었다. 비와 바람으로 짚이 썩고 날아가는 데 오래 걸리지 않고 뼈가 드러나게 되는 것이다. 나는 시체가 묻히지 않은 채로 남겨진 이러한 광경을, 몇 년 전 전라도 남부에서 동학군과 대한국 군인들 간의 전투 이후 시체를 개와 까마귀를 위해 버려둔 것을 제외하고는 대한국의 다른 지역에서는 본 적이 없다.

우리는 다음 날(역주: 1899년 2월 20일) 오전 6시에 군산을 떠나 같은 날 저녁 목포에 도착했다. 항구로 접근하는 수로 길은 폭이 약 400야드(약 366m)에 불과하고 조수 물이 시속 9노트(약 17km)의 속도로 밀려들고 나가기 때문에, 작은 증기선은 종종 해류에 의해 밀려 나가기도 한다. 항만 입구 안쪽에는 3개 지역으로 연결되는 커다란 만이 있는데, 북쪽으로는 무안군으로 갈 수 있고, 남쪽으로는 풍요한 해남 계곡으로, 동쪽은 목포로 연결되는 입구가 있다. 항구는 넓고 수심은 매우 깊으며 평균 10파톰(약 18m)이고,

THE KOREAN REPOSITORY.

WEEKLY EDITION.

VOL. I. NO. X. THURSDAY, APRIL. 13, 1899.

A VISIT TO QUELPART.

Mr. Kenmure and I left Chemulpo on the 18th February by the Korean steamer Chang Riong for the island of Quelpart (Chai-Joo). Leaving Chemulpo at 6.30 p. m. we reached the first port, Kunsan next morning at nine o clock. We went ashore to see Dr. Drew and Mr. Junkin, and as the day was Sunday, we had an opportunity to be present at the Korean service. We were pleasantly surprised to find a congregation of about fifty people. When I was visiting this place three years ago there were only some three enquirers; now Mr. Junkin has a membership of twenty-eight men and nine women. All the women have been received since the last annual meeting, and since that date the male membership has doubled itself. The building is now too small for the congregation and money is being raised for a new chapel. The contributions every Sunday amount to more than $1.50 and a good part of the necessary funds are already on hand.

Since the magistracy was removed from Kunsan a few years ago, the town has been diminishing very rapidly, and now the number of houses is less than half what it was before. But when the port is opened which will take place on the 1st May there is no doubt the place will revive quickly. Kunsan is situated at the mouth of the Chang-Po river, and the harbor is large and deep, the only drawback being the shallowness of the entry which can be passed by large steamers only at high tide. All along the river there are a good many towns and villages. Ninety li, twenty-seven miles, up the river lies Kangim, and twenty li farther east, Nolmi, two large towns, with periodical markets every five days, that are considered among the largest in the country. Three hundred li up the river lies Kong-Joo, the capital of South Chun-Chung do, with two semi-annual fairs. The river is navigable as far as Kong-joo. One hundred li east of Kunsan is Chon-joo, the capital of North Chulla-do. Boats can ascend to within thirty li of the place. North of Kunsan and across the river the hills are covered with dense pine woods, and recently a layer of coal was discovered. Opposite the harbor there is an island which is visited in the spring and summer by hundreds of fishing boats. The country all around is fertile and well populated, the roads are good, the weather much milder than in Seoul, and conditions for building up a prosperous port are favorable.

A peculiar feature of the country around Kunsan is the abundance of the human debris strewed about the fields and hills. The people instead of burying their dead frequently put them down on the ground and cover them up with a heap of straw about three feet high. With the rains and winds it does not take long for the straw to rot and be blown away, and the bones are laid bare. This I have never noticed in any other part of Korea except once in one of the southern cities of Chulla-do where some years ago a fight took place between the Tong-Haks and soldiers, and all the dead were left unburied for the dogs and ravens.

We left Kunsan at six o'clock next morning and arrived at Mokpo the evening of the same day. The entrance to the harbor of Mokpo is only about four hundred yards wide, and the tidal water rushes in and out with a speed or nine knots an hour, so small steamers are often turned back by the current. Inside the entrance opens a large bay with three inlets: north towards the magistracy of Moo-An, south into the rich valleys of Hai-Nam, and east by Mokpo. The harbor is very large and exceptionally deep, averaging ten fathoms and even within a hundred yards of the

해안에서 100야드(약 91m) 이내의 수심은 9파톰(약 16m)에 달한다. 나는 목포항 개항 이전에 이곳을 두 차례 방문한 적이 있지만, 지금은 곳곳을 잘 알아볼 수 없도록 많이 변했다.

이러한 급격한 도성의 변화는 마치 아라비안나이트에 나오는 이야기의 한 장면과 같다. 2년 전 목포 항구는 물에서 갑작스럽게 솟아오른 넓은 논과 갯벌로 둘러싸여 있는 큰 바위 위에 지어진 몇 채의 오두막뿐이었다. 이제는 모든 허름한 집들이 사라졌고, 갯벌 옆 해변은 지금은 그 길을 따라 새로운 일본인 상점들이 즐비하게 세워져 있다. 바위 옆의 해변은 매립되었으며, 이제 세관 창고를 짓고 보트를 싣고 내리기에 충분하다.

목포는 한국에서 유명한 곡강(Kok river, 현 영산강) 하구에 자리 잡고 있는데, 그 특징적인 구불구불한 강을 가리켜 아흔아홉 구비 강이라 불린다. 강 위쪽으로 300리를 거슬러 가면 5개의 커다란 도읍이 있다. 즉, 나주(Na-Joo, 羅州), 광주(Quang-Joo, 光州), 능주(Nung-Joo, 綾州), 남평(Nem-Pion, 南平), 화순(Wha-Sung, 和順)이 있으며 모두 10마일(약 16km) 정도씩 떨어져 있다. 이 도시 중 나주는 전라남도의 옛 수도이고 광주는 전남의 새 수도이다. 이 도시는 한국에서 가장 땅이 비옥하고 인구 밀도가 높은 지역 중 하나이다.

몇 마일마다 큰 마을과 도읍을 만나게 되고, 논은 수 마일에 걸쳐 뻗어 있고 1년에 2 작물을 수확하게 되는데, 보리나 밀, 그리고 벼를 수확한다. 산은 그리 많지 않고 높지도 않으며 도로 사정은 좋다. 쌀, 보리, 콩, 대나무는 물론 그 재료로 만든 모든 물건, 자생 면화와 식물 재료로 만든 옷, 나무 광택제 등이 전국으로 보내진다. 전신국이 개설된 이후로 수출입이 매일 증가하고 있으며, 해관장 대리인 아모르(Mr. Armor) 씨가 비유적으로 표현했지만, 목포와 서울을 연결하는 철도가 건설되면 목포는 머지않아 한국의 상하이가 될 것이라 했다. 항구는 매우 빠르게 발전하고 있으며, 다시 해관장 대리 아모르의 말을 인용하자면 며칠 동안 밖으로 나가지 않으면 그는 그 차이를 쉽게 알게 된다고 한다.

여기 목포에는 이미 은행, 보험사, 일본 우체국, 한국 우편국 및 전신국, 정미소가 있다. 소시엔 카이샤(Soshien Kaisha)의 증기선이 이곳에 정기적으로 운항하고 있으며, 올해 봄부터는 니뽄 유센 카이샤(Nippon Yusen Kaisha)의 증기선도 이곳을 경유할 예정이다. 아직 외국인 모임에는 로마 가톨릭 선교사 아모르(Armore), 벨 씨 부부(Mr. and Mrs. Bell) 그리고 오웬(Dr. Owen)14) 의사가 전부이다.

우리는 22일 아침 목포를 떠났지만 2시간의 항해 후 한국의 또 다른 증기선 '현익선(顯益船)'을 만났고, 그 배가 알려준 정보로는 방금 제주도에서 돌아왔는데 그곳에는 강풍이 불고 있어 화물과 승객을 내릴 수 없다고 했다. 이런 사태는 항구 시설이 없을 뿐만 아니라 피항 시설도 없기 때문이다. 그래서 우리는 목포로 되돌아가서 하루 종일 기다려야 했다. 우리는 다시 자정이 돼서야 출항했고, 다음 날(역주: 2월 23일) 정오에 제주 섬 해안에 도착했다. 우리는 해안 약 1마일 밖에 닻을 내렸다. 비가 내리고 바람이 불어 30분을 기다려야 했고, 증기선은 작은 한국 배 두 척이 다가올 때까지 계속해서 매우 불안하게 흔들리며 파도 위에서 요동쳤다. 우리는 작은 배 중 한 배에 짐을 실을 수 있었고, 거의 30분 동안 온몸이 비에 젖은 후에야 제주(Chai-joo) 외곽에 있는 어부의 허름한 집으로 우리의 짐을 옮길 수 있었다. 그 시각부터 우리의 고난은 시작되었다. 비는 7일간 밤낮으로 쉬지 않고 퍼부었다. 이 기나긴 시간 동안 우리는 방의 넓이가 36제곱피트(약 3.4 m^2)에 불과하고 높이가 6피트(약 1.83m)도 안 되는 어두컴컴한 방에 갇혀있었다.

대한국을 여행하면서 겪는 여러 가지 난관이 있지만, 비가 끊임없이 내리는 며칠 동안 오두막의 작은 방에 갇혀있다는 것은 견뎌내기 쉽지 않은 일이었다.

사람들은 그것이 무엇인지 상상할 수 없겠지만, 누구든 같은 경험을 한다면 내 말을 쉽게 이해하게 될 것이다. 낮에는 너무 어두워서 책을 읽기조차 힘들었다. 이에 대한 보상 심리로 우리는 종종 밤에는 커다란 양초 5개를 동시에 켜놓았다. 우리는 비가 전혀 멈출 기미를 보이지 않아 절망에 빠진 나머지, 어서 이 섬을 떠나고 싶은 마음뿐이었다. 다행스럽게도 8일째 되던 날(역주: 1899년 3월 2일), 비는 그치고 개이기 시작해 우리는 희망을 품을 수 있었다.

다음 날은 쨍하고 밝은 해를 볼 수 있게 되어, 우리는 깊은 진흙탕 길임에도 불구하고 바로 떠나고 싶었지만, 일주일간 비가 너무 퍼부어 건너야 할 개울에 물이 불어 건널 수 없었다. 우리는 그 다음 날(역주: 하루를 더 기다려 3월 4일)을 기다려 섬을 한 바퀴 돌아보는 여행을 떠났다. 출발하기 전 우리는 말(馬)을 빌리려 했지만, 일 년 중 이 시기에는 말이 너무 약해서 탈 수 없다는 이야기를 듣고 그 사실을 부정하고 싶었다.

shore the water is as much as nine fathoms deep. Although I was in Mokpo twice before the port was opened I could now hardly recognize the place. The transformation was as in one of the Arabian tales. Two years ago Mokpo consisted of a few Korean huts anchored to a large bare rock rising abruptly from the water and surrounded by large stretches of rice-fields and mud-flats. Now all the huts have disappeared. Instead of the mud-flats there are nicely laid out streets with new Japanese stores all along them; the shore by the rock is reclaimed, and there is room enough for building customs store-houses and for loading and unloading boats.

Mokpo is situated at the mouth of the Kok river, which, famous in Korea for its peculiarly winding shape, is called the River of Ninety-Nine Turns. Three hundred li up the river lie five large cities: Na-Joo, Quang-Joo, Nung-Joo, Nem-Pion, and Wha-Sung, all of them some ten miles apart. Of these cities Na-Joo is the former capital and Quang-Joo the present capital of South Chulla-do This is the most fertile, and most thickly populated part of Korea. Every few miles one comes across large villages and towns; rice fields stretch for many miles and yield two crops a year barley or wheat and rice. Hills are infrequent and not high and roads good. Rice, barley-beans, bamboo, as well as all the different articles made of it, native cotton and grass cloth, wood-varnish, dining-tables, writing desks, paper, and fans are sent out from there all over Korea. Since the port was opened the exports and imports have been increasing daily, and as Armore, the acting commissioner of customs, figuratively expressed himself, when the railroad connecting Mokpo with Seoul is built, it will not be long before Mokpo becomes the Shanghai of Korea. The port is growing very rapidly, and we quote Mr. Armor again when one does not go out for few days, he can easily notice the difference. There is in Mokpo a bank, an insurance company, a Japanese post office, Korean post and telegraph office, and a rice-mill. The steamers of the Soshien Kaisha have been regularly visiting there and from this spring the steamers of the Nippon Yusen Kaisha will also be calling there. As yet the foreign community consists only of Mr. Armore, a Roman Catholic missionary, Mr. and Mrs Bell and Dr. Owen.

We left Mokpo the morning of the 22nd but after a two hours' sail met another ocean steamer Hyenik which informed us that she was just returning from Quelpart and, on account of the strong wind blowing there, had not been able to discharge her cargo and passengers. This because of the absence of a harbor or any kind of shelter. So we had to go bark to Mokpo and stay there all day. We started again at midnight and arrived at Quelpart next noon. We dropped anchor within about a mile of the shore. It was raining and windy and we had to wait half an hour, the steamer rolling all the time very unpleasantly, until a couple of Korean boats came out dancing over the waves. We managed to land our boxes on one of the boats and, after half an hours soaking got our goods and ourselves to a fisherman's hut outside of Chai-Joo. From that moment our troubles began. The rain did not stop pouring for seven days and nights. All the time we were shut up in a dark room of just six feet square and less than six feet high. There are many different hardships one undergoes in traveling over Korea, but to be imprisoned in a small room of a Korean hotel for several rainy days is almost more than one can endure. It is impossible to imagine what it is, and one has to experience it personally in order to get some idea of it. During the day it was so dark that we could read with difficulty. To reward ourselves for this we often lit in the evenings our five large candles at once. We got at last so desperate that we almost made up our minds to leave the island, as it seemed the rain was never going to stop.

Fortunately on the eighth day it began to clear up and we became more hopeful. Next day was bright sunshine, and in spite of the deep mud we wanted to start at once, but discovered that there was a stream to be crossed which, on account of the recent rains, was so swollen that it would be impossible to get across. We waited another day and then left for our trip around. Before going we tried to get horses, but found that at this time of the year they were too weak to be ridden, and we had to deny ourselves

"제주 말(The Korean Pony)"을 타고 제주도를 여행하는 즐거움

길은 강원도의 험지보다 훨씬 다니기 어려운 상태로 변해, 내가 여태껏 가본 길 중 최악의 상황이라 다른 이름이 필요하지 않다면 '길'이라고 부르기 민망할 정도였다. 그것은 오로지 1피트(약 0.3m) 간격으로 서 있는 두 개의 돌담이라 부를 수 있으며, 모든 가능한 크기와 모양의 돌들이 모여 있는 곳이었다. 여기저기 돌벽이 무너져 내려 길을 완전히 막고 있었다.

내린 비로 인해 빗물과 진흙이 돌 사이 공간을 가득 채워, 도로가 마르면 누군가는 그 길을 택할 수 있을지 모르지만, 우리는 돌 위를 밟으며 나아가야 했는데 여러 번 발이 돌 위에서 미끄러져 물웅덩이에 빠질 수밖에 없었다.

우리는 땅바닥에 잠시도 눈을 떼지 못한 채 걷다 보니 곧 현기증이 생겼고, 정오쯤 되자 나에게는 심한 두통이 몰려왔다.

길은 계속 오르막이어서 걷기 힘든 것이 당연했는데, 그 와중에 생긴 불편한 마음이 우리를 더 힘들게 했다. 4시간이나 걸렸지만 6마일(약 9.7km)밖에 못 나아간 후, 우리는 오두막이 몇 채 있는 어떤 마을에 도착했다. 거기서 우리와 같이 간 일꾼들은 마을 사람들과 30여 분 동안 실랑이를 한 후에야 드디어 함께 간 일꾼들에게는 수수(기장)밥을, 우리에게는 쌀밥을 해주겠다는 동의를 얻었다.

점심 식사 후 우리는 계속해서 길을 갔고 주변이 어둑해질 즈음에 또 다른 비슷한 몇 채의 오두막이 있는 마을에 도착했다. 우리는 출발 전에 섬 전체에 주막집이 없다는 말을 들었지만, 군과 군 사이에는 관에서 지은 관아 건물이 있으며 여행하는 관리들의 숙박을 위해 객사를 운용하고 있다는 것을 알고 있었다. 그나저나 13마일(약 21km)이 넘지 않는 여정이었지만 우리는 하루 종일 걷기에 녹초가 되어, 사려 깊은 관아에서 관리하는 객사에서 지낼 수 있는 편안한 밤의 휴식을 갈망하고 있었다.

여러분들은 우리가 다음과 같은 집을 보며 느낀 바를 상상할 수 있을 것이다. 36제곱피트(약 3.4m²)도 안 되는 방 넓이, 천장 높이는 5피트(약 1.5m)가 조금 넘고, 황토 흙벽이며, 거미줄이 쳐져 있고 연기로 그을린 검은 천장, 방바닥은 흙바닥, 3피트(약 0.9m) 크기로 잘 닫히지도 않는 문 등…. 방 한구석 기둥에는 곡물로 가득 찬 바구니들과 방의 1/3을 차지하고 있는 불결한 낡은 겨울옷, 버선, 낡은 밀짚 가방, 항아리 등등 많이 있었다. 그나마 이 방은 그 숙소에서 가장 괜찮은 집이었다. 그 옆으로 우리 방보다 상태가 좋지 않은 다른 방이 있었는데, 숙소 관리인이 이곳에 있던 그의 병든 아내를 다른 곳으로 보냈다.

함께 간 우리 한국인 일꾼들은 기온이 빙점 이하였지만 밖에서 저녁을 먹고 집 밖의 헛간에서 밤을 보내야 했다.

나는 관아를 위해 이 집을 지은 관리는 유배된 관리 중에 있다고 보지 않고, 이 집을 지은 관리가 유배될 자격이 충분하다고 생각했다. 우리는 낡은 버선들과 지저분한 벽 사이에 끼어 잠을 청했다. 나는 우리가 안내 일꾼들처럼 마당에서 잘 수도 있다고 생각했다. 벼룩, 바퀴벌레 등은 우리에게 그리 심각하지는 않았지만, 아침이 일어나 보니 우리 온몸에서 그들의 많은 흔적을 쉽게 볼 수 있었다.

우리는 다음 날(역주: 3월 5일) 일찍 출발했다. 처음 30리 길은 매우 좋았다. 돌이 몇 개 밖에 없었고 가는 길은 내리막길이었다. 그러나 마지막 20리 길은 그 어떤 길보다 험했다.

내리막길이었기 때문에, 우리는 발을 내디디며 날카로운 돌 표면 위에 강하게 부딪혔고, 비록 우리의 눈은 신중하고 조심하며 바닥을 보며 내려왔지만, 우리는 계속해서 미끄러지고, 돌부리에 걸려 넘어지고, 돌과 부딪쳤다. 나아가는 길 내내 집이 한 채도 보이지 않았지만, 6시간 동안 속보로 이동한 끝에 우리는 대정(Tai-chang)에 도착했다.

읍에 가까이 가면서 우리는 도로가 정비되어 있다는 것을 알았지만, 그 정리 상태는 우리가 진흙 길을 걷는 것이 더 나을법한 그런 상태였다. 피곤하고 배가 고파 지쳐서 마을에 도착한 우리는 팔다리를 펴고 먹을 것을 구할 수 있는 곳을 찾았지만, 우리에게 적합한 주막이나 집이 없다는 대답을 담담히 들을 수밖에 없었다. 그곳에서 우리는 2개의 커다란 바위 위에 녹초가 되어 앉아서, 우리를 둘러싸고 쳐다보며 여러 가지 표정을 짓고 온갖 종류의 말을 쏟아내는 엄청난 수의 마을 사람과 말싸움하고 있었다. 30여 분 동안 그들과 성과 없는 논쟁을 벌인 후, 우리는 군수에게 가서 우리에게 숙소를 내어주도록 부탁하기로 했다. 우리는 연로하신 군수 몸이 아프다는 것을 알았지만, 그는 우리를 충심으로 대해주었다.

주사(主事)는 우리가 묵을 집을 찾기 위해 즉시 출발했다.

군수께서는 우리가 바로 방문하지 못한 일에 대해 미안하다고 했고, 주민의 무성의에 대해 사과했다. 사실은 그러한 조치가 우리가 방문함으로써 이루어진 것이며, 그는 우리를 어떻게 대접해야 하는지 모르는 것처럼 보였다. 주사가 돌아오는 것을 기다리는 동안 우리는 다과와 음료를 대접받았는데, 즉 쌀과자, 하귤, 꿀, 위스키, 가루 설탕, 그리고 파이프 담배였다. (8p에서 계속)

the pleasure of exploring Quelpart on "The Korean Pony." The road was much worse than even those of KanWon-do and beats everything of the kind I have ever seen; in fact, it hardly deserves to be called road if not for the want of another name. It is only two stone walls, and is all one mass of all possible sizes and shapes, Here and there the walls had fallen and blocked up the road entirely. The rains filled in the spaces between the stones with water and mud, and while it may be possible to pick one's way when the road is dry, we had to stet from edge to edge over the stones, and, of course, many a time our feet would slip and get into a pool of water. As we were not able to lift our eyes for a moment from the ground, our heads soon began to swing and by noon I had a severe head-ache The road was ascending all the time, and this together with the other discomforts made the walking exceedingly difficult. After a walk of four hours in which we covered only six miles, we arrived at a village of a few huts where after a half an hours quarrel between our Koreans and the villagers, the latter consented to cook some millet for the Koreans and some rice for us.

After tiffin we continued our way and by dark reached again a few huts. We were told before that there were no inns on the whole island but that midway between the magistracies there were government houses built and kept on purpose for travelling officials to spend the nights. Being quite exhausted with our day's walk which by the way, was not more than thirteen miles we were anticipating a comfortable night's rest in the house kept by a considerate government. You may imagine what we felt when we were shown to a room less than six feet square and a little over five feet high, with mud-walls and ceiling black with smoke and cobwebs, a bare mud floor, a three foot door that would not shut, a pile of grain-filled baskets in one corner, and another pile of dirty, old winter clothes, stockings, old straw bags, jars, etc., that took up one-third of the room. This was the best part of the house. Next to it there was another room not so good as ours to which the keeper had removed his sick wife Our Koreans had taken their supper and gone to spend the night in an open shed

although the thermometer was below freezing point. I thought that if the official who had built this house for the government was not one of the exiles, he ought to be. As soon as we could w crammed ourselves in between the old stockings and dirty walls and went to sleep. I suppose we would have slept as well on the ground in the open air. Fleas, bugs, etc., were of no consequence to us, although we could easily see in the morning many marks of their presence. Early next day we continued our journey. The first thirty li the road was fairly good. There were but a few stones, and we were now descending. However, the last twenty Li the road was worse than ever if it could be worse. On account of its descent, our feet were coming down with more force upon the sharp edges of the stones and although we kept our eyes close to the ground we were slipping, stumbling, and striking the stones all the time. Not a house was to be seen all the way and only after six hours rapid walking we reached the city of Tai-chang.

As the road was approaching the town we noticed that it was paved, but the pavement was of such a kind that we prefered(sic. preferred) to walk in the mud. Having arrived in the town tired and hungry we were anxious to find some place where we could stretch our limbs and get something to eat. In reply to all our enquiries we were calmly told that there were no inns nor any houses suitable for our accommodation. There we were, sitting exhausted on a couple of stones, surrounded by a tremendous crowd gazing at us and making all sorts of remarks. After half an hour's unsuccessful arguing with them, we decided to go to the magistrate and get him to give us some place. We found the old man ill but were received very cordially. The Chusa was immediately sent to find a house for us.

The magistrate was sorry we did not call at once, appologized(sic. apologized) a for the indifference of the people, and, in fact, was so taken up by our visit that he did not seem to know how to do enough for us. While waiting for the return of the Chusa we were offered different refreshments, such as rice, pomeloes, honey, whisky, powdered Japanese

(continued on the eighth page.)

코리안 리포지터리
주간판
매주 목요일 발행

편집: 아펜젤러, 존스,
영업: 콥
구독료

1회	-	-	10센,
1개월	-	-	30센,

우편료 별도 / 광고료

1개월 노출 광고
1줄	-	-	5엔,
1/2줄	-	-	3엔
1인치	-	-	1엔

기사식 광고:
1회	-	-	25센,
다음 호부터는	-	-	15센.

내각 개각

이번 주에 또 다른 내각 교체가 이루어졌다. 새 조각은 새로운 정치적 용어를 사용하여 적어도 당분간은 엄귀비(Lady Om)를 황후로 책봉하려는 계획[28]을 무산시키겠다는 저의를 가지고 있다, 내각은 보수적이어서 변혁을 시도하지 않을 것이고 우리는 우리의 길을 나아갈 것이다. 우리가 보도한 러시아로부터의 300만 엔의 차관 공여 요청은 적절한 지원이 부족한 것으로 보인다. 일본도 비슷한 제안을 했지만, 같은 이유로 성사되지 못했다.

치열한 전투

필리핀의 전쟁 상황은 지난 호에 보도한 바와 거의 같다. 3월 15일부터 3월 25일까지 10일 동안 계속된 전투는 마닐라 주변에서 있었다. 미군은 25일까지 항구적인 진격을 하지 않았지만, 적군을 낙담시키고 지치게 하려고 했던 것으로 보인다.

적군들에게는 크고 지속적인 손실이 발생했으며 미군들의 손실은 적다고 느끼게 되었다, 미국 정규군 22사단 에그버트 대령이 3월 25일 전사했다.

독일의 왕자 로벤슈타인도 이날 전투를 지켜보던 중 사망했다. 필리핀 군대는 미군들이 마닐라를 떠나는 즉시 패배할 것이라고 확신하고 있으므로 미군들은 매우 신중하게 너무나도 소극적으로 움직이고 있다. 또 다른 우기가 다가오고 있으며 각별한 주의를 기울이지 않으면 질병이 전투보다 더 큰 피해를 줄 것이다,

전신 뉴스

3월 26일 자 홍콩 특보에 따르면 3월 25일 토요일 칼루칸 동쪽에서 미군 12,000명과 12문의 대포가 참가한 전투가 벌어졌다. 말라본시는 불타고 적군은 폴로시로 후퇴했다. 미군은 진격 중 사망한 에그버트 장군을 포함해 22명이 전사하고 163명이 상처를 입었다.

북경 특파원은 3월 22일과 23일에 황태후가 해안을 따라 외국 군대가 상륙하는 것을 무력으로 저지하라는 비밀 지시를 해변 지방의 태후와 주지사에게 보냈다고 전했고 만약 이에 복종하지 않은 관리들에게는 책임을 묻겠다고 전했다.

프랑스에서는 드레퀴스 부인이 3명의 평의원을 공격하여 100프랑의 벌금을 부과받았다.

교황은 건강이 훨씬 좋아져서 미사 거행을 재개했다.

3월 24일 자 런던 특보는 다음과 같다. 영국과 프랑스 모두 나일 협정에 만족하는 것으로 보인다. 솔즈베리 경이 리비에라에 갔다. 시르다르(Sirdar)[29] 키치너 사령관은 마흐디의 유해가 발굴되어 나일강에 버려지는 것에 대한 모든 책임을 맡았다. 크로머 경은 키치너 경의 행동을 전적으로 지지한다.

3월 25일 자 런던 특보에 의하면 영국-러시아 차이와 관련 사항은 다음과 같다.

중국과의 차이점에 관한 영국과 러시아의 협상이

THE KOREAN REPOSITORY.

WEEKLY EDITION.
PUBLISHED EVERY THURSDAY.

H. G. APPENZELLER,   -   GEO. HEBER JONES,
EDITORS.

GEORGE C. COBB,   -   BUSINESS MANAGER.

SUBSCRIPTION RATES.

Single copy	- -	Ten sen
Per month	- -	Thirty sen

POSTAGE EXTRA / ADVERTISING RATES

Displayed Ad - One month

One column	- -	Yen 5.00
One half column	- -	Yen 3.00
One inch	- -	Yen 1.00

Reading Notices - Per line

Single Issue	- -	25 sen
Each subsequent Issue	- -	15 sen

CABINET CHANGES

This week marked another cabinet change and the new combination, to use a good political term, gives promise for the time being at least, of defeating a scheme on foot to raise Lady Om to the position of Empress. The Cabinet is conservative and as such will not introduce any innovations and we shall go along the even tenor of our way. The request for a loan of three million yen from Russia, which we reported, is believed to lack proper support: the Japanese were approached with a similar proposition but it was not received with favor for the same reason.

WAR IN EARNEST

The situation in the Philippines remains about the same as at our last issue. For ten days from March 15 to March 25th there was almost continuous fighting around Manila. The Americans did not make any permanent advance until the 25th, but they seem to have been trying to discourage and tire out the insurgents. Heavy and continuous losses have occurred among the insurgents, and while the losses among the Americans have been small they will be felt. Colonel Egbert of the 22d regulars was killed on the 25th. A German prince, Lowenstein, was also killed on that day while watching the battle. The Filipinos are certain that the Americans will meet with defeat as soon as they leave Manila, and therefore the Americans are moving very cautiously, perhaps too cautiously. Another rainy season is approaching and disease will work worse havoc than battle if great care is not taken.

TELEGRAPHIC NEWS

Despatches from Hongkong dated March 26 state that on Saturday, March 25th, a battle was fought to the east of Caloocan in which 12,000 United States troops and 12 guns took part. The city of Malabon was burned and the insurgents retreated to Polo. The American loss was 22 killed including General Egbert who was killed while leading a charge, and 163 wounded.

A Peking despatch says that on the 22nd and 23rd of March the Empress Dowager caused secret instructions to be sent to the viceroys and governors of maritime provinces commanding them to resist by force any landing of foreign armed parties of men along the coast and holding said officials responsible for failure to obey.

In France Madame Dreyfus has been fined 100 francs for challenging three councillors.

The Pope's health is much better and he has resumed the celebration of the mass.

A London despatch of March 24 says: Both England and France appear to be satisfied with the Nile Agreement. Lord Salisbury has gone to the Reviera. The Sirdar Lord Kitchener accepts the entire responsibility for disposal of the Mahdi's remains, which were exhumed and thrown into the Nile. Lord Cromer entirely supports Lord Kitchener's action.

Despatches from London in regard to Anglo-Russian differences under date of March 25 read as follows:

Negotiations between Great Britain and

실질적인 형태를 갖추었고 조기 타결이 기대된다.

〈데일리 그래픽〉은 러시아가 마침내 잉커우(營口) 철도의 어려움을 영국인이 완전히 만족할 정도로 해결했다고 밝혔다, 차르는 군축회의 전날 자신의 평화로운 성향을 증명하고 싶다는 의사를 분명히 밝혔다.

각 영향력 영역을 정의하는 협약이 곧 서명될 것이다.

알래스카 경계에 관한 미국과 캐나다 사이의 어려움과 관련하여 Hon. W. St. J. Brodrick 의회 외교 사무차장은 미국이 하원에 "실현할 수 있는 안배"를 제안했다고 발표했다.

다음 런던 특보에서 알 수 있듯이 남아프리카 공화국의 질문은 계속 흥미롭다. 21,000명의 남아프리카 공화국 외국인(Uitlanders)들이 서명한 여왕께 보내는 탄원서가 알프레드 밀너(Alfred Milner) 경에게 제출되었다. 〈타임스〉는 "크루거 대통령은 너무 시간이 촉박할 때까지 주어진 경고를 무시할 것인가?"라고 말한다.

수단 철도는 이미 앗바라(Atbara) 남쪽으로 50마일에 도달했으며 내년 11월에 완공될 예정이다.

사모아 문제와 관련하여 Apia에서 늦게 도착한 보도는 마타파(Mataafa)가 아피아(Apia)를 공격했으며 전투 중 3명의 영국인과 1명의 미국인이 사망했다고 전했다. 그 이후에 마타파 사람들은 영국과 미국 군함의 폭격을 받았다.

이탈리아는 트리폴리 내륙지역의 이탈리아 점령을 배제하고 있다는 점에서 아프리카에 관한 영불 협정에 대해 매우 반대하고 있다.

3월 30일 승객 140명을 태우고 건지(Guernsey)로 향하던 기선 텔라 호가 안개 속에서 바위에 부딪혀 10분 만에 침몰했다. 80명 이상이 실종되었다.

이후의 보도에 따르면 미국, 영국, 독일이

홍콩 상하이 은행공사

납입자본금 $10,000,000
적립금 £1,000,000,
영업 비용 $10,000,000[24]
주주의 책임 준비금 $10,000,000

일일 잔액이 500엔 이상이면 당좌 예금의 이자는 2퍼센트입니다.

다음 조건에 따라 예금을 받을 것입니다.
12개월 연 5%
6개월 연 4%
3개월 연 3%

제물포 지사

HOLME RINGER & CO.

HOLME RINGER & CO.는
다음 회사를 대리하는 수송 대리 회사임

극동 러시아 증기 항해 회사.
페닌슐라 &
오리엔탈 스팀 내비게이션 컴퍼니.

캐나다 퍼시픽 왕립 우편 기선 회사.
태평양 우편 증기선 회사.
동서양 증기선 회사.
북태평양 증기선 회사.

로열 익스체인지 어슈어런스 코퍼레이션에서 보험증서를 작성함

한국 제물포.

Russia with regard to their differences in China have assumed practical shape, and an early conclusion is hoped.

The *Daily Graphic* states that, Russia has finally settled the Newchwang Railway difficulty entirely to British satisfaction; the Tsar expressly intimating his desire to give a proof of his peaceful disposition on the eve of the disarmament conference.

A convention defining the respective spheres of influence will be signed shortly.

In regard to the difficulty between United States and Canada over the Alaskan boundary the Hon. W. St. J. Brodrick, Parliamentary Under-Secretary for Foreign Affairs, has announced in the House of Commons that the United States have proposed a "Modus Vivenda."

The South African question keeps interesting as the following London dispatches show: A petition to the Queen signed by 21,000 "Uitlanders" has been presented to Sir Alfred Milner, "declaring that their position is intolerable and praying for enquiry." The Times says, "Will President Kruger disregard the warnings given until it is too late?"

The Soudan railway has already reached fifty miles South of Atbara and will be completed in November next.

Late despatches from Apia in regard to the Samoan troubles state that Mataafa attacked Apia and during the fight three British and one American were killed. Later the Mataafans were bombarded by the British and United States war vessels.

Italy is very much opposed to the Anglo-French agreement in regard to Africa as it excludes Italy's occupation of the Tripoli hinterland.

A railway steamer, the Tella, on March 30th which was bound for Guernsey with 140 passengers struck rocks in a fog and sank in ten minutes. Over 80 persons were lost.

A later dispatch says that it is stated at Washington that the United States, Great

---

HONGKONG AND SHANGHAI

Banking orporation.

PAID-UP CAPITAL $10,000,000
RESERVE FUND
 £1,000,000, Ex. 2s, $10,000,000
RESERVE LIABILITY OF
 SHAREHOLDERS $10,000,000

Interest allowed on CURRENT ACCOUNT at 2 per cent. on Daily Balance over Yen 500.

Money will be received on FIXED DEDOSIT on the following terms:—

For 12 months at 5 per cent. per annum; for 6 months at 4 per cent per annum; for 3 months at 3 per cent per annum.

CHEMULPO AGENTS

Holme, Ringer & Company.

HOLME RINGER & CO.

AGENTS BY APPOINTMENT

Representing

Russian Steam Navigation in the East'
Canadian Pacific Royal Mail teamshiy Company.
Pacific Mail Steamship Company.
Occidental & Oriental Steamship Company

Union Insurance Society of Canada (Marine)
Yangtsze Insnrance Association. (Marine.)
Royal Exchange Assurance. (Fire)
Law Union & Crown Fire Insurance Co.
The Standard Life Assurance Co

CHEMULPO, KOREA.

사모아 문제와 관련하여 서로 이해에 도달했다고 워싱턴에서 발표되었다,

터키와 불가리아 수비대 간의 교전이 그들 국경 지역에서 4시간 동안 벌어졌고 다수가 사망하고 다쳤다.

관보
임명사항

4월 10일 자

신기선(申箕善)을 의정부 참정(議政府參政)에; 민병석(閔丙奭)을 학부대신(學部大臣)에; 민영기(閔泳綺)를 농상공부대신에; 조병직(趙秉稷)을 탁지부대신(度支部大臣)에; 박제순(朴齊純)을 외부대신(外部大臣)에; 이건하(李乾夏)를 내부대신(內部大臣)에; 이하영(李夏榮)을 의정부찬정(議政府贊政)에; 모두 칙임관(勅任官) 1등에 서임(敍任)하였다.

전보 단신.

알렌 의사는 지난 11일 부산에 무사히 도착했다고 그의 휴가(pour prendre congé) 소식을 리포지터리에 전보로 보내왔다, 그의 전보는 부산에서 정오 40분에 발송되었고 우리 사무실에서 아주 빠른 시간인 오후 1시 50분에 수신되었다, 리포지터리 사는 이 전보에 대한 답신으로 알렌 공사와 그의 가족이 유쾌한 여행이 되기를 기원하며 한국에 일찍 귀국할 것을 기원했다.

기사 정정 요청

존경하는 아펜젤러 님,

지난주 리포지터리 기사 내용에 제가 관련되어 있기에 그 내용을 수정해 달라고 요청합니다. 제가 3월까지 보관하고 있을 수 있는 배는 이스터 베리스 품종입니다, 이 배 종자 이름에서 알 수 있듯이 이 배들은 미국에서 부활절 시기에 익는 배입니다. 키페이스 하이브리드 품종은 늦가을 배입니다.

자선 바자회 후원자 여러분께

아래 서명자들은 3월 21일 그 공제회에서 개최한 자선 바자회를 계기로 따뜻한 위로를 보내 주신 신사 숙녀 여러분께 일본여성자선공제회의 이름으로 진심 어린 감사를 표하는 영광을 누리게 되었다.

그들의 관대한 배려로 인해 바자회 판매 및 기타 기부금은 700엔에 달했다. 거기에서 소요된 비용을 뺀 나머지 약 500엔은 가난하고 병든 한국인을 위해 사용될 것이다. 다시 한번 감사를 드리며 후의에 감사를 표한다,

도시와 지방 소식

타이프 오류로 사람들은 앞날을 일찍 맞았다. 지난주 발행 날짜는 4월 30일이 아니라 4월 6일의 오타이다. (역자 주: 미주 23을 참조 바람)

샌즈(W. F. Sands)는 지난 8일부로 미국 공사관 공사로 임명되었다,

크랜스톤 감독(Bishop Cranston)[30] 은 5월 중순에 두 번째 감독 공무로 한국을 방문할 예정이며, 그의 방한 기간 중 선교회장으로 미감리회 한국 선교회 연차총회[31] 를 주재할 예정이다.

〈독립신문〉 한국어판은 지난 4월 7일로 창간 4돌을 맞았다. 창립자인 서재필 박사(Dr. Jaisohn)가 주 3회 발행으로 시작했지만 지난해 7월부터 윤치호(Mr. Yun)가 편집을 맡으며 일간으로 발행했다.

우리는 프랑스 공사관의 서기관이 사는 집 마당에 매일매일 작은 프랑스 국기가 걸려 있는 것을 본다. 과연 경찰이 매의 눈으로 그것을 보고 미국 소년처럼 수사했는지 궁금하다.

대영성서공회 피터스(A. A. Pieters), 사익스(A. A. Sykes), 그리고 영국 선교부의 배드콕(Rev. J. S. Badcock) 선교사분들이 금강산을 거쳐 원산으로 향하는 북부 여행길을 1899년 4월 12일 출발했다. 피터스 씨는 계속해서 간도 지방의 한국 이주민들을 만나고 블라디보스토크를 거쳐 돌아올 것이다.

요르단 여사는 지난 목요일 아이들과 함께 유럽으로 건너가기 위해 제물포에 갔다.

Britain and Germany have come to an understanding in regard to the Samoan affair.

A four hours' skirmish between Turkish and Bulgarian guards on their frontier has taken place and a number were killed and wounded.

OFEICIAL(sic. OFFICIAL) GAZETTE APPOINTMENTS

April 10. - Sim Keui-sun, Prime Minister; Min Pyeng-sok, Minister of Education; Min Yung-keui, Minister of Agriculture; Cho Pyung-jik, Minister of Finance; Pak Ja-son, Minister of Foreign Office; Yi Keun-ha, Minister of Home Office; Yi Ha-yung, Prime Minister.

COMPLIMENTS BY WIRE

Hon. H. N. Allen arrived in safety at Fusan and on the 11 inst. telegraphed his "p. p. c." to THE REPOSITORY. The message left Fusan at 12.40 p. m. and reached our office at 1.50 p. m.—an admirable record. THE REPOSITORY returns the compliments, and wishes the Minister and his family a pleasant voyage and an early return to Korea.

A CORRECTION

DEAR MR. APPENZELLER:

Please allow me to correct a statement in last week's REPOSITORY, and with which I am concerned. The pears which I was able to keep till some time in March were Easter Beurres. As the name might indicate these are pears that ripen in the United States of America at about Easter time. The Kieffeis Hybrid is a late fall pear.

Yours truly, Wm. McE. DYE.

TO CHARITY BAZAR (sic. bazaar)RPATRONS

The undersigned have the honor to express in the name of the Japanese Ladies' Benevolent Society their sincerest thanks to those ladies and gentlemen who have shown their kind sympathy on the occasion of the Charity Bazaar which was held by that society on March 21st.

Due to their liberal disposition the sales of the bazaar and other contributions amounted to 700 yen; deducting from the same the expenses incurred there still remains some 500 yen which are to be used for the benefit of the poor and sick Koreans. With renewed thanks we are sincerely yours,

MRS. HIROKI, MRS. AKIDZUKI

CITY AND COUNTRY

The types or somebody got ahead of time. Last week's edition was not April 30th but April 6th.

W. F. Sands took charge of the United States Legation on the 8th inst. as Charge d'Affairs ad interin (sic. interim).

Bishop Cranston will be in Korea on his second episcopal visit about the middle of May at which time the Annual Meeting of the Methodist Mission will be held under his presidency.

The Korean edition of *the Independent* was four years old on the 7th inst. Dr. Jaisohn, the founder, began it as a triweekly but last year in July under the editorship of Mr. Yun it became a daily.

We notice a tiny French flag displayed from day to day in the yard where the secretary of the French Legation lives. We wonder if the eagle eye of the police saw it and investigated the matter as they did that of the American lad.

Messrs. A. A. Pieters and A. A. Sykes of the British and Foreign Bible Society and the Rev. J. S. Badcock of the English mission, left on the 12th inst. for an overland trip to Wonsan, via the Diamond Mountains. Mr. Pieters will continue his journey to Vladivostock and visit the Korean settlements in the Anum province.

Mrs. J. N. Jordan with her children went to Chemulpo last Thursday on her way to take passage for Europe. Her youngest child, less

한 살도 안 된 그녀의 막내는 서울을 떠날 당시 몸이 좋지 않았다. 그들이 항구에 도착했을 때 아이의 상태는 더 나빠졌다. 의사는 아이를 바다 여행의 어려움에 데려가지 말라고 조언했다. 이러한 지연을 고려하여 요르단 여사는 유럽 여행을 가을까지 연기하기로 했다.

우리는 배재학교의 남문 앞 경비병이 지난주에 어느 정도 언덕 쪽으로 올라갔다가 나중에는 켄뮤어(Mr. Kenmure)의 정문 옆 우물가로 이동한 것을 알 수 있다. 경비원들은 4명인데 우물의 옆 돌을 세워놓거나 발을 쭉 뻗거나 하며 통행을 방해하고 있다. 우리는 잘 훈련된 경비병이 4명이나 있다는 것을 은혜롭게 참아야 하지만, 군인이라기보다는 불한당을 연상시키는 야비한 태도는 우리가 참아야 하는 것 이상이며, 우리는 기다릴 준비와 "통과하세요"라는 말을 들을 준비가 되어 있다.

운송 시간 안내 도착
3월 28일 - 지푸에서 겐카이호
3월 29일- 평양에서 경채호
3월 30일 - 일본에서 히고호
4월 6일 - 상해에서 사가미호, 평양에서 치타마루호
4월 7일 - 평양에서 경채호 4월 8일- 일본에서 치쿠고가와호
4월 9일 - 지푸에서 히고호 4월 10일 - 일본에서 타메가와호

출발
3월 29일 - 고베 향발 겐카이호
3월 30일 - 지푸 향발 히고호, 평양 향발 제타호
4월 1일 - 블라디보스톡 향발 사가미호
4월 6일- 군산, 부산 향발 현익선(顯益船)
4월 7일 - 일본 향발 오와리호
4월 9일- 군산, 부산 향발 젠토호, 평양 향발 경채호, 일본 향발 치쿠고가와호
4월 10일 - 일본 향발 히고호
4월 11일 - 진남포 향발 타마가와호

소설가인 로버트 바르(Robert Barr)는 영국의 어느 마을에서나 기차에서 내릴 수 있다는 데 내기를 걸고 세 집 중 두 집은 "미국에 친척이 있습니까?"라는 질문에 긍정적인 대답을 받는다고 말한다.

이사로 인해

저장식품, 담배 등

나머지 재고를

이전 가격에서

15% 할인하여

판매하겠습니다.

F. BIJNO.

한국어를 배우는 학생들은

종로 서점이나

H. G. APPENZELLER 로부터

SCOTT의

매뉴얼과 사전을

구매할 수 있습니다.

권당 가격은

금화 2.50엔입니다.

than a year old, was not feeling well at the time of leaving Seoul. When they reached the port the child became worse. The physician advised against exposing the child to the hardships of sea-travel. In view of this delay Mrs. Jordan has decided to defer until autumn her trip to Europe.

We notice the guard in front of the southern gate at Paichai school moved up of the knoll some time last week and later down to the well by Mr. Kenmure's front gate. The guard consists of four men who either ornament the side stones of the well or sprawl over the street and interfere with travel. We should try to put up with grace the presence of a well-disciplined guard but to have four men, whose slovenly manners remind you more of loafers than of soldiers is more than we ought to be expected to stand and we are quite prepared to hear the word "pass on."

SHIPPING NEWS
ARRIVALS

March 28 - Genkai from Chefoo; March 29 - Kyeng Chae from Pyeng Yang; Higo from Japan; March 30 - Sagami from Shanghai; April 6 - Chita Maru from Pyeng Yang; Owari Maru from Chinampo; April 7 - Kyeng Chae from Pyeng Yang; April 8 - Chikugogawa from Japan; April 9 - Higo from Chefoo; April 10 - Tamegawa from Japan.

DEPARTURES

March 29 - Genkai for Kobe; March 30 - Higo for Chefoo; Cheta for Pyeng Yang; April 1 - Sagami for Vladivostok; April 6 - Hyenik for Kunsan and Fusan; April 7 - Owari for Japan; April 9 - Chento for Kunsan and Fusan; Kyeng Chai for Pyeng Yang; Chikugogawa for Japan; April 10 - Higo for Japan; April 11 -Tamagawa for Chinampo.

Robert Barr, the novelist, says that he will wager he can step off a train at any village in England and at two out of every three houses receive an affirmative answer to the question: "Have you any relatives in America?"

On Account Of

REMOVAL

I Will Sell The

Remainder of Stock

Consisting Of

PRESERVES, CIGARS, ETC.

AT A

15 PER CENT REDUCTION

On Former Prices.

F. BIJNO.

STUDENTS OF KOREAN

Can Get

SCOTT'S MANUAL
AND DICTIONARY

At The

CHONG-NO BOOK STORE,

Or Of

H. G. APPENZELLER.

Price of Each 2.50 gold yen.

제주도 탐방기
(3페이지에서 계속)

담배는 관아 하인이 장죽 담뱃대에 조심스럽게 불을 붙여서 몇 모금 빤 후에 건네줬다. 오래되지 않아 주사(主事)가 돌아와 우리를 숙소로 안내했다.

이 집 역시 단칸방이었으며, 이곳에서만 방에 두 개의 문이 있었는데 하나는 암소 축사로, 다른 하나는 마구간으로 통하는 문이 달려 있었다.

어쨌든 이 문의 용도는 신선한 공기를 순환시키는 목적을 가진 것은 아닌 것 같았다. 우리는 3일 동안 소와 말을 가까이 이웃으로 두고 함께 지냈다.

넷째 날(역주: 5일~7일까지 3일간 묵었으니 여행 넷째 날은 3월 8일) 오전에는 비가 내렸지만, 정오가 되자 개이기 시작해 우리는 출발했다. 그러나 잠시 후 하늘이 마음을 바꾼 것처럼 보였고 다시 비가 내리기 시작했다. 우리는 빗속에서 약 10리를 걸어야만 했고, 숙소에 도착했을 때는 물에 흠뻑 젖어 있었다.

다음 날(역주: 3월 9일) 아침에는 밝은 햇살이 보였고, 우리는 계속해서 나아갔다. 저녁이 되어 우리가 쉴 수 있는 곳에 도착하기까지 지나온 거리는 70리였다. 길 상태가 좋아 오늘은 걷기 쉬운 날이었다. 그러나 이 구간에서, 우리는 그렇게 걸었지만, 우리가 이곳에 도착하기 훨씬 전에 땅거미가 져버렸다. 한 시간 반 동안 우리는 좁은 돌길 위의 어둠 속을 걸어야 했으니, 우리가 이곳에 도착해 얼마나 행복했는지 쉽게 상상할 수 있을 것이다.

어쨌든 우리의 안쓰러운 발이 감수한 모든 생채기와 긁힘과 온갖 고난에도 불구하고, 숙소에 도착했을 때 우리는 목이 부러지지 않았음을 행운이라고 생각했다.

다음 날(역주: 1899년 3월 10일) 하늘은 다시 꾸물거렸지만, 우리는 다른 날과 같이 나아가기로 했다. 우리는 끈기에 대한 보상으로 빗속 샤워 목욕을 할 수 있었다. 중간에 정오까지 우리는 소나기를 맞으며 목적지인 정의(Chang-ni, 旌義)에 도착했다. 여기에도 주막은 없었고 우리는 다시 정의 군수를 찾아가야 했다. 우리는 그가 낮잠을 즐기고 있다는 것을 알았고, 관리 중 누구도 그를 깨울 수 없었기 때문에 우리는 기다려야만 했다. 우리는 곧 짜증이 났고, 당직을 맡은 사람 중 한 명에게 군수가 일어날 때까지 기다리지 말고 우리가 묵을 숙소를 마련해 달라고 말해야 하겠다는 생각이 스쳤다.

그들은 우리의 주장에 콧방귀도 안 뀌고는 계속 기다리라고만 했다. 배가 고프고 온몸이 젖어 있었지만, 그들이 하찮게 여기지 않도록 매우 당당하게 얘기했다. 그 강력한 말이 그들의 마음을 움직였고, 곧 우리는 그동안 사용하지 않던 곰팡이가 핀 관아 객사로 안내되었다. 우리는 즉시 짐꾸러미를 풀어 통조림 수프를 데우고 차를 데워서 먹을 준비를 마쳤다.

음식 몇 숟가락을 입에 넣고 있을 바로 그때, 우리는 문밖에서 군수가 도착하였다는 웅성거리는 소리를 들으며 먹으려던 입을 다물 수밖에 없었다. 잠시 후 그는 20여 명의 관원의 호위를 받으며 도착했다.

4명의 남자가 그의 앞에 섰는데, 한 명은 4피트(1.2m) 길이의 장죽 담뱃대를 들고, 한 명은 그의 우산, 한 명은 그의 공식 문장(紋章), 또 한 명은 그의 담배 가방을 들었다. 물론 우리는 하던 저녁 식사를 중단하고 그를 영접해야 했는데, 그의 방문은 충분하게 3시간이나 되었기 때문에 쉬운 일이 아니었다.

다음 날(3월 11일)에도 그는 우리를 방문해 거의 서너 시간을 보냈고, 우리에게 작별 인사를 건네며 내일 다시 우리를 보러 오겠다고 했다. 이 말을 듣고 우리는 신경이 곤두서서, 강한 북풍에도 불구하고 다음 날(3월 12일) 아침 떠나기로 했다. 강한 바람이 몰아쳐서 그 강풍을 뚫고 나가기는 쉽지 않았다. 너무 추웠기 때문에 나는 출발하기 전에 겉옷을 끼어 입었고 켄뮤어에게도 그렇게 하라고 권했다. 그는 나를 보고 웃으면서 자신은 온실에서 자란 식물이 아니라고 하며 그냥 출발했다. 곧 몸을 따뜻하게 유지하기 위해 그는 빠른 걸음으로 나아갔고, 우리는 그의 뒤에 한참 떨어져 뒤처져 갔다. 길을 모르고 갔기에 그가 길을 잃는 데는 오랜 시간이 걸리지 않았고, 우리가 저녁 식사 장소에 도착했을 때 그는 거기에 없었으며 길잡이 중 누구도 그를 보지 못했다. 내가 생각하기로 그는 우리가 점심을 먹고 숙박하려고 계획한 그 마을의 이름을 모르기 때문에 마을로 가는 길을 묻지 못했을 것이라 확신했다.

그래서 나는 우리가 나아가는 동안 그를 찾기 위해 함께 간 일꾼을 보냈다. 우리가 쉬려고 멈춘 곳에 도착한 시각은 겨우 5시였다. 거기에서 제주(Chai-poo)까지의 거리는 20리(7마일)밖에 되지 않았기 때문에 나는 계속 나아가서 제주 섬 여행을 마치기로 했다. 나는 마을 사람들에게 만약 켄뮤어 씨가 오면 그를 제주(Chai-poo)로 바로 올 수 있도록 안내해 달라고 부탁 하고, 안내 일꾼들과 계속해 나아갔다.

그러나 우리가 제주(Chai-poo)에 도착했을 때 우리는 이미 거기에 도착한 켄뮤어 씨를 발견할 수 있었다. 길을 잃어버린 것을 알게 된 그는 제주(Chai-poo)로 곧바로 가기로 결심하고, 갈 길을 물어물어 하루 종일 쉬지도 음식물을 먹지도 못하고 걸어서 제주에 도착했다는 것이다. 드디어 우리는 섬 일주 여행을 마쳤다고 생각하며 큰 안도감을 가질 수 있었다. (계속)

A VISIT TO QUELPART.

(Continued from third page.)

sugar, and pipes which a servant carefully lit by taking a few puffs from them. After some time the Chusa returned and escorted us to our lodgings. This was the usual six foot room. only this time its two doors opened, one into a cow-house and the other into a stable. Whatever purpose these doors might serve they certainly were not intended for letting in fresh air. We spent three days in this close proximity to cows and horses. On the fourth day though it was raining in the morning, by noon it began to clear up and we started off, but before long the sky seemed to have changed its mind and it began again to rain. We had to walk some ten li under the rain and by the time we reached a shelter we were well soaked Next morning it was bright sunshine, and we went on. The distance to the next place where we could spend the night was seventy li. This on good roads is an easy day's walk. But here, try as we would, night overtook us long before we reached the place. For an hour and a half we had to walk in the pitch dark over a narrow stony path, and one can easily imagine how happy we were. However, in spite of a few scratches, strikes and bruises our poor feet had received, on reaching the house we considered ourselves fortunate for not having broken our necks. Next day the sky was again threatening, but we decided to go on all the same. We were rewarded for our persistence with a good shower bath. By noon in the midst of a downpour we arrived at our destination the city of Chang-ni. Here again there were no inns; again we had to go to the magistrate. We found he was asleep and, as none of the runners dared to awake him, we had to wait. We soon got tired of it and insisted that one of the runners find us a house without waiting until the magistrate made up his mind to rise. They would not listen and insisted upon our waiting. But being hungry and wet we were not to be trifled with and spoke to them pretty sharply. That made them get up, and soon we were taken to an uninhabited mouldy government house. We proceeded at once to open our boxes, heated a can of soup, made some tea and got ready to have something to eat. We had barely taken a few mouthfuls, when wild yells outside announced the coming of the magistrate. In a few minutes he arrived with some twenty men, four boys ranging in front of him, one carrying his four foot long pipe, one his umbrella, one his official seals, and one his tobacco box. Of course we had to drop our dinner and entertain him which was not an easy matter as his call lasted fully three hours. Next day he paid us another short visit of some three or four hours and, when bidding us good-bye he said he would try and see us again next day. Hearing this we became quite alarmed, and next morning in spite of the strong north wind we decided to go on. The wind blew with such force that it was difficult to go against. It was so cold that before starting I had to put on my overcoat and suggested the same to Mr. Kenmure. He laughed at me saying he was not a hot house plant, and started without his overcoat. Soon though, to keep himself warm he had to quicken his paces and left us behind. Not knowing the road it did not take him long to lose it, and when we reached the place for dinner, he was not there and none of the wayfarers had seen him. I was certain that not knowing the names of the villages where we had intended to take tiffin and spend the night, he would not be able to enquire the road. So I sent out a Korean to find him while we proceeded. When we reached the place where we expected to stop, it was only five o'clock. The distance from there to Chai-poo being only twenty li (or seven miles), I decided to go on and finish my journey over the island. I instructed the villagers if Mr. Kenmure came to direct him to Chai-poo, and thus the coolies and I went on. But when we arrived at Chai-poo we found Mr. Kenmore there already. After finding he had lost the way he decided to go straight to Chai-poo inquiring the road as he went, and reached there after walking all day without rest or food. It was a great relief to think that our trip around the island was at last finished.

(To be continued)

코리안 리포지터리
주간판

1권 11호,　　　　　　　　1899년 4월 20일, 목요일

제주도 탐방기
A. A. 피터스
(지난 호에서 계속)

켈파트(Quelpart) 섬, 또는 그리피스 박사(Dr. Griffis)가 한국에 관한 그의 저서에서 그 섬을 한국의 시칠리아라고 부르거나, 한국인들이 부르는 제주 섬은 한반도에서 가장 큰 섬이며 한반도 남단에 있고 육지와는 약 50마일(80km) 정도 떨어져 있다. 섬은 타원형 모양이며, 중심에서 가장 먼 두 지점 간의 직선거리는 40마일(64km), 중심을 잇는 두 지점 간의 최단 거리는 17마일(27km)이다. 북쪽에서부터 그 섬으로 점차 접근하다 20마일(32km) 떨어진 지점에 이르면, 그것은 마치 이등변 삼각형처럼 보인다. 양변은 약 17도의 각도로 상승하다 정상 근처에서만 약간 가파르게 변한다. 이는 서울 북문에서 남산을 봤을 때와 같다. 섬은 오클랜드 산기슭 또는 한라산이 서 있는 중앙을 향해 해안가로부터 중심을 향해 완만하게 점차 솟아있다.

섬 전역에 흩어져 있는 작은 기생화산들은, 6,558피트(1,998m) 높이로 솟아오른 구름 낀 한라산 정상 앞에서는 매우 미미해 보인다. 섬의 기원은 확실히 화산이며 산은 아마도 사화산일 가능성이 높다. 용암은 북쪽과 남남 서쪽을 향해 흘렀고, 첫 번째 용암류는 섬의 해안가를 따라 약 20마일(32km) 퍼져있고, 두 번째 남남서쪽으로 흐른 용암류는 해안가를 따라 약 30마일(48km)이었다. 따라서 용암은 섬 전체 면적의 2/5를 덮었다. 따라서 이 부분은 돌이 매우 많아 경작하기가 어렵다. 그 수많은 돌을 밭에서 치우는데 엄청난 노동력이 투입되었을 것임이 틀림없다. 대개 1에이커(1,224평)의 들판에 8~10피트(2.4~3m)의 돌 더미가 4~5개 있었을 것이다. 이러한 돌들을 처리할 또 다른 방도는 밭과 밭 밭담을 쌓는 일이다. 그래서인지 올망졸망한 오름 중 한 곳에서 바라본 모든 땅은 거대하고 불규칙한 거미줄이 덮여있는 것처럼 보이게 하는 것이었다. 섬의 나머지 3/5은 거의 돌이 없고, 토양은 검고 비옥하다. 산은 동쪽과 서쪽을 향해서 완만한 경사를 이루다가 남쪽, 특히 북쪽으로는 갈수록 갑자기 깊은 계곡을 이루며 급격하게 내려온다.

산 정상에는 작고 둥근 호수가 있다. 그리고 계곡 중 하나의 계곡 바닥에 또 다른 큰 호수가 있다. 처음의 것은 아마도 눈이 녹은 물로 채워진 오래된 분화구일 것이다. 우리는 산 정상의 얼음은 6월까지 그대로 있다고 들었지만, 섬의 기온은 너무 따뜻해서 겨우 내내 노지에서 양배추가 자란다. 2월 말경 우리가 그곳에 갔을 때, 어떤 곳의 풀은 4인치(20cm)에 달했고 남쪽 해안에는 꽃이 피었다. 그런데도 산의 1/3은 여전히 눈으로 덮여 있어, 정상에 오르려는 모든 시도가 소용없게 되었다. 모든 산과 동쪽에 있는 오름은 울창한 떡갈나무 숲으로 덮여있다. 이들 숲에는 사슴, 멧돼지, 산토끼 및 기타 동물이 많이 있지만 호랑이와 곰은 없다. 나무가 없는 오름들에는 한국 특유의 짧은 잔디로 덮여있어 고운 잔디밭을 이룬다. 제주 섬의 잔디는 본토 그 어떤 곳의 것보다 제주에서 훨씬 더 예쁘고 종종 잡초가 없고 마치 듬직한 벨벳 카펫으로 모두 덮인 것처럼 덮여있는 400~500제곱 야드(101~127평) 천연잔디를 볼 수 있다. 제주도 해안은 이렇다 할 항구도 대피소도 없고 온통 바위투성이이며 한반도 남해안과 서해안을 따라 오밀조밀 흩어져 있는 수많은 작은 섬들이 없다.

끊임없는 강풍과 함께 대피소가 없기 때문에 항해가 매우 어렵다.

THE KOREAN REPOSITORY.

WEEKLY EDITION.

VOL. I. NO. XI.   THURSDAY, APRIL. 20, 1899.

A VISIT TO QUELPART. A. A. PIETERS

A.A.PIETERS

(Continued from last issue.)

The island of Quelpart or as Dr. Griffis in his fantastic book on Korea calls it the Sicily of Korea, or as Koreans call it, Chai-Jo, is the largest island of the Korean archipelago and is situated south of the peninsula at a distance of some fifty miles from the mainland. The shape of the island is ehiptical (sic. elliptical) and straight lines drawn between the two farthest and two nearest points thro the center would be forty and seventeen miles long. As you approach the island from the north at a distance of twenty miles it looks like an isosceles, the two sides rising at angle of about seventeen degrees and only near the top turning a little steeper something like Namsan as you look at it from the north gate of Seoul. The island rises gradually all around from the edges towards the center where the foot of Mount Auckland, or Whallaisan, is planted.

All over the island are scattered small conical hills, which look very insignificant before the cloudy peak of Whallai-san rising to the height of 6558 feet. The origin of the island is decidedly volcanic, the mountain being most probably an extinct volcano. The flow of lava was toward the north and south-southwest, the streams being, the first, some twenty miles wide along the coast of the island and the second, some thirty miles. Thus the lava covered two-fifths of the whole area of the island. This part of it is very stony and very difficult to cultivate and gigantic labor must have been spent in trying to clear the fields of the innumerable stones. Often on a field of one acre there will be four or five piles of stone eight or ten feet high. Another way of disposing of these stones was to build walls between the fields, so that from the top of one of the small hills the land seems to be covered with a large irregular net. The other three fifths of the Island is almost free from stones and the soil is black and rich. The mountain slopes gradually towards the east and the west, but comes down abruptly in large ravines towards the south and especially towards the north.

On the top of the mountain there is a small, round lake and at the bottom of one of the ravines another large lake. The first one is probably the old crater filled with water from the melting snow. We were told that ice lies on the top until June, altho the climate on the island is so warm that cabbage grows all winter in the open air. When we were there, towards the end of February, the grass in some places was four inches high and on the southern coast flowers were blooming. In spite of that a third of the mountain was covered with deep snow which would make all attempts to climb to the top useless. All the mountain as well as the hills to the east of it are covered with thick woods of oak. In these forests deer, wild hogs, hares and other animals abound but there are no tigers or bears. The hills that have no trees on them, are covered with the peculiar short Korean grass which makes such fine lawns. This grass is much prettier in Quelpart than anywhere on the mainland and often one comes across natural lawns of four or five hundred yards square, with not a weed on them and all covered as with a heavy velvet carpet. The coast of Quelpart is void of harbors or any shelters, rocky, and the numerous small islands which are scattered so thickly all along the southern and western coast of Korea, are absent here.

This absence of shelter together with the constant strong winds makes navigation very difficult.

사람들은 이 섬에 개울과 샘이 없다는 사실에 놀란다. 섬 주변을 여행하면서 우리는 일주일 내내 비가 온 후 오직 2개의 작은 개울을 발견했다. 제주 성내에는 왕성하게 솟는 샘터가 몇 군데 있지만, 다른 두 현 관할의 지방에는 샘이나 우물이 없어 사람들은 인공 연못에 모인 빗물을 이용해야 한다. 산에 쌓인 눈 녹은 물이 어디로 가는지 기이한 일이다.

위에서 언급하였듯이 이 섬은 3개의 행정구역으로 나뉜다. 북쪽 해안은 제주목으로, 섬의 수도이며 목사(牧使)가 관할한다. 섬의 남서쪽 해안에는 대정군, 동쪽에는 정의군이 각각 있으며 이 3곳 모두 성벽으로 둘러싸여 있다. 제주목은 1,200여 채의 집이 있고, 대정군엔 4백 채, 정의군엔 3백 채의 집이 있다. 제주목에서 대정까지 거리는 90리, 거기에서 정의까지는 130리, 정의에서 제주목까지는 70리이다. 민란이 일어나기 전까지 섬은 전라도에 속해 있었다. 전쟁 후 바로 섬은 독립되었고, 다시 조선이 13도로 나뉘자, 제주섬은 전라남도 관찰사의 관할에 놓였다. 섬을 통틀어 100여 개의 마을과 10여만 명의 사람들이 있다고 한다. 이 수치는 조선인들이 내놓은 것으로, 물론 확실하지 않을 수도 있다. 모든 마을은 해안가를 따라 살면서 곡식을 키우거나, 감자가 잘 자라는 산자락 그리고 산기슭 측면을 따라 살고 있다. 해안과 산기슭 사이의 지대엔 사람들이 살지 않고, 비옥한 토양이 길게 펼쳐져 있지만 경작은 되지 않은 상태로 있다. 성읍과 더 큰 마을 근처에 있는 숲과 들판에는 소유자가 있다. 섬의 나머지 땅은 그 누구의 것도 아니므로, 누구나 와서 나무를 베거나 땅을 경작할 수 있다. 한 사람이 10~15마일(16~24km)을 소에 싣고 가야 하는 장작 한 짐은 성읍에서 12센트에 팔린다. 섬에서 기른 곡물 중 조(millet)가 1위를 차지하며 이것이 식생활의 주요 품목이다. 쌀은 사치품이며 성읍의 부유한 사람들만 먹을 수 있다. 시골에 사는 사람들이 그것을 결코 먹을 수 없다. 해안을 따라 몇 군데만 논이 있을 뿐이라 논이 매우 부족하다. 따라서 섬에는 소량의 쌀만 유통되고, 그것들 대부분은 본토에서 유입된 것이다.

조, 쌀, 감자 이외에 사람들은 보리, 메밀, 콩, 고구마, 담배, 야채 그리고 기타 자잘한 몇 가지 곡물들을 가꾼다. 그곳에서 자라는 과일은 복숭아, 감귤, 하귤이 있는데 이것들은 이 땅에 자라는 유일한 것들이다.

섬사람들은 본토 사람들과 마찬가지로 동물성 음식이 드물어 거의 못 먹는다. 동물성 음식으로는 소고기, 말고기, 개고기, 돼지고기, 사냥동물, 생선, 전복 등이 있다. 그리고 한반도 남해안과 서해안에 매우 풍부한 게, 굴, 여러 종류의 조개류는 제주 섬의 해역에는 존재하지 않는다. 바다 바닥이 온통 바위로 깔려 있기 때문에 그런 것은 거의 없다. 그러니 그물 조업이 행해지고, 물고기들 역시 낚시를 통해서나 잡힌다.

고기를 잡으러 바다로 갈 때 사람들은 일반적인 배를 이용하지 않는다. 그 대신에 사람들은 작은 통나무 위에 노가 고정된 플랫폼이 있는 약 10개의 짧은 통나무로 만든 작은 뗏목(테우)을 타고 나간다. 줄을 고정하기 위해 육지 어부들은 8인치(20cm)도 안 되는 가늘고 작은 테두리의 나무를 사용하는 반면, 제주섬 어부들은 약 12피트(3.6m)에 달하는 대나무로 된 정식 대를 사용한다. 물고기, 조개류의 부족은 섬에서 이용하고 채취되는 풍부한 전복과 해초로 공급된다.

전복은 매우 큰데 어떤 것은 직경이 10인치(25cm)에 달할 정도로 매우 크고 살이 매우 통통하다. 다른 조개들과 달리 전복은 껍데기가 하나뿐이어서 이 껍데기는 종종 조선인들 사이에 재떨이로 사용되기도 하고, 자개의 원료가 된다. 마치 지붕과 같은 껍데기로 감싸인 전복들은 바위에 붙어서 살고 있다. 그 살점은 매우 귀한 고급 요리로 여겨지며, 섬에서 전복 한 개당 6센트나 한다. 그러나 전복에서 진주를 발견하기란 좀처럼 쉽지 않다. 수출하기 위해 전복들은 껍데기에서 떼어내어 창자 주머니를 잘라내고 살점만 깨끗이 씻고 말린 다음 가는 막대에 매달아 놓는다. 신선할 때는 하얀 색상을 띠지만, 말리는 사이 그것은 말린 살구의 속살과 같은 검붉은 색으로 변한다. 그것들은 서울의 토종 식료품점에 진열되어 있는 것을 볼 수 있는데. 직경 약 4~5인치(10cm) 되는 붉고 납작한 원반 모양의 살점을 가는 막대기에 수십 개 고정한 것이다.

해초류에도 여러 종류가 있다.

One is surprised at the absence of streams and springs. In making our trip around the island we came across only two streams, and that after a whole week of rains. While there are some powerful springs in the city of Chai-Joo, in the other two magistracies there are no springs nor any wells and the people have to use rain water gathered in artificial ponds. Where the water from the melting snow on the mountain goes is a mystery.

As I above mentioned there are three magistracies on the island: Chai-joo on the northern coast, the capital and the seat of the Governor (Mok-sa); Tai-Chung on the southwest coast and Chung-Ui in the east part of the island. All the three cities are walled. Chae-Joo counts some twelve hundred houses. Tai-Chung, four hundred, and Chung-Ui three hundred. The distance from Chai-Joo to Tai-Chung is ninety li, from there to Chung-Ui a hundred and thirty li; and from Chung-Ui to Chai-Joo seventy li. Until the war the island belonged to Chullado; soon after the war it was made independent, and again when Korea was divided into thirteen provinces, Quelpart was put under the jurisdiction of the Governor (Quan-chul-sa) of South Chulla-do. On the whole island there are said to be about a hundred villages and some hundred thousand people. These figures are given by the Koreans and of course are probably not quite true. All the villages lie either along the coast where the people can raise some rice or at the foot and along the sides of the mountain where fuel is plentiful and where Irish potatoes grow very well. The space between the shore and the foot of the mountain is not populated and long stretches of rich soil lie uncultivated. Only those woods and fields that are near the towns and larger villages have owners. All the rest of the island belongs to nobody and anyone may come and cut the trees or cultivate the ground. An oxload of wood which a man has to bring on his ox for ten or fifteen miles is sold in the cities for twelve cents. Of the cereals raised on the Island millet takes the first place, and this is the main article of diet. Rice is a luxury and is eaten only by well-to-do people in the cities. In the villages the people never use it. This on account of the scarceness of rice fields, of which there are only a few along the coast. The little rice there is mostly brought from the mainland. Besides millet, rice and Irish potatoes, the people raise barley, wheat; buck wheat, beans, sweet potatoes, tobacco, vegetables and a few other less important cereals. Of fruits peaches, oranges and pomeloes are the only things that grow there. Of animal food the islanders, like the people of the mainland, eat very little. It consists of beef, horse and dog meat, pork, game, fish and pearl oysters. Crabs, common oysters and all the different kinds of clams that are so plentiful on the southern and western coasts of Korea are absent in the Quelpart waters. Owing to the rocky bottom of the sea very little, if any, net fishing is done and the fish is mostly caught with hooks. For going out into the sea to fish boats are not employed. Instead of them people go out on small rafts made of some ten short logs with a platform built a foot above them to which an oar is fastened. Instead of the tiny little frames not more than eight inches long, used by the fishermen on the mainland for fastening the string, the Quelpart fisherman uses regular rods made of bamboo some twelve feet long, and Lack of fish, clams, etc., is supplied by the abundance of pearl oysters and seaweed, which are both used on the island and exploited. The pearl oysters are very large some measuring ten inches in diameter, and very fleshy. Unlike other oysters, it has only one shell, which is often used by the Koreans as an ash tray and of which mother of pearl is obtained. Covered with this shell as with a roof the oyster lies fastened to a rock. Its meat is considered a luxurious dish and one oyster costs as much as six cents on the island. Pearls are but very seldom found in the oyster. For export, the oysters are torn out of the shell, the intestine bag cut off, the meat cleaned, dried and strung on thin sticks. Altho white when fresh the color changes to a dark red, like that of a dried apricot. They can be seen displayed in the native grocery shops in Seoul, flat reddish disks of about four or five inches in diameter fastened by tens with a thin stick stuck thro them.

Of the seaweeds there are several

어떤 종류는 풍부해서 비료로 사용되고, 일부는 식품으로, 또 다른 종류는 소다 탄산염을 만들기 위해 일본인들에게 팔린다. 첫 번째 종류는 얕은 해안가에서 채취하지만, 다른 두 종류는 바다 밑 바닥에서 채취해 얻을 수 있다. 이상하게 들릴지 모르지만, 전복 따기 뿐만 아니라 해초 조업은 전적으로 여성들의 몫이다. 일종의 수영복(물소중이)을 입고, 한 손에 낫을 들고 망사리에 딸린 박(테왁)을 앞세워 그들은 해안가를 헤엄쳐 빠져나가 반 마일(800m) 정도 더 깊은 바다까지 나간다. 배를 가질 형편이 못됨으로, 그들은 스스로 헤엄쳐 나가 수심 40~50피트(12~15m) 속으로 잠수하여 낫으로 해초를 베거나 전복을 발견하면 바위틈에서 그것들을 따서 망사리 안으로 집어넣는다. 망사리는 수면에 둥둥 뜬 박(테왁)과 연결되어 있어 안심하고 넣는다. 그들은 종종 30분 이상 걸리는 망사리가 다 채워지기 전에는 뭍으로 나오지 않는다. 아무리 그녀들이 훌륭한 수영 선수일지라도, 그들의 작업이 빠르면 2월부터 시작된다고 생각할 때, 그들의 지구력에 감탄하지 않을 수 없다. 최근에 잠수 기구를 구비한 일본인들이 제주 섬에 와서 모든 전복을 다 따가지고 가버린 일이 발생해서 가난한 여인들은 오직 해초를 따면서 위안으로 삼을 수밖에 없었다. 이곳 관원들에 의하면, 일본인들은 전복을 따면서 그 어떤 허가권도 요청하지 않았고, 전복값도 지급 하지 않았다고 말했다. 그렇다면 약한 조선인들에게 부담을 가하는 것은 놀라운 일이다.

 제주 섬 여성들은 해초와 전복을 위해 잠수할 뿐만 아니라 모든 노동의 가장 막대한 부분도 감당하고 있다. 심지어 그녀들은 곡물을 소 등에 얹어 읍내 시장으로 가서 팔기도 한다. 물을 나르는 일도 전적으로 여자들이 하는데, 여자들은 물을 길으러 먼 거리를 가야 하는 경우가 많다. 물을 나르기 위해 그들은 바구니에 놓인 넓고 낮은 물 항아리를 바구니(물 구덕) 안에 넣고 나른다. 이는 그 바구니(물 구덕)를 양어깨에다 끈을 둘러 등에 짊어진 후 나른다. 나는 조선 그 어디에서도 이렇게 하는 것을 본 적이 없다. 그도 그럴 것이 조선 내륙에서 여성들이 등에 무언가를 지고 운반한다는 것은 매우 볼썽사나운 일로 여겨지기 때문이다. 우리와 같이 있었던 조선인들이 말하기를, 만일 육지에서 남자가 그의 부인에게 그렇게 일을 시킨다면, 그는 마을에서 쫓겨날 것이라 말했다. 섬에서 광범위하게 제작되는 특유의 모자들, 머리띠 그리고 두개모(頭蓋帽)들 또한
(8페이지에 계속됨)

삼문출판사는

감리교회 한국선교회 관리하에 있습니다.
방금 많은 양의 봉투 송장을 받았습니다.
지금 출판사에는 여러 가지 봉투
대형, 중간 크기, 소형이
갖춰져 있습니다.

또한 교회에 맞는 교회 회계장부
일체가 갖춰져 판매 중입니다.
본보기 사양을 보내 주세요.

코리언 리포지터리
주간지

리포지터리 주간지는 한국에서 발간하는 유일한 영어 주간지이며, 따라서 한국에 거주하는 외국인에게 전할 수 있는 유일한 광고 매체입니다.

코리언 리포지터리
과월호

편집부에는 다음과 같이 과월호
잡지가 있습니다.

볼륨 II 1895년 발행본.
볼륨 III 1896 발행본.
볼륨 IV 1897 발행본.
볼륨 V 1898 발행본.
이 귀중한 책을 원하는 분들은
H. G. Appenzeller에게
가격 및 추가 정보를
신청하시기를 바랍니다.

different kinds: some are as rich, used as fertilizers, some are used for food and some are sold to the Japanese for making carbonate of soda. The first kind is gathered on the sea shore, but the other two have to be obtained from the bottom of the sea. It is strange to say that the diving for these weeds as well as for the pearl oysters is entirely done by women. Dressed in a kind of bathing suit with a sickle in one hand and gourd with a bag tied to it in front of them, they swim out from the shore as far as half a mile; boats cannot be afforded and there dive, probably a depth of forty or fifty feet, to the bottom, cut the weeds with the sickle, or if they find a pearl oyster, tear it off from the stone, and then put it into the bag which is kept floating by the gourd. They do not go back before the bag is filled, which often takes more than half an hour. Altho they are magnificent swimmers, one cannot help admiring their endurance, when he thinks that this work is begun as early as February. Of late the Japanese supplied with diving apparatus have been coming to Quelpart and catching all the pearl oysters, so that the poor women have to be satisfied with the weeds only. The magistrates told us that these Japanese never asked for permission nor paid anything for catching the pearl oysters. If it is so, the imposition upon the weak Koreans is surprising.

The Quelpart women not only dive for weed and oysters but do the largest part of all work. Even ox loads of grain are brought to the city market for sale by women. The carrying of the water is also done entirely by the women, who have often to go a long distance to fetch it. For carrying the water they use broad low pitchers set in a basket, which is fastened with strings around the shoulders and carried on the back. I never saw this done anywhere else in Korea as it is considered very disgraceful for a woman to carry anything on her back. I was told by the Koreans whom we had with us, that if on the mainland a man made his wife to do so, he would be driven out of the village. Native hats, hair bands and skull-caps, which are (Continued on the eighth page)

THE Trilingual Press.

Under the management of the Korea Mission of the Methodist Episcopal church.

Just Received
  A Large Invoice of
ENVELOPES
LARGE, MEDIUM, SMALL.

A SET OF CHURCH RECORDS

adapted to the Korea church

ARE NOW ON SALE.

SEND FOR SPECIMEN SHEETS

Korean Repository

WEEKLY EDITION

Is the only paper in the English Language published in Korea, and therefore the

ONLY ADVERTISING MEDIUM

reaching the foreign population in Korea.

KOREAN REPOSITORY

Back Numbers.

The editors have on hand back numbers of the magazine as follows:

Volume II	1895.
Volume III	1896.
Volume IV	1897.
Volume V	1898.

Those desiring any of these valuable books should apply to H. G. Appenzeller for prices and further information.

코리안 리포지터리
주간판
매주 목요일 발행

편집: 아펜젤러, 존스,
영업: 콥
구독료

1회	-	-	10센,
1개월	-	-	30센

우편료 별도 / 광고료

1개월 노출 광고
1줄	-	-	5엔,
1/2줄	-	-	3엔
1인치	-	-	1엔

기사식 광고:
1회			25센,
다음 호부터는	-	-	15센

성서공회 주일

서울 유니온교회 담임목사는 5월 첫째 주일을 성서공회주일로 지키겠다고 밝혔다. 그의 결정에 따르면 성서공회가 수행한 거대하고 매우 근본적인 사업은 선교사들과 한국 기독교인들로부터 매년 적절한 대중의 인정을 받아야 한다는 것이다. 5월 첫 번째 주일이 선택된 이유는 당시 영국에서도 이와 비슷한 모임이 열리기 때문이다. 그는 이 주제를 한국 신자들에게도 제시하고 이 사업의 발전을 위해 그들의 참여하는 마음을 가지게 해야 했다. 그날의 준수를 시작하기에 적절한 때인 것 같고, 우리는 그날을 지키고자 지원을 원하는 선교사들은 성서공회 총무에게 신청함으로써 쉽게 그것을 얻을 수 있음을 의심하지 않는다.

일반 수업 졸업식.

헐버트(Hulbert) 교수의 일반 수업은 지난 15일 토요일 교육부 장관이 참석한 가운데 졸업식을 거행했다. 이 과정은 2년에 걸쳐 진행되었으며 커리큘럼의 2/3를 구성하는 다양한 중국어 외에도 산술, 유럽 및 아시아 지리의 전체 주제를 포함했다. 30명의 남학생 중 4명은 졸업에 필요한 점수를 받지 못했지만, 교수는 저급하다고 판단되는 다른 많은 남학생의 졸업을 강력히 반대했다고 들었다. 새로운 학급이 곧 승인될 예정이며 2년이 아닌 5년을 공부할 수 있도록 과정이 만들어졌다는 사실을 알게 되어 기쁘다. 만약 정부가 이들 졸업생을 교사로 활용하는 것을 고려한다면 최소 5년은 수련을 해야 할 최소한의 기간이기 때문이다.

1592년 임진왜란에 대한 헐버트 교수의 생각

〈Japan Mail〉의 독자들은 300년 전의 대 침략에 대한 Hulbert 교수의 연구와 조사를 읽을 기회를 얻게 된 것을 축하한다. 첫 번째 게재는 지난 8호 주간 판에 실려 있다. 교수는 소개 글에서 이것이 순전히 한국적인 자료와 한국인의 관점에서 시도된 최초의 포괄적인 설명이라고 주장한다.

The Repository는 1892년 G. H. 존스 목사가 준비한 침략에 관한 일련의 기사를 출판했으며 원래는 기독교 문학 연합(Christian Literary Union)에서 발표한 것이었다. 지금 우리가 약속한 자료보다 더 포괄적인 이 문서는 순전히 한국 자료를 기반으로 했으며 당시 많은 관심을 끌었다. 헐버트 교수는 한국에서의 오랜 거주 기간과 많은 한국 지식인의 친절이 작가의 손에 맡겨진 이 작품은 한국인이 상당량의 역사적 본능을 가지고 있음을 증명하는 데까지 갈 것이다. ***

이러한 사건이 일어났을 때 한국은 문학적 성취와 일반교양의 문제에서 일본보다 훨씬 앞서 있었다는 것을 기억해야 한다. 그리고 두 나라의 현재 상대적 상태가 이 위대한 전쟁의 상대적 정확성 척도로 여겨질 수 있다고 한순간도 생각해서는 안 된다.

THE KOREAN REPOSITORY.

WEEKLY EDITION.
PUBLISHED EVERY THURSDAY.

H. G. APPENZELLER, - GEO. HEBER JONES,
EDITORS.

GEORGE C. COBB, - BUSINESS MANAGER.

SUBSCRIPTION RATES.

Single copy	- -	Ten sen
Per month	- -	Thirty sen

POSTAGE EXTRA / ADVERTISING RATES

Displayed Ad - One month

One column	- -	Yen 5.00
One half column	- -	Yen 3.00
One inch	- -	Yen 1.00

Reading Notices - Per line

Single Issue	- -	25 sen
Each subsequent Issue	- -	15 sen

BIBLE SOCIETY DAY.

The pastor of the Union Church in Seoul announces his intention to observe the first Sunday in May as Bible Society Day. The immense and very fundamental work done by the Bible societies should receive, in his judgment, some fitting public recognition annually by the missionaries and Korean Christians. The first Sunday in May is selected because at that time similar meetings are held in England. The subject should he presented to the Korean congregations as well and their sympathies enlisted for the advancement of this work. The time seems opportune to begin the observance of a day and we doubt not any Missionaries who wish to observe the day and desire any assistance can readily obtain it by applying to our resident agent of the Bible Society.

GRADUATION OF THE NORMAL CLASS.

The normal class under Professor Hulbert was graduated last Saturday, the 15th inst., in the presence of the Minister of Education. The course had covered two years and had included the whole subject of arithmetic, and European and Asiatic geography, in addition to the various Chinese studies which form two-thirds of the curriculum. Out of thirty men four failed to receive a grade of mark that would warrant graduation, but we are told the professor strongly objected to the graduation of a number of the other men who, in his estimation, were incompetent. A new class will be appointed soon and we are pleased to learn that the course will be made to cover five years study instead of two. If the government contemplates using these graduates as teachers, five years is the minimum of inspiration that should be required.

PROFESSOR HULBERT ON THE JAPANESE INVASION OF KOREA IN 1592

Readers of the *Japan Mail* are to be congratulated on having an opportunity to read Professor Hulbert's studies and researches on the great invasion three hundred years ago. The first installment appears in the weekly edition of the 8th ins. The professor claims in the introductory note that this is the first exhaustive account that has been attempted from purely Korean sources and from the Korean standpoint. The Repository in 1892 published a series of articles on the invasion prepared by Rev. George Heber Jones and originally read before the Christian Literary Union. This paper, no doubt less exhaustive than the account we are now promised was based on purely Korean sources and at the time attracted much attention. Professor Hulbert thinks "the account, as here compiled from a number of independent sources, which a long residence in Korea and the kindness of many Korean gentlemen have placed in the writer's hands, will go far to prove that the Korean is possessed of a fair amount of the historical instinct. * * *

It must be remembered that at the time when these events occurred Korea was immeasurably ahead of Japan in the matter of literary attainment and general culture, and it must not for a moment be supposed that the present relative status of the two countries can be taken as a gauge of the relative accuracy of this great war."

첫 장은 1568년 역사에 선조소경대왕[32] 으로 알려진 하송대군이 즉위하고, 개혁을 제안하며, 압록강 건너편에 야인의 침략이 시작되고, 당파가 생기게 되고; 성가신 전쟁; 그리고 대 침략 시기 조선과 일본의 정세를 대비시킨다.

H. G. 아펜젤러

제국에 대한 새로운 위험.

도시를 떠도는 최근 이야기는 프랑스 선교사들이 대성당으로 이어지는 계단에 적합한 크기의 돌을 채석할 수 있는 허가를 신청했다는 취지이다.

한국 당국의 충분한 고려 끝에 이 신청이 승인되면 다른 모든 국가도 비슷한 요구를 할 것이고 얼마 후에는 한국인들에게 돌이 남지 않을 것이라는 그럴듯한 항변으로 요청이 거절되었다. 우리의 동정심은 전적으로 한국인들을 향해 있다.

지난가을 달이 차오르고 기울어 가는 동안 독립당원들이 연설했던 궁전 문 앞의 모든 곱고 헐거운 돌이 마지막까지 뽑히는 것을 보는 것은 우리를 슬프게 한다.

거리에 있는 이러한 장애물에 발을 뺄 수 없다는 것은 새롭고 이상한 느낌을 준다. 그리고 돌은 정치적 동요의 시기에 편리하며, 한국인이 철저하게 믿고 있는 공격 및 방어 목적의 유일한 무기를 빼앗아야 할 이유가 없는 것이다.

우리는 이 아름다운 도시의 동료 주민들과 함께 다음번 봄의 돌싸움 전에 돌멩이들이 필요할 수도 있으니 간직하고 있으라고 말한다.

3월 31일로 끝나는 지난해 영국의 수지는 1,841,039파운드의 순증가를 보여주었다.

홍콩 상하이 은행공사

납입자본금 $10,000,000
적립금 £1,000,000,
영업 비용 $10,000,000[24]
주주의 책임 준비금 $10,000,000

일일 잔액이 500엔 이상이면 당좌 예금의 이자는 2퍼센트입니다.

다음 조건에 따라 예금을 받을 것입니다.
12개월 연 5%
6개월 연 4%
3개월 연 3%

제물포 지사

HOLME RINGER & CO.

HOLME RINGER & CO.는
다음 회사를 대리하는 수송 대리 회사임

극동 러시아 증기 항해 회사.
페닌슐라 &
오리엔탈 스팀 내비게이션 컴퍼니.

캐나다 퍼시픽 왕립 우편 기선 회사.
태평양 우편 증기선 회사.
동서양 증기선 회사.
북태평양 증기선 회사.

로열 익스체인지 어슈어런스
코퍼레이션에서
보험증서를 작성함

한국 제물포.

The first chapter opens with accession to the throne of Prince Ha-song in 1568, and who is known in history as King San- jo So-kyeng Tai wang, the reforms proposed, the invasion by the Ya-in on the other side of the Yalu, rise of political parties; bother warfare; and the condition of affairs in Korea and Japan on the era of the great war are contrasted. H. G. A.

A NEW DANGER TO THE EMPIRE.

The latest story going the rounds of the city is to the effect that the French missionaries applied for permission to quarry stones of suitable size for the steps leading up to the cathedral. After due consideration by the Korean authorities the request was declined on the specious plea, that if this concession were granted all the other nations would make similar demands and after a little there would be no stones left for the Koreans themselves. Our sympathies are in this matter wholly with the Koreans. So much so that only a few days ago when we found an enterprising coolie picking up the loose stones in a by-lane near our house in order to sell them to the builder of the Ewa School building, we had him dump his load in our own yard. It grieves us to see all the fine loose stone in front of the Palace gate, where the Independents made their speeches last fall while moons waxed and waned: picked up to the very last one. It gives us a new and strange feeling not to be able to stub our toes against these impediments in our streets. Then again stones are convenient in the time of political excitement and there is no reason why the one weapon for both offensive and defensive purposes in which the Korean thoroughly believes should be taken from him. We join with our fellow residents of this goodly city and say, hang on to your stones, you may need them before the next vernal stone fight.

- - - - -

British revenue returns for the year ending March 31st show a net increase of £1,841,039.

HONGKONG AND SHANGHAI
Banking Corporation.

PAID-UP CAPITAL $10,000,000
RESERVE FUND
 £1,000,000, Ex. 2s, $10,000,000
RESERVE LIABILITY OF
 SHAREHOLDERS $10,000,000

Interest allowed on CURRENT ACCOUNT at 2 per cent. on Daily Balance over Yen 500.

Money will be received on FIXED DEPOSIT on the following terms:—

For 12 months at 5 per cent. per annum; for 6 months at 4 per cent per annum; for 3 months at 3 per cent per annum.

CHEMULPO AGENTS

Holme, Ringer & Company.

HOLME RINGER & CO.

AGENTS BY APPOINTMENT

Representing

Russian Steam Navigation in the East
Canadian Pacific Royal Mail Steamship Company.
Pacific Mail Steamship Company.
Occidental & Oriental Steamship Company.

Union Insurance Society of Canada (Marine)
Yangtsze Insurance Association (Marine.)
Royal Exchange Assurance. (Fire)
Law Union & Crown Fire Insurance Co.
The Standard Life Assurance Co

CHEMULPO, KOREA.

25주년 기념
(교류하다)

지난 18일 화요일은 일본 천황이 18연대에 군기를 하사한 지 25주년이 되는 날이었다. 이날을 기념하기 위해 연대장인 오타 대령은 100여 명의 한국과 일본의 장교들과 진고개 주민들을 부대 막사로 초청했다. 모든 손님이 모인 11시 30분에 오타 연대장은 군인들이 여러 역사적 인물을 캐리커처로 준비한 방으로 그들을 안내했다. 사람의 모습은 매우 재미있고 손님들에게 많은 즐거움을 제공했다. 능숙한 검술 경기 이후 정성스럽고 훌륭하게 준비한 다과가 제공되었다.

이 특별음식은 연대 구성원이 특별히 준비한 것이다. 오다 대령은 연대기가 세 번의 전쟁에서 사용되었다고 말한 짧은 연설을 했다. 첫 번째는 사이고 반란에서, 그다음에는 일·중 전쟁에서, 마지막으로 가장 최근에 사용된 것은 대만에서였다. 가토 장관은 몇 마디로 이 행사에 참석해 달라는 초대에 감사를 표하고 일본 황실 천황의 건강을 위해 술을 마시자고 건배사를 전하며 그의 답사를 마무리했다. 이어서 민영환[33]은 한국 내빈들을 대신해 감사의 인사를 전했다.

군인들 사이의 씨름이 시작된 것은 2시 이후로 평소와 같이 열정적으로 시작되었고 우승자에게는 상이 수여되었다.

저녁에는 군인들이 준비한 연극 공연을 했다. 그들은 화려한 옷을 입고 얼굴 화장을 하고 여러 역사적 작품을 전문 배우처럼 능숙하게 공연했다.

도시와 지방 소식

I. F. O'Neil 씨는 이전에 이곳의 영국 영사관과 관련이 있던 사람으로서 제물포 세관에서 심사관으로 임명되어 근무하게 되었다.

M. L. Tate 양과 M. B. Ingold 의사는 지난주 기포드 부인의 손님으로 서울을 방문했다.

J. N. Jordan 여사는 네 자녀와 함께 지난주 한국을 떠나 유럽으로 떠났고 우리가 발표한 바와 같이 아기의 질병으로 지체되지는 않았다. 우리는 그들이 상하이에 무사히 도착했고 그들이 타고 싶었던 기선을 탈 수 있게 되었다는 소식을 듣게 되어 기쁘다.

제물포 주재 일본영사관 히라이 서기관은 지난 16일 일요일 사냥을 나가던 중 안타까운 사고를 당했다. 그는 쌍발총 저격용 저격수를 사용하고 있었는데, 그는 두 곳의 실탄을 장전하고 한 발을 발사한 다음 총을 옆구리 바닥에 놓았고 총의 공이치기가 무언가에 닿았고 총이 발사되어 그의 머리 오른쪽을 관통했다. 총구는 그의 머리에서 불과 2~3인치 떨어져 있었고 그는 즉사했다.

〈상업 뉴스(商務情報)〉는 배재 학교의 연례 소풍에서 학교 교장과 교사 중 한 명이 학생들에게 대담하고 장황하게 일장 연설을 퍼붓고 돌아갔다. 이것은 여행하는 상인들의 조직에서 우리가 "harangued"로 번역한 단어는 더럽혀지지 않은 콧구멍에서 나는 악취라는 사실에 비추어 읽어야 한다. 누구의 이름도 언급되지 않았기 때문에 이름으로 언급된 사람 중 누구도 토론에 대한 비방이 사라졌다.

다시 초병이 배치되다.

개인의 사유지에서든 공공도로에서든

TWENTY-FIFTH ANNIVERSARY.
(COMMUNICATED.)

Last Tuesday, the 18th inst., was the 25th anniversary of the day when His Majesty, the Emperor of Japan bestowed the Military Banner to the 18th regiment. To celebrate the day, Col. Ota, the commander, invited some hundred officers and officials, both Korean and Japanese, as well as numerous residents in Chinkokai, to the barracks. At half past eleven, when all the guests had assembled, Commander Ota conducted them thro the rooms where the soldiers had prepared in caricature several historical figures. The figures were very funny and afforded much amusement to the guests After some skillful fencing, elaborate and excellent refreshments were served. These dainties were specially prepared by the members of the regiment. Col. Ota delivered a short speech in which he stated the Banner had been used in three wars. The first, in the Saigo rebellion; then in the Japan-China war and lastly in Formosa. Minister Kato in a few words expressed his appreciation of the invitation to attend these ceremonies and concluded by proposing to drink to the health of His Imperial Japanese Majesty, the Emperor. Hon. Min Yongwhan followed in a few words of thanks in behalf of the Korean guests.

It was two o'clock or later when the wrestling between the soldiers began which as usual on such occasions was entered into with enthusiasm and the winners were awarded prizes.

In the evening the soldiers gave a theatrical performance. They were dressed in gorgeous garments, and had their faces painted and rendered several historical pieces quite as skillfully as professional actors would have done.

CITY AND COUNTRY.

Mr. I. F. O'Neil, formerly connected with the English Consulate here, was appointed and has entered upon the duties as examiner in the customs at Chemulpo.

Miss M. L. Tate and Miss M. B. Ingold, M. D., of Chun-ju were in Seoul the past week the guests of Mrs. Gifford.

Mrs. J. N. Jordan with her four children left Korea last week for Europe and was not detained by the illness of the baby as we announced. We are glad to learn that they arrived safely in Shanghai and that they will be able to take the steamer they had intended to take.

Mr. Hirai, Secretary of the Japanese Consulate at Chemulpo, met with a very sad accident while out shooting last Sunday, the 16th inst. He was shooting snipe with a double barrel gun; he cocked both barrels, fired one at some snipe and then rested the gun on the ground by his side, the hammer touched something and the gun exploded and he received the full charge in the right side of the head. The muzzle was only two or three inches from his head and he was killed instantly.

The *Commercial News* (Sang Moo Chong Po) states that at the annual picnic of Paichai School the president of the school and one of the tutors fearlessly and at great length harangued the students and then returned. This is to be read in the light of the fact that to this organ of the travelling merchants the word we translated harangued is a stench in its undefiled nostrils. Neither of the persons mentioned by name spoke on the occasion referred to and the slur on discussion is therefore lost.

THE GUARD AGAIN.

For genuine ability to ignore the rights of others whether in the private grounds of

타인의 권리를 무시할 수 있는 진정한 능력을 갖춘 우리를 정동의 한국군에게 추천한다. 지난 호에서 우리는 외국인 가택 정문 주변에서 배회하는 경비원에 대해 항의했다. 우리는 그들이 우리에게 알려지지 않은 어떤 충분한 이유로 그곳에 배치되었다는 것을 의심하지 않지만, 그것이 그들이 거리 전체를 점거하고 착검 된 총검으로 총을 휘두르며 숙녀들이 지나가는 것을 위험하게 만들어야 하는 이유는 아니다.

우리는 한 만용의 병사가 그의 흐트러진 대열을 통해 자신의 길을 가려고 노력하는 외국 여성의 얼굴에 자연스럽게 고정된 베이 1이 있는 총을 갖다 댄 한 사례를 알고 있다. 한 신사는 말하기를 자신이 자전거를 타고 오고 있을 때 한 어슬렁거리던 한 병사가 자전거 바퀴의 타이어에 대검을 갖다 대려 했다고 말했다. 우리는 경비병이 거리를 따라 주둔하는 것에 대해 항의하지 않지만, 그들이 군대 기질이 아닌 질서 있게 행동할 것을 기대할 권리가 있다고 생각하고 통행에 방해는 안 된다는 것이다. 현재 그들은 성가시고 순수하고 단순하다.

해운 시간표
도착 선박
4월 12일 일본에서 겐카이호; 4월 13일 일본에서 메이요호; 평양에서 경채호;
4월 15일 제물포에서 타마가와호; 4월 16일 일본에서 기소가와호; 4월 17일 군산에서 경채호

출발 선박
4월 13일 지푸행 겐카이호; 4월 14일 군산행 경채호; 4월 15일 평양행 메이요 호; 원산행 해룡 호; 4월 16일 한국 경유 일본행 타마가와 호

전신 뉴스.
4월 4일 자 〈홍콩 언론〉에 보도된 뉴스에 따르면 미국 판무관은 다음과 같이 말했다. 미국의 방침과 요구 사항을 설명하는 선언문을 필리핀 사람들에게 발표했다. 또한 매일 많은 필리핀 사람이 군대를 떠나 집으로 돌아가는 것을 본다. 오티스 장군이 미국으로 돌아왔다.

영국, 독일, 미국은 마침내 사모아에 관한 3자 공동위원회에 합의했다. Malieton Tam은 3월 23일 영국과 미국 대표들이 참석한 가운데 사모아의 국왕으로 즉위했다.

Dreyfus 사건은 여전히 진행 중이며, 현재 Dreyfus에 대항할 수 있는 증거가 있다. 질문은 보더로의 저자가 누구였는지에 달린 것 같다. 그러나 증언은 매우 불만족스럽고 거의 모순적이다.

〈로이터 신문〉은 현재든 혹은 우발적이든 모든 어려움을 조정하기 위해 러시아와 영국 간의 협상이 중국 이외의 다른 문제로 확장되었음을 이해한다.

〈디스패치 신문〉에 따르면 케이프에서 카이로까지의 철도에 관해서는 독일이 자본 비율에 따라 분담할 만큼의 필요한 보증을 제공했다고 보도했다. 로즈 씨는 탕가니카 철도에 대한 영국의 보증 개념을 포기하고 보증 없이 자본을 조달할 계획이다.

앵글로 프렌치 아프리카 협정이 파견에서 많은 주목을 받고 있다. 새로운 협정의 조건에서 영국은 Bahr Ghazi와 Durfur를 계속 차지하고 프랑스는 Wadai, Bagirmi 및 Chad 호수의 동쪽과 북쪽에 있는 영토를 차지한다. 대영제국은 또한 리비아 사막의 경계를 따라 북회귀선 남쪽으로 15도 선까지 연장된 선의 서쪽에 있는 프랑스 구역을 인정한다. 서명국은 나일강 사이의 지역에서 상업적 대우의 평등을 상호 인정한다.

대통령 후보.
〈Manila Times〉 특파원은 미국 대선 후보 지명 가능성에 관한 정보를 담당하고 있다. 그는 공화당 출전 자격은 아마도 McKinley와 Roosevelt가 될 것이라고 예견했다. 가장 대중적인 조합이라고 보고 있다. 브라이언과 애슐리가 민주당 전당대회의 유력한 승자가 될 것으로 보인다. 민주당 당원들은 듀이 제독이 그들의 표를 모으는 것에 동의하게 하려면 건전한 후원금을 얻으려 했지만, 그는 단호하게 거절했다.

the individual or on the public thoroughfare commend us to the Korean soldiery in Chongdong. In our last issue we protested against the guard lolling around the front gates of foreigners. We doubt not they are placed there for some sufficient reason unknown to us but that is no reason why they should take up the whole street, swing their gun with fixed bayonets around so as to make it dangerous for ladies to pass by.

We know of one instance where a brave brought his gun with fixed bay one comfortably close to the face of a foreign lady who was trying to thread her way thro their broken ranks. A gentleman told us as he was coming by on his wheel, one of the loungers attempted to try his bayonet on the tire of the wheel. We do not protest against the guards being stationed along the streets, but we think we have a right to expect them to behave in an orderly, not to say soldierly, manner, and not interfere or endanger travel. At present they are a nuisance, pure and simple.

SHIPPING NEWS:
ARRIVALS

April 12 Genkai from Japan; April 13 Meiyo from Japan; KyengChae from Pyeng Yang; April 15 Tamagawa from Chemulpo; April 16 Kisogawa from Japan; April 17 KyengChae from Kunsan.

DEPARTURES.

April 13 Genkai for Chefoo; April 14 KyengChae for Kunsan; April 15 Meiyo for Pyeng-Yang; Hairiong for Wonsan; April. 16 Tamagawa for Japan via Korean ports.

TELEGRAPHIC NEWS.

News under date April 4th to *the Hongkong Press* states that the United States Commissioner; have issued a proclamation to the Filipinos outlining the attitude and requirements of the United States. Also that every day sees many of the natives leaving the army for their homes. General Otis has returned to America.

Great Britain, Germany and the United States have finally settled on at tri-partite commission concerning Samoa. Malieton Tam was crowned King of Samoa on March 23rd in the presence of British and American representatives.

The Dreyfus case is still dragging on, the evidence now for, now against Dreyfus. The question seems to hang on who was the author of the bordereau,; but the testimony is very unsatisfactory and almost contradictory.

Reuter understands that the negotiations between Russia and Great Britain have extended to other questions besides China with a view to the adjustment of all difficulties whether present or contingent.

Dispatches in regard to the Cape to Cairo railroad say that Germany has given the necessary guarantee upon the capital for the German section. Mr. Rhodes has abandoned the idea of a British guarantee for the Tanganyika railroad and intends to raise the capital without a guarantee.

The Anglo French African agreement is receiving much attention in the dispatches. In the terms of the new agreement Great Britain retains Bahr Ghazi and Durfur, whilst France takes Wadai, Bagirmi, and the territory to the east and north of Lake Chad. Great Britain also recognises the French sphere westward of a line extending south of the Tropic of Cancer along the border of the Libyan Desert to the fifteenth parallel. The signatories mutually concede equality of commercial treatment in the region between the Nile.

PRESIDENTIAL CANDIDATES.

A correspondent of the *Manila Times* is responsible for information in regard to likely nominations for the presidential ticket in the United States. He says that the Republican ticket will probably be McKinley and Roosevelt. A most popular combination it must be said. Bryan and Achley(sic. Ashley) seem to be the likely winners at the Democratic convention. The sound money Democrats have tried to get Admiral Dewey to consent to head their ticket but he has emphatically declined.

제주도 탐방기
(3페이지에서 이어서)

대부분 여성에 의해 만들어진다. 사실, 제주 섬의 여성들은 조선의 아마존 여인들이라 불릴만하다. 그들은 모든 일을 할 뿐만 아니라, 수적으로도 남자를 훨씬 능가하며, 거리에서 한 남자를 만날 때 여자는 3명 만난다. 그 이유는 많은 남자가 배를 타고 멀리 갔기 때문이다. 그래서 이곳 여성들은 더욱 강건하고 육지 여성들보다 더 튼튼해 보인다. 한편, 거의 모든 일을 여성들이 하므로 남자들이 할 수 있는 일은 빈둥거리며, 여자들이 잘한다고 칭찬하는 것 외에는 아무 할 일이 없다. 간혹 예외적이지만 여기저기 상점 안에서 남자가 입에 파이프를 물고 상점을 보고 있는데, 이처럼 어떤 일을 하는 남자를 찾기가 매우 어렵다. 그러나 그렇다고 이 집안 형편이 좋다는 것은 아니다. 모든 섬사람 살림 형편이 현저하게 가난한 것처럼 거기서 거기다. 음식은 물론, 옷과 집들 모두 육지의 것들에 비하면 훨씬 열악하다.

개 가죽은 의류 만드는 데 광범위하게 사용된다. 찻잔 모양의 모자, 외투, 중국인들 사이에 착용하는 각반, 버선들은 모두 개가죽으로 만들어진다. 더 따뜻함을 위해서 이때 개털 부분은 그대로 밖으로 보이게 한다. 이러한 일련의 옷들은 대대손손 물려내려 와서 그런지 그 냄새가 유쾌한 것과는 거리가 멀다. 남성용 바지와 셔츠뿐만 아니라 여성용 의류들은 천연 또는 인공 염색을 한 옷감으로 만들어졌다. 옷감을 더욱 질기게 하려면 그들은 일종의 땡감과 같은 것을 압착해서 얻은 진액에 옷감을 담근다. 이 공정에서 만들어진 옷 색깔은 진한 갈색으로 세탁의 수고로움을 덜어준다. 그리고 사람들은 그 옷을 너덜너덜해질 때까지 입는다. 개가죽 모자 외에도 남성들은 또한 서울에 있는 막노동꾼들이 착용하는 것과 똑같은 펠트 모자를 쓰기도 하는데 이 펠트 모자는 지름이 2피트(60cm) 이상으로 챙이 훨씬 더 크다.

의복에 관한 한 가지 예외는 고관대작들 (magistracies)의 것인데, 그들은 내륙에 있는 사람들과 같이 흰 두루마기와 검은 갓을 착용하고 있다.

집들은 사방 6피트(약 1평) 정도의 방 1개와 개방형 부엌으로 구성되어 있다. 방의 벽, 천장, 방바닥은 노출되어 있고 바닥에는 난방을 위한 굴뚝이 없다. 대신에 부엌 바닥으로 큰 구멍이 뚫려 있고, 추운 날씨에는 그 주변에 밤낮으로 불을 지피고 있다. 이 아궁이 불 주위에서 그들은 먹고, 일하고, 잠을 잔다. 이것은 집이 본토와 거의 같은 성 읍내의 집들과 다른 점이다. 성 읍내의 집들은 본토의 집들과 매우 유사하다. 약간의 예외가 있지만 모든 집은 초가집들이다. 강한 바람 때문에 초가집은 두께 2인치(5cm)로 꼰 새끼줄이 8인치(20cm) 간격을 이루며 단단히 고정되어 있다.(계속)

독일 영사가 왕위 계승을 반대하는 말리에토아는 모든 사모아인 중에서 가장 귀족으로 태어난 인물로 사벤 몰리에토아의 23대를 이어받은 직계 후손이다. 그는 선교 학교에서 세심하게 교육받았고 용감한 전사였지만 일반적으로 은퇴하고 겸손한 기질을 가지고 있었다. 그는 자기 관습에 신중하고 그의 관심 사항 가운데서 그는 외교와 정치에 대한 그의 능력을 자주 보여주면서 그는 훌륭한 배움의 사람으로 간주한다. 왕좌에 대한 그의 경쟁자 주장인 Mataafa는 강인한 성격과 엄격한 로마 가톨릭을 신봉하는 사람이다.

한국어를 배우는 학생들은

종로 서점이나

H. G. APPENZELLER에게서
SCOTT의 매뉴얼과 사전을
구매할 수 있다.

권당 가격은 금화 2.50엔이다.

A VISIT TO QUELPART.

(Continued front third page,)

extensively manufactured on the island are also mostly made by women. In fact the women of Quelpart might be called the Amazonians of Korea. They not only do all the work but greatly exceed the men in number, and on the streets one meets three women to one man. This is because so many men are away sailing. The women are more robust and much better looking than their sisters on the mainland. As almost everything is done by the women, there remains nothing else for the man to do but to loaf, and to do them credit they do it well. Except a scanty shop here and there in which a man is presiding with a long pipe in his mouth it is very difficult to find a man doing something. For this, however, they are not any better off, as all the islanders seem to be strikingly poor. Not only the food, but the clothes and houses are much worse than on the mainland. Dog skins are extensively used for making clothes. Hats, the shape of a tea-cup, overcoats, leggings like those worn by the Chinese and stockings are all made of dog skin with the hair outside, which for greater warmth are used untanned. A suit of such clothes is handed down from generation to generation, and the smell of it is far from being sweet. The women's clothes as well the men's trousers and shirts are made of native or Manchester sheeting. To make the sheeting stronger they dip it into the juice pressed out of some kind of a wild persimmon. This makes it a dirty brown color, which saves the trouble of washing it. The cloth is thus worn until it falls to pieces. Besides skin hats the men also use felt hats of the same shape as those worn by the Seoul chair coolies, only much larger, the brims measuring more than two feet in diameter. The one exception in respect of clothes is made by the people in the magistracies who wear the same white clothes and black hats as the people on the mainland.

The houses consist of one six foot room and an open kitchen. The walls, ceiling and floor of the room are bare, and the floor has no flues for heating it. Instead of this a large hole is dug in the floor of the kitchen and in the cold weather a fire is kept there day and night. Around this fire they eat, work, and sleep. This again is different in the cities where the houses are much the same as on the mainland. All the houses with a few exceptions are thatched. On account of the strong winds the thatch is fastened by a net of straw ropes two inches thick and eight inches apart.

(To be continued)

Malietoa, whose succession to the throne is opposed by the German consul, is the noblest born of all Samoans, and a direct descendant through twenty-three generations of Saven Molietoa. He was carefully educated in the mission school, and, though a brave warrior, he is generally of a retiring and unassuming disposition. He is studious in his habits, and among his subjects he is considered a man of great learning, while his abilities for diplomacy and statesmanship have been frequently displayed. Mataafa, his rival claimant for the throne, is a man of great force of character and a rigid Roman Catholic.

STUDENTS OF KOREAN

Can Get

SCOTT'S MANUAL AND DICTIONARY

At The

CHONG-NO BOOK STORE,

Or Of

H. G. APPENZELLER.

Price of Each 2.50 gold yen.

코리안 리포지터리
주간판

1권 12호,   1899년 4월 27일, 목요일

편집자의 글

그 바다의 그레이하운드, 치타 마루(the Chita Maru) 호는 우리를 잔잔한 바다를 지나 진남포로 안전하게 데려갔고 유쾌한 회사는 추운 날씨에 갑판 통로의 불편함과 다른 항로의 3등 객실 승객들이 반대했을 "추가 숙박 시설"을 개수한 것이다. 항해 중 특별히 재미있는 사건은 독립협회[34] 전 회원이 제물포 외곽에 있는 작은 섬 테이물(Tei-mul)을 나에게 가리키며 그 섬이 거문도[35]임을 나에게 설득하려 한 것이다.

내가 알고 있는 이 지역 잔잔한 바닷길을 20시간 30분 항해 후에 우리는 진남포의 태동(Tai-tong)에 닻을 내렸다. 이 새로운 항구의 첫인상은 그리 안심되지는 않았다. 도로는 여전히 갯벌을 가로질러 놓여 있으며 해안가는 지금의 도시에서 상당한 거리에 있다.

그러나 한반도 북쪽 지역의 가능성을 잘 알고 있는 사람이라면 누구든지 갯벌로 뒤덮이고 그 위에 지어진 가옥에서 펼쳐지는 활발한 거래 활동을 상상할 필요는 없다. 인근 고지대 인근은 이미 많은 평탄 작업이 완료되었으며 짐꾼들의 집단이 일을 하고 있었다. 여러 건물이 건설 중이었고 더 많은 건물이 지어질 것이라 한다.

욱일제국(旭日帝國)의 아들인 야마우치가 보관하고 있던 짐을 왈도프 노토리아에 맡기고, 나는 푸그네 씨를 만나러 갔다.

그는 여전히 자신의 많고 다양한 업무의 무거운 부담에서 잘 견디고 있다. 그는 진남포에서 가장 잘 알려진 유럽 사람이다. 항구를 방문하는 대부분의 다른 사람들과 마찬가지로 우리도 푼옛(Peugnet) 씨의 친절한 환대에 대한 즐거운 추억을 가지고 돌아왔다.

평양에 주재하는 노블 선교사의 영접을 받은 진남포에서 육로로 북쪽 수부 도시로 갔다. 길은 잘 닦여 있었고 잘 경작된 농토 사이를 지났다. 우리는 평양까지 50마일을 뻗어 있는 훌륭한 도로에 대하여 조선인들이 아니라 일본군에게 빚지고 있다. 화창한 날씨에 자전거를 타는 사람들에게는 즐거움이 될 것이다. 내가 듣기로는 자전거를 잘 몰면 5시간이면 갈 수 있다고 한다.

평양에 대해 아는 것은 우리가 9년 전 처음 보았을 때의 기억일 뿐이다. 하지만 '개항'한다는 소문이 돌면서 사람들이 끊임없이 밀려오고 있다. 아직 외국 공동체는 선교사로 제한되어 있는데, 이들은 서로의 교류에서 삶의 외로움을 조금이나마 위로받고 있다.

수요일 아침 일찍 폴웰 의사와 함께 평양에서 북쪽으로 86마일 떨어진 치타발비(Chitabalby, 운산 금광)를 방문하기 위해 북쪽으로 출발했는데 우리의 여정은 옛 서울-의주 도로 끝에서 멈췄다. 어느 때처럼 연중 이맘때는 북서풍이 불고,

THE KOREAN REPOSITORY.

WEEKLY EDITION.

VOL. I. NO. XII.   THURSDAY, APRIL. 27, 1899.

EDITORIAL LETTER

That ocean greyhound, the Chita Maru brought us safely over smooth seas to Chinampo and pleasant company made amends for the discomforts of a deck passage in cold weather and "extra accommodation" which would have been objected to by an ordinary steerage passenger in other seas. The only amusing incident of the sea voyage was when an ex-member of the Independence Club pointed out the small island of Tei-mul outside Chemulpo and tried to convince me it was Port Hamilton.

After $20\frac{1}{2}$ hours of the smoothest seas I have ever known in these parts we dropped anchor in the Tai-tong off Chinampo. The first sight of this new port is not reassuring. The streets still run across mud flats and the water front is a good distance from the town as it now stands. But anyone familiar with the possibilities of north Korea does not have to stretch his imagination to see the mudflats filled in and covered with business houses and go-downs and a brisk trade in operation. Near the higher land much grading has already been done and large gangs of coolies were at work. Several buildings were in course of construction and many more are promised.

After bestowing baggage at the Waldorf-Notoria, kept by one Yamayuchi, a son of the Empire of the Rising Sun, I went out to call on Mr. Peugnet.

He still survives the burdens of his many and various duties. He is the most popular European in all Chinnampo. Like most others who visit the port we carried away pleasant memories of Mr. Peugnet's kind hospitality.

From Chinnampo, where I was met by Mr. Noble of Pyengyang, we went overland to the northern capital. The road is thro(through) a well settled and well farmed country. To the Japanese forces and not to the Koreans do we owe the excellent road which stretches 50 miles to Pyengyang city. In dry weather it must be a pleasure to bicyclists. I am told that the distance can be covered in five hours by a good wheelman.

Pyengyang is but a reminiscence of what it was when we first saw it nine years ago. The rumors of "open port" have had an effect, however, and people are constantly moving in. The foreign community is as yet restricted to missionaries, who find some relief for the loneliness of their life in each other's company.

Leaving Pyengyang early on a Wednesday morning and accompanied by Dr. Follwell we started north on a visit to Chitabalby which lies 86 miles north of Pyengyang and our way was over the old Seoul-We-ju turn-pike. As usual this time of the year the norwester(sic. northwester) was blowing, and as it is the

조선에서 가장 거센 바람이 불기 때문에 안주로 가는 여정은 결코 소풍이 아니었다. 의사와 나 둘 다 우리 공동 테이블에 잡다한 오리와 비둘기를 올려놓고 서로를 구별했지만, 우리는 우리 소총의 범위 내에서 모험 이야기를 나누는 것보다 우리가 잡지 못한 사냥에 대해 더 흥미로운 이야기를 할 수 있었다.

치타발비(운산 금광)에는 토요일 아침 11시경에 도착했다. 열렬한 환영을 받고 싶다면 이교도 한가운데 있는 미국인들의 광산 캠프로 들어가면 된다. 광산 마을 자체는 여느 한국의 마을과 별반 다르지 않다. 여기는 회사 사무실, 가게 등이 있다. 우리는 먼저 벙커 씨를 보기를 원했다. 그가 우리의 시야에 나타나자마자 우리는 맨눈으로 그를 알아보는 데 어려움이 없었다. 황무지에서의 삶에 대해 그의 부부는 동의하는 것 같았고, 그들은 우리의 편안한 숙박을 위해 기꺼이 희생을 감수했다.

오후에는 테일러가 부재중이라 그의 아들 테일러와 감독 대행을 맡고 있는 나리(Mr. Narie) 씨의 안내로 광산을 둘러보았다. 처음에는 쇄광기(碎鑛機)가 나이아가라 12개보다 더 시끄러운 공장을 보고, 그리고 '언덕 속으로', 어둡고 기이한 통로를 통해 이곳 어느 곳에서도 넘어지는 것이 위험한 구멍을 지나 마침내 빛이 있는 밖으로 나왔다. 테일러(Mr.Taylor)와 머서브(Mr. Meserve)의 안내와 설명을 들으며 우리는 우리가 아는 흥미로운 오후 중 한때를 보냈다.

'광구'에 대해서 들리는 얘기 중 진실에 가까운 이야기가 나왔다. 한 조선인 노무자가 걸려 넘어져 광구에 빠졌다. 사람들이 그를 구하러 광구에 도착했을 때 그는 90피트(2.7m) 깊이 되는 바닥에 추락 후 발견되어 정신은 멍 해있었지만, 다른 부상은 없었다. 며칠 만에 그는 아무 일도 없었다는 듯 자리에서 일어났다.

대서양 화재보험회사, 함부르크.

제국 보험회사, 런던.

뉴욕 생명보험회사, 뉴욕.

광둥 조합 보험 협회

양츠 보험 협회

위의 서명된 대리점들은 현재 요율로 위험을 보상할 준비가 되어 있습니다.

제물포, E. MEYER & CO., 드림

다른 2곳에 광산 개발팀이 개척을 시작했고 여러 곳에서 실적을 내는 외국인들이 활동하고 있다. 우리는 그 모든 곳을 방문할 수 없었지만, 벙커 씨가 일요일마다 기독교 교육을 위해 예배를 드리는 두 번의 흥미로운 예배에 조선인들과 함께 참석해 안식일을 보냈다.

월요일에 떠나면서 우리는 그곳에 있는 친구들이 우리에게 베푼 모든 친절에 대한 감사를 표하려고 했지만, 우리가 받은 모든 감사를 전달하는 데는 분명히 미치지 못했다. 3일을 더 보내고서야 우리가 본 모든 것에 만족하여 평양으로 돌아올 수 있었다.

1899년 4월 6일, 평양에서

미우라 자작

우리 독자들이 기억할 일본 공사 미우라[36] 자작이 1895년 10월 황후 암살 사건에 공모한 혐의로 기소되었다는 일본의 교환 기사를 읽었다.

most beastly wind in all Korea our journey to An-ju was not a picnic by any means. Both the doctor and myself distinguished ourselves by supplying our common table with sundry ducks and pigeons, but we could tell more interesting stories about the game we didn't get, than of that which ventured within range of our artillery.

Chitabalby was reached Saturday morning about 11 o'clock. If one wants a hearty welcome let him drop down into a mining camp of Americans in the midst of heathenism. The town itself is not anywise different from other Korean towns. Here are the company's offices, store, etc. We first looked for Mr. Bunker. As soon as he appeared between us and the horizon we had no difficulty in seeing him with the naked eye. Life in the wilds seems to agree with him and Mrs. Bunker, who spared no pains to make our stay pleasant.

In the afternoon under the guidance of Mr. Taylor, who in the absence of his father and Mr. Narie is acting as superintendent, we went on a tour of inspection. First to the mill where the stamps were making more racket than a dozen Niagaras, and then "into the hill," thro dark uncanny passage ways, past holes where anywhere else on earth it would be impolitic to fall down, and finally out into daylight again. Under the guidance and instruction of Mr. Taylor and Mr. Meserve we thus spent one of the most interesting afternoons we have known.

Speaking of the "holes" a story was told for the truth of which proper avouchment (sic. announcement) is made. A Korean stumbled and fell into one of them. When help reached him he was found at the bottom, after a fall of 90 feet sitting up and badly dazed, but not otherwise injured. In a few days he was up and about as if nothing had happened.

Transatlantic Fire Insurance Co., Hamburg.

Imperial Insurance Co., Ltd., London

New York Life Insurance Co., New York.

Union Insurance Society of Canton, Ltd.

Yangtsze Insurance Association Ltd.

The undersigned agents for the above are prepared to accept risks at current rates.

E. MEYER & CO., CHEMULPO.

Camps have been opened at two other places and a force of a score or more foreigners is at work in various places. These we were not able to visit but spent the sabbath in two interesting services with a few Koreans whom Mr. Bunker has gathered together for Christian instruction every Sunday.

Leaving on Monday we tried to express our appreciation of all the kind attentions which were given us by the friends there but signally failed to convey all we felt. Three days more brought us back to Pyengyang well pleased with all we had seen.

Pyengyang, April 6th, 1899.

VISCOUNT MIURA

We read in an exchange from Japan that General Viscount Miura, the Japanese Minister here, who our readers will remember was charged with complicity in the disturbance

한때 조세감면에 찬성했고, 그의 친구에게는 국회에서 말싸움할 시기는 이미 지났고 이제 남은 길은 물리적인 힘으로 논쟁을 결정하는 일이라고 말했다고 한다.

따라서 이 활량한 장군의 보고서에 따르면 농민의 봉기를 제안하고 다음 감세 국회가 열리기 직전에 제국 전역에 회보를 발행하여 농민들을 도쿄로 소집해 아시오(Ashio) 구리 광산 오염에 대해 항의할 것을 선동했다. 그 자신도 이 운동에 참여하고 필요하다면 목숨을 바치기 기까지 하는 각오를 다졌다고 했다.

아마도 이것은 다소 황당하지만, 사실이라면 전직 장관이 그의 불명예스러운 은퇴에 대해 아무것도 뉘우치지 않은 것처럼 보일 것이다.

전신 뉴스 / 다른 신문에서 발췌

4월 12일 자 런던발 소식은 드레푸스(Dreyfus) 사건의 또 다른 증인이 자살했다고 보도했다. 이번에는 헨리 대령의 전 비서인 M. 로릴리에이다.

사모아 문제에 관한 보도에 따르면 독일은 그곳에서 영국과 미국 군함이 개입한 것에 대해 항의했다. 영국은 현재의 심각한 상황에 대해 사모아 주재 독일 영사에게 큰 책임이 있다고 항의했다. 영국 군함 골드핀치(Goldfinch) 호와 월라로아(Wallaroa) 호가 시드니에서 사모아로 출항하도록 명령받았다.

뉴사우스웨일스 정부는 호주 식민지 연합 법안에 반대하는 의원들을 수적으로 우위를 점할 목적으로 입법 위원회에 12명의 의원을 특별히 임명했다.

영토에 대한 또 다른 요구

⟨North China Daily News⟩는 4월 7일 자로 다음과 같은 베이징발 보도를 내보냈다:

페칠리(Pechili) 만 산해관(Shanhaikwan) 근처의 Yangmao 섬(Yang-maotao)은 특정 세력에 의해 중리 야먼(Tsungli Yamen)에 공식적으로 요구되었다. 야먼은 어떤 강대한 세력에도 더 이상의 영토 양도를 거부했지만, 군사력이 아닌 한 저항이 가능한지 의심스러울 정도로 강력한 압력이 가해졌다. 둥푸시앙(Fu-hsiang) 장군은 그의 간수(Kansu) 군대와 함께 섬을 지키겠다고 결의했지만, 현재까지 황태후는 중국 현대 함대의 약점 때문에 그의 결의를 받아들이지 않았다.

⟨Daily News⟩의 편집자는 위의 보도에 다음의 간략 기사를 추가했다.

1898년 여름, 당시 칠리(Chihli)의 태수 정루(Jung Lu)의 은밀한 지시에 따라 텐진(Tientsin)의 육군 및 해군 사관학교 졸업생들을 가능한 한 비밀스럽게 페칠리(Pechili)만의 모든 섬과 항구를 방문하여 새로운 Pei-yang 함대의 미래 해군 기지로 가장 가능성이 높은 장소를 선별하는 조사를 하도록 했다.

양마오도가 선정되었고, 그곳을 요새화하고 부두와 기계공장을 건설할 계획을 세웠다. 이 소식은 지역 관료들 사이에서 "특정 강대 세력"이 누구인지에 대한 상당한 추측을 불러일으켰으며 일반적으로 러시아 또는 일본이라고 판단된다.

따라서 이 광고면은 귀하의 광고를 위한 좋은 장소가 될 것이다. 시도해 보시라.

공지합니다.

저는
J. Gaillard Jen 씨가 운영하던 가게를
인수했음을
여러분에게 알리고자 합니다.
이 기회에 그들에게 보여줬던 후원을
계속해서 보내 주시기를 간청합니다.

J. T. 지아신티.

제물포.

in October, 1895, when the Queen lost her life "has been warmly agitating for some time in favour of the reduction of taxes, and is said to have remarked to a friend that the time for arguing with words in the Diet was already passed, and that the only course now left was to decide the controversy by physical force.

The gallant general therefore proposes, according to the report, a rising of the farmers, and that shortly before the next session of the Diet is opened, circulars should be issued to all parts of the Empire, summoning the farmers to assemble in Tokyo as they did in the agitation against the Ashio copper mine pollution. He himself offers to join the movement and if necessary sacrifice his life."

Probably this is more or less chaff but if true it would seem the ex-minister has not learned anything during the years of his dishonorable retirement.

TELEGRAPHIC NEWS / From Other Papers

A dispatch from London dated April 12 announces the suicide of another witness in the Dreyfus case. This time it is M. Lorillier, a former secretary of Col. Henry.

Dispatches concerning the Samoan trouble state that Germany has protested against the intervention of the British and American warships there. Also that Great Britain holds the German consul in Samoa largely responsible for the present grave situation. The British warships Goldfinch and Wallaroa have been ordered from Sydney to Samoa.

The New South Wales Ministry has specially appointed twelve members to the Legislative Council for the purpose of outvoting those councillors who object to the bill for the federation of the Australian colonies.

Another Demand for Territory

The North China Daily News is responsible for the following Peking dispatch dated April 7:

The Island of Yangmao(Yang-maotao) near Shanhaikwan, Gulf of Pechili, has been formally demanded from the Tsungli Yamen by a certain Power. Although the Yamen has refused further cession of territory to any Power, such strong pressure has been brought that there are doubts whether resistance is possible unless by force of arms. General Tung Fu-hsiang has offered to hold the island with his Kansu troops, but up to to-day the Empress-Dowager has still refused him permission, owing to the weakness of the Chinese modern fleet.

The editor of the *Daily News* appends the following note to the above dispatch:

In the summer of 1898, under secret instructions from Jung Lu, then Viceroy of Chihli, a corps of graduates from the military and naval academies of Tientsin were sent as quietly as possible to visit all the islands and ports in the Gulf of Pechili to select and survey the most likely place for the future naval station of the new Pei-yang squadron. Yangmao Island was selected, and plans were drawn up for fortifying the place, and constructing docks and machine shops. The news has caused considerable conjecture amongst local mandarins as to who the "certain Power" is, the general feeling being that it is either Russia or Japan.

Thus column would be a good place for your advertisement. Try it.

NOTICE.

I beg to notify the public that I have taken over the store kept by Mr. J. Gaillard Jne. and I take this opportunity to solicit the continuance of their patronage.

J. T. GIACINTI.
CHEMULPO.

코리안 리포지터리
주간판
매주 목요일 발행

편집: 아펜젤러, 존스,		
영업: 콥		
구독료		
1회	– –	10센,
1개월	– –	30센
우편료 별도 / 광고료		
1개월 노출 광고		
1줄	– –	5엔
1/2줄	– –	3엔
1인치	– –	1엔
기사식 광고:		
1회		25센,
다음 호부터는		15센

편집장 폭행 사건[37]

지난 일요일 오후 〈황성신문(서울뉴스)〉 편집장이 그의 사무실에 조용히 있는 동안 십여 명이 넘는 장정들이 여러 가지 이해관계로 그를 만나러 왔다. 그들은 편집장을 폭행하고 가톨릭 대성당으로 강제로 데려갔다. 얼마 전 신문에 "부처님이 교회로 개종하고자 신청합니다."라는 짤막한 제목의 기사가 실렸었다.

이 기사는 파렴치한 일을 한 한 고위 관리가 일반 백성들로부터 "부처"라는 별명을 얻었고 가톨릭교회에 입문하기 위해 지원한 것으로 찬양하는 것이라고 보이는 것이 아닌, 우스꽝스러운 것에 호소할 만큼 조롱한 듯 보였다. 그 입문한다는 글은 사려가 깊지 못했다.

종로를 지나며 거리의 사람들이 이러한 불법 행위를 막으려 했지만, 그들도 신문기자들에게 동조적이라는 말과 구타로 막을 수 없었다.

성당에 도착한 편집자는 그들 가운데 둘러싸여, 폭행과 괴롭힘을 당하고 그들 사이에 끼어 여러 사람의 추궁이 있었고 부처가 누구를 의미하는지 자백하라는 추궁을 당했다.

끌어낸 답변은 그 평판 있는 사람은 사람들에게 잘 알려져 있고 실명으로 소개할 필요가 없다는 것이었다. 그런 다음 그들은 신문의 발간을 중단하고 즉시 서면으로 그 취지를 이행할 것을 서면으로 약속할 것을 요구했다. 이에 대해 그 신문은 회사의 자산이기 때문에 직원들과 협의 없이는 그러한 약속을 준수할 수 없다는 대답이 나왔다. 이것은 갱단에서 자체적으로 임명한 사설탐정과 판사들로 이루어진 존경받는 일원에게 호소력을 가졌고, 그가 신문사에 가서 협의하기 위해 석방해 주기로 했고, 좀 더 괴롭힘을 당한 후 편집자를 가도록 허락했다.

가톨릭 주교의 동의도 없었고, 주교가 알지도 못한 채 시도한 사건이 그 주교의 귀에 들어갔다. 그는 편집자에게 명함을 보내 사과했다. 위법한 교인의 행위를 비난하고 교회법 안에서 그들을 처벌하기로 약속했다. 사태를 주도한 사람과 동조했던 몇 사람이 체포되었다.

이 사건은 두 가지 교훈을 준다. 〈서울 뉴스〉의 편집자는 이 일부 사람들이 원하지 않는다는 것일지라도 두려움을 가지지 않았는데, 이는 '부처'의 정당한 명성을 정당화하는 것에 대한 공격이 아니라 신문을 탄압하기 위한 것이 공격의 대상이었기 때문이다. 둘째, 주교가 특정 교인이나 신도의 행위를 즉각적이고 절대적으로 잘못이라고 한 것은 그러한 불법적인 절차에 대해 교회가 취하는 태도를 보여주고 있다.

다시 경비를 세우다

며칠 사이에 4명의 특별 경비 병사들이 켄뮤어 씨의 집 정문 주변을 계속해서 어슬렁거리고 있었다. 그 이후로 그들은 언덕 기슭에 주둔해 왔지만, 지난 화요일에 몇 방울의 비가 내렸을 때 그들은 이전의 경비초소로 대대적으로 달려갔다. 우리는 그들의 행동에서 약간의 발전을 보았다고 생각한다. 그들은 당신이 지날 때 도로 한가운데에 서 있다면 양보하는 마음으로 길옆으로 물러나 당신이 지나가게 할 것이다. 우리는 지난주에 여러 번 그것을 시도했으며 그들이 당신에게 편리를 도모한다는 것을 알 수 있다.

물론 그런 요청을 하는 것이 좀 쑥스럽다고 느끼는 사람도 있지만

THE KOREAN REPOSITORY.
WEEKLY EDITION.
PUBLISHED EVERY THURSDAY.

H. G. APPENZELLER,	-	GEO. HEBER JONES,
	EDITORS.	
GEORGE C. COBB,	-	BUSINESS MANAGER.

SUBSCRIPTION RATES.

Single copy	-	-	Ten sen
Per month	-	-	Thirty sen

POSTAGE EXTRA / ADVERTISING RATES

Displayed Ad - One month			
One column	-	-	Yen 5.00
One half column	-	-	Yen 3.00
One inch	-	-	Yen 1.00
Reading Notices - Per line			
Single Issue	-	-	25 sen
Each subsequent Issue	-	-	15 sen

AN EDITOR ASSAULTED

Last Sunday afternoon while the editor of the *Whang Sung Shin-mun* (Seoul News) was in the quiet of his office a dozen or more men came so see him about a matter of mutual concern. They assaulted and hustled him off to the Catholic cathedral. A short time ago a paragraph appeared in the paper under the caption "Buddha applies for admission into the church."

It seems that a one time high official whose unscrupulous deeds have earned for him the nickname among his own people of "Buddha," applied for admission into the Catholic church, and the mention of this, what would ordinarily be regarded as a praiseworthy intention, seemed so incongruous as to appeal to the ridiculous. There was no "force in the observation," except as it lay in the application.

Passing Chongno the people there attempted to interfere with the strange proceeding, but were warded off with blows and remarks that they too were in sympathy with newspaper men.

Arriving at their destination, the editor was placed in their midst, abused, bullied, cross questioned and ordered to make known who was meant by Buddha.

The answer elicited was that that worthy was well-known to the people and needed no introduction by name. Then they proposed the publication of the paper cease and that a promise to that effect be given in writing at once. To this the reply was made that as the paper was the property of a company he was unable to comply without consultation with his colleagues. This appealed to a venerable member of the gang of self-appointed detectives and judges, and he recommended release in order to consult and after some more bullying the editor was allowed to go.

The affair, undertaken without the knowledge, much less consent, of the Catholic Bishop reached his ear. He sent his card and apologies to the editor; denounced the conduct of the offending members and promised to deal with them as far as the church was concerned. The leader of the crowd and possibly others have been placed under arrest.

The incident shows two things. That the editor of *the Seoul News* is fearless and that papers like his are not wanted by some of his countrymen - for the suppression of the paper and not the vindication of the fair fame of "Buddha" was the object of the assault. Second, that the prompt and absolute disavowal of the conduct of certain of his members or adherents by the Bishop shows the attitude the church assumes towards any such unlawful proceedings.

THE GUARD AGAIN

The special guard of four soldiers to within a few days have continued to lounge about the front gate of Mr. Kenmure's place. Since then they have been stationed on the brow of the hill, but last Tuesday when a few drops of rain fell they made a grand rush for their former shelter. We think we notice a slight improvement in their manner. If they stand in the middle of the street as you approach, they will with a little encouragement step aside and let you pass on. We have tried it several times the past week and know they will

우리 외국인들이 거리를 걷는 것을 허용하는 것은 전쟁국의 배려이며 우리가 덜 특별하다면 우리는 불평하지 않을 것이다. 그런 다음 우리는 용감한 사람들이 거리 곳곳에서 고정된 총검을 휘두르며 가까이 다가가면 실제로 총을 집는다는 사실을 알게 되었고, 지금까지 아무도 그들과 마주치지 않았다고 보고하게 되어 기쁘다. 이에 대해 국방부 장관은 우리의 감사를 받아들일 것이다.

축하할 일

헐버트(H. B. Hulbert) 교수는 지난 2월 14일 왕립지리학회 회원으로 선출되었다. 이 영예를 안은 헐버트 씨에게 축하의 인사를 전하며, 그가 한국을 위해 집필한 저작물들이 인정받게 된 것을 기쁘게 생각한다.

도시와 지방 소식

이화 학당(Ewa School)의 새 기숙사 공사가 시작되었다.

일본은 지난달 모지와 시모노세키산 석탄 229톤을 한국으로 수출했다.

리드(C. F. Reid) 목사와 가족들은 지난 21일 금요일 서울에서 출발해 미국으로 휴가길에 올랐다.

감리교회 한국선교부 연차총회가 1899년 5월 11일 서울에서 개최된다.

윤치호[38] 씨 부인과 세 자녀는 지난 26일 화요일 원산 덕원감리 겸 부윤인 남편을 만나러 서울에서 출발했다.

지난 2월 교도소에서 탈출해 큰 화제를 모은 세 사람 중 한 명인 최 씨는 진남포에서 붙잡혀 다시 교도소에 갇혔다.

"일본의 침략"은 우리 역사가들의 주목을 받고 있다. 우연이건 아니건 간에 우리는 〈China Review〉 삼각대 마지막 호의 첫 번째 기사로 게재된 동료가 기고한 기사를 볼 수 있다.

홍콩 상하이 은행공사

납입자본금 $10,000,000
적립금 £1,000,000,
영업 비용 $10,000,000[24]
주주의 책임 준비금 $10,000,000

일일 잔액이 500엔 이상이면 당좌 예금의 이자는 2퍼센트입니다.

다음 조건에 따라 예금을 받을 것입니다.
12개월 연 5%
6개월 연 4%
3개월 연 3%

제물포 지사

HOLME RINGER & CO.

HOLME RINGER & CO.는
다음 회사를 대리하는 수송 대리 회사임

극동 러시아 증기 항해 회사.
페닌슐라 &
오리엔탈 스팀 내비게이션 컴퍼니.

캐나다 퍼시픽 왕립 우편 기선 회사.
태평양 우편 증기선 회사.
동서양 증기선 회사.
북태평양 증기선 회사.

로열 익스체인지 어슈어런스
코퍼레이션에서
보험증서를 작성함

한국 제물포.

accommodate you.

Of course one feels humiliated to have to make such a request, but it is gracious of the War Department to allow us foreigners to walk the streets and if we were less particular we would not complain. Then we have noticed that the braves while flourishing their fixed bayonets all over the street, as you get nearer to them will actually gather up their guns and we are happy to report that thus far no one has run into them. For this the Minister of War will please accept our thanks.

HONORS

Prof. H. B. Hulbert, on the 14th of February last, was elected a Fellow of the Royal Geographical Society. We congratulate Mr. Hulbert on this honor and are glad to see in it a recognition of the literary work he has done for Korea.

CITY AND COUNTRY

Work on the new dormitories of Ewa School has been begun.

The Japanese exported 229 tons of coal from Moji and Shimonoseki to Korea last month.

Rev. Dr. C. F. Reid and family left Seoul on last Friday the 21st, for the United States on furlo.

The Annual Meeting of the Korea Mission of the Methodist Episcopal Church will convene in Soul on May 11, 1899.

Mrs. T. H. Yun and her three children left Seoul on Tuesday the 26th for Wonsan to join her husband who is magistrate of that district.

Choi, one of the three men whose escape from the city jail in February last created considerable excitement, was captured at Chinampo and is now back again in the city jail.

"The Japanese Invasion" is receiving attention by our historians. Whether by coincidence or not, we see our associate on the tripod is contributing an account of it to the *China Review* - the first installment appearing in the last issue published.

HONGKONG AND SHANGHAI

Banking Corporation.

PAID-UP CAPITAL	$10,000,000
RESERVE FUND	
£1,000,000, Ex. 2s,	$10,000,000
RESERVE LIABILITY OF	
SHAREHOLDERS	$10,000,000

Interest allowed on CURRENT ACCOUNT at 2 per cent. on Daily Balance over Yen 500.

Money will be received on FIXED DEDOSIT on the following terms:—

For 12 months at 5 per cent. per annum; for 6 months at 4 per cent per annum; for 3 months at 3 per cent per annum.

CHEMULPO AGENTS

Holme, Ringer & Company.

HOLME RINGER & CO.

AGENTS BY APPOINTMENT

Representing

Russian Steam Navigation in the ast.
Canadian Pacific Royal Mail Steamship Company.
Pacific Mail Steamship Company.
Occidental & Oriental Steamship Company.
Northern Pacific Steamship Company.

Union Insurance Society of Canton. (Marine)
Yangtsze Insurance Association (Marine.)
Royal Exchange Assurance. (Fire)
Law Union & Crown Fire Insurance Co.
The Standard Life Assurance Co.

CHEMULPO, KOREA.

두 사람 모두 이 주제에 관해 많은 연구를 했기 때문에 이 대 침공에 대한 이 두 학생의 논고를 비교하는 것은 흥미로울 것이다

1899년 4월 23일 일요일 제물포-서울 철도 건설을 맡은 일본 관련 부에서는 리셉션과 연회를 개최해 철도 공사 재개를 축하했다.

젠드르(C. W. Le Gendre) 장군은 지난 2주 동안 병으로 인해 집에 있었지만, 아직 궁전에서 공식적인 직무를 재개하지 않았음에도 불구하고 다시 외출할 수 있게 된 소식에 기쁘다.

은방울꽃을 팔고 있는 젊은이들이 외국인들의 집을 방문하고 있다. 외국인들이 이식하여 키우게 될 때 잘 자라는 경우는 드물더라도 이 아름다운 꽃을 구매하지 않음으로써 이 젊은이들을 낙담시키지는 말 것을 제안했다.

전직 부윤인 이자연 한성전력 사장은 5월 1일 월요일 국내 최초의 철도인 한성전력 전차의 개통식 및 시승식을 알리고자 모든 외국인과 많은 저명한 내국인을 대상으로 초청장을 발급했다. 1일 오후 3시 동대문 인근의 전력회사 사무실에서 보스트윅(Mr. H. R. Bostwick) 씨가 모든 영접을 담당한다.

제물포에 거주하는 한 일본인은 최근 항구에 있는 일본인 묘지 근처의 땅을 샀다. 거기에 다수의 "무단 거주자"가 있었기 때문에 그들의 집을 철거하라는 계고장이 그들에게 전달되었다. 이에 대해 거주자들은 그렇게 하기를 거부했다. 토지 "점유자"들에게 이사를 하거나 배상할 것을 명령한 한국 당국에 항소가 제기되었다.

그들이 이 계고를 거부하자 그 일본인 토지 소유자는 어느 날 저녁 몇 명의 친구와 함께 한국인 땅 주인을 불러 무단 점거자들을 몰아내고 12채의 집 기둥을 잘라버리고 집들을 파괴했고 가구들을 부수었다. 지난 화요일 저녁, 일본인에 대한 복수심에 목말라 제물포 아문(衙門) 앞에 진을 치고 있던 1,000여 명의 분개한 무단 거주자 친구들 사이로 한 사람이 찾아왔다. 우리는 관심을 가지고 그 결과를 지켜보고 있다.

제주도 탐방기
A. A. 피터스
(지난 호에 이어서 마지막까지)

사람들은 자신들이 자체적으로 만든 생산품 이외에 다른 것에 대한 요구는 너무 적어서 적은 수의 상점에서 모든 것을 공급하는 것 같다. 섬의 수부인 제주(Chai-Joo) 섬에는 8개의 작은 상점이 있다. 대정군에 하나, 정의군에도 아마 하나일 것이다. 이것은 섬 전체를 통틀어 거의 유일한 상점들이며, 사람들은 이를 통해서 옷감, 염료, 실, 바늘, 못 등과 같은 필요한 몇 가지 외국 상품을 손에 얻고 있다. 본토의 모든 도시와 많은 마을에서 5일마다 매번 열리는 장날 시장은 그 어디에도 없고, 모든 상거래 역시 아직 초기 단계에 머물러 있는 듯하다.

제주 섬에서 수출되는 품목은 전복, 해초, 천연 약재, 화장용 오일, 말 및 생가죽, 말과 소이다. 화장용 오일은 Datura Strawmium, 즉 조선 사람들이 '동백'이라 부르는 열매의 씨앗을 짜서 만들어진 것이다. 동백나무는 섬 남부 지역에서 많이 자란다. 이 나무는 상록수이며 2월에 아름다운 진홍색 꽃망울을 터트린다. 본토에는 이 나무가 매우 드물다.

말과 소는 제주 섬에서 수출하는 매우 중요한 품목이다. 조선말 중 많은 말이 그곳에서 나온다. 소는 본토의 것에 비할 만큼 크거나 강하지는 않다. 말 한 마리 평균 가격은 16달러이고 황소나 암소의 평균 가격은 25달러이다. 조랑말과 소는 섬 곳곳에 방목되어 돌아다니면서 스스로 자라가지만 물론 그들의 소유주가 있다. 겨울에 가축들은 밭에서 먹이를 찾아 먹고, 봄에는 여름을 나기 위해 산으로 내몰린다. 밭과 밭 사이에 쌓은 밭담은 조랑말들이 이 밭 저 밭을 드나들며 뛰어다니는 것을 막기 위한 것이다. 양질의 말과 소의 상당 부분은 정부의 소유이며 지방 관리는 그들을 돌보는 목적으로 그곳을 지킨다.

몇 년 전까지만 해도 지방 관리는 정부의 필요에 따라 일정량의 말과 소를 해마다 서울로 올려보내야 했다. 현물세가 폐지된 이후 관리는 이 동물들을 팔아서 거둔 돈을 정부에 보내고 있다. 그런데 별다른 감시망이 없으므로 섬사람들은 필요할 때마다 정부 소유의 소나 말을 잡아 이용하는 데 그다지 주저함이 없다.

It will he(sic. be) interesting to compare these two accounts by these students of this great invasion, as both have given much study to the subject.

Sunday April 23d 1899 the Japanese in charge of the construction of the Chemulpo Seoul Railroad celebrated the resumption of construction operation with a general reception and banquet.

Gen. C. W. Le Gendre who has been confined to his house by sickness for the past fortnight, we are happy to know, is able to be out again, tho he has not yet resumed his official duties at the Palace.

Lads with lilies of the valley for sale are visiting houses of foreigners. It has been suggested that as these beautiful flowers when transplanted rarely if ever grow foreigners discourage these boys by not purchasing.

Invitations have been issued by Ex-Governor Ye Cha Yun, president of the Seoul Electric Company, to all foreigners and a large number of prominent Koreans to attend the trial or opening of Korea's first railway, the Seoul Electric street railway, on Monday, May 1st, at 3 p. m., at the Power House near the East gate. Mr. H. R. Bostwick has charge of all the arrangements.

A Japanese resident at Chemulpo recently bought some land near the Japanese cemetery at the port. As there were a number of "squatters" on it notice was served on them to remove their houses. This they refused to do. Appeal was taken to the Korean authorities who ordered the "squatters" to move or indemnify the land owner.

They refused to do this so one evening the Japanese owner with a few friends called on the Korean tenants drove out the people and chopped the supporting columns of twelve houses, off short resulting in a grand collapse of houses and destruction of furniture. Tuesday evening last a passer by came thro a crowd of a thousand indignant friends of the squatters who were encamped in front of the yamen at Chemulpo thirsty for revenge on the Japanese. We await the outcome with interest.

A VISIT TO QUELPART
A. A. PIETERS
(Concluded from last issue)

The needs of the people for things outside of their own products seem to be so small that a few shops supply them all. In the capital, Chai-Joo, there are some eight small shops; in Tai-Chung one: and in Chung-Ui perhaps one These are probably the only shops on the whole island and from them the people obtain the few needed foreign articles, such as shirting, dyes, thread, needles, nails. etc. The periodical markets which are held on the mainland and in all the towns and many villages every five days, are altogether absent, and in the whole trading seems to be yet in its infancy.

The things exported from Quelpart are: pearl oysters, sea weed, native medicine, cosmetic oil, horse and raw hides, horses and cattle. The cosmetic oil is pressed from the seeds of the fruit of the Datura Strawmium or, as the Koreans call it, Tong-Paik. This tree grows abundantly all over the southern part of the island. It is evergreen and blooms in February with beautiful crimson flowers. On the mainland this tree is very rare.

Horses and cattle are very important items of export and a good many of the Korean horses come from there. The cattle are not nearly as large and strong as on the mainland. The average price of a horse is sixteen dollars and of a bull or cow twenty-five. The ponies and cattle are turned loose all over the island and are left to take care of themselves, altho they all have owners. In the winter they feed on the fields and in the spring they are driven into the mountains for the summer. The stone walls built between all the fields are intended for keeping the ponies from running about from field to field. A good many of the horses and cattle belong to the government and an official is kept there for the purpose of taking care of them.

Some years before he had to send up annually a certain amount of horses and cattle to Korea for the use of the government. Since taxes in kind were abolished, he has been selling the animals and sending up money. As there is no watch kept the islanders are not very scrupulous in catching and utilizing a

상거래 수준은 초기 단계에 머물러 있고, 사람들의 생활양식 또한 매우 원시적이다. 섬이 고립된 탓에 사람들은 본토인들보다 매우 무지하고 문명화되지 않았다.

본토와 마찬가지로 섬에서도 사람들은 종교가 없다. 3개 성읍 각각에 공자 사당이 있다. 각 성읍의 문밖에는 현무암으로 깎아 만든 큰 신상이 6기 또는 8기가 서 있다. 섬의 몇 개의 사당들은 십만여 명의 모든 영적인 필요를 충족시키고 있는 듯하다. 섬 전체에 불교 사원이나 물론 승려가 한 명도 없다. 들리는 말에 의하면 100여 년 전에 어느 회의적인 현령이 섬의 모든 사찰을 파괴하도록 명령했고, 승려들을 쫓아내라고 했다, 그 이후로 불교는 두 번 다시 이 섬에 발을 붙일 수 없게 되었다. 그런데 그 현령은 그의 무신론으로 인해 처벌받았고, 그는 곧 친척과 친구들에게서 멀리 떨어진 이곳 이역만리 섬 제주에서 죽었다.

섬에는 몇 가지 매력적인 경승지가 있다. 대정에서 10리 이내에 이상한 바위산이 약 800피트(234m) 높이로 불쑥 솟은 것을 볼 수 있다. 그 바위의 남측 약 300피트(약 91m) 입구에는 굴이 하나 있는데, 입구는 너비 약 20피트(6m) 길이 20피트(6m), 높이 40피트(12m)이다. 굴의 입구에서 보이는 마을과 바다의 경관은 참으로 웅대하다. 이 굴 안에는 수년 전까지만 해도 사원이 들어서 있었지만, 다른 사원들과 동시에 파괴되었다고 들었다. 대정에서 정의로 가는 도중 30리 지점과 60리 지점엔 2개의 폭포가 있다. 폭 30여 척(9m) 깊이 40여 척(12m)의 바위 지면에 2개의 둥근 바위 구멍에서 쏟아지는 폭포가 있다.

폭포 벽은 거의 수직이고, 2개의 작은 산 계곡물이 그 안으로 떨어진다. 우리가 그것들을 보았을 때, 한 개울은 거의 말라 있었고, 다른 개울은 약간의 물이 있었지만, 장마철에 그들은 멋진 장관을 연출할 것임이 틀림없다. 흥미로운 점은 여기서 언급한 2개의 폭포는 매우 똑같다는 것이다.

한라산(Mt. Auckland) 정상에서 멀지 않은 곳에 사람의 크기와 생김새도 비슷한 바위들이 열병을 짓고 있다. 멀리서 보았을 때, 그것들은 일련의 사람들이 운집한 것처럼 보인다. 이에 따라 조선 사람들은 이를 두고 '오백 장군(500 영웅)'이라고 부르고 있다. 정의에서 멀지 않은

어느 마을에서는 다음과 같은 전설이 전해진다.

수년 전에 아주 큰 뱀 한 마리가 그 마을에 살았다. 그 마을은 옛날부터 매년 아리따운 처녀를 제물로 바쳐야만 했다. 그 뱀은 처녀를 산 채로 잡아먹었다. 만일 처녀를 바치지 않으면, 비가 내리지 않거나, 강한 바람이 불거나, 말과 소가 죽고, 병마와 다른 재난이 사람들에게 닥친다는 것이다. 약 100년 전에 어느 한 아버지에게 집안의 자랑이자 귀염둥이인 매우 아름다운 딸이 있었다. 곧 그녀가 희생될 차례가 돌아왔다. 그러나 아버지는 그녀와 헤어지는 것을 개의치 않았고 상심하는 대신, 피에 굶주린 저 성가신 놈을 섬에서 없애기로 했다.

그래서 제물을 바치는 날이 오자, 제주 섬의 테세우스는 날렵한 도끼를 들고 딸을 제사 장소로 데려갔다.

그는 딸을 거기에 두고, 자신은 멀지 않은 곳에 몸을 숨겼다. 곧 뱀이 나왔지만 뱀이 그 딸에게 다가가기 전에 아버지는 뱀 위에 있었고, 한 번의 타격으로 뱀의 머리가 잘렸다. 그런 다음 그는 뱀을 조각내서 큰 김치 항아리 안에 집어넣고 단단히 덮었다. 사람들은 이제 평화롭게 살 수 있을 것으로 생각하였다. 그러나 그날 이후 뱀은 사람들의 꿈속에 나타나기 시작하며, 자신의 조각난 몸을 항아리에서 빼 줄 것을 요구했고, 그렇지 않을 땐 심각한 복수를 할 것이라 사람들을 위협했다.

사람들은 두려움에 떨었다. 마침내 그들은 뱀이 시키는 대로 하기로 했다. 사람들이 항아리를 열었을 때 이전의 뱀 조각들 하나하나가 개별 뱀들로 변신하여 온통 뱀들로 가득 차 있었다. 그러나 뱀의 초자연적인 힘은 사라졌고, 더 이상 처녀를 희생 제물로 바칠 필요도 없게 되었다. 하지만 여전히 그것을 확신하기 위하여 사람들은 해마다 그 장소에 돼지, 쌀, 소주 등과 같은 제물을 바치고 있다. 그 의식은 '무당들'이 맡고 있다. 물론 무당들은 먹을 것을 차려 뱀들에게 단지 보여줄 뿐이고, 의식이 끝나면 사람들은 그것으로 잔치를 벌인다. 이들 무당 또는 주술가들은 이 뱀에 얽힌 이야기의 진실을 거침없이 말하는 데 주저하지 않을 것이다.

우리는 조선의 유명한 3 가문의 시조가 이 섬에 나왔다고 하는 유명한 3 성혈(3개의 구멍)에 대해 대단한 호기심을 갖고 있었다. 하지만 이 3 성혈과 3명의 영웅이 전설이 될까 봐 두렵다.

government cow or horse whenever they have a need for it. Not only is the trade in its infant stage but the mode of life of the people is quite primitive. Owing to the isolation of the island the people are much more ignorant and much less civilized than those of the mainland.

As on the mainland, so on the islands, the people have no religion. A Confucian temple in each of the three cities, six or eight large idols cut of lava and placed outside of each gate, and a few shrines seem to satisfy all the spiritual needs of the hundred thousand people. There is not one Buddhist temple nor a priest on the whole island. It is said that about a hundred years ago a sceptical governor ordered all the temples to be destroyed and all the priests driven out. Since then they have never been allowed to return. The governor was punished, tho, for his atheism and soon died at Chai-Joo far away from his relatives and friends.

There are a few interesting sights on the island. Within ten li from Tai-Chung one sees a peculiar rock rises abruptly to the height of some eight hundred feet. In the south side of it at the height of about three hundred feet there is a cave of some twenty feet wide at the entrance twenty feet long and forty feet high. From the opening of the cave the view over the country and the sea is magnificent. We were told that many years ago a Buddhist temple was standing in the cave, but was destroyed at the same time as the others. At a distance of thirty and sixty li from Tai-Chung, on the way to Chung-ui, there are two water falls formed by two circular holes in the rocky ground about thirty feet wide and forty feet deep.

The walls are quite vertical and two small mountain streams fall into them. When we saw them, one of the streams was almost dry, and the other one had but little water, but in the rainy season they must present a splendid sight. It is interesting to note that both waterfalls are exactly alike. Not far from the top of Mt. Auckland there stand up in one place a number of rocks all alike and of the size of man; when seen from a distance they resemble a company of people and this caused the Koreans to call them O-paikchang gun (five hundred heroes). Not far from Chung-ui there is a place with which the following legend is connected:

Many years ago a very large snake lived there when from time immemorial a yearly sacrifice of a beautiful virgin had to be offered. The snake used to devour her alive. If the virgin was not brought, rains would not fall, strong winds would begin to blow, horses and cattle would die, and sickness and other calamities would befall the people. About a hundred years ago a man had a very beautiful daughter, who was the pride and the pet of the family. Soon her turn came to be sacrificed. The father, however, did not care to part with her and made up his mind to try and rid the island of the blood thirsty pest. So when the time for offering the sacrifice came this Theseus of Quelpart took a sharp ax with him and led his daughter to the sacrificial spot.

He left her there and hid himself not far away. Soon the snake came out, but before he had time to touch the maiden, the man was on him and with one blow chopped off his head. After this he cut the snake all to pieces and put it into a large kimche jar covering it tightly up. The people were thinking they were going to live now in peace. But from that day the snake began to appear to the people in their dreams, begging them to take out the pieces of his body from the jar and threatening severe vengeance if they did not do so.

The people became frightened and at last decided to do as the snake had bidden them but when they emptied the jar every piece of the former snake turned into a whole individual snake and the place was filled with them. However the supernatural power of the snake was lost and no more virgin-sacrifices were needed Still to be sure about it, sacrifices of a pig, rice, whisky etc, are offered yearly on that spot. The ceremony is performed by Mutangs, who of course only show the eatables to the snakes and afterwards feast on them themselves. These mutangs, or sorceresses, I suppose, would not hesitate to swear to the truth of this story.

We were very curious to see the famous three holes, from which the founders of three noted Korean families are said to have come into the world. But I fear that these holes as well as the three heroes are legends. Nobody

왜냐하면 섬에 사는 그 누구도 이에 대해 잘 아는 것 같지 않았다.

제주 섬은 유배지였다. 유배 역사의 마지막 유배객은 약 3년 전(1896년)에 그곳으로 보내졌다. 현재 그곳에는 대부분 정치범인 12명의 유배객이 있다. 그들 중 2명이 우리를 보러 왔고 섬에서 원하는 곳은 어디든 자유롭게 갈 수 있다고 말했다. 그들은 자기 인척들의 도움을 받으며 귀양살이하고 있다고 말했다. 그들이 도망가는 것을 막기 위해 그 어떤 조선인도 당국의 허가 없이는 제주 섬을 떠날 수 없다.

섬 일주를 마친 후, 우선 머리에 떠오른 생각은 증기선을 수소문하는 것이었다. 배편에 대해 아무런 정보도 들은 바 없었고, 증기선이 올 것이라는 확신도 없었다. 우리가 할 수 있는 일이란 것은 작은 배 삼판선(杉板船) 한 척을 빌리는 수밖에 별도리가 없었다. 삼판선은 탁 트인 것으로 길이 약 30피트(9m), 너비 약 10피트(3m) 정도 하는 것이었다. 제주 섬과 조선 해협 부근 첫 번째 섬 사이의 해협의 폭이 40마일(64km)인 해협을 건너려면 순풍을 기다려야만 했다. 그래서 뱃사공들은 바람을 보기 시작했다. 두 번째 날 저녁, 우리가 잠자리에 들려는 바로 그때, 뱃사공이 와서 지금이 출발하기에 좋은 시간이라고 말했다. 그러나 우리는 마음이 달랐다. 그날 밤은 춥고 바람이 불며 매우 어두웠고, 우리를 기다리고 있는 따뜻하고 편한 침대를 걷어차고, 짐들을 꾸려 칸막이도 없는 작은 삼판선으로 출발하는 것은 유쾌하지 않을 것이란 생각이 들었다.

우리는 뱃사공에게 다음 날 아침에 출발하겠다고 밀했다. 그래도 그들은 즉시 가자고 우리를 설득하려 했지만, 소용이 없었다, 다음 날 아침 식사 후 우리는 짐을 꾸려 짐꾼을 고용하고 숙소에서 약 반 마일(800m) 떨어진 곳에 있는 배로 갔다. 그러나 거기서 우리는 제주 관습(풍속)이 자정이 지나야만 배가 출발하고, 그 외 다른 시간은 불리하다는 것을 발견했다. 그들에게 가자고 아무리 설득해도 그들을 떠나게 할 수 없었고. 하는 수 없이 우리는 짐 일부를 꾸려서 어부의 오두막으로 돌아가야만 했다. 그날 오후 비가 오기 시작했고, 다음 날 아침에는 북쪽에서 강한 바람이 불었다. 이 바람은 우리가 뱃사공의 제안을 받았을 때 가지 않은 것을 회개할 충분한 시간이 있는 6일 동안 그칠 줄 몰랐다,

마침내 바람이 잦아들었고, 어느 날 밤 이곳 '풍속'에 따라 우리는 3시간도 채 자지 못한 채 새벽 2시에 출항했다. 약 5마일(8km) 정도 항해한 후 동이 트기 시작했다. 어느 때와 같은 미미한 아침 바람이 불기 시작했다. 뱃사공들은 이 바람이 북쪽에서 왔기 때문에 돌아가기로 마음을 먹고 삼판선을 돌릴 태세였다. 그러나 우리 측 또한 마땅한 이유 없이 돌아갈 수 없다고 마음을 먹었다. 그래서 나는 그들에게 해가 뜰 때까지 노를 젓다가 바람이 바뀌지 않으면 돌아가겠다고 엄하게 말했다.

나의 목소리와 태도가 상당히 단호했는지라, 그들은 다시 노를 잡고 본토로 향했다. 태양이 떠올랐을 때 바람은 동쪽으로 바뀌었고, 우리는 두 개의 돛을 펴고 물결 위를 타고 전진했다. 우리가 한반도를 향해 적당한 속도로 가고 있다고 생각하니 즐거웠다. 그러나 우리가 삼판선 위에 있다는 사실은 그다지 유쾌하지 않았다. 그 삼판선은 참으로 작아 보였고, 한쪽으로 기울어지면서, 물결을 따라 위아래로 넘실대니 아무리 줄잡아 말하더라도 우리를 몹시 뱃멀미하게 하였다.

저녁에 우리는 첫 번째 섬에 도착하여 객점에서 하룻밤을 보내고, 다음 날 우리는 무수한 작은 섬과 섬 사이에서 장엄한 항해를 하고, 삼판선에서 또 하룻밤을 보내고, 다음 날 정오에 목포에 도착했다. 그곳에서 우리는 3시간 뒤에 제물포로 출발하는 증기선이 있다는 것을 알았다. 즉시 우리는 삼판선에서 우리의 짐들을 증기선으로 옮겼다. 다음 날 정오에 우리는 제물포 짐꾼들과 흥정하고 있었다. (끝)

선편 운항 소식 / 도착

4월 20일 진남포에서 메이요호, 4월 21일 일본에서 지쿠고가와호

4월 23일 일본에서 오와리호, 4월 23일 지푸에서 겐까이호

4월 23일 아더항에서 보스톡호, 황해도에서 경채호, 진남포에서 메이요호

출발

4월 18일 일본행 기소가와호, 평양으로 경재호, 4월 21일 평양행 메이요호

4월 22일 일본행 치구고가와호, 진남포행 오와리호

4월 23일 고베행 겐까이호, 경유 항구 상해행 보스톡호, 4월 24일 평양행 메이요호

4월 25일 군산행 경재호

on the island seems to know anything about it either.

Quelpart used to be a place of banishment. The last exiles were sent there three years ago. There are twelve exiles there now, mostly political. Two of them came to see us and told us that they were all free to go wherever they liked on the island. They are supported by their own relatives. To prevent them running away, no Korean is allowed to leave Quelpart without a pass from the authorities.

After finishing our tour around the island, our first thought was to enquire about the steamer. Nothing was heard of her and nothing was certain about her coming. There was nothing left for us to do but to hire a boat which was open and was about thirty feet long and ten wide. The channel between Quelpart and the first island near the coast of Korea being forty miles wide we had to wait for a favorable wind to cross it. So the boat-men began to watch the winds. In the evening of the second day just when we were ready to go to bed a boatman came and said that now was a good time to start. However, we were of a different mind. The night was cold, windy and very dark and to take up our warm, comfortable beds which were ready to receive us, pack up all our things, and start off in a small open boat was not a pleasant prospect. We told the boatman that we would start next morning. They tried in vain to persuade us to go at once but had to give in. Next morning after breakfast, we packed up, hired coolies and went to the boat which was half a mile from our house. But there we found that the Chai-Joo custom (poong-sok) was for boats to start only after midnight, and that any other time was unfavorable. No amount of persuasion could make them go and we had to take a few of our things and go to a fisherman's hut. In the afternoon it began to rain and next morning a strong wind from the north was blowing. This wind did not cease for six days during which we had time enough to repent for not going when we were called. At last the wind changed and one night, according to the poong-sok we started at two o'clock having slept not more than three hours. After sailing for some five miles it began to dawn, and the usual morning-breeze began to blow. This being from the north, the boatmen made up their minds to go back and got ready to turn the boat. But we had also made tip our minds that we were not going to go back unless for a very good reason. So I spoke to them very sternly telling them to go ahead and row until the sun was up and then if the breeze did not change, we would go back.

My voice and manner must have been pretty suggestive as they took again to the oars and made for the mainland. When the sun arose the wind changed to east and we unfolded our two sails and went flying over the waves. It was pleasant to think that we were moving towards Korea at a good rate, but to be in the boat was not so pleasant. The boat seemed to be very small, indeed, and was leaning on one side and jumping up and down the waves in such a manner that it made us very sea-sick, to say the least.

In the evening we arrived at the first island, spent the night in an inn, next day had a magnificent sail among the numberless small islands, spent another night on the boat, and next day at noon arrived at Mokpo. There we found a steamer leaving for Chemulpo in three hours. At once we transported our goods from the sampan to the steamer, and next noon we were fighting the Chemulpo coolies.

SHIPPING NEWS
ARRIVALS

April 20 - Meiyo from Chinnampo; April 21 - Chikugogawa from Japan; April 23 - Owari from Japan; Genkai from Chefoo; April 23 - Vostock from Port Arthur; Kyeng Chae from Whang Hai-do; Meiyo from Chinnampo.

DEPARTURES

April 18 - Kisogawa for Japan; Kyeng Chae Pyeng Yang; April 21 - Meiyo for Pyeng Yang; April 22 - Chikugogawa for Japan; Owari for Chinnampo; April 23 - Genkai for Kobe via ports; Vostock for Shanghai; April 24 - Meiyo for Pyeng Yang; April 25 - Kyeng Chae for Kunsan.

코리안 리포지터리
주간판

1권 13호, 　　　　　　　1899년 5월 4일, 목요일

운동 경기

제3회 외국어학교 체육대회가 지난 토요일 오후 서울시 동부에 있는 옛 훈련장에서 열렸다. 체육대회는 학부대신(學部大臣) 민병석(閔丙奭)의 후원으로 개최되었다. 6개의 학교가 대표로 참석했는데 각 학교는 아래와 같은 고유한 색상을 가지고 있다.

　　　중국어 - 오렌지
　　　영어 - 빨간색
　　　프랑스어 - 노란색
　　　독일어 - 보라색
　　　일본어 - 파란색
　　　러시아어 - 녹색.

신호원과 심판은 발독(Dr. E. H. Baldock) 의사, 메히(Lieut E. L. Mayhew) 중령, 오트윌(H. A. Ottewill, Esq.) 님, 터너(Rev. A. B. Turner) 목사, 샌즈(W. F. Sands, Esq.) 님, 웨이크필드(S. Wakefield, Esq.) 님, 그리고 우(S. Woo Esq) 님이 수고했고 영국 경비 회원들의 협찬이 있었다. 체육 종목은 다음과 같이 두 부분으로 나누어 진행되었다.

I부

1. 역도
2. 200야드 - 고학년
3. 200야드 - 저학년
4. 멀리뛰기
5. 레슬링 - 1차 예선
6. 400야드
7. 높이뛰기 - 저학년
8. 줄다리기 - 1차 예선

II부

9. 100야드 - 고학년
10. 100야드 - 저학년
11. 레슬링 - 2차 예선
12. 높이뛰기 - 고학년
13. 줄다리기 - 2차 예선
14. 외부인들 경주
15. 줄다리기 - 3차 예선
16. 당나귀 경주

경기 시작 시간이 되기 훨씬 전부터 엄청난 인파가 모여들었다. 지난해 가을 주간·야간 회의 이후 서울에서 한자리에 이렇게 모인 것은 이번이 처음이다. 사람들은 이 기회를 최대한 활용했다. 커다란 정자는 여러 조약국의 깃발로 아름답게 장식되어 있었다.

정부의 고위 관리나 사무원들, 외국 외교관과 외국 여성들이 참석했고, 아이스크림과 탄산음료는 말할 것도 없이 이 행사에 참석한 모든 사람에게 제한 없이 제공되었다. 독한 술의 존재와 광범위한 사용은 여기에서 부적절하고 더 이상 사용되지 않는 것처럼 보였다.

여러 학교 대표가 결의에 차서 경기에 참여했다. 다음과 같이 경기 결과를 정리한 영어 학교의 한 학생에게 감사를 표한다.

200야드 달리기 - (고등부) - 1위, 이인귀(프랑스어); 2위, 러시아인 태석훈(러시아어); 3위 이기용(러시아어)

200 야드 달리기 - (중등부) - 1위, 이궁만(프랑스어); 2위, 황종석(러시아어); 3위, 오윤근(러시아어)

레슬링 - 1위, 유봉진(프랑스어); 2위, 김하식(중국어); 3위, 이진태(일본어)

멀리뛰기 - 1위, 조제성(중국어); 2위, 이인귀(프랑스어); 3위, 이궁만(프랑스어)

440야드 달리기 - 1위 이인귀(프랑스어); 2위, 태석훈(러시아어). 3위, 장의근(영어); 4위, 조제성(중국어)

높이뛰기 - (중등부) - 1위, 황종석(러시아어);

THE KOREAN REPOSITORY.
WEEKLY EDITION.

VOL. I. NO. XIII.   THURSDAY, MAY. 4, 1899.

ATHLETIC SPORTS

The third annual Athletic Sports by the Foreign Language Schools took place last Saturday afternoon at the old drill ground in the eastern part of the city. The sports were held under the patronage of the Minister of Education, the Hon. Min Pyeng Suk. Six schools were represented, each school having its own color:

    Chinese - orange
    English - red
    French - yellow
    German - purple
    Japanese - blue
    Russian - green.

The starters and judges were Dr. E. H. Baldock, Lieut E. L. Mayhew, H. A. Ottewill, Esq., Rev. A. B. Turner, W. F. Sands, Esq., S. Wakefield, Esq., and S. Woo Esq., assisted by members of the British guard.

The program was divided into two parts as follows.

I.

1. WEIGHTS.
2. 200 YARDS - Senior.
3. 200 YARDS - Juniors.
4. LONG JUMP
5. WRESTLING - 1st Heat.
6. 400 YARDS.
7. HIGH JUMP - Juniors.
8. TUG-OF-WAR - 1st Heat.

II.

9. 100 YARDS - Seniors.
10. 100 YARDS - Juniors.
11. WRESTLING - 2nd Heat.
12. HIGH JUMP - Seniors.
13. TUG-OF - WAR - 2nd Heat.
14. STRANGER'S RACE.
15. TUG-OF-WAR - 3rd Heat.
16. DONKEY RACE.

Long before the hour for beginning the sports, an immense crowd gathered. This is the first good opportunity Seoul had for coming together since the diurnal and nocturnal meetings last fall. The people made the most of the opportunity. The large pavilion was beautifully draped with the flags of the several treaty powers.

High officials and government clerks; foreign diplomats and foreign ladies were in attendance; ice-cream and Tansan, to say nothing of the counter only too liberally patronized provided for the wants of the inner man. The presence and extensive use, on such an occasions of strong drinks seems to us incongruous and to be deprecated.

The several schools entered the sports with enthusiasm. We are indebted to the courtesy of one of the pupils of the English school for the following results of the contests:

200 yards race - (Seniors) - first, Yi In-kui, French; second, Tai Suk-hun, Russian; third, Yi ki-yong; Russian;

200 yards race - (Juniors) - first, Yi kung-man, French; second, Whang chong-sok, Russian; third, Aw yun-kun, Russian.

Wrestling - first, Yu pong-chin, French; second, Kim hah-sik, Chinese; third, Yi chin-teh, Japanese.

Long jump - first, Cho che-sung, Chinese; second, Yi In-kui, French; third, Yi kung-man, French.

440 yards race - first, Yi In-kui, French; second, Tai suk-hun, Russian; third, Chang eui-kun, English; fourth, Cho che-sung, Chinese.

High jump - (Juniors) - first, Whang chong-sok,

2위, 이궁만(프랑스어); 3위, 안일순(영어)
줄다리기 - 프랑스어 교사들
100야드 달리기 - (고등부) - 1위, 태석훈(러시아어); 2위, 이인귀(프랑스어); 3위, 조제성(중국어)
100야드 달리기 - (중등부) - 1위, 한재덕(프랑스어); 2위 송훈관(중국어), 3위, 노희원(영어)
역도 - 1위, 정의건(영어); 2위, 이인귀(프랑스어); 3위, 유봉진(프랑스어)
높이뛰기 - (고등부) 1위, 이인귀(프랑스어); 2위, 임시업(프랑스어); 3위, 태석훈(러시아어)
외부 인사 달리기 - 1위, Mayhew; 2위, Matthews, 3위, Ottewill
한국인 교사 달리기 - 1위, 김복동(영어); 2위, 김남식(중국어); 3위, 이한웅(영어)
당나귀 경주 - 1위, 정상교(일본어); 2위, 김평협(중국어); 3위, 이기봉(영어); 박유광(영어)

대서양 화재보험회사, 함부르크.

제국 보험회사, 런던.

뉴욕 생명보험회사, 뉴욕.

광동 조합 보험 협회

양츠 보험 협회

위의 서명된 대리점들은 현재 요율로 위험을 보상할 준비가 되어 있습니다.

제물포, E. MEYER & CO., 드림

제물포 사건

지난 호에서 우리는 제물포에서 한국인과 일본인들 간에 문제가 발생했음을 보도한 바 있다. 그 이후로 갈등은 가라앉지 않고 오히려 더 높아졌다. 지난주에 진행한 회의는 제물포 12개 구를 관할하고 있는 지자체 당국의 소집으로 개최되었다. 그것은 질서 있는 일이었고 정당한 결과가 나오지 않으면 일본인들이 고용한 모든 한국인이 총파업을 하겠다고 위협했다.

파업이 임박했음을 알리기 위해 철로 공사장 인부 십장들에게 전령을 보냈지만, 전령은 철로 공사장 일본 군인에게 두들겨 맞고 모자는 찢어졌다. 마침내 군중들의 시위는 일정 기간 안에 그들에게 문제 해결을 약속한 황실 칙령으로 해산되었다.

그동안 한국 감리와 일본 영사는 이 문제를 해결하기 위해 고군분투했고,

오늘 조정 기간이 만료되면서 현재 12개 구를 관할하는 감리의 아문 앞에 모여 그의 보고와 해결 방안을 청취하고 있다. 온갖 풍문이 돌고 있지만 거의 모든 이야기는 거짓이다. 들리는 바로는 문제가 해결되지(그들이 주장하는) 않으면 한국인들은 일반 외국 거류지를 공격할 것이라고 한다. 이 풍문은 터무니없는 주장인데 항구에는 일본 군함이 있고 한국인들은 그것을 알고 있기 때문이다.

전체 문제는 매우 심하게 꼬여있다. 한국인들의 주장은 원래 오쿠라(Mr. Okura) 씨가 합의한 가격은 2,300엔이었는데 800엔만 냈다는 것이다. 감리는 그의 아문(衙門)에서 토지거래에 관한 법적 문서를 발행하지 않았다고 주장하고 있다.

문제는 한국 외부(현, 외교부)에 있었고 외부에서는 한국인들에게 800엔을 지급한 오쿠라 씨에게 반환하고 매각 종료하라고 명령했다. 그러나 한국인들은 토지를 박탈당하더라도 한밤중에 습격하여

Russian; second, Yi kung-man, French; third, An il soon, English.

Tug-of-War - the French Language scholars.

100 yards race - (Seniors) - first, Tai suk-hun, Russian; second, Yi In-kui, French; third, Cho che-sung, Chinese.

100 yards race - (Juniors) - first, Han chai-duk, French; second, Song hun-kwan, Chinese; third, Roh hui-won, English.

Weight - first, Chung eui-kun, English; second, Yi In-kui, French; third, Yu pong-chin, French.

High jump - (Seniors) first Yi in-kui, French; second, Im si-up, French; third, Tai suk-hun, Russian.

Stranger's race - first, Mayhew; second, Matthews, third Ottewill.

Korean teacher's race - first, Kim pok-tong, English; second, Kim nam-sik, Chinese; third, Yi han-eung, English.

Donkey race - first, Chung sang-kio, Japanese; second, Kim piung-hup, Chinese; third, Yi ki-pong, English; last, Pak yu-kwang, English.

THE TROUBLE AT CHEMULPO

In our last issue we noted the outbreak of trouble between Koreans and Japanese at Chemulpo. Since then the excitement has not subsided and has rather been increased. The meeting which was in progress last week was held at the call of the local authorities over the twelve wards of Chemulpo. It was an orderly one and simply threatened a general strike of all Koreans in the employ of Japanese unless justice was done.

They sent a messenger out to the bosses of the coolies on the railroad to notify them that a strike was imminent, but the messenger got thrashed by the Japanese on the railroad and had his hat broken. Finally the people's meeting was dismissed by an imperial rescript which promised them justice within a certain period.

In the meantime the Korean Kamni and the Japanese Consul have been hard at work on the problem and as the time of truce expired to-day the twelve wards are now assembling

---

Transatlantic Fire Insurance Co., Hamburg.

Imperial Insurance Co., Ltd., London.

New York Life Insurance Co., New York.

Union Insurance Society of Canton, Ltd.

Yangtsze Insurance Association Ltd.

The undersigned agents for the above are prepared to accept risks at current rates.

E. MEYER & CO., CHEMULPO.

---

in front of the Kamni's yamun to hear his report and concert measures. All sorts of rumors are in circulation but they are nearly all false. It is said that if justice (whatever is meant by that) is not done the Koreans will attack the general foreign settlement. This is absurd for there is a Japanese gun-boat in the harbor and the Koreans know it.

The whole question is a badly entangled one. It is claimed by the Koreans that of the original price agreed to by Mr. Okura, which was 2,300 yen, only 800 yen has been paid. The Kamni claims that no legal papers covering the sale have been issued by his yamun.

The matter has been before the Korean Foreign Office and they ordered the Koreans to return to Mr. Okura the 800 yen paid, and declare the sale off. But the Koreans say that even if they were to be deprived of the land the act of attacking them in the night destroying not only their houses but their

가옥은 물론 가구를 파괴하고 인명을 다치게 한 행위는 강압적이고 무법적인 행위이며, 모든 국제법을 위반했기에 배상을 주장하고 있다.

그러나 문제를 더욱 복잡하게 만드는 것은 제물포의 독일 거주자 중 한 명이 이 토지에 대한 소유권이 있다고 이전에 주장했다는 것이다. 지난 주 이 사태에 관해 우리에게 너무 늦게 도착한 편지들을 이 단계 사태 해결 방안을 제시하기 위해 아래에 게재한다.

1899년 4월 26일, 제물포

코리안 리포지터리 편집자님께:

친애하는 편집자님께:- 제물포에서 보내는 아래 소식을 위해 귀 리포지터리의 지면을 허락해 주시기를 요청합니다. 이곳의 한국인들은 주로 외국인, 특히 일본인에 대해 공개적으로 보복을 하고 있습니다. 21일 새벽 3시 무렵, 일본 노무자 150명을 대동한 오꾸라(Mr. Okura) 라는 일본인이 덕포(Tok po) 라고 불리는 한국인들 거주촌 일부에서 집을 부수기 시작했습니다.

현재 이 집들은 1889년부터 유럽인이 소유했던 땅 위에 있으며, 그가 김 주사라는 사람이 사기를 쳐서 부정하게 위조 토지 소유권 증서를 받은 것은 1897년이었습니다. 남(Nom)이라는 이름의 한국 뱃사공은 토지 소유자인 척하며 200달러($200)를 받았고, 김 주사는 그 토지거래 수속 대가로 400달러($400)를 받았습니다. 김 주사와 오꾸라는 1890년에 외국인이 경계석을 세울 때 한국의 지방 관리인 목사와 함께 있었기 때문에 1889년부터 이 땅이 외국인 소유였다는 것을 알고 있었습니다.

이 사태는 이곳에서 심각한 문제를 일으킬 수 있습니다. 한국인 소유 모든 상점은 문을 닫았고 노무자들은 일을 할 수 없게 되었으며 김 주사는 감옥에 구금되어 있습니다. 그는 자살을 시도한 이후 수갑이 채워졌고 발은 쇠사슬에 묶였습니다. 거짓말로 토지 주인인 척 한자는 200달러를 환급했으며, 이 문제가 해결되어 유럽인의 정당한 소유자에게 그 소유권이 돌려지기를 바랍니다.

모르실(F. H. MORSEL) 드림

약 300명의 한국인이 아문(衙門) 앞에 모였다. 보도에 따르면 일본인은 정당한 소유권을 주장하며 그 토지를 요구하고 있다. 정부는 이 사태에 대해 아무런 조치도 할 수 없어 제물포 감리가 개인적으로 한국인들에게 1,000엔을 배상하기로 합의한 것으로 전해졌다.

다른 소식

1899년 4월 26일, 제물포 발신

이 항구에 있는 모든 한국인은 파업 중이다.

약 3년 전, 한 일본인이 한인 거주 지역에 있는 4채의 가옥이 있는 땅을 샀다. 계속해서 원래 소유자는 한 달 이내에 집을 양도해 주기로 약속했다. 감리에게도 이러한 청원은 여러 차례 있었고, 감리 역시 거주자를 내보내겠다고 약속했다. 최근 일본 소유자와의 면담에서 감리가 일본인 소유자에게 대답한 것은 현재 가구주가 이사하기를 거부하고 있어서 감리는 이에 대해 어떠한 조처를 할 수 있는 권한이 없다고 답했다.

이를 듣고 일본인은 거주자에게 3일간 유예 시간을 주고 만약 집을 비워주지 않으면 그 집을 허물고 새집을 짓겠다고 통보했다, 거주자는 그때까지도 이사를 거부했고, 4일 전 일본인 소유자는 50여 명의 노무자들을 동원해 집을 부수고 거주자를 거기에서 내보냈다.

결과적으로 요즈음 한국인들은 일본인과 중국인 모두를 거부하고 있으며, 한국인들이 설치한 알림판을 한국인 주거단지 경계 밖에 설치하여 동료들이 일상적인 업무를 위해 정착촌에 오는 것을 막고 있다. 시장에서는 일본인이나 중국인들에게 음식이나 무엇이든 팔기를 거부하고 있다. 물론 외국인 주거단지에도 한국인이 보이지 않는다.

오늘 입항 예정인 증기선 Higo 호와 Sendai 호는 한국 노무자들이 파업 중이기 때문에 화물을 하역하는데 꽤 어려움을 겪을 것이다.

찰머스(Mr. Commissioner Chalmers) 해관장은 어제 나카비아시(Nakabiashi) 보좌관과 함께 군산으로 떠났다. 찰머스 해관장은 약 3주 후에 나카비아시에게 직무를 맡기고 돌아올 것이다.

연금은 계속 지급된다.

최근에 우리가 사망 소식을 접한 고(故) 웡 히치(Wong Hichi) 또는 "죠"(Joe)의 미망인께서 남편과 함께 살기 시작하며 남편이 여성 선교사에게 보내던 연금을, 미망인이 계속해서 보낼 것이라는 의사를 알렸다는 사실을 알게 되어 매우 기쁘다.

이 여성 선교사는 은행 파산으로 모든 것을 잃었고, 조는 그녀에게 연간 700달러를 계속해서 송금해 주었는데, 이 지원금은 계속될 것이며, 이는 죠의 미망인과 그녀의 조국에 영예로운 일이다.

〈베이징과 텐진 타임스〉

furniture and injuring their persons was a high handed and lawless one, a violation of all international law, and they demand redress.

But to further complicate the question, there is a prior claim to ownership in the land on the part of one of the German residents of Chemulpo. The following letter which reached us too late for our issue of last week is here given as throwing light on this phase of the question:

CHEMULPO, April 26, 1799.(sic. 1899)

THE EDITORS KOREAN REPOSITORY:

DEAR SIRS:- Will you give space in your paper for the following news from Chemulpo. The Koreans here are in open retaliation against foreigners in general and Japanese in particular. On the 21st at 3 a. m. a Japanese named Mr. Okura with 150 Japanese coolies began to break down houses in the part of the Korean settlement called Tok po.

Now these houses are on ground which has belonged to a European since 1889 and it was only in 1897 that he obtained false title deeds fraudulently from Kim chu-sa. A Korean boatman named Nom received $200 to act as the owner of the land and Kim received $400 for his part in the transaction. Both Kim chu-sa and Mr. Okura knew that said ground had been owned by a foreigner since 1889 as the former was present with the Korean magistrate when the foreigner set up his boundary stones in 1890.

This may cause serious trouble here; all Korean shops are closed and coolies are not permitted to work; Kim chu-sa has been placed in jail. He tried to commit suicide and has been handcuffed and his feet put in irons. The false land owner has refunded the $200 and it is hoped that this matter will be settled and justice served out to the European and rightful owner. F. H. MORSEL.

About 300 Koreans are assembled in front of the Yamen. The report is that the Japanese claim lawful ownership and demand the land. The government can do nothing in the matter so it is said that the Kamni has personally agreed to indemnify the Koreans in the sum of 1,000 yen.

ANOTHER ACCOUNT
CHEMULPO, 26th April, 1899.
All the Koreans at this port are on strike.

About three years ago, a Japanese bought a piece of land with four houses on it in Korean town; from time to time the original owners have promised to move out in a month or so; the Kamni was also applied to several times, and always promised to get the people out, until a recent interview when he informed the Japanese owner that the original owners refused to move, and that he, the Kamni, was powerless to make them.

Thereupon the Japanese gave the tenants three days grace to quit, as he was going to pull down the houses and build new ones. The tenants still refused to move, so four days ago the Japanese took with him 50 Japanese coolies and demolished the houses and turned the tenants off the land.

Today in consequence the Koreans are boycotting both Japanese and Chinese, Korean pickets are stationed outside the settlement boundaries who prevent their fellows from coming into the settlement to their usual duties; the market people refuse to sell food or anything to Japanese or Chinese. There is not a Korean to be seen in the foreign settlements.

The steamships Higo and Sendai are expected today, and they will probably have some bother in landing their cargo as the Korean coolies are on a strike.

Mr. Commissioner Chalmers left here yesterday for Kunsan, in company with Mr. Assistant Nakabiashi. Mr. Chalmers returns in about three weeks leaving Mr. Nakabiashi in charge.

ANNUITY GOES ON

It gives us great pleasure to learn that the widow of the late stevedore Wong Hichi, or "Joe" whose death we recently noticed, has notified her intention to continue the annuity always sent by her husband to the missionary lady who first started him in life. This lady lost her all through the failure of a bank, and it was Joe's custom to remit her $700 a year, and this allowance will be continued, and does the widow and her country honour - *Peking and Tientsin Times.*

코리안 리포지터리		
주간판		
매주 목요일 발행		
편집: 아펜젤러, 존스,		
영업: 콥		
구독료		
1회	–	10센,
1개월	–	30센
우편료 별도 / 광고료		
1개월 노출 광고		
1줄	–	5엔,
1/2줄	–	3엔
1인치	–	1엔
기사식 광고:		
1회	–	25센,
다음 호부터는	–	15센

빅토리아 여왕이 매킨리 대통령께

빅토리아 여왕은 매킨리 대통령에게 다음과 같은 전보를 보냈다.
"미합중국 대통령님께, 저는 귀하와 미합중국 정부가 허셜(Lord Herschell) 경의 서거에 애도를 표해주시고 우리나라에 우호적인 동정을 보내 주심에 진심으로 감사드립니다." - 빅토리아.

일본의 대외정책

오늘날 일본 최고의 정치가인 이토 후작은 최근 나가노 연설에서 일본의 외교정책을 언급하면서 다음과 같이 말했다고 〈재팬 타임즈〉가 보도했는데, "일본의 외교정책 중 가장 중요한 것은 중국과 한국과 관련된 것들이라는 것이었다. 그 어느 때보다도 긴요하게 일본 국민의 통일전선을 보존할 것을 요구하고 있는 이들 국가의 중대한 상황"이라고 말했다.

F. A. G.는 〈고베 소식지(Kobe Chronicle)〉의 "Stray Notes"에서 다음과 같은 투로 은수저를 찾은 것에 대해 항상 흥미롭고 때로는 매우 재미있는 논평을 남겼다.
서울에서 "A. M. F." 또는 "A. M. T."라는 머리글자가 새겨진 은수저가 발견되었고, 그리고 그 발견의 공을 코리언 리포지토리의 한 단락으로 영예를 돌리고 있다. 그 문단은 그 은수저가 "삼문출판사"에 있었다고 진지하게 언급하고 있다.
삼문출판사 근처에서 태어난 아기들은 틀림없이 전통적인 은수저가 없어도 충분히 입을 다물고, 주인을 찾을 수 없다면 아마도 삼문출판사에서는 존경과 존중의 표시로 나에게 숟가락을 보낼 수 있을 만큼 좋을 것이다.
문단에는 은수저가 "삼문출판사 이웃집"에서 발견되었다는 내용이 없었으며, 소유자가 우리의 광고를 보고 분실물을 즉시 주장했다고 말한 것을 유감스럽게 생각한다. 우리는 은수저에 대한, 이 새로운 열망자에게 우리의 칭찬을 전해 주기를 요청한다.
같은 호에서 F. A. G.는 일본 우체국이 "요코하마에서 한국을 거쳐 고베로 편지를 보내는 것"이 매우 우회적인 방법이라고 생각하는데, 다시 언급하지만 그의 주장은 맞는 것이다.

착취라는 죄

4월 17일 자 〈The North China Herald〉는 한때 한국 관리를 지냈던 저명한 분에 대한 훌륭한 사설 논평을 네 개의 칼럼으로 게재했다. 사설은 다음과 같이 시작된다. "X라는 필명을 사용하는 기고자의 THE KOREAN REPOSITORY에 대한 글은 언제나 환영이다. 이 글에 관찰과 유머는 그 문장에서 훌륭하게 조화를 이루며, 이 경우 'X'는 미지수가 아니고 그의 기고 글 중 일부가 '한국 스케치'[40]라는 제목의 책으로 다시 편집되어 발간되었다는 사실을 알게 되어 기쁘다. * * *

리포지터리는 그의 책 공지에서 다음과 같이 기술했다. "필자들은 좋은 본성을 가졌고, 세상을 넓은 시야로 또한 모든 것을 보고 있으며, 우리가 이 나라에 대해 읽은 어떤 책에서도 찾을 수 없었던 한국과 이 나라 사람들에 대한 따뜻함과 광채를 독자들이 느끼게 한다."
최근 발행된 리포지터리의 11월 호에 그가 기고한 글은 '착취라는 죄'라는 제목으로, 관리들이 얼마나 교활한 수법으로 고위 관리들을 속이거나 속이기 위해 꾀를 부리고 탈출하려는 수법을 쓴 많은 한국 전통 이야기 중 하나의 영어판이다. 그들의 악행을 은폐하여 그들이 마땅히 받아야 할 형벌을 피하기 위함이다.

THE KOREAN REPOSITORY.

WEEKLY EDITION.
PUBLISHED EVERY THURSDAY.

H. G. APPENZELLER, - GEO. HEBER JONES,
EDITORS.

| GEORGE C. COBB, | - | BUSINESS MANAGER. |

SUBSCRIPTION RATES.

| Single copy | - | - | Ten sen |
| Per month | - | - | Thirty sen |

POSTAGE EXTRA / ADVERTISING RATES

Displayed Ad - One month

One column	-	-	Yen 5.00
One half column	-	-	Yen 3.00
One inch	-	-	Yen 1.00

Reading Notices - Per line

| Single Issue | - | - | 25 sen |
| Each subsequent Issue | - | - | 15 sen |

QUEEN VICTORIA TO PRES. MCKINLEY

The following telegram was sent by Queen Victoria to President McKinley:

"President, United States. I thank you sincerely and the American nation for the honors paid to the memory of Lord Herschell and for the friendly sympathy shown with my country in its bereavement. - VICTORIA.

JAPAN'S FOREIGN POLICY

Marquis Ito, the foremost statesman in Japan to-day, in a speech recently in Nagano is reported by the *Japan Times* to have said touching upon the foreign policy of his country, "Of all the questions in the domain of foreign politics, the most important to Japan were those relating to China and Korea; the critical condition of affairs in those countries demanding more imperatively than ever the preservation of a united front on the part of the Japanese people."

F. A. G., whose "Stray Notes" in the *Kobe Chronicle* are always interesting and sometimes very funny comments on our find of a silver spoon in the following strain:

There has been a silver spoon found at Seoul bearing the initials "A. M. F." or "A. M. T." and the find is honoured with a paragraph in the Korean Repository, which solemnly remarks that the spoon is at the "Trilingual Press Office."

Babies born in the neighbourhood of a Trilingual Press doubtless have their mouths full enough without the traditional silver spoon, and if the owner cannot be found, perhaps the Trilingual Press will be good enough to send the spoon on to me as a mark of respect and esteem.

The paragraph did not say the spoon was found "in the neighborhood of a Trilingual Press" and we regret to say the owner saw our notice and promptly claimed the lost article. We beg to send our compliments to this new aspirant for spoons.

In the same issue F. A. G. thinks it is a very round-about way for the Japanese Post Office "to send missives from Yokohama to Kobe via Korea" wherein he is right again.

SIN THE SQUEEZER

The North China Herald for April 17th honors us with four columns of an excellent editorial review of this distinguished one time Korean official. The editorial begins as follows: "The contributions to THE KOREAN REPOSITORY of the writer who uses the signature 'X' are always welcome. Observations and humor are admirably mingled in their composition, and we are glad to know that in this case 'X' is not an unknown quantity, and that several of his articles have been reprinted in a volume entitled "Korean Sketches." * * *

As THE REPOSITORY in a notice of his book says: "Good natured, eyes wide open, the author sees everything and makes the reader feel a warmth and glow for Korea and her people we have not found in any book we have read on this country."

His contribution to the recently published November number of THE REPOSITORY is entitled 'Sin the Squeezer' and is an English version of one of the many Korean traditional tales of how rascally officials have by smart tricks and cunning expedients contrived to

죄의 이야기는 다소 긴 이야기이며, 그것을 하나의 칼럼으로 압축할 때 우리는 그 안에 있는 좋은 것을 많이 놓치지 않을까 두려워한다. 그러나 그것은 본질적으로 훌륭하고, 가난한 한국을 억압하는 중국 정부 방법의 해학적 과장을 보여주는 실례이다.

편집자는 다음과 같은 글로 매우 훌륭한 논평을 끝맺는다. "이 즐거운 옛날 민담에 교훈을 붙일 의무가 없다고 느끼는 것은 'X'의 한 가지 미덕이다."

우리는 한국 민담의 매력적인 이야기의 저자와 '한국 스케치'의 저자는 다른 사람이라고 말하고 싶다.

경비에 대해 다시 언급함

지난 한 주간 경비병들은 켄뮤어 씨의 정문에서 일정 시간만 보초를 섰다. 지난 일요일 오후 평양 용사들이 서울 경비병들을 몰아냈을 때 경비병들은 서문을 향해 언덕을 잘 올라갔고, 당분간 이웃집 대피소에 대한 평소의 주둔 경향은 없어 보인다.

신탁 같은

일본 신문 〈Yorodzu Choho〉는 최근 그들의 나라에서 벌어지고 있는 일에 대해 신문사 편집자가 수수께끼 같은 논평으로 큰 즐거움을 선사한 바 있는데, 편집자는 2명의 각료의 해임 사건을 간략히 언급한 후 다음과 같이 그의 입장을 아래와 같이 밝혔다.

"겉으로 보기에 눈에 띄는 것은 없지만 조선에서는 러시아와 일본의 치열한 투쟁이 꾸준하고 조용히 진행되고 있다. 그것은 시소 놀이와 같은데, 이 게임은 두 강대국 사이에서 벌어지고 있다. 일본이 한때 주도권을 잡다가 다시 내려갔다. 다른 시기에는 러시아가 상승세를 탔다가 다시 하강했다. 한성의 최근 내각 교체는

홍콩 상하이 은행공사

납입자본금 $10,000,000
적립금 £1,000,000,
영업 비용 $10,000,000[24]
주주의 책임 준비금 $10,000,000

일일 잔액이 500엔 이상이면 당좌 예금의 이자는 2퍼센트입니다.

다음 조건에 따라 예금을 받을 것입니다.
12개월 연 5%
6개월 연 4%
3개월 연 3%

제물포 지사

HOLME RINGER & CO.

HOLME RINGER & CO.는
다음 회사를 대리하는 수송 대리 회사임

극동 러시아 증기 항해 회사.
페닌슐라 &
오리엔탈 스팀 내비게이션 컴퍼니.

캐나다 퍼시픽 왕립 우편 기선 회사.
태평양 우편 증기선 회사.
동서양 증기선 회사.
북태평양 증기선 회사.

로열 익스체인지 어슈어런스
코퍼레이션에서
보험증서를 작성함

한국 제물포.

hoodwink or outwit the higher officials and to cover up their evil deeds and thus escape the punishment they so richly deserved.

The story of Sin is rather a long one, and it is to be feared that in compressing it into a column we shall miss much that is good in it; but it is an excellent tale both intrinsically, and as an illustration of the burlesque exaggeration of Chinese methods of government with which poor Korea is oppressed."

The editor concludes his very admirable review by saying: "It is one virtue of 'X' that he does not feel bound to tag a moral onto these delightful old folk-stories."

We wish to say that the author of these charming stories of Korean folk-lore and the author of 'Korean Sketches' are different persons.

THE GUARD ONCE MORE

The guard during the past week encamped only part of the time in Mr. Kenmure's front gate. Last Sunday afternoon when the Pyengyang braves put the Seoul braves to flight, the guard was well up the hill toward the west gate and the usual gravitation for the shelter of our neighbor's gate for the time being was not so manifest.

ORACULAR

The *Yorodzu Choho* a Japanese newspaper whose editor causes a great deal of amusement by his oracular comments on current events in his own country, takes up the recent dismissal of two cabinet ministers and after a brief statement of the case, delivers himself in the following manner.

"Tho nothing remarkable appears on the surface, a keen struggle is being steadily and quietly waged in Korea between Russia and Japan. It is like the sport of sea-saw, this game that is played between the two Powers. At one time, Japan is up and after a time of ascendancy, is down again. At another, Russia pops up her head and then down it goes. The latest cabinet change in Seoul is another

HONGKONG AND SHANGHAI
Banking Corporation.

PAID-UP CAPITAL $10,000,000
RESERVE FUND
 £1,000,000, Ex. 2s, $10,000,000
RESERVE LIABILITY OF
 SHAREHOLDERS $10,000,000

Interest allowed on CURRENT ACCOUNT at 2 per cent. on Daily Balance over Yen 500.

Money will be received on FIXED DEPOSIT on the following terms:—

For 12 months at 5 per cent. per annum; for 6 months at 4 per cent per annum; for 3 months at 3 per cent per annum.

CHEMULPO AGENTS

Holme, Ringer & Company.

HOLME RINGER & CO.

AGENTS BY APPOINTMENT

Representing

Russian Steam Navigation in the ast.
Canadian Pacific Royal Mail Steamship Company.
Pacific Mail Steamship Company.
Occidental & Oriental Steamship Company.
Northern Pacific Steamship Company.

Union Insurance Society of Canton.
 (Marine)
Yangtsze Insurance Association
 (Marine.)
Royal Exchange Assurance. (Fire)
Law Union & Crown Fire Insurance Co.
The Standard Life Assurance Co.

CHEMULPO, KOREA.

러시아 영향력의 상승으로 볼 수 있다.

그러나 이러한 일본과 러시아 영향의 부침이 계속되는 동안 조선은 점점 쇠퇴해 가고 있으며 불안정한 정부 아래 그 왕조의 상황은 점점 악화하고 있다.

한마디로 조선은 조만간 스스로 자멸하고 양국의 손에 넘어갈 것이다. 어느 나라가 조선을 지배하게 될지 예언하기 쉽지 않지만, 일본 정치가들이 러시아의 움직임을 잘 알지 못하는 한, 머지않은 장래에 반도 왕국이 러시아 속주가 될 수도 있다"라고 말했다.

주간지 지나간 호

거의 매주 우리는 'THE WEEKLY'(코리언 리포지터리)를 첫 호부터 보내달라고 요청하는 연락을 받고 있습니다. 그렇게 되면 우리에게는 'THE WEEKLY' 과월호 재고가 없게 될 것입니다, 구독자 중 누구라도 과월호를 받지 못해 보관철을 채우기를 원하는 경우 곧 저희에게 연락하시는 것이 좋습니다. 그렇지 않으면 저희가 여러분들의 요청을 수용할 수 없습니다.

종전으로 치닫고 있는 전쟁

4월 1일 자 〈마닐라 타임스〉는 상황을 검토하면서 맥아더 장군이 매우 결정적인 진격을 했다고 발표했다. 미군은 필리핀군과 결정적인 교전을 하려고 시도했다. 반란군은 3월 마지막 주에 말로로스로 퇴각했으며, 반군은 그곳에서 저항할 것으로 예상되었지만 다음 발췌 기사는 3월 31일 반군 수도의 함락에 대해 미국인들이 얼마나 실망했는지를 보여준다.

금요일은 정말 실망스러운 것이었다. 필사적으로 "끝까지 저항하는" 것에 대한 모든 큰 기대와 그때를 위해 정의를 행하기 위한 모든 준비를 끝냈지만, 반란군은 대낮에 말로로스를 떠났고, 간헐적으로 한두 발의 총을 쏠 수 있는 반군 몇 명을 남겨놓은 것에 불과했다.

미군이 말로로스로 진격하기 시작했을 때 반군은 "언덕 너머에 멀리" 있었고, 의심할 여지 없이 그들은 미군들을 속였다고 진심으로 웃고 있었다. 푼톤(Funton) 대령과 칸사스(Kansas) 연대는 약 11시경에 말로로스(Malolos)에 처음으로 진입했다. 반군은 후퇴하면서 약 30분 동안 몇 발의 대항 사격만을 했으며, 말로로스에 진입하는 동안 14명의 미군이 다치고 1명이 사망했다. 반군은 철로에서 약 6마일 떨어진 칼럼핏(Calumpit)으로 후퇴했다고 보도되었다.

미군들은 말로로스에서 훌륭한 참호를 찾았지만, 완전히 도망가 버렸다, 말로로스는 튼튼하게 지어진 몇 개의 구조물을 제외하고는 반군에 의해 모두 불타버렸다. 반군 정부 건물(구 수녀원)도 파괴되었다. 또 다른 보도는 반군이 산 이시드로 퇴각했다는 것이다. 말로로스에서 북동쪽으로 약 6마일 떨어진 칸다바(Candaba)의 거대한 늪 근처에 산 이시드로가 자리 잡고 있다.

4월 마닐라에서 송신된 홍콩 텔레그래프는 다음과 같이 보도했다.

어제 듀이(Dewe) 함선은 파라냐케(Paranaque)와 바코르(Bacoor)를 포격했고 홀(Hal)l 장군의 여단은 상수원 근처에서 반군과 필사적인 전투 끝에 승리해, 그 지역의 반군이 말로로스 근처에서 아귀날도(Aguinaldo) 군대의 본부와 합치는 것을 막았다.

원산 소식

외센(Mr. Oiesen) 씨는 4월 21일 길주에 있는 송주항을 대외 무역항으로 개항하기 위해 송주로 출발했다.

윤(윤치호) 씨가 일선에 나서자, 무기력했던 아문 수령들의 태도가 바뀌게 되었다. 그들은 이제 모든 외국인에게 기쁨을 선사하며 가장 편견을 가진 보수적인 눈도 진정시킬 수 있어야 한다.

덕원(Takwon) 주민들은 아문 앞 지역처럼 공무에서 질서와 투명함을 누리고 있다.

세 일 안 내
할인가에 판매합니다.
최고급 미국산 유모차 1대.
포장을 뜯지 않은 상태의 상품입니다.

부산의 W. O. JOHNSON 의사

ascendancy of the Russian influence.

While, however, these ups and downs of the Japanese and Russian influences are going on, Korea is gradually weakening, and things in that kingdom, under the instability of its government, are going from bad to worse. In a word, Korea will sooner or later die of herself and fall into the hands of either of the two Powers. Which Power it will be that is destined to rule Korea, it is not easy to prophesy, but, unless Japanese statesmen are not wide awake to the Russian movements, the Peninsular Kingdom may become a Russian province in no distant future."

BACK NUMBERS

Nearly every week we are in receipt of a communication from some one asking us to send THE WEEKLY from the beginning. The consequence is we shall soon be out of back numbers. If any of our subscribers have failed to receive any numbers and desire to complete their file they had better notify us soon or we shall be unable to accommodate them.

WAR DRAWING TO A CLOSE

The *Manila Times* of April 1st in a review of the situation announces that General MacArthur has made a very decided advance. The American forces tried to get a decided engagement out of the Filipinos. The insurgents were forced back to Malolos the last week in March, where it was expected they would make a stand but the following extract shows how the Americans were disappointed in the capture of the insurgent capital on March 31:

Friday was a dreadful disappointment. After all the great expectations of a desperate "fight to the finish," and all the great preparations to do justice to the occasion the rebels cleared out of Malolos at day-light, leaving only a few men to fire an occasional shot or two by way of keeping up appearances.

By the time the Americans began to move on Malolos, the rebels were "over the hills and far away," laughing heartily, no doubt, at the way they fooled the Americans.

Col. Funton and the Kansas Regiment were first to enter Malolos, about 11 o'clock. Only a few shots were fired by the retreating enemy for half an hour, during which 14 Americans were wounded and one killed while entering Malolos. It is reported that the enemy have retreated to Calumpit, about six miles further up the railroad.

The Americans found fine trenches in Malolos, but entirely deserted. Malolos was all burned by the rebels except a few substantially built structures. The insurgent government buildings (old convent) were destroyed. Another report is that the rebels have retired to San Isidro. There is a San Isidro about six miles northeast of Malolos, near the great swamp of Candaba.

The *Hongkong Telegraph* in a dispatch dated at Manila April reports as follows:

Yesterday Dewey's ships shelled Paranaque and Bacoor, while General Hall's brigade engaged the enemy near the waterworks, succeeding, after a desperate fight, in preventing the insurgents in that part of the country from joining forces with the main body of Aguinaldo's troops near Malolos.

FROM WONSAN

Mr. Oiesen started on April 21st for Song-ju, the harbor of Kil-ju, to open it as a port to foreign trade.

Since the arrival of Mr. Yun the grounds in front and about the superintendents' yamen that were formerly a region of desolation have undergone a change. They are now a delight to every foreigner and ought to prove a balm to even the most jaundiced conservative eye.

The people of Takwon, like the region in front of the yamen, are enjoying order and cleanliness in official administration.

**FOR SALE
AT A REDUCTION.**
One best grade American baby carriage. Has not yet been unpacked.
W. O. JOHNSON, M. D., FUSAN.

말다툼과 떼싸움

지난 일요일 오후 평양에서 온 병사 몇 명이 수도의 병사들과 말다툼을 벌였다. 두 편 다 술에 거나하게 취해 있었고 서울 병사들은 아마 북부 수도에서 온 용감한 병사들에게 오만하게 대했을 것이다. 평양 병사들은 돌을 이용하여 자신들의 위치를 지켰다.

돌이 날아오기 시작하자 그들의 흥분은 고조되었고, 그 광경을 본 증인의 말을 빌리자면 "그들이 들어갈 수 있는 첫 번째 초소"로 서울 용사들이 미친 듯이 돌진하기까지는 오래 걸리지 않았다. 십여 명 이상의 병사들이 궁 앞에 있던 경비병 전체를 밀어붙여 "배재학당 앞까지" 보냈다고 현지인들의 말을 전했다.

싸움의 결과는 10명의 병사가 상처를 입어 당해 정부 병원에 입원하게 되었는데, 서울 병사와 평양 병사 각각 5명씩이다. 이 결과를 통해 볼 때 영예는 동등하게 분배된 것이다.

평양 병사는 등짝에 찰과상을 가슴에는 또 다른 총검에 자상을 입었다. 서울 병사 한 명은 다리가 부러졌고 여러 군데 돌에 맞은 상처가 있었다. 그들은 모두 에바 필드(Eva H. Field) 의사의 치료로 모두 잘 지내고 있다. 용맹에 대해서는 적게 말할수록 좋다. 수도의 거리에서 자주 눈에 띄는 것은 술에 취한 병사들의 모습이다. 규율이 없고, 권위가 없고, 높은 급여를 받고 있지만, 사람들은 이러한 문제들을 걱정하고 있다.

도시와 지방 소식

지난 일요일은 러시아 부활절이었다.

지난 3일 평양의 웰스 박사 부부 사이에 딸이 태어났다. 우리의 축하를 보낸다.

우리는 최근 상하이 주재 러시아 총영사로 근무한 디미르스키(Hon. P. A. Dmitrevsky) 님이 다시 서울로 오게 됨을 진심으로 환영한다. 디미르스키(Mr.Dmitrevsky) 씨는 5년 전 이곳에서 영사로 근무했으며 휴가로 러시아로 돌아간 파블로(Pavlow) 씨를 대신하여 공사관 책임자로 다시 왔다.

지난 금요일에 전주의 레놀즈(W. D. Reynolds) 목사가 서울에 도착했다. 월요일 오후에는 원산의 게일(J. S. Gale) 목사가 서울에 왔다. 두 분 모두 성경번역자회 위원들이다. 영국교회선교회의 트롤프(Rev. M. N. Trollope) 목사는 성경번역자회 위원이지만 참석하지 못했다, 위원회는 지난 1일 회의를 시작했고 누가복음을 번역하고 있다.

전차회사 발전소의 기계 고장으로 인해 이미 발표되었던 월요일에 계획한 개통식은 추후 개통일자를 발표하기로 했다. 우리는 전철 개통의 발표가 전국 지방에서 도시로 많은 사람을 끌어들일 것이라 본다. 당연히 이 소식은 실망스러운 것이다,

필리핀의 미군 군인

휘튼(Wheaton) 장군의 참모로서 여단 외과 의사인 쉴즈(Schiels) 소령의 초청자로 말로로스(Malolos)에 있는 반군 본부를 점령할 때 미군과 동행한 영국 해군 의사는 〈홍콩 데일리 프레스〉에 자기 경험을 간결하지만, 자세히 설명했다. 그 기사는 흥미로운 것이기에 우리는 여기에 그 기사를 발췌해 소개한다.

반군의 반격 공격에 대해, 나는 정확하게 그건 부정확하다고 라고 밖에 설명할 수 없다. 그들의 유도탄은 항상 그들이 조준하는 물체 위로 20야드를 지나는 것처럼 보였다. 누군가가 시야를 낮추거나 목표 앞에서 약 30야드 앞의 지면을 조준하도록 지시했다면 그들의 발사는 치명적이었을 것이다.

미군 군인과 우리 군인(영국군)은 많은 차이가 있다. 나는 미군이 육체적으로나 정신적으로나 영국군보다 우위에 있다고 보지만, 집단적으로는 분명히 하위에 있다고 본다. 다시 말해서, 미군 병사는 아마도 영국 병사보다 낫지만, 영국군 연대는 미군 연대보다 낫다는 것이다.

전형적인 군인은 일반적으로 조직 전체에서 따지지 않는 단위여야 한다. ; 병사는 복잡한 기계의 틀 안에 있는 부속 중 하나가 되어야 하며, 그 자신이 그 명령의 효용이나 비효용에 대해 어떤 개인적인 의견도 없이 즉시 그의 위에 있는 장교의 명령에 복종할 준비가 되어 있어야 한다. 요즘 미군들은 그렇지 않다;

A BRAWL AND A FLIGHT

Last Sunday afternoon a few soldiers from Pyeng-yang got into a wrangle with the soldiers of the capital. Both were under the influence of liquor it is said and the Seoul men assumed lordly airs over the braves from the northern capital. The Pyengyang men stood their ground by the use of stones.

When it comes to throwing stones they take high rank and it was not long until the Seoul braves made a mad rush, as an eyewitness said, "for the first hole he could get into." A dozen or more men cleaned out the whole guard in front of the palace driving them up "as far as the Paichai school," to use the words of a native paper.

The result of the fracas was an application to place ten wounded men into the Government hospital, five Seoul and five Pyeng-yang. The honors were equally divided in this respect.

A Pyengyang man received a flesh wound in the back and another a bayonet wound in the chest. A Seoul man broke his leg and several showed effects of the stones used. All are doing well under the treatment of Dr. Eva H. Field. The less you say of bravery the better. One of the most common sights on the streets of the capital is that of drunken soldiers. No discipline, absence of authority, higher pay, the people are apprehensive of trouble.

CITY AND COUNTRY

Last Sunday was Russian Easter.

A daughter was born to Dr. and Mrs. Wells of Pyeng-yang on the 3d inst. We extend congratulations.

We are happy to welcome back to Seoul again the Hon. P. A. Dmitrevsky, recently Russian Consul-General at Shanghai. Mr. Dmitrevsky was Charge d'Affaires here five years ago and he comes again to take charge of the Legation in place of Mr. Pavlow who returned to Russia on furlo.

Rev. W. D. Reynolds of Chunju arrived in Seoul last Friday. Rev. J. S. Gale of Wonsan arrived on Monday afternoon.

Both are members of the Board of Translators of the Scriptures. The Rev. M. N. Trollope of the English Church Mission, tho on the Board, is not able to attend. The Board began its sessions on the 1st inst. and is at work on the gospel of Luke.

On account of a break in the machinery at the power house of the Electric Railway the formal opening was postponed from Monday to a date to be announced later. We understand the announcement of the opening of the railway attracted many people from the country to the city. Naturally these were disappointed.

THE AMERICAN SOLDIER IN THE PHILIPPINES

An English Naval doctor, who accompanied the American troops in the capture of the Insurgent government headquarters at Malolos as a guest of Major Schiels, Brigade-Surgeon on the staff of General Wheaton, recounts his experiences concisely but in detail in the *Hongkong Daily Press*. It is an interesting narrative, and from it we take the following:

With regard to the shooting of the rebels, I can only describe it as accurately inaccurate. Their missiles always seem to pass 20 yards above the object they aim at. Were someone to lower their sights, or instruct them to aim at the ground some 30 yards in front of the enemy, their shooing would be deadly.

There is a great deal of difference between the American soldier and our own. As individuals, I look upon the former both physically and mentally as our superiors; collectively as distinctly inferior. Put in another way, the American soldier is better, probably, than the English, but an English regiment is better than an American.

A typical soldier should be, speaking broadly, a non-thinking unit of an organized whole; he should be one of the wheels within wheels of a complicated machine, ready to obey in an instant the order of the officer immediately over him, without any private opinion he himself may entertain as to the utility or inutility of the order. Now the American soldier is not this; he discusses

병사들은 날씨만큼이나 자유롭게 장군의 전술을 논하고 비판하고 있다.

군인들이 특별히 타격을 받는 또 다른 요점은 때때로 냉담한 무모함에 이르는 위험에 대한 그들의 절대적인 무관심이다. 칼로오칸에서 진격하기 전, 적군 참호의 공격에 완전히 노출되었지만, 병사들이 야구 경기를 하는 것을 볼 수 있었다. 2, 3일에 한 번씩은 단순한 부주의로 병사들이 목숨을 잃었다.

군인 중 한 명에게 왜 그렇게 자신을 노출했는지 묻자 "글쎄, 우리는 약 6주 동안, 이 참호에 있었고 총알을 피하는 데 지쳤다"라고 말했다. 나는 지난주 어느 날 한 무리 군인들의 사진을 찍고 있었는데, 렌즈에 초점을 맞추고 있는 동안 적군이 나 또는 카메라를 향해 총을 쐈다.

탄환은 내가 서 있던 덤불을 뚫고 카메라 거치대를 지나 바로 옆쪽 땅속으로 들어갔다. 내 얼굴 7인치 이내에서 총알이 소리를 내며 지난 것은 처음 경험한 것이었는데, 내가 이 창피한 일을 고백하는 것은, 나는 다소 당황했고, 갑자기 일어난 사태를 막을 수 없었기 때문이다,

다행스럽게도 나는 발을 헛디뎌 카메라에 걸려 넘어졌다. 그 광경을 본 병사들은 내가 총탄에 맞았다고 생각하며 달려왔고, 상황이 어떻게 된 것인지를 파악하고는 그들은 실소를 금치 않았다, 그들 중 한 병사가 이렇게 말했다: "아마 저 저격수는 당신의 사진 기계의 주둥이를 기관총의 총구로 착각한 저격수였을 것입니다." 나는 후자를 개틀링[41] 총과 맞먹는다고 본다.

한국 북부 해안으로 증기선 운항

지난달 27일 자 겐산(Gensan) 발 편지에 따르면, 부산에 거주하는 한국 상인은 일본으로부터 466톤의 히데요시 마루(Hideyoshi Maru) 호라는 증기선을 용선해 조선 북쪽 해안으로 화물 수송업을 시작했는데, 이 지역은 조선우편증기회사에서 2척의 증기선으로 정기노선을 운행하고 있다.

전세 증기선의 첫 출항은 지난 2월 24일이었고, 제국일본우편의 운송 허가를 받았기 때문에 북방 조선에 거주하는 일본인들에게도 적지 않은 편의를 주게 될 것이다. 이 증기선은 또한 한편으로는 고베와 오사카, 다른 한편으로는 한국의 북부 해안 사이를 정기적으로 수송할 수 있도록 준비했다. 승무원은 모두 일본인으로 구성되어 있다.

치과 운영 공지.

일본 고베에서 치과를 운영하는
Dr. HAROLD SLADE 의사는
진료를 목적으로 서울을 방문하고 있으며
작년에 그는 정동에서 환자를 보았고
현재 W. H. Emberley 씨가 거주하고 있는
같은 건물에서
짧은 기간 동안 진료를 할 것이다.

근무 시간은
오전 8시 30분에서 오후 4시 30분까지이며,
오전 11시 30분에서 오후 4시 30분까지는
환자 치료를 한다.
치과 치료를 원하는 환자는
Dr. Slade가 이곳에 머무는 시간이
제한되어 있어서
실망하지 않도록
가능한 한 빨리 친절한
상담받기를 바란다.

1899년 5월 4일 목요일.

공지합니다.
저는 J. Gaillard Jen 씨가 운영하던
가게를 인수했음을
여러분에게 알리고자 합니다.
이 기회에 그들에게 보여줬던 성원을
계속해서 보내 주시기를
간청합니다.

J. T. 지아신티.
제물포.

and criticises(sic. criticise) the tactics of the general with as much freedom as this would the weather.

Another point with which one is particularly struck is their absolute indifference to danger amounting at times to a callous recklessness. Before the line advanced from Caloocan the soldiers might have been seen playing baseball, though fully exposed to the fire of the rebel trenches. Every two or three days a life was lost through mere carelessness.

On asking one of the men why he so exposed himself, he said: "Well, we've been in these trenches now for some six weeks and have got tired of dodging bullets." I was taking a photograph of a group of soldiers one day last week and was in the act of focusing on the ground glass, when a rebel fired at either me or the camera.

The bullet went through the bush I was standing in, between the legs of the camera and into the earth just beyond. This being the first time I had experienced the whistle of a bullet within seven inches of my face, I am not ashamed to confess that I was somewhat discomposed, and could not prevent an involuntary ejaculation and start.

Unfortunately I tripped and fell over the camera. The soldiers seeing what had happened rushed up to me thinking I was hit, and when they saw how matters stood they burst out into the most unceremonious laughter. Said one of them: "Guess that was a sharpshooter who mistook the spout of your picture machine for the muzzle of a diarrhea gun." The latter I take to be the equivalent of a gatling gun.

STEAM SERVICE ON NORTHERN KOREAN COAST,

According to a letter dated Gensan, the 27th ult., a Korean merchant living in Fusan has chartered from the Japanese a steamer named Hideyoshi Maru, 466 registered tonnage, and started carrying trade along the northern coast of Korea where the two steamers owned by the Korean Mail Steamship Company are running regular service.

The first trip by the chartered steamer was made on Febuary 24, and as she has secured permission to convey mail matters of the Imperial Japanese Post no small convenience is being felt by the Japanese residents in Northern Korea.

The steamer has also arranged for regular transportation for cargo between Kobe and Osaka on one hand and the northern coast of Korea on the other. The crew consists entirely of Japanese.

DENTAL NOTICE.

Dr. Harold Slade, resident dentist of Kobe, Japan is visiting Seoul professionally and may be consulted for a short period at the same compound in which he saw patients last year in Chong Dong and now occupied by Mr. W. H. Emberley.

Office hours 8:30 a. m. till 4:30 p. m. Examinations made at 11:30 a. m. and 4:30 p. m.

Patients desiring dental work will kindly consult Dr Slade at as early a date as possible to avoid disappointment as his stay here is limited.

Thursday, May 4th, 1899.

NOTICE.

I beg to notify the public that I have taken over the store kept by Mr. J. Gaillard Jne. and I take this opportunity to solicit the continuance of their patronage.

J. T. GIACINTI.

CHEMULPO.

코리안 리포지터리
주간판

1권 14호, 1899년 5월 11일, 목요일

도로 철로 위로 전차 운행[39]
서울전차공사는 기계설비를 설치하고 전차 운행을 시작한다.

어떤 종류의 기계를 작동시키는 것은 그것을 해본 사람이라면 누구나 증언하듯이 한국에서 쉬운 일이 아니다. 기계 상가도, 기술자도 없고, 볼트 하나 살 곳도 없고, 기계학 원리에 대한 개념이 전혀 없는 직원들로 인해 공장을 새로 시작하는 일은 시작부터 끝까지 헤아릴 수 없이 많은 어려움을 겪는다. 서울 전차 운영을 맡은 책임자들의 경험이다.

지난 1일 월요일 외국인과 저명한 인사들을 시승 행사에 초청하는 초대장이 발송됐다. 마지막 순간에 바퀴 하나가 달릴 샤프트에 비해 너무 빡빡하다는 것이 발견되었다. 그러던 중 연기 통보를 했다. 회사는 3일 수요일까지는 준비가 되겠다고 생각했지만, 그에 대해 긍정적인 통지를 하시 않았다. 그러나 그날 서울 전체, 적어도 많은 한국인은 "바퀴가 돌아가는 것을 보기 위해" 전철 발전소로 몰려들었다. 철제 굴뚝에서 연기가 뿜어져 나오고 인파는 전차 주위로 몰려들고 전차를 가득 채웠지만 전차는 꿋꿋이 서서 9시까지 요지부동이었다.

지난 4일 목요일 처음으로 전차가 출발했지만 기사 한 사람과 보조원 한 명이 공장 전체와 외부에 있는 차량을 동시에 감시할 수 없어 드디어 실질적으로 차량이 만족스러운 방식으로 운행되기 시작한 것은 이번 주가 첫 번째이다. 한국인이 전차에 관심을 둔다는 것은 온화하게 표현하는 것이다.

폐하부터 심부름꾼까지 흥분이 고조되어 전차가 출발하는 것을 보면 왜 멈춰야 하는지 이해하지 못한다.

Bostwick 과 Collbran 씨는 외국인으로서 동정심을 받아야 하며, 그들이 어떤 종류의 사고도 없이 그들의 운행에서 어려움을 극복하고 있음을 축하해야 한다.

전차 기사로 일할 사람들이 아직 한국에 도착하지 않았기 때문에 철로는 며칠 동안 대중교통에 개방되지 않을 것이다.

일반 전차 차량은 칸이 막힌 차량과 개방된 차량으로 구별된다. 칸이 있는 차량은 일등석 승객용이고 개방 차량은 이등석 승객용이다. 각 차량에는 일등석에 8명의 승객이 이등석에는 25명의 승객이 앉게 되어있다.

이 회사는 5대의 일반 전차를 보유하고 있으며 특별 행사 및 "트롤리 파티"를 위해 예약할 수 있는 칸막이 차량을 보유하고 있다. 이 차는 미국에서 사용되는 대부분 차보다 약간 좁은 것을 제외하면 모든 면에서 1등급 차량이다.

일반인들을 위한 이 6대의 전차 외에도 황제 폐하 전용 전차가 있다. 이 차는 화려하게 장식되어 있고, 창문에는 한국 국기 문양이 새겨져 있으며, 양쪽 끝에 있는 대형 플랫폼은 동행하는 경비원을 위한 충분한 공간을 제공한다.

우리는 요금이 얼마인지 아직 알 수 없지만, 서쪽 종점에서 동대문 발전소까지의 일등석 요금이 9센트인 것으로 추정한다. 운행 선로는

THE KOREAN REPOSITORY.

WEEKLY EDITION.

VOL. I. NO. XIV.　　　　　　　　　　THURSDAY, MAY. 11, 1899.

STREET RAILWAY RUNNING.
The Seoul Electric Street Railway Company Starts Machinery and Runs Cars.

Operating machinery of any kind is no easy task in Korea as any one who has tried it can testify. With no machine shops and no machinists, with no place where even a bolt can be bought, and with employees who positively have no conception of the principles of mechanics, the starting of a new plant is fraught with unnumbered difficulties from beginning to end. This has been the experience of the men in charge of the Seoul Electric Street Railway.

Invitations were sent out inviting the foreigners and prominent officials to the trial trips on Monday, the 1st inst. At the last moment one wheel was found to be too tight for the shaft on which it was to run. Then came the notice of postponement. The company thought they would be ready by Wednesday, the third, but made no positive notice to that effect. But on that day all Seoul, or a large part of the Korean portion, at least, flocked to the power house to "see the wheels go 'round." The smoke puffed out of the iron smoke stack, the crowds surged into the grounds and even filled the cars, but the cars stood fast and refused to respond even though the patient people waited until nearly 9 o'clock.

On Thursday, the 4th, the cars were run out for the first time, but one man and an assistant cannot watch an entire plant and the cars outside at the same time, and it was the first of this week before cars were finally operated in a satisfactory manner.

To say that the Koreans are interested is to put it mildly. From His Majesty down to the coolie excitement runs high and when they see a car start they do not understand why they should stop.

Messrs. Bostwick and Collbran have the sympathies of the foreigners, and are to be congratulated that they are overcoming the difficulties in their way without any accident of any kind.

The road is not to be open to public traffic for some days yet owing to the fact that the men engaged as motormen have not arrived in Korea.

The cars for regular traffic are divided into closed and open compartments. The closed parts are for the first class passengers, while the open parts are for the second class passengers. Each of these cars will seat eight first class passengers and twenty-five second-class passengers.

The company has five ordinary cars, and then has a closed car which it reserves for special occasions and "trolley parties." This car is a first class car in every respect except that it is a little narrower than most cars used in America.

In addition to these six cars for the public there is a car reserved for the exclusive use of His Majesty, the Emperor. This car is richly upholstered, with the windows emblazoned with the Korean ensign, while large platforms at either end furnish ample room for the accompanying guard.

We have not been able to find out what the fare is to be, but understand that the first class fare from the western terminus to the power house at the East gate is to be nine cents. The road is divided into

구간으로 나누어져 있으며 전체 운행 구간에 대해 한 가지 요금이 아니라 각 구간에 대해 일정 요금이 부과된다.

우리는 다음 주까지 이 모든 세부 사항을 알리고 한국 최초의 전차가 매일 일반 전차를 운행하고 있음을 알릴 수 있기를 바란다. M.

성서공회 주일.

지난 주일은 유니온교회 성도들에 의해 성서공회주일로 지켜졌다. 이 주제에 대한 우리의 주제어에서 암시한 바와 같이 일부 한국 교인들은 그 날을 지켰지만 우리는 아직 듣지 못했다.

유니온 교회에서 오후에 드린 예배는 전부 이 목적을 위해 드려졌다. 세 차례의 말씀이 있었고 특별한 음악이 있었다.

오르간 연주자 Dr. Field의 오르간 주악으로 예배가 시작되었다. 예배가 시작되고 교인들은 Hulbert, Steadman, Swearer 및 Gifford로 구성된 남성 4중창 특송이 이어졌다. 그들의 중창은 훌륭했고 모든 참석자는 다들 음악을 즐겼다.

첫 번째 말씀은 특히 한국에 선교사들이 도착하기 전에 한국을 위해 선교사들이 수행한 사역과 필리핀에 선교사역이 개방되기 전에 수행한 개신교 선교사들의 사역을 언급하면서 특히 성서공회가 수행한 개척 사역에 대해 전했다. 그의 말씀은 잘 정리되어 있었고 감사했다.

두 번째로 말씀을 전한 선교사는 원산에서 선교하고 있는 JAMES SCARTH GALE 목사였다. 그는 이 사역에 대한 성경적 권위에 대해 주의를 환기했고, 또한 세상에서 끊임없는 악의 영향력을 극복하기 위해서는 이런 종류의 사역이 필요하다고 전했다. Mr. Alex Kenmure는 마지막으로 말씀을 전했는데, 그는 성경이 들어감으로써 항상 국가가 개선되고 고양한다는 사실을 강조했으며, 특히 성경이 배포된 비기독교 국가에서는

대서양 화재보험회사, 함부르크.

제국 보험회사, 런던.

뉴욕 생명보험회사, 뉴욕.

광둥 조합 보험 협회

양츠 보험 협회

위의 서명된 대리점들은 현재 요율로 위험을 보상할 준비가 되어 있습니다.

제물포, E. MEYER & CO., 드림

성경을 대하게 되는 사람들만이 개화되고 도덕적으로 또한 문명적으로 개화된다는 사실을 강조했다.

설교가 끝난 후 45엔 45센의 헌금이 드려졌다, 계속해서 사중창단의 특송이 드려진 후 축도로 예배를 마쳤다. M.

도시와 지방 소식.

4월 27일 평양에 있는 그레함 목사 내외의 딸이 태어났다.

화재로 인해 한 지역에서 70채가 넘는 집이 파괴되었고 또 다른 곳에서는 10채가 넘는 집이 파괴되었다고 보고되었다.

한국의 여학교 설립을 위해 한국 여성들은 새로운 노력을 기울이고 있다.

Seymour 제독을 태운 H. B. M. Ship Alacrity는 5월 5일 제물포에 도착했고 제독은 다음 날 서울로 향했다.

독일 광산 전문가 5명은 금성의 독일 광산

sections and a certain fare will be charged for each section instead of one fare for the whole road.

We hope by next week to be able to give all these details and announce that Korea's first railroad is running regular cars every day. M.

BIBLE SOCIETY DAY.

Last Sunday was observed by the Union Church congregation as Bible Society Day. As was intimated in our note on this subject some of the Korean congregations observed the day, tho to what extent we have not yet heard.

At the Union Church in the afternoon the entire service was given to this object. Three addresses were made, and special music was furnished.

The service opened with an organ voluntary by the organist, Miss Dr. Field. After the usual opening services the congregation was treated to a song by a male quartet composed of Messrs. Hulbert, Steadman, Swearer and Gifford. Their singing was excellent and was thoroughly enjoyed by all present.

The first address was made by the pastor who spoke particularly of the pioneer work done by the Bible Societies, referring particularly to the work done for Korea before the arrival of missionaries here, and the work done for the Philippines before the opening of that country to protestant missionaries. His remarks were to the point and appreciated.

The second speaker was Rev. Jas. S. Gale, of Wonsan, who called attention to Scriptural authority for the work, and also showed that there was need of this kind of work to overcome the constant influence of wickedness in the world.

Mr. Alex Kenmure was the last speaker, and he emphasized the fact that an open Bible always improved and elevated the nations, especially bringing out the fact that only in those non-christian nations

---

Transatlantic Fire Insurance Co., Hamburg.

Imperial Insurance Co., Ltd., London.

New York Life Insurance Co., New York.

Union Insurance Society of Canton, Ltd.

Yangtsze Insurance Association Ltd.

The undersigned agents for the above are prepared to accept risks at current rates.

E. MEYER & CO., CHEMULPO.

---

where the Bible had been furnished the people was there any real advancement in morals and civilization.

After the addresses an offering was taken which amounted to forty-five yen and forty-five sen.

After another song by the quartet the service was closed with the benediction. M.

CITY AND COUNTRY.

In Pyeng-yang on April 27th a daughter was born to Rev. and Mrs. Graham Lee.

Fires are also reported at one of which over 70 houses were destroyed and at the other over ten houses.

Renewed efforts are being made by Korean women to secure the establishment of schools for girls in Korea.

H. B. M. Ship Alacrity with Admiral Seymour aboard arrived at Chemulpo May 5th, and the admiral proceeded to Soul the next day.

Five German mining experts are expected to arrive at Chemulpo for the German

에서 일하기 위해 기선 겐카이 호를 타고 10일 제물포에 도착할 예정이다.

전라도 순창군 남창리에서 가옥 48채가 전소된 대형 화재가 발생했다.

1급 사기꾼 임동근이 다른 범죄뿐만 아니라 특별히 철도와 관련이 있는 것처럼 사칭해 자금을 편취한 혐의로 구속됐다. 이번에는 한 사슬에 매인 죄수로서 합당한 처벌을 받게 될 것이다.

W. A. Noble 목사, Follwell 박사와 가족, Mrs. Hall 의사로 구성된 평양 감리교 선교부 회원들이 화요일 제물포에 도착했다. 홀 부인은 존스 목사 가족과 함께 잠시 제물포에 머물렀고, 노블 목사와 폴웰 목사 일행은 수요일 서울로 올라왔다. Noble 목사는 G. C. Cobb 목사의 초대를 받았고 Follwell 박사 부부는 동대문에 거주하는 Harris 박사의 환대를 받고 있다.

제물포의 쟁의는 한국인 측면에서 본다면 완전한 실패로 끝났다. 주민들의 회의는 감리 측의 배상금 1,000달러 제안을 거부했고 분노와 항의의 표현에 지나지 않아 결국 해산했다. 그러는 동안 박영효 씨의 절친한 친구인 최채수 씨가 주민들을 선동한 혐의로 체포되어 서울로 압송되어 이곳에 갇혀있다고 한다. 제물포의 12개 동 대표들이 그의 석방을 위해 활동하도록 임명되었다.

Deshler 씨는 제물포에서 그의 새집 건축 작업을 시작했다. 이곳은 Woo 씨가 현재 거주하고 있는 바로 뒤편의 옛 우리동 부지에 있으며 Deshler 씨는 이미 이곳에 대대적인 정지 작업을 시작했다.

돌담을 쌓고 일본에서 온 전문 정원사 3명이 이곳을 아름답게 가꾸고 있다.

무엇보다도 보이시 섬(인천 물치도)[42] 의 거대한 돌들이 이곳으로 옮겨져 거기에 놓여 있는데, 지금부터 천 년 후에는 꼬막이 있는 빙하 시대의 바위 조각들이 어떻게 제물포 언덕 위에 떨어졌는지를 설명하기 위해 아마도 한국 지질학의 일부 학자들은 당혹스러워할 것이다. 그러나 현재로서는 매우 효과적인 정원 가꾸기에서 역할을 담당하고 있다.

치과 진료 공지.

일본 고베에서 치과를 운영하는
Dr. HAROLD SLADE 의사는
진료를 목적으로 서울을 방문하고 있으며
작년에 그는 정동에서 환자를 보았고
현재 W. H. Emberley 씨가 거주하고 있는
같은 건물에서 짧은 기간 동안
진료를 할 것이다.
근무 시간은
오전 8시 30분에서 오후 4시 30분까지이며,
오전 11시 30분에서 오후 4시 30분까지는
환자 치료를 한다.
치과 치료를 원하는 환자는
Dr. Slade가 이곳에 머무는 시간이
제한되어 있어서 실망하지 않도록
가능한 한 빨리 친절한 상담 받기를 바란다.

1899년 5월 4일 목요일.

코리언 리포지터리

주간지

리포지터리 주간지는

한국에서 발간하는

유일한 영어 주간지이며,

따라서 한국에 거주하는

외국인에게 전할 수 있는

유일한 광고 매체입니다.

mines at Kim-sung per steamer Genkai on the 10th inst.

A serious fire is reported in the village of Nam-chang, Syun-chang prefecture, province of Chulla, by which 48 houses were destroyed. A first class fraud by the name of Im Tong-keun is under arrest for, among other things, representing himself as having a connection with the railroad and raising money thereby. It is said he will get his deserts in the chain gang this time.

Members of the Methodist Episcopal Mission in Pyeng-yang, consisting of Rev. W. A. Noble, Dr. Follwell and family and Mrs. Hall, M. D., arrived in Chemulpo on Tuesday. Mrs. Hall remained in Chemulpo for a short visit with the family of Rev. Jones, while Rev. Noble and Mr. Follwell and family came up to Seoul on Wednesday. Rev. Noble is the guest of Rev. G. C. Cobb, and Dr. and Mrs. Follwell are being entertained by Miss Dr. Harris at the East gate.

The trouble at Chemulpo ended in a complete fiasco as far as the Koreans were concerned. The people's meeting refused the offer of $1,000 indemnity on the part of the Kamni and finally dispersed having accomplished little more than the expression of their indignation and protest. In the meantime their chairman, Mr. Choi Chwai-su, an intimate friend of Mr. Pak Yong-hio, has been arrested and brought to Seoul on the charge, it is said, of inciting the people and is held a prisoner here. A deputation from the twelve wards of Chemulpo has been appointed to work to secure his release.

Mr. Deshler has begun building operations on his new house at Chemulpo. It is located on the old Woo Li-tong lot just back of Mr. Woo's present residence and Mr. Deshler has already begun extensive improvements about the place. A stone wall is being built and three expert gardeners from Japan are at work beautifying the place. Among other things some immense stones from Boise island have been brought over and placed there and a thousand years from now will probably puzzle some Korean savant in geology to explain just how fragments of boulders from the glacial epoch with cockles on them came to be dropped on the Chemulpo hillside.

For the present they have a part to play, however, in a piece of very effective landscape gardening.

DENTAL NOTICE.

Dr. Harold Slade, resident dentist of Kobe, Japan is visiting Seoul professionally and may be consulted for a short period at the same compound in which he saw patients last year in Chong Dong and now occupied by Mr. W. H. Emberley.

Office hours 8:30 a. m. till 4:30 p. m. Examinations made at 11:30 a. m. and 4:30 p. m.

Patients desiring dental work will kindly consult Dr Slade at as early a date as possible to avoid disappointment as his stay here is limited.

Thursday, May 4th, 1899.

Korean Repository

WEEKLY EDITION

Is the only paper in the English Language published in Korea, and therefore the

ONLY ADVERTISING MEDIUM

reaching the foreign population in Korea.

코리안 리포지터리
주간판
매주 목요일 발행

편집: 아펜젤러, 존스,

영업: 콥

구독료

1회	–	–	10센,
1개월	–	–	30센

우편료 별도 / 광고료

1개월 노출 광고

1줄	–	–	5엔,
1/2줄	–	–	3엔
1인치	–	–	1엔

기사식 광고:

1회			25센,
다음 호부터는			15센

다이 장군

W. M. Dye 장군과 그의 아들 J. H. Dye는 지난 5일 금요일 자택인 미국으로 가기 위해 서울에서 출발했다.

다이 장군은 1888년 봄 국왕 폐하의 군대 고문 겸 교관으로 한국에 들어와 지금까지 이곳에서 살고 있다. 지난 전쟁 때까지 그는 한국군의 개편과 훈련에 모든 시간과 관심을 쏟았다.

코리안 리포지터리의 독자들은 Dye 장군이 기고한 일부 기사에 대해 잘 알고 있지만 그에게 맡겨진 모든 임무가 얼마나 신중하게 수행되었는지 아는 사람은 거의 없다.

한국에 오기 전 다이 장군은 미국 남북 전쟁에 참전했고 여러 차례 승진했으며, 그중 하나는 "전쟁 기간 용감하고 혁혁한 공로를 인정받아 1865년 3월 13일 미국 지원병 준장으로 진급한 것이다." 서부에서 몇 년간 복무한 후 그는 "1870년 9월 30일 자원해서 명예 제대" 했으며 아이오와에 있는 자신의 농장에서 일반 시민으로 돌아가 그곳에서 3년을 살았다.

1873년 말에 그는 이집트 군대의 참모 대령이 되어 5년 동안 복무했다. 그는 1876년 아비시니아 전쟁에 참전했고 1876년 3월 7일 아비시니아 구라 전투에서 중상을 입었다. 그는 4년 동안 컬럼비아 특별구 광역경찰청장을 지냈으며 한국에 오기 직전에는 육·해군 연금국 국장을 역임했다.

다이 장군과 친분을 맺은 우리 중 극소수만이 그가 수백 페이지에 달하는 8 절판의 큰 책인 "이집트와 아비시니아"의 저자라는 사실을 알고 있었다. 우리는 물론 그가 이집트에 대해 잘 알고 있다는 것을 알고 있었고 종종 그 나라에 대한 그의 대화를 통해 즐겁고 항상 가르침을 받았지만, 그는 어떤 말로도 우리에게 책을 썼다는 암시를 주지 않았다.

리포지터리의 독자들이 잘 알고 있듯이 Dye 장군은 열정적이고 성공적인 과일 농사꾼이었다. 그분은 우리를 이끄셨고 우리는 그분께 감사의 빚을 지고 있음을 기쁘게 인정한다. 그는 한국에서 사과, 배, 체리, 포도 등의 과수를 성공적으로 재배할 수 있음을 실제 과수 농사를 통해 증명했다. 이 주제에 대한 그의 광범위한 지식은 항상 당신에게 도움이 되었으며 장군에게는 그 어느 것도 그가 과수원을 운영하는 방법을 말할 때 가장 행복해 보였다. 그는 자신의 과수원만큼이나 우리 과수원의 나무도 잘 알고 있었고, 그가 평소처럼 돌아다닐 수 없었던 지난 한 해 동안 우리는 그 문제에 대해 조언받는 데에 약간의 어려움을 느꼈다.

그는 지난겨울 장기간의 병으로 매우 쇠약해진 몸으로 서울을 떠났다. 우리는 그와 그의 아들의 고국으로 여정이 즐거운 항해가 되기를 기원한다.

THE KOREAN REPOSITORY.
WEEKLY EDITION.
PUBLISHED EVERY THURSDAY.

H. G. APPENZELLER,	-	GEO. HEBER JONES,
	EDITORS.	
GEORGE C. COBB,	-	BUSINESS MANAGER.

SUBSCRIPTION RATES.

Single copy	-	-	Ten sen
Per month	-	-	Thirty sen

POSTAGE EXTRA / ADVERTISING RATES

Displayed Ad - One month			
One column	-	-	Yen 5.00
One half column	-	-	Yen 3.00
One inch	-	-	Yen 1.00
Reading Notices - Per line			
Single Issue	-	-	25 sen
Each subsequent Issue	-	-	15 sen

GENERAL DYE.

General Wm. McE. Dye and his son J. Henry Dye left Seoul last Friday, the 5th inst., for their home in the United States.

General Dye came to Korea in the spring of 1888 as Military Adviser and Instructor-General in the service of His Majesty, the King of Korea, and has lived here ever since. Until the late war his whole time and attention were given to the reorganization and drilling of the Korean army.

Readers of THE REPOSITORY are acquainted with some of the services rendered by General Dye, but very few know how carefully everything committed to him was performed.

Before coming to Korea, General Dye served in the Civil War in the United States and was promoted several times, one of which being to "Brigadier-General, United States Volunteers, March 13, 1865, for gallant and meritorious services during the Rebellion." After several years of service in the west, he was "honorably discharged at his own request, September 30, 1870," and returned to private life on his farm in Iowa where he lived three years.

Towards the end of 1873 he became Colonel of Staff in the Egyptian army, where he served for five years. He was engaged in the Abyssinian campaign of 1876 and severely wounded in the battle of Gura, Abyssinia, March 7, 1876. He was for four years superintendent of the metropolitan police of the District of Columbia and just before coming to Korea Chief of the Army and Navy Division of the Pension Bureau.

Very few of us who were honored with the friendship of General Dye knew that he was the author of "Egypt and Abyssinia," a large octavo volume of several hundred pages. We knew of course of his familiarity with Egypt and were often entertained and always instructed by his conversations on that country, but never did he by any word give us an intimation of having written a book.

General Dye was an enthusiastic and successful fruitist, as readers of THE REPOSITORY well know. He led us in this and we gladly acknowledge our debt of gratitude to him. He has proved by actual experiment that fruit such as apples, pears, cherries, and grapes can be raised successfully in Korea. His extensive knowledge on this subject was always at your service and the General never seemed happier than when he could tell you how to conduct your orchard. He knew the trees in our own orchard almost as well as in his own and during the last year when he was unable to go about as usual, we had little difficulty in counseling with him on the subject.

He left Seoul very weak from the long sickness during the winter. We wish him and his son a pleasant voyage to their native land.

영국 제독 서울 방문.

서울은 몇몇 저명인사의 방문으로 명성을 얻었다. 지난주 금요일 오전 11시경 중국해역에서 영국 함대에 배속된 우아한 요트형 파견 선인 Alacrity 호가 제물포 항구에 입항했다. 그 배에는 부함장 Edward H. Seymour 경이 함께 승선했다. 다음날, 제독은 Alacrity 호의 Smith Dorrien 대위, 직원 급여관리자 F. C. Alton 그리고 제독의 부관 F. A. Powlitt 중위와 함께 서울을 방문했다. 그들은 H. B. M.의 총영사 Mr. Jordan의 손님이었다. 그들은 그들의 영역에서 어떠한 일이 일어나는 것을 허용하지 않았다.

일요일 아침 그들은 외부를 방문하여 이재순 왕자를 알현했다. 오후에는 왕비가 시해된 경복궁으로 갔다. 월요일에 그들은 동궁을 방문해서 오후 5시에 그들은 폐하의 영접을 받고 알현을 마치고 늦은 오후에 저녁 식사를 즐겼다. 용감한 제독과 그의 일행은 화요일 아침에 다시 떠났고, 그들이 배에 오르자마자 닻을 올리고 배는 출발했다. 지역 사회의 후회가 제독을 따르고 있는데, 그의 체류 기간이 너무 짧아 그에게 경의를 표함으로써 지역 사회를 영예롭게 할 수 없었던 것을 후회하고 있다.

서울에 있는 산의 높이.

전 주한 러시아 공사의 개인 메모에서 C. Waeber 경은 우리 수도 안팎의 몇 지점의 중요한 산의 높이와 관련하여 다음과 같이 적어놓았다.

	meters.	feet.
서울 낙산	34	111.5
북산	395	1,296
남산	260[43]	853
삼각산(북한산)	800	2,624

Waeber 씨는 이런 분야의 관심에 대해 가장 신중한 연구자였기 때문에 이러한 수치가 신뢰할 만하다고 생각한다.

홍콩 상하이 은행공사

납입자본금 $10,000,000
적립금 £1,000,000,
영업 비용 $10,000,000[24]
주주의 책임 준비금 $10,000,000

일일 잔액이 500엔 이상이면 당좌 예금의 이자는 2퍼센트입니다.

다음 조건에 따라 예금을 받을 것입니다.
12개월 연 5%
6개월 연 4%
3개월 연 3%

제물포 지사

HOLME RINGER & CO.

HOLME RINGER & CO.는
다음 회사를 대리하는 수송 대리 회사임

극동 러시아 증기 항해 회사.
페닌슐라 &
오리엔탈 스팀 내비게이션 컴퍼니.

캐나다 퍼시픽 왕립 우편 기선 회사.
태평양 우편 증기선 회사.
동서양 증기선 회사.
북태평양 증기선 회사.

로열 익스체인지 어슈어런스
코퍼레이션에서
보험증서를 작성함

한국 제물포.

THE BRITISH ADMIRAL VISITS SEOUL.

Seoul has just been honoured by a visit from some distinguished men. On Friday last the Alacrity, the graceful yacht-like despatch-boat attached to the British fleet in China waters, steamed into harbour at Chemulpo about 11 a. m. She had on board Vice-Admiral Sir Edward H. Seymour, K. C. B. On the following day, the admiral, accompanied by Captain Smith Dorrien of the Alacrity, Staff-Paymaster F. C. Alton, the admiral's secretary, and Flag Lieutenant F. A. Powlitt, visited this city and were the guests of H. B. M.'s Consul-General, Mr. Jordan. They did not allow any grass to grow beneath their feet.

On Sunday morning they visited the Foreign office and made a call on Prince Yi Chai Sun. In the afternoon they went to the Kyeng-pok Palace where the Queen was murdered. On Monday they visited the East Palace; at 5 p. m. they were received in audience by His Majesty and were entertained at dinner later in the evening. The gallant admiral and his party left again on Tuesday morning, the Alacrity weighing anchor as soon as they stepped on board. The regrets of the community follow the admiral - regrets that his visit was all too short to permit it to honor itself by paying him its respects.

HEIGHT OF MOUNTAINS IN SEOUL.

In a private note by the former Russian Minister to Korea, the Hon. C. Waeber, we find the following concerning the height of several important points in and around the capital:

	meters.	feet.
Seoul, Naktang	34	111.5
Puksan	395	1,296
Namsan	260	853
Sankaksan (at Pukhan)	800	2,624

We think these figures are reliable because Mr. Waeber was a most careful student of matters of this kind.

HONGKONG AND SHANGHAI Banking Corporation.

PAID-UP CAPITAL $10,000,000
RESERVE FUND
 £1,000,000, Ex. 2s, $10,000,000
RESERVE LIABILITY OF
 SHAREHOLDERS $10,000,000

Interest allowed on CURRENT ACCOUNT at 2 per cent. on Daily Balance over Yen 500.

Money will be received on FIXED DEPOSIT on the following terms:—

For 12 months at 5 per cent. per annum; for 6 months at 4 per cent per annum; for 3 months at 3 per cent per annum.

CHEMULPO AGENTS

Holme, Ringer & Company.

HOLME RINGER & CO.

AGENTS BY APPOINTMENT

Representing

Russian Steam Navigation in the East.
Canadian Pacific Royal Mail Steamship Company.
Pacific Mail Steamship Company.
Occidental & Oriental Steamship Company.
Northern Pacific Steamship Company.

Union Insurance Society of Canton. (Marine)
Yangtsze Insurance Association (Marine.)
Royal Exchange Assurance. (Fire)
Law Union & Crown Fire Insurance Co.
The Standard Life Assurance Co

CHEMULPO, KOREA.

반가운 소식입니다.

다음 기사는 〈Hongkong Telegraph〉에서 인용되었으며 이것이 사실이며 한국 선사 항로에 영향받기를 진심으로 바랍니다. "니뽄유센카이샤 이 사회는 지난 18일 회의를 열었는데, 연안 증기선의 승객 요금을 10퍼센트 인하하고 외국 서비스 요금을 5퍼센트 인상하는 결의안을 채택했다."

전신 뉴스.
(다른 신문에서 발췌) / 필리핀 전쟁.

14,000명의 신규 정규병이 필리핀으로 파송을 명령받았으며 수송선이 그들을 수송할 준비가 되는 대로 필리핀으로 이동할 것이다.

미국군은 마닐라 북쪽의 정글에서 필리핀인들을 소개하는 것을 목표로 새로운 출정 시작을 위해 유격대를 조직하고 있다.

데번셔 공작이 말한다.

4월 21일 자 런던 기사에 따르면 데번셔 공작은 런던 상공회의소 회의에서 정부가 중국의 위기를 촉발하려는 것이 아니라 진출하지 않은 지역에서 영국의 정당한 몫을 확보하기 위해 노력하는 것이라 말했다. 정부는 식민지와 모국 사이의 관계를 더 가깝게 만들고 싶어 했다. 따라서 영국의 가장 중요한 임무는 영국 국가뿐만 아니라 식민지와 외국 점령지도 방어할 수 있을 만큼 육군과 해군을 강하게 만드는 것이다.

호주 연방 법안.

호주 식민지 연맹(Australian Colonies Federation) 법안이 시드니 입법 회의에서 통과되었다.

너무 입이 가벼운 미군 대위.

마닐라 전투 당시 Dewey 제독이 보낸 위협적인 메시지를 반복하고 강조한 순양함 Raleigh의 Coghlan 대위가 뉴욕에서 한 연설로 미국에서 돌풍을 일으켰다. Coghlan 대위는 정부로부터 질책받고 즉시 배로 돌아가라는 명령을 받았다.

주미 독일 대사는 Coghlan 대위의 연설에 대해 강력히 항의했으며, 국무장관인 Hay 씨는 연설에 대한 반대를 표명하고 해군성이 Coghlan 대위에 대해 조처할 것이라고 암시했다. 독일 언론은 태도가 온건하여 연설을 만찬 연설로 취급한다.

같은 연회에서 Coghlan 대위가 독일 황제에 대한 거친 농담을 한 것으로 보이지만 독일 대사는 그것을 알아채지 못했다.

중국 차관.

새로운 중국에 대한 5% 금리의 [북경-한커우 철도 건설을 위한 112,500,000프랑의] 금 대출은 프랑스와 벨기에에서 거의 두 번 이루어졌다.

프랑스와 시암.

〈피가로 신문〉은 시암 왕과 인도차이나 총독 M. Dourmer 간의 합의에 따라 프랑스 직원이 공공사업부에 고용되고 프랑스어를 가르칠 것이라고 발표했다. Luang Prabang 문제도 만족스럽게 해결되었다.

남아프리카 공화국의 영국.

4월 25일 자 런던 신문 기사는 체임벌린 국무장관은 남아공 병영에 대한 투표를 옹호하며 트란스발 공화국 공세의 막대한 증가가 영국 수비대를 증원한 유일한 이유라고 말했다.

〈광고〉

할인된 가격으로 판매합니다.

최고급 미국산 유모차 1대.

아직 포장을 뜯지 않았습니다.

부산의 존슨 의사.

VERY WELCOME NEWS.

The following item is quoted from the *Hongkong Telegraph* and we sincerely hope that it is true and that Korean lines will be affected thereby: "The Board of Directors of the Nippon Yusen Kaisha held a meeting on the 18th ult. and adopted a resolution to lower the passenger fares of coasting steamers by ten per cent., and to raise the rates on the foreign service by five per cent."

TELEGRAPHIC NEWS.

(From other papers) / The Philippine War.

Fourteen thousand fresh regulars have been ordered to the Philippines and will proceed there as soon as the transports are ready to receive them.

The Americans are forming a flying squadron for the beginning of a new campaign, with the object of clearing the Filipinos out of the jungle north of Manila.

Duke of Devonshire Speaks.

A London dispatch of April 21 says that the Duke of Devonshire, speaking at a meeting of the London Chamber of Commerce, stated that the Government did not desire to precipitate a crisis in China, but was endeavouring to secure her due share of the unoccupied parts of the world. The Government desired to draw closer the ties between the colonies and the mother country; hence its paramount duty was to make the army and navy strong enough to defend not only the British Isles, but also the colonies and foreign possessions.

Australian Federation Bill.

The Australian Colonies Federation bill has been passed by the Legislative Council at Sydney.

American Captain Too Talkative.

A sensation has been caused in the United States by speeches made at New York by Captain Coghlan, of the cruiser, Raleigh, who repeated and accentuated the menacing messages sent by Admiral Dewey at the time of the Manila battle. Captain Coghlan has been rebuked by the Government and ordered to return to his ship immediately.

The German Ambassador to the United States has strongly protested against Captain Coghlan's speech, and Mr. Hay, the Secretary of State, has expressed his disapproval of the speech and has intimated that the Admiralty will take action against Captain Coghlan. The German Press is moderate in its attitude, treating the speech as a post-prandial oration.

It appears that Captain Coghlan at the same banquet recited a coarse ballad about the Kaiser, but the German Ambassador disdains to notice it.

The Chinese Loan.

The new Chinese five per cent. gold Loan [of 112,500,000 francs for the construction of the Peking-Han-kow Railway] has been nearly twice covered in France and Belgium.

France and Siam.

The Figaro states that by an agreement between the King of Siam and M. Dourmer the Governor of Indo-China, a French staff will be employed in the Public Works Department and the French language be taught. The Luang Prabang question has also been satisfactorily settled.

Great Britain in South Africa.

A London dispatch of April 25 states that the Hon. Chamberlain, Secretary of State, defending the vote for barracks in South Africa, stated that the enormous increase in the offensive forces of the Transvaal Republic formed the sole reason for increasing the British garrison.

FOR SALE AT A REDUCTION.

One best grade American baby carriage. Has not yet been unpacked.

W. O. JOHNSON, M. D., FUSAN.

필리핀 선언문.

4월 4일 마닐라에서 미국 감독관들이 발표한 선언문은 필리핀 국민에게 미국 정부의 따뜻한 선의, 필리핀 국민의 안녕, 번영, 행복, 그들의 고양과 번영 및 세계에서 가장 문명화된 사람들 사이의 지위로의 향상과 발달이라는 정부의 목표를 확신시킨다.

또한 미국이 강력한 국가의 자원을 제공할 준비가 되어 있어 미국의 주권과 필리핀 국민의 자유 사이에 실질적인 충돌이 있을 수 없다고 선언하면서 섬의 발전을 위한 수단을 자세히 설명한다. 섬에 대한 정당한 패권을 유지하기 위해 평화와 행복을 전파하고 정당한 자유를 보장하여 그리고 유익한 국가 발전을 위하여 필리핀 국민이 점점 더 자유로운 자치에 익숙해지고 힘을 약속하는 민주적 열망, 정서 및 이상을 장려하는 것이 더욱 절실하다.

우리는 위원회가 시대에 따르는 방식으로 그들 앞에 놓인 문제를 해결하려고 노력하고 있음을 보여주는 그 선언문에서 상당히 광범위한 선택을 아래에 제공한다. 우리는 다른 반군 단체가 그들이 맞서 싸우고 있는 정부로부터 다음과 같은 선언을 받은 적이 있는지 묻고 싶다.

위원회는 더욱 친밀하게 상호 친분을 증진하고 교화된 원주민 의견을 통해 어떤 형태의 정부가 현재 상황에 가장 적합해 보이는지 확인하기 위해 각자의 지방에 있는 필리핀 원주민을 방문할 것으로 기대한다. 필리핀 사람들은 그들 최고의 복지에 가장 도움이 되고 그들의 관습, 전통, 정서 및 소중한 이상에 가장 순응한다. 필리핀 제도에서 정부를 수립하고 유지하는 데 있어 미국은 필리핀 국민 자신의 견해와 희망을 고려하고 조언, 협력 및 원조를 확보하는 것이 미국의 정책이 될 것이다.

그동안 필리핀 국민의 관심은 미국이 그들과의 관계에서 그들에게 적용할 특정한 규제 원칙에 쏠려 있다. 다음은 매우 중요한 사항으로 간주 된다:

1. 미국의 주권은 군도의 모든 지역에 걸쳐 시행되어야 하고 시행될 것이며 이에 저항하는 자들은 자신의 파멸 외에는 어떤 목적도 달성할 수 없을 것이다.

2. 필리핀 국민에게 가장 충분한 자치의 자유가 부여되며, 이는 현명하고 공정하며 안정되고 효과적이며 경제적인 행정 관리의 유지와 양립할 수 있고 필리핀의 주권 및 미국의 국제적 권리와 의무와 양립할 수 있다.

3. 필리핀 국민의 민권을 최대한 보장하고 보호하며, 종교의 자유가 보장되고 모든 사람은 법 앞에서 평등한 지위를 가진다.

4. 명예, 정의, 우정은 필리핀 국민이나 섬을 착취의 대상이나 수단으로 사용하는 것을 금지한다. 미국 정부의 목적은 필리핀 국민의 복지와 발전이다.

5. 필리핀 국민에게 정직하고 효과적인 행정 서비스가 보장되어야 하며, 여기에는 가능한 한 최대한 원주민이 고용되어야 한다.

6. 세금 및 수입의 징수 및 적용은 건전하고 정직하며 경제적 기반에 따라 이루어진다. 정당하게 모금되고 정직하게 모은 공적 자금은 필리핀 정부에 의해 발생하는 정규적이고 적절한 비용을 지급하는데 에만 사용되며, 필리핀 정부의 수립과 유지, 그리고 공익이 요구하는 일반적인 개선을 위해 사용될 것이다. 지역 목적을 위해 모은 지역 기금은 다른 목적으로 전용되어서는 안 된다. 이러한 신중하고 정직한 재정 관리를 통해 정부의 요구는 단기간에 상당한 세금 감면의 효과를 낼 것으로 믿어진다.

7. 순수하고 신속하며 효과적인 정의로운 행정이 확립될 것이고 지연, 부패 및 착취의 악이 효과적으로 근절될 것이다.

FILIPINO PROCLAMATION.

The proclamation issued by the American Commissioners at Manila on the 4th of April assures the Filipinos of the cordial good will of the American Government, the aims of the Government being the well-being, prosperity, and happiness of the Philippine people, their elevation and advancement to a position among the most civilised people in the world.

It also sets forth in detail the means for the development of the islands, an declares there can be no real conflict between Americas sovereignty rights and the liberties of the Philippine people, for as the United States is ready to furnish the resources of a powerful nation to maintain its rightful supremacy over the islands. it is even more solicitous to spread peace and happiness and guarantee rightful freedom, so as to accustom the Philippine people to free self-government in an ever-increasing measure, and encourage those democratic aspirations, sentiments, and ideals which are a promise of potency and fruitful national development.

We give below quite an extended selection from the proclamation which shows that the commission is trying to solve the problems before them in a way in accord with the age. We doubt whether any other body of insurgents ever received such a proclamation from the government which they were fighting against:

It is the expectation of the Commission to visit the Philippine people in their respective Provinces, both for the purpose of cultivating a more intimate mutual acquaintance and also with a view to ascertaining from enlightened native opinion what form or forms of government seem best adapted to the Philippine peoples, most apt to conduce to their highest welfare, and most conformable to their customs, traditions, sentiments and cherished ideals. Both in the establishment and maintenance of government in the Philippine Islands it will be the policy of the United States to consult the views and wishes, and to secure the advice, cooperation and aid, of the Philippine people themselves. In the meantime the attention of the Philippine people is invited to certain regulative principles by which the United States will be guided in its relations with them. The following are deemed of cardinal importance:

1. The supremacy of the United States must and will be enforced throughout every part of the archipelago, and those who resist it can accomplish no end other than their own ruin.

2. The most ample liberty of self-government will be granted to the Philippine people which is reconcilable with the maintenance of a wise, just, stable, effective and economical administration of public affairs, and compatible with the sovereign and international rights and obligations of the United States.

3. The civil rights of the Philippine people will be guaranteed and protected to the fullest extent; religious freedom assured, and all persons shall have an equal standing before the law.

4. Honour, justice and friendship forbid the use of the Philippine people or islands as an object or means of exploitation. The purpose of the American Government is the welfare and advancement of the Philippine people.

5. There shall be guaranteed to the Philippine people an honest and effective civil service, in which, to the fullest extent practicable, natives shall be employed.

6. The collection and application of taxes and revenues will be put upon a sound, honest and economical basis. Public funds, raised justly and collected honestly, will be applied only in defraying the regular and proper expenses incurred by and for the establishment and maintenance of the Philippine government, and for such general improvements as public interests may demand. Local funds, collected for local purposes, shall not be diverted to other ends. With such a prudent and honest fiscal administration, it is believed that the needs of the government will in a short time become compatible with a considerable reduction in taxation.

7. A pure, speedy and effective administration of justice will be established, whereby the

8. 도로, 철도 및 기타 통신 및 교통수단의 건설과 필리핀 국민에게 명백한 이익을 주는 기타 공공사업을 추진할 것이다.

9. 국내 및 해외 무역 및 상업, 농업 및 기타 산업 추구, 주민의 이익을 위한 국가의 전반적인 발전은 지속적인 관심과 보호의 대상이 될 것이다.

10. 국민의 자녀를 교육할 초등학교 설립을 위한 효과적인 규정이 마련될 것이다. 고등 교육을 위한 적절한 시설도 제공될 것이다.

11. 정부의 모든 부서, 공공 서비스의 모든 부문 및 국민의 공동생활과 밀접한 관련이 있는 모든 기업의 개혁은 곧 시행되어야 하며, 필리핀 국민의 확고한 요구와 높은 정서와 열망을 충족시킬 수 있는 방식으로 옳고 그름에 합당하게 순응해야 한다.

이것이 바로 미국이 필리핀 제도 국민에게 다가가는 정신이다. 대통령 각하는 위원회에 이를 공개적으로 공표하라고 지시하셨다.

그리고 이 명령에 따라 위원회는 대통령 각하와 함께 필리핀 국민에 관한 호의를 표명하고 그들의 지도자 및 대표자들에게 개인적인 친분과 교류를 위해 그들을 만나 그들의 견해와 의견을 청취하도록 진심으로 초대하기를 바란다.

세계 동향

고메즈 장군은 2월 24일 아바나에 입성했을 때 열광적인 대중적 환영을 받았다. 쿠바 지도자가 8년 전 추방된 이후 처음으로 수도를 방문했으며 자유를 위한 그의 애국적 용맹에 주목할 만한 경의를 표하는 기회가 되었다.

미국 상원에 보고되고 약간의 수정을 거쳐 통과된 타협 군대 법안은 65,000명의 입대하는 상비군을 제공하며 대통령은 35,000명 이하의 자원병을 모집할 권한을 부여받았지만 이 자원병은 1901년 7월 이후에는 어떤 경우에도 필요한 경우에만 계속할 수 있다.

치푸(현, 山東省 烟台市)에 거주하고 있는 미국인들은 황하강의 전례 없는 홍수로 인해 굶주림에 처한 200만 명의 산동성(Shan Tung) 지방 사람들을 구호하기 위해 한 척의 옥수수를 보내 줄 것을 샌프란시스코 상공회의소에 호소했다.

〈광고〉

한국어를 배우는 학생들은
종로 서점이나
H. G. APPENZELLER 로부터
SCOTT의 매뉴얼과 사전을
구매할 수 있다.
권당 가격은 금화 2.50엔이다.

공지

저는
J. Gailard June 씨가 운영하던 상점을
인수했음을 대중에게 알리고자 합니다.
그리고 저는 이 지면을 통해
여러분들의
지속적인 후원을 부탁드립니다.

J. T. GIACINTI.
제물포.

evils of delay, corruption and exploitation will be effectually eradicated.

8. The construction of roads, railroads and other means of communication and transportation, as well as other public works of manifest advantage to the Philippine people, will be promoted.

9. Domestic and foreign trade and commerce, agriculture and other industrial pursuits, and the general development of the country in the interest of its inhabitants will be constant objects of solicitude and fostering care.

10. Effective provision will be made for the establishment of elementary schools in which the children of the people shall be educated. Appropriate facilities will also be provided for higher education.

11. Reforms in all departments of the government, in all branches of the public service and in all corporations closely touching the common life of the people must be undertaken without delay and effected, conformably to right and justice, in a way that will satisfy the well-founded demands and the highest sentiments and aspirations of the Philippine people.

Such is the spirit in which the United States comes to the people of the Philippine Islands. His Excellency, the President, has instructed the commission to make it publicly known. And in obeying this behest the commission desire to join with his Excellency, the President, in expressing their own good will toward the Philippine people, and to extend to their leading and representative men a cordial invitation to meet them for personal acquaintance and for the exchange of views and opinions.

WORLD AT LARGE.

General Gomez was given an enthusiastic popular greeting when he entered Havana on Feb 24. It was the Cuban leader's first visit to the capital since his expulsion eight years ago, and it was made the occasion of a notable tribute to his patriotic valor in the cause of liberty.

The compromise army bill reported to the United States senate and which with some minor amendments has been passed provides for a standing army of 65,000 enlisted men, and the president is authorized to raise a force of not more than 35,000 volunteer troops but this volunteer force is to continue only during the necessity there for and in no case after July, 1901.

The American residents in Chefoo sent an appeal to the San Francisco chamber of commerce requesting that a shipload of corn be sent for the relief of 2,000,000 people in Shan Tung province who are on the verge of starvations because of the unprecedented floods of the Yellow River.

STUDENTS OF KOREAN
Can Get
SCOTT'S MANUAL AND DICTIONARY
At The
CHONG-NO BOOK STORE,
Or Of
H. G. APPENZELLER.

Price of Each 2.50 gold yen.

NOTICE.

I beg to notify the public that I have taken over the store kept by Mr. J. Gaillard Jne. and I take this opportunity to solicit the continuance of their patronage.

J. T. GIACINTI.
CHEMULPO.

코리안 리포지터리
주간판
1권 15호,　　　　　　　1899년 5월 18일, 목요일

감리교 한국선교총회

한국선교총회가 크랜스턴 감독의 주재로 지난 12일 금요일 정동교회에서 열렸다.

총회에는 서울지역 회원 이외에 제물포에서 존스 목사와 부인, 평양에서 노블 목사, 폴웰 박사와 부인, 그리고 홀 박사가 참석했다. 총회는 감독의 딸인 Ethel Cranston 양이 참석하여 자리를 빛냈다.

예배는 주의 만찬 성례전 집행에 이어 헌신적인 기도로 시작되었다.

총회 조직에서 Noble 목사는 총무로, Swearer 목사는 총무 보조로, Jones 목사는 회계로 임명되었다. 한국인 본처전도사와 조사들은 모두 현지로 파송 임명식에 참여했다. 정규 세션은 매일 아침 9시부터 12시까지 열렸다.

일요일에 감독은 아침에 정동교회의 연합 성도에게 설교했다. 예배가 끝날 무렵 W. C. Swearer 목사는 존스, 아펜젤러, 노블 목사가 집전한 가운데 감독에 의해 장로 목사[44] 로 안수받았다.

선교부 회원들의 보고에 따르면 한 해 동안 모든 시점에서 꾸준한 성장이 있었음을 알 수 있다. 평양과 제물포 구역에서도 상당한 성장이 보고되었다.

언론 보도에 따르면 60,000부 이상의 쪽 복음서가 발행되었으며 약 725만 페이지의 종교 출판물이 인쇄되었다.

배재학교는 상태가 양호하다고 보고되었다.

회의는 어제 오전에 휴회했다. 임명에 관한 변화는 W. C. Swearer 목사가 달성교회의 담임목사로, A. M. Books 목사가 원산의 전도사역을 맡게 된 것뿐이다.

안전하고 즐거운 여행

레이드 박사와 그 가족들로부터 서울에서 편지를 받았는데, 약간의 뱃멀미를 제외하고는 지금까지 항해를 매우 즐겼다는 소식을 보내왔다. 레이드 박사가 보내온 편지이다.

"제물포에서 오와리마루 호를 타고 고베로 향했던 것을 기억하실 것입니다. 결과는 우리에게 매우 만족스러웠고 고베시에 갈 기회가 있는 서울 친구들에게 이 선박을 시승해 보라고 제안하고 싶습니다. 일등석 요금은 26엔으로 젠카이 호의 45엔과 비교됩니다. 선실은 매우 편안하며 외국 음식을 제공한다고 공언하지는 않지만, 몇 엔의 지출로 우리는 매우 잘 지냈습니다. 최고의 생선과 고기, 채소가 제공되었고 선박 요리사가 잘 요리했습니다.

고베에서 우리는 기선 위에서 친구들을 만났고 모든 것이 우리에게 즐거웠습니다. 우리는 며칠 동안 고베에 머물면서 P.M.의 증기선 중국 호를 타고 항해하려고 했지만, 사무실로 가면서 나는 중국 호나 다음 증기선인 도리아 호를 탑승할 기회가 조금도 없다는 것을 알았습니다. 공교롭게도 북태평양 노선의 빅토리아호는

THE KOREAN REPOSITORY.

WEEKLY EDITION.

VOL. I. NO. XV. THURSDAY, MAY. 18, 1899.

METHODISTS GATHER

The Fifteenth annual meeting of the Korea mission was convened at the Chong Dong Church last Friday, the 12th inst., with Bishop Cranston in the chair.

Besides the Seoul members Rev. Geo. Heber Jones and wife of Chemulpo, and Rev. Noble, Dr. Follwell and wife, and Mrs. Dr. Hall of Pyeng-Yang, were present. The meeting was also graced by the presence of Miss Ethel Cranston, daughter of the presiding Bishop.
Services were opened by devotional exercises followed by the administration of the sacrament of the Lord's Supper.

In the formal organization Rev. Noble was appointed secretary, Rev. Swearer as assistant, and Rev. Jones as statistical secretary. Korean local preachers and helpers were present from all the out appointments. Regular sessions were held each morning from 9 to 12 o'clock.

On Sunday the Bishop preached in the morning to a union congregation at the Chong Dong church. At the close of the service Rev. W. C. Swearer was ordained an elder by the Bishop, assisted by Revs. Jones, Appenzeller and Noble.

The reports from the members of the mission show that there has been a steady growth at all points during the year. Quite a large increase was reported ay Pyeng-yang and also on the Chemulpo circuit.

The press report showed that over 60,000 Scripture portions had been issued, and about seven and a quarter million pages of religious literature all together had been printed.

Paichai school was reported in a good condition.

The meeting adjourned yesterday fore-noon. The only changes in appointments were that Rev. W. C. Swearer was made pastor of the Talsung church and Rev. A. M. Books was put in charge of the evangelistic work at Wonsan.

A SAFE AND PLEASANT TRIP

Letters have been received in Seoul from Dr. Reid and family, from which is appears that, barring a little sea-sickness, they had so far enjoyed the voyage very much. The doctor says:

"You may remember that we engaged passage from Chemulpo to Kobe on the Owari Maru. The result proved very satisfactory to us and I would suggest to any of our Seoul friends who may be going to Kobe that they make a trial of this boat. The cost of a first-class ticket is yen 26 as compared with yen 45 by the Genkai. The cabins are very comfortable, and while they do not profess to provide foreign food we found that with the expenditure of a few yen we got along very nicely. The best of fish and meats and vegetables were provided and well cooked by the steward.

At Kobe we were met by our friends on board steamer and everything was made pleasant for us. We had intended to remain in Kobe several days and take passage by the P. M. steamer China but on going to the office, I found there was not the slightest chance for passage either in the China or the Doric, which is the following steamer of the same line. As it happened the Victoria of the Northern

당시 항구에 있었고 긴 숨을 쉴 시간이 거의 없을 때쯤 우리는 계획을 변경하고 짐을 트렁크에 집어넣고 승선했습니다. 이제 우리가 여기에 왔으니 갈아탄 것에 매우 만족합니다. 그 배는 우리를 2주 일찍 집에 데려다주고 훨씬 더 저렴한 가격에 상당히 편안한 숙박 시설을 제공했기 때문입니다."

복수.

지난 5월 2일 오전 연안시 민태식 씨를 상대로 폭발물을 터뜨리는 시도가 있었다는 보고가 서울에 도착했다. 그날 아침 일찍 관아 화덕에서 폭발물 2개가 폭발했지만, 민 씨가 위험 장소에서 '신속히 탈출'해 피해는 없었다. 이 공격이 왜 일어났는지 동기에 대한 설명은 제공되지 않았다. 민 씨는 최근, 이 직책에 임명되었으며 우리는 얼마 전 연안에서 그와 인터뷰를 가졌다. 그때 폭발물 음모에 빛을 비춰줄 작은 사건이 일어났다.

우리는 관찰사에게 명함을 보냈고 관아로 방문하라는 일반적인 초대를 기다렸다. 관찰사는 매우 미안하지만, 너무 바빠서 손님을 만날 수 없다는 말과 함께 곧 한 포졸을 보냈다.

그런 다음 우리는 개별적으로 관아로 갔고 문에 있는 모든 균열과 틈새로 눈을 고정한 채 내부에서 일어나는 일을 지켜보고 있는 한국인 군중을 발견했다.

관아 안에서 "포졸들의 고함" 소리와 일부 악행자들에게 부모의 신실함으로 육체적 징벌이 가해졌을 때처럼 곤장을 때리는 둔탁한 소리가 들렸다. 관찰사는 우리가 없다는 소식을 들은 직후 그는 곤장 때리는 작업을 중단하고 포졸과 죄수 모두 퇴장하도록 허용했다. 잔인해 보이는 포졸 대여섯 명 정도가 작은 문을 뚫고 들어왔고, 그들의 걸음걸이를 보면 죽지 않을 만큼 곤장을 쳤다는 것이 분명했다.

> 대서양 화재보험회사, 함부르크.
>
> 제국 보험회사, 런던.
>
> 뉴욕 생명보험회사, 뉴욕.
>
> 광둥 조합 보험 협회
>
> 양츠 보험 협회
>
> 위의 서명된 대리점들은 현재 요율로 위험을 보상할 준비가 되어 있습니다.
>
> 제물포, E. MEYER & CO., 드림

그들이 어떻게 맹세했고 복수를 했는가! 물론 그것은 건강에 좋지 않을 것이기 때문에 관찰사에게가 아니라 그들의 존엄성을 모욕한 책임이 있는 어떤 이 씨에게 있었다. 우리는 민 씨가 수술의 흥분에 약간 들뜬 것을 발견했지만 그는 곧 진정되었고 우리는 그와 매우 즐거운 대화를 나눴다.

법원의 보험 사건.

지난달 27일부로 상하이 대법원장인 Nicholas Hannen 경 앞으로 Joly 대 Sun Life Insurance Co. 사건에서 여러 가지 이유로 불가피하게 서울에 구금된 두 명의 증인에 대한 위원회 증거를 얻기 위한 신청이 이루어졌다. 그의 주재권은 신청된 조건에 따라 신청을 승인했다.

러시아 황제는 핀란드 의회와 상원이 핀란드를 나머지 제국과 더 긴밀하게 일치시키기 위해 고안된 조치를 논의하는 독점권을 박탈하는 선언서를 발표했다. 모든 마무리 문제는 상트페테르부르크에서 해결될 것이라고 주장한다.

Pacific line was in harbour at the time and almost before we had time to catch a long breath we changed our plans, hustled our luggage into our trunks and were on board. Now that we are here, I am very well satisfied with the change. It puts us home two weeks earlier and gives us fairly comfortable accommodations at a much cheaper rate."

REVENGE.

The report has reached Seoul that on the morning of May 2nd an attempt was made to blow up with gunpowder Mr. Min Tai-sik, the prefect of Yonan. Early that morning two charges of gunpowder were exploded in the fireplace of the yamen but no damage was done as Mr. Min made a "rapid escape" from the place of danger. No explanation is offered as to the motive for this attempt. Mr. Min is a recent appointee to this post and we had an interview with him a short time ago at Yonan, at which a little incident happened which may throw some light on the gunpowder plot.

We sent our cards to him and awaited the usual invitation to call at the Yamen. A runner soon appeared with the word that the prefect was very sorry but he was too busy to receive a call. We then went personally to the yamen and found a crowd of Koreans with eyes glued to every crack and crevice in the gates watching events transpiring within.

From inside came the sound of "runners chorus" and the dull thud of paddles as corporeal chastisement was administered with parental faithfulness to some evil doers. Soon after the prefect heard we were without he suspended the spanking operations and allowed spankers and spanked alike to exit. About half a dozen brutal looking constables came plunging thro the small gates and it was evident from their gait that a rebuke in dead earnest had been administered.

How they did swear! and vow vengeance! Not on the prefect, of course, for that would have not been conducive to health, but on a certain Mr. Yi who was responsible for the insult to their dignity. We found Mr. Min slightly exhilarated by the excitement of the operation but he soon calmed down and we had a very pleasant conversation with him.

INSURANCE CASE IN COURT.

On the 27th ult. an application was made in the supreme court at Shanghai before Sir Nicholas Hannen, Chief Justice, in the case of Joly vs. the Sun Life Insurance Co., to obtain on commission evidence of two witnesses both of whom for various reasons are unavoidably detained at Seoul. His Lordship granted the application on the terms in which it was applied for.

A mainfesto(sic. manifesto) has been issued by the Czar of Russia depriving the Finnish parliament and senate of the exclusive right hitherto enjoyed of discussing measures designed to bring Finland into closer conformity with the rest of the empire. All Finish affairs, it is asserted, will be settled at St. Petersburg.

Transatlantic Fire Insurance Co., Hamburg.

Imperial Insurance Co., Ltd., London.

New York Life Insurance Co., New York.

Union Insurance Society of Canton, Ltd.

Yangtsze Insurance Association Ltd.

The undersigned agents for the above are prepared to accept risks at current rates.

E. MEYER & CO., CHEMULPO.

도시와 지방 소식.

유니온 서울교회 성도들은 지난주일 크랜스턴 감독님의 훌륭한 설교로 은혜를 받았다.

이번 주 이슈에서 다른 문제로 밀려난 제물포 논쟁에 대해 Mr. Morsel로부터 편지를 받았다. 공주에서 E. C. Pauling 목사가 진행한 Ella Thing 추모 선교회는 미국 침례교 선교회의 정규 사업에 통합되었다.

분실 공지

잔돈과 열쇠 뭉치가 들어 있는 수첩을 분실함. 발견한 사람은 열쇠와 수첩을 이 사무실이나 동대문 근처에 있는 Dr. Harris께 돌려주시고, 돈은 가지셔도 됩니다.

주간지 관리자는 매주 목요일에 신문을 받지 못하는 구독자들은 즉시 관리자에게 알려주기를 바라고 있다. 주간 신문은 사무실에서 발송되며 구독자들이 못 받는 경우 사무실에 이를 알려주기를 바란다.

치과 치료 공지.

일본 고베에서 치과를 운영하는 Dr. HAROLD SLADE 의사는 치료를 목적으로 서울을 방문하고 있다. 작년에 그는 정동에서 환자를 보았고 현재 W. H. Emberley 씨가 거주하고 있는 같은 건물에서 짧은 기간 동안 치과 치료를 할 것이다.

근무 시간은 오전 8시 30분에서 오후 4시 30분까지이며, 오전 11시 30분과 오후 4시 30분에는 환자 진찰을 한다.

치과 치료를 원하는 환자는 Dr. Slade가 이곳에 머무는 시간이 제한되어 있어서 시간이 늦지 않도록 가능한 한 빨리 친절한 상담을 받기를 바란다.

1899년 5월 4일 목요일.

운항 소식

도착.

5월 10일 고베항구를 거쳐 켄까이 호 도착: 오사카 항구 경유하여 다나카와 호 도착; 5월 11일 고베 항을 경유하여 오와리 호 도착; 5월 15일 평양에서 경채 호 도착; 군산에서 메이요 호 도착

출발.

5월 11일 경채 호 평양으로; 지푸 및 천진으로 켄까이 호; 5월 12일 나가사키 행 현익선 (顯益船); 경성으로 창룡선(蒼龍船); 일본으로 Tamakara 호; 진남포로 오와리 호; 5월 16일 평양으로 경채 호; 군산으로 메이요 호.

끔찍하고 파괴적인 가뭄이 호주에 널리 퍼져 있다. 소들이 수백 마리씩 굶어 죽고 있다. 정부 토지를 이용하고 있는 어려움에 부닥친 목동들은 1년 동안 토지 임대료 면제를 요청하고 있으며 요청은 기꺼이 받아들여졌다. 수백만 에이커의 농작물과 수백만 마리의 양이 가뭄으로 피해를 보았다. 엎친 데 덮친것은 산불이 수천 마일에 걸쳐 타고 있으며 농부들은 목숨을 걸고 비행기를 타고 피난해야 하는것이다.

공지합니다.

저는
J. Gaillard Jen 씨가 운영하던 가게를
인수했음을 여러분에게
알리고자 합니다.
이 기회에 그들에게 보여줬던 후원을
계속해서 보내 주시기를 간청합니다.

J. T. 지아신티.

제물포.

CITY AND COUNTRY.

The congregation of the Seoul Union church were favored last Sunday with an excellent sermon by Bishop Cranston.

We have received a letter from Mr. Morsel on the Chemulpo squabble which is crowded out of this week's issue by other matter.

The Ella Thing memorial mission, conducted by Rev. E. C. Pauling at Kong ju, has become incorporated in the regular work of the missionary society of the Baptist church of America.

LOST

A pocket book filled with small change and a bunch of keys. If the finder will return the keys and the pocket-book, either to this office or to Dr. Harris, near the East gate, he may keep the money.

The manager hopes that subscribers not receiving their paper on Thursday of each week would notify him promptly. The papers are sent out from the office and if they fail to reach subscribers we should like to know it.

DENTAL NOTICE.

Dr. HAROLD SLADE, resident dentist of Kobe; Japan is visiting Seoul professionally and may be consulted for a short period at the same compound in which he saw patients last year in Chong Dong and now occupied by Mr. W. H. Emberley.

Office hours 8:30 a. m. till 4:30 p. m. Examinations made at 11:30 a. m. and 4:30 p. m.

Patients desiring dental work will kindly consult Dr. Slade at as early a date as possible to avoid disappointment as his stay here is limited.

Thursday, May 4th, 1899.

SHIPPING NEWS.
ARRIVALS.

May 10 Genkai from Kobe via ports: Tanakawa from Osaka via ports; May 11 Owari from Kobe vai ports; May 15 KyengChae from Pyeng-yang; Meiyo from Kunsan.

DEPARTURES.

May 11 KyengChae for Pyeng-yang; Genkai for Chefoo and Tientsin; May 12 Hyenik for Nagasaki; Changriong for Kyeng-sung; Tamakara for Japan; Owari for Chinnampo; May 16 KyengChae for Pyeng-yang; Meiyo for Kunsan.

Terrible devastating drought is widespread in Australia. Cattle are starving to death by the hundreds. Distressed herdsmen occupying government land are asking remission of rent for one year, a request readily granted. Millions of acres of crops and millions of sheep have been destroyed by the drought. To add to the distress bush fires are raging over thousands of miles of territory and farmers have had to fly for their lives.

NOTICE.

I beg to notify the public that I have taken over the store kept by Mr. J. Gaillard Jne. and I take this opportunity to solicit the continuance of their patronage.

J. T. GIACINTI.

CHEMULPO.

코리안 리포지터리
주간판
매주 목요일 발행

편집: 아펜젤러, 존스,	
영업: 콥	
구독료	
1회	10센,
1개월	30센
우편료 별도 / 광고료	
1개월 노출 광고	
1줄	5엔,
1/2줄	3엔
1인치	1엔
기사식 광고:	
1회	25센,
다음 호부터는	15센

서울-부산철도.

이전 호에서 우리는 계획된 서울-부산 간 철도 노선을 탐사하려고 일본 기술자 탐사대가 서울에서 출발했다고 보도했다. 일행은 일본에 도착하여 호의적인 보고를 했다. 탐사대의 리더인 다꾸 오예(Mr. Taku Oye)는 극복해야 할 심각한 기술적인 어려움은 거의 없다고 발표했다. 그는 철로의 총길이는 약 300마일(약 480km)이며 건설비용은 3,000만 엔으로 추산했다.

오예 씨는 이 철도가 직접적인 경제적인 이득뿐만 아니라 다른 간접적인 방법으로도 일본에 귀중한 이점이 될 것이라 예상했다. 오예 씨는 일본 화폐가 한반도 전역에 널리 유통되고 있다는 점에 주목하고 일본이 이미 한반도에 정착하는 데 성공한 도덕적 영향력이 문제의 철도 건설로 인해 크게 강화될 것으로 생각한다고 했다.

이에 대해 〈Japan Times〉의 편집자는 다음과 같이 노골적으로 논평했다: 누구도 계획된 노선으로 인한 도덕적, 정치적 이점에 대해 오예 씨가 발표한 견해의 정확성에 의문을 제기하지 않을 것이다. 그 문제에 대해서는 더 이상 논의할 필요가 없는데, 왜냐하면 일본인들 사이에서는 의견이 거의 만장일치에 가깝기 때문이다.

그러나 우리는 착수 초기부터 이익을 실현하는 것이 불가능할지라도 머지않아 노선이 합리적 수익성이 있음을 입증할 것이라는 점을 의심할 이유가 없으므로, 이 투자가 순전히 사업적인 것으로 받아들일 가치가 있다고 믿는 경향이 있다.

이 노선은 한국에서 가장 인구가 많고 비옥한 구역 중 하나를 통과하게 되며, 이 구역은 일본과 한국 간의 무역이 급속히 증가하는 것과 가장 관련이 있다. 게다가 이 노선은 일본 이민자들을 위해 한국 남동부의 풍요로운 계곡을 열 것이다. 정치적, 군사적 이유는 말할 것도 없고 이러한 모든 고려 사항은 우리 동포들이 진지하고 실질적인 방식으로 사업을 수행하는 것을 보기를 극도로 간절히 바라고 있다.

영국의 구룡 반도 점령.

홍콩을 방문하는 사람들은 영국이 구룡반도를 확보해야 했던 필요성을 쉽게 이해할 것이다. 이것은 홍콩 항구 맞은편에 있는 본토에 붙어진 이름이며, 비우호적이거나 중립적인 세력의 손에 넘어갔다면 전시에, 극동에서 영국의 이익에 많은 난처함과 심지어 위험의 원인이 되었을 것이다. 얼마 전 영국은 본토에서 항구를 방어할만한 만큼 충분한 영토를 중국으로부터 확보했고 공식적인 소유권 인수는 4월 중순으로 연기되었다.

그러나 새로운 영토에서 중국인들 사이에서 반대가 일어났고 점령을 위해 세워진 파출소가 불에 타는 것과 같은 사소한 성가심, 바늘로 찌르기 같은 공격이 영국인들에게 가해졌다.

4월 14일 메이(May) 경찰청장은 어뢰정 구축함 Fame 호에서 20명의 인도 경찰과 함께

THE KOREAN REPOSITORY.

WEEKLY EDITION.
PUBLISHED EVERY THURSDAY.

H. G. APPENZELLER, - GEO. HEBER JONES,
EDITORS.

| GEORGE C. COBB, | - | BUSINESS MANAGER. |

SUBSCRIPTION RATES.

| Single copy | - | - | Ten sen |
| Per month | - | - | Thirty sen |

POSTAGE EXTRA / ADVERTISING RATES

Displayed Ad - One month

One column	-	-	Yen 5.00
One half column	-	-	Yen 3.00
One inch	-	-	Yen 1.00

Reading Notices - Per line

| Single Issue | - | - | 25 sen |
| Each subsequent Issue | - | - | 15 sen |

THE SEOUL-FUSAN RAIWAY(sic. RAILWAY)

In the a former issue we noted the departure from Seoul of a reconnoitering party of Japanese engineers over the proposed railway route between Seoul and Fusan. The party arrived in Japan and made a favorable report. Mr. Taku Oye, the leader of the company, thinks there is little engineering difficulty of any serious description to be overcome. The total length of the line will be about 300 miles and the cost of construction is estimated at thirty million yen.

Mr. Oye, so the interview goes on to state, is convinced that apart from the purely business aspect of the matter, the proposed line will be of valuable advantage to Japan in other and more indirect, ways. Mr. Oye notes the wide circulation of Japanese money throughout the peninsula and thinks the moral influence which Japan has already succeeded in establishing in the peninsula, as evidenced by the credit enjoyed by our currency there, will be immensely strengthened by the construction of the railway in question.

On this the Editor of the *Japan Times* comments in the following outspoken way: Nobody will be disposed to question the correctness of the view taken by Mr. Oye about the moral and political advantages resulting from the proposed line; that side of the question need not be discussed any more, for opinion is well nigh unanimous amongst the Japanese.

But we are inclined to believe that the venture is worth taking up as a purely business one, for although it may not be possible to realise profit from the very outset, there is no reason to doubt that the lines will before long prove reasonably profitable. The line will pass through one of the most populous and fertile sections of the country, a section which has most to do with the rapidly increasing trade between Japan and Korea. Besides, the line will open the rich valleys of south-eastern Korea for the intending Japanese immigrants. All these considerations, not to mention political and military reasons, make us extremely solicitous to see the enterprise taken up by our countrymen in a serious and practical manner.

BRITISH OCCUPATION OF KOWLOON.

Visitors to Hong Kong will easily understand the necessity England was under to secure possession of Kowloon. This is the name given to the mainland opposite the Hong Kong harbor and had it fallen into the hands of an unfriendly or neutral power would have been a source of much embarrassment and even danger to British interests in the Far East in time of war. Sometime ago England secured from China a cession of territory on the mainland amply sufficient to defend the port and the formal taking over of possession was put down for the middle of April.

But opposition arose among the Chinese in the new territory and petty annoyance, pin-pricks, such as the burning down of police quarters erected for occupation, were inflicted on the British.

On the 14th of April Captain Superintendent of Police May went over to Taipohu with

Taipohu로 이동했으며 무엇보다도 근처에 높은 위치를 점유하고 있는 약 1,000명의 무장한 중국인을 발견했다.

다음날 경찰은 반군 마을 주민들의 총격을 받았을 때 텐트를 가지고 캠프로 들어갔다. 사격은 반격으로 바뀌었고 교전 중에 버거 대위 휘하의 홍콩 연대의 100명의 군인이 나타나 발포했다.
반격이 시작되고 Fame의 상륙 부대가 반군을 포격한 후 그 위치를 급히 점령하자 중국군은 무너지고 도망쳤다. 중국군 몇몇이 사망하고 상처를 입었지만, 영국군 사상자는 없었다.

홍콩 연대의 절반 대대와 왕립 웨일스 수발총병(燧發銃兵) 분견대도 파견되었고 새로운 점령지 중심에 타이포후에서 약 2마일 떨어진 곳에 군사 주둔지가 만들어졌다.
이 힘의 과시로 모든 저항 세력은 압도당했고 4월 16일 Gascoigne 소장, Hon, J. Stewart Lockhart 및 Powell 함대사령관은 총독의 지시에 따라 영국 국기를 게양하고 1시부터 점령에 들어갔다.

같은 날 새 영토에 거주하는 중국인 대표는 총독을 방분하여 삼합회에 의한 소동에 대해 유감을 표시하고 2개의 영국 비단 깃발이 들어 있는 검은 나무 상자를 선물했다.
국기 하나는 점령지 인수식에서 사용해 그 땅이 여왕 폐하의 소유가 되는 의식에 사용하고, 다른 하나는 여왕에게 전해 주기를 바랐다, 영국인은 이제 평화로운 점령지에 있고 모든 것이 조용하다.

홍콩 상하이 은행공사

납입자본금 $10,000,000
적립금 £1,000,000,
영업 비용 $10,000,000[24]
주주의 책임 준비금 $10,000,000

일일 잔액이 500엔 이상이면 당좌 예금의 이자는 2퍼센트입니다.

다음 조건에 따라 예금을 받을 것입니다.
12개월 연 5%
6개월 연 4%
3개월 연 3%

제물포 지사

HOLME RINGER & CO.

HOLME RINGER & CO.는
다음 회사를 대리하는 수송 대리 회사임

극동 러시아 증기 항해 회사.
페닌슐라 &
오리엔탈 스팀 내비게이션 컴퍼니.

캐나다 퍼시픽 왕립 우편 기선 회사.
태평양 우편 증기선 회사.
동서양 증기선 회사.
북태평양 증기선 회사.

로열 익스체인지 어슈어런스
코퍼레이션에서
보험증서를 작성함

한국 제물포.

20 Indian constables in the torpedo boat destroyer Fame and found among other things about 1,000 armed Chinese occupying an elevated position near by.

The next day the police returned with tents to go into camp when they were fired upon by the insurgent villagers. The fire was returned and during the engagement 100 men of the Hong Kong regiment under Captain Berger appeared and were also fired upon. The fire was returned and a landing party from the Fame shelled the insurgents after which the position was rushed and captured, the Chinese breaking and running away. Several were killed and wounded but there were no casualties among the British.

A half-battalion of the Hong Kong regiment and a detachment of the Royal Welsh Fusiliers were also sent and a military camp created about 2 miles from Taipohu in the center of the new territory. By this display of force all opposition was overawed and on the 16th of April, Major General Gascoigne, Hon. J. Stewart Lockhart and Commodore Powell, under instructions from the governor-general, raised the British flag and entered on possession at 1 o'clock.

The same day a deputation of Chinese residents in the new territory called on the governor-general, expressed regret at the disturbances which they said were due to the Triad societies and presented a black wood box containing two silk British flags, one intended for use in the ceremony of taking possession after which it was to become His Excellency's property, and the other they desired forwarded to the Queen. The British are now in peaceful possession and everything is quiet.

HONGKONG AND SHANGHAI Banking Corporation.

PAID-UP CAPITAL $10,000,000
RESERVE FUND
  £1,000,000, Ex. 2s, $10,000,000
RESERVE LIABILITY OF
  SHAREHOLDERS $10,000,000

Interest allowed on CURRENT ACCOUNT at 2 per cent. on Daily Balance over Yen 500.

Money will be received on FIXED DEPOSIT on the following terms:—

For 12 months at 5 per cent. per annum; for 6 months at 4 per cent per annum; for 3 months at 3 per cent per annum.

CHEMULPO AGENTS

Holme, Ringer & Company.

HOLME RINGER & CO.

AGENTS BY APPOINTMENT

Representing

  Russian Steam Navigation in the East.
  Canadian Pacific Royal Mail Steamship Company.
  Pacific Mail Steamship Company.
  Occidental & Oriental Steamship Company.
  Northern Pacific Steamship Company.

  Union Insurance Society of Canton. (Marine)
  Yangtsze Insurance Association (Marine.)
  Royal Exchange Assurance. (Fire)
  Law Union & Crown Fire Insurance Co.
  The Standard Life Assurance Co

CHEMULPO, KOREA.

필리핀 업무
청구 위원회 설립

 필리핀 군도에서의 군사 작전과 관련된 손상, 강제 징발된 재산 및 기타 유사한 성격의 청구를 결정하고 전달하는 역할을 하는 위원회가 구성되었다.

 밀러 장군 휘하의 미군이 도시를 점령했을 때 일로일로의 상당한 재산이 파괴되었으며 모든 국적의 모든 상황에 관한 주장이 다양한 완전한 상태로 제출되었다.

 3월 xx일에 이러한 주장과 관련하여 미국 정부의 입장을 설명하고 소유권에 대한 보다 완전한 증거와 손상의 기원 즉, 미군에 의한 것이냐? 반정부군에 의한 것이냐에 대한 명확한 설명을 요구하는 회람 서한이 작성되었다.

 이 위원회는 그러한 주장의 타당성을 검토하고 적절하다고 판단되는 즉시 문제를 조정하도록 특별히 조직되었다.

 위원들은 Crowder 대령이 위원장을 맡았고, 2nd Oregon Vols 소속 Gantenbein 소령, 미 육군 보병 20사단 그린 대위, 미 육군 보병 22사단 발란스 대위가 위원을 맡았다. -〈마닐라 타임스〉

판무관 정기회의

 판무관들은 오전 9시 반에 오디언스 빌딩에서 매일 회의하고 있다. 많은 사람이 제공된 기회를 이용했으며 의견 표현은 많고 다양하다. 선언문의 전파는 확인할 수 있는 한 매우 만족스러웠다. Schurman 위원장과 위원회의 다른 위원들은 선언문의 명확하고 직설적인 어조에 매우 만족한다고 표현한 현지인 대표 계층의 많은 사람, 외국인, 스페인인 및 필리핀인을 영접하고 면담했다.

 대중들이 쉽게 접근할 수 있는 곳에 면담소를 배치하는 문제는 야심 찬 군사 지도자들의 차단으로 아직 해결되지 않았다.

 말로로스 계곡의 전선 안으로 돌아온 우호적인 원주민들은 이 선언에 상당한 관심을 기울였지만, 군인들이 필리핀인들과 그들 사이에 있어서 이제 모든 문제를 넘어 자신들을 생각하기 때문에 그들의 관심은 곧 사라지고 있다. 그러나 선언문 내용을 필리핀인들에게 되돌려주는 문제에 접근했을 때 그들은 매우 무관심하고 매우 꺼리는 것처럼 보인다.

 남쪽 섬들 사이에 배포하기 위한 수단이 채택되었으며 비사야어 및 기타 방안으로의 번역은 고려 중인 목적에 맞게 순하고 평이하게 만들어지고 있다.

 현재까지 현지 군이나 공무원으로부터 어떤 종류의 의사전달도 받지 못했지만, 선언문이 필리핀 섬의 사람들에게 명시적으로 전달된 것이므로 〈마닐라 타임스〉에서는 그러한 일을 예상할 수 없다.

필리핀 파병군인 생활 엿보기

 이화학당의 Miss Pierce의 형제인 Maurice J. Pierce의 사적인 편지에서 발췌한 다음 내용은 필리핀에서의 군인 생활을 엿볼 수 있는 몇 가지 정보를 제공하며, 얼마 전에 작성된 모든 내용은 한국에 있는 미국인의 관심을 끌 것이다.

Pierce 병사는 첫 번째 테네시 자원군 A 중대 소속이며 2월 5일과 6일에 글을 썼다.

 나는 전투 중 이 글을 쓴다. 내가 지금, 이 글을 쓰는 동안 Monadnock과 Charleston은 마을 양쪽에 있는 반란군의 참호를 포격하고 있으며 우리는 포탄의 굉음을 들을 수 있다. 어느 선박도 우리에게서 0.5마일 떨어져 있지 않으며, Monadnock의 오래된 12인치 대포가 떨어지면 그들은 텐트를 흔든다.

 왼쪽에 있는 참호에서 계속해서 소총 사격 세례가 계속되고 공기는 흥분으로 가득 차 있다.

Affairs in the Philippines
Board of Claims Established

A board has been formed whose function will be to determine and pass upon claims for damage, impressed property and others of a similar nature, incident to the military operations in the Philippine Islands.

It Iloilo considerable property was destroyed at the time of the occupation of the city by the American troops under General Miller, and claims of all descriptions from all nationalities have been filed in various states of completeness.

On March xxth a circular letter was drawn up setting forth the position of the United States government in regard to these claims and calling for more complete proof of ownership and definite specification of the origin of the destructions, whether by American or insurgent forces.

This board is specially designed to examine the validity of such claims and adjust matters as soon as found expedient.

The members are Col. Crowder, President, Major Gantenbein, 2nd Oregon Vols, Captain Green, 20th United States Infantry, and Captain Ballance, 22nd United States Infantry. -*Manila Times.*

Regular Meetings of Commissioners

The commissioners are holding daily meetings in the Audience Building at half past nine in the morning. Many people have availed themselves of the opportunity offered and expressions of opinion are numerous and diversified. The reception of the proclamation has as far as can be ascertained been very satisfactory. President Schurman and other members of the commission have received and interviewed a large number of people, foreigners, Spaniards and Filipinos of the representative class, who have expressed themselves as being very pleased with the definite, straightforward tone of the proclamation.

As yet the problem of placing it in easy access of the masses has not been solved owing to the interception of the ambitious military leaders.

Friendly natives returning within the lines in the Malolos valley have given the proclamation considerable attention, but their interest soon wears off, as they consider themselves far beyond all troubles now that the solders are between the Filipinos and them. However, when approached on the question of taking the proclamations back to the Filipinos they appear quite indifferent and very reluctant.

Means have been adopted for distribution among the southern islands and the translations into the Visayan and other dialects is being made as simple and plain, as is consistent with the objects in view.

Up to date no communications of any kind have been received from the native military or civil officials but as the proclamation is expressly addressed to the people of the Philippine Islands such things are not to be expected -*Manila Times.*

Glimpses of Soldier Life

The following extracts from a private letter of Maurice J. Pierce, a brother of Miss Pierce of Ewa school, gives us a few glimpses of soldier life in the Philippines, and altho written sometime ago they will be of interest to Americans in Korea.

Mr. Pierce is a member of Company A Frist Tennessee Volunteers and writes under date of February 5 and 6.

I write this in the midst of battle. As I write now the Monadnock and the Charleston are shelling the insurgent trenches on both sides of the town and we can hear the scream of the shells, for neither of the vessels is half a mile from us, and when the old twelve inch guns of the Monadnock talk they shakes the tents.

Out in the intrenchments to the left there is a continual fire of musketry going on, and the air is surcharged with excitement.

어젯밤 펠릭스 C와 나는 음악을 들으러 올라가서 돌아와 잠자리에 들려고 준비하고 있을 때 한 소년이 마을에서 들어와 전초 기지에서 전투가 벌어졌다고 말했다. 그리고 그가 그것을 말하자마자 우리는 왼쪽에서 소총 사격의 굉음을 들었다. 잠시 후 무장 소집 벨이 울렸고, 우리는 편성되어 구시가 너머로 진입하다가 예비 병력으로 여기에서 대기하고 있다.

우리는 여기에서 두 시간 정도 머물렀고 판초를 깔고 양식 자루와 수통으로 베개 만들어 길 한복판에서 두어 시간 동안 잤다. 이것은 저녁 10시에서 새벽 1시까지였다. 그런 다음 총과 모든 것을 손에 들고 옷을 입고 취침하라는 명령을 받고 돌아왔다.

3시쯤 잠에서 깼는데 잠시 후 총소리가 시작되더니 일제사격 소리가 들려 도시의 3분의 2가량 퍼졌다. 다시 무장 소집 벨이 울렸고 우리는 출동 준비를 했지만, 밖으로 나가서 먹을 것을 얻을 수 있었다.

1분 만에 사격이 시작되었고, 베이컨 한 조각을 가져와 총검 끝에 끼워 반쯤 튀겼는데, 오랫동안 먹은 것 중의 최고였다. 우리는 다시 같은 장소로 출동했고 새벽까지 기다렸다가 아침을 먹으러 돌아왔다. 마지막으로 기다리던 새벽 2시에서 6시 사이가 제일 신나는 시간이었다. 소총과 대포가 계속해서 발사되었고, 우리는 공중에 떠오른 포탄 파편을 볼 수 있었다. 소년들은 사선으로 가기 위해 단순히 열성적이었지만 우리의 시간은 아직 오지 않았고 우리는 곧 명령을 기다리며 주둔지에서 기다리고 있다.

곧 우리는 11시까지 집합하라는 명령을 받은 후 이어서 진격하라는 명령을 받았다.

우리는 스페인 공동묘지를 지나 곧장 도로 밖으로 진격하여 덤불을 공격하기 시작했고 곧 길을 따라 덤불 속에 있는 저격수들과 눈이 마주치자, 바로 그때 총알이 우리 머리 위로 지나는 소리를 느낄 수 있었다. 첫 번째는 소진되었지만, 우리가 더 멀리 갈수록 가까이에서 발사할 때처럼 날카로운 균열이 생겼다. 마침내 우리는 멈춰 서서 탄약을 장전했고 더 나아가 반란군 전선에서 약 200야드(약 183m) 떨어진 곳에 멈췄다. 이동 중에 우리는 버기, 캐러멜라, 그리고 다쳤든지 또는 사망한 군인 한 명을 수송하는 고물 차량을 만났다. 사격 소리를 들으면서 나는 긴장했지만, 한순간도 물러서거나 후퇴할 생각은 하지 않았다.

우리가 멈춘 곳은 반군 전선에서 300야드(약 274m) 이내였고, 우리의 최전선에는 원주민과 싸우고 있던 14기 정규병이었다.

도로는 우리가 있는 곳에서 약 300야드(약 274m)를 넘어 오른쪽 직각으로 꺾여 있었고 반군이 진을 치고 있는 곳은 바로, 이 도로를 따라 있었다. 우리가 올라왔을 때 4개의 반란군 중대가 있었고 우리 목표는 그들을 몰아내는 것이었다. 정규병들의 소총 공격이 시작되었고 공기는 총소리로 요란했다. 장교들이 어떻게 할지 결정하는 동안 우리는 그들 한가운데 서 있었다.

마침내 정규병들이 전방을 공격하는 동안 우리를 왼쪽 측면에 배치하기로 했다. 우리는 100야드(약 91m) 정도 뒤쪽으로 돌아서 덤불 속으로 들어갔다. A 중대가 대대 선두에 배치되었다. 얼마 지나지 않아 우리는 원주민들이 거대한 논을 가로질러 건너편 숲으로 달려가는 광경을 목격했다. 장교들은 정규병들이 우리가 측면을 공격할 때까지 기다렸다가 돌격을 시도하려는 의도였지만, 우리가 수풀을 뚫고 측면으로 들어가는 동안 기다리지 않고 돌격을 개시한 정규병 중 15명이 죽고 많은 수가 다쳤다.

그러는 동안 우리는 숲을 지나서 논을 건너기 시작했다. 당시 병사들은 자신들이 처한 위험을 알지 못했다. 정규 병사들조차 감히 이런 움직임을 보이지 않았고, 우리가 공격할 때 그들은 우리 장교들에게 우리가 살아서 들판을 건너지 못할 것이라고 말했다. 파란 군복을 입은 대대 전체가 들판을 가로질러 돌진하는 모습은 참으로 멋진 광경이었다. 우리는 반군을 소탕하고 몰아내면서 그 지역 약 4~5마일을 샅샅이 뒤졌다. 나는 물론 여러 번 사격했지만, 그러나 그 전과에 대해서는 말할 수 없다.

세일 안내
할인가에 판매합니다.
최고급 미국산 유모차 1대.
포장을 뜯지 않은 상태의 상품입니다.
부산의 W. O. JOHNSON 의사

Last night Felix C. and I went up to hear the music and came back, and I was getting ready to go to bed, when one of the boys came in from town and said that there was fighting on the outposts, and hardly had he said it than over to the left we heard the roar of musketry. In a moment the call to arms was sounded, and we formed and marched beyond the old city and were halted here as a reserve.

We stayed here about two hours, and I laid my poncho down, and making a pillow of my haversack and canteen, I slept two hours right in the middle of the street. This was from 10 to about 1; then we came back with orders to sleep in our clothes, with guns and everything at hand.

About 3 o'clock I woke up and in a moment heard one rifle report, and volleys could be heard and so it extended around two-thirds of the city. Again the call to arms blew, and we formed, but were allowed to fall out and get something to eat.

In a minute fires were started, and I got a piece of bacon and half fried it on the end of my bayonet, and it was the best I had to eat for a long time. We were marched out to the same place again and waited until dawn and went back for breakfast. While waiting the last time, between 2 and 6 a. m., was the exciting time. Musketry and cannon were continually booming, and we could see the reflections of the shells in the sky. The boys were simply wild to get to the firing line, but our time had not come yet, and we are waiting in camp expecting to be called out any minute.

Soon we received the order to fall in which we did until 11 o'clock, when we received the command to march.

We marched straight out the road past the Spanish cemetery and began to strike the undergrowth and soon we could see the sharpshooters along the road, watching the brush, and just then the bullets began to whistle over our heads. The first ones were spent, but as we got farther they had that sharp crack like they have when they fire near you. At last we halted and loaded, then went farther on, stopping about 200 yards from the insurgent line. On our way we met buggies, "caramellas" and any old vehicle carrying wounded and one or dead soldiers.

This, with the whistling of the bullets, made me nervous, but I never thought for a moment of going back or retreating.

Where we halted was within 300 yards of the insurgent lines, and our front ranks were right in Fourteenth Regulars, who were fighting the natives. The road ran beyond where we were about 300 yards, the turned at right angles, and it was just at this turn and along the road that the lines of the insurgents were. When we came up there were four companies of the insurgents and the object was to drive them back. The regulars were firing, and the air whistled with bullets. We stood in the midst of them while the officers decided what to do.

At last it was decided to flank them on the left while the regulars keep them busy at the front. We went back about 100 yards, then struck out into the bushes. Company A at the head of the battalion. Pretty soon we struck the sight of the natives running across an immense rice field to the woods on the opposite side. It had been the intention of the officers for the regulars to wait until we had flanked them and then charge, but while we were pushing thro the brush the regulars, impatient, charged at the loss of fifteen killed and a number wounded.

Meanwhile we broke out of the woods and started across the rice fields. At the time the men did not know the danger they were in. Even the regulars has not dared to make this move, and as we started they told our officers we would not get across the field alive. It was a pretty sight to see a whole battalion in blue shirts charging across the field. We scoured the country for about four or five miles, clearing and driving back the insurgents. I fired a number of times of course I could not tell with what result.

FOR SALE AT A REDUCTION.

One best grade American baby carriage. Las not yet been unpacked.

W. O. JOHNSON, M. D., FUSAN.

사모아 아피아 포격

뉴질랜드 Aukland를 통한 조언에 따르면 3월 15일 Kautz 제독은 미국 함선 Philadelphia와 H.B.M. 함선 Porpoise와 Royalist와 함께 8일 동안 계속해서 Apia 주변 마을에 발포했다. 문제는 원주민 족장 Mataafa와 Malietoa의 추종자들 사이의 파벌 싸움에서 비롯되었다.

알려진 바와 같이 독일, 영국, 미국의 세 강국은 사모아를 보호하기 위해 삼자 협정을 맺었다.

Mataafa 아래 섬에 임시 정부를 수립하여 원주민 분쟁을 해결하려는 시도가 있었다. 그러나 이 추장은 권력의 바람에 반발했고 필라델피아 호에서 열린 영사와 고위 해군 장교 회의에서 임시 정부를 해산하기로 했다. Kautz는 그 취지로 명령을 내렸다. 권력의 이 결정에 반대하여 Mataafa의 추종자들은 반란을 일으켰다. 이들은 아피아 부근에 대거 집결하였지만, 3월 15일 오후 1시까지 그 위치에서 물러가라는 통촉을 받았다.

이렇게 하는 대신 그들은 30분 일찍 공격을 시작했고 동시에 배에서는 발포했다. 여러 해안 마을이 곧 화염에 휩싸였다.

필라델피아 호의 결함 있는 포탄이 미국영사관 근처에서 폭발했고 그곳의 해병대는 간신히 탈출했다. 한 파편이 Rudge 일병의 다리에 날아들어 수술이 필요했다. 또 다른 파편은 도자기를 부수고 독일 영사관으로 날아들었다.

독일인들은 팔케 호로 피난했다. 밤 동안 반군은 아피아를 공격하고 세 명의 영국 선원을 죽였다.

영국 해병은 자신들 아군 보초병의 총탄 오발로 다리에 총상을 입었다; 다른 한 명은 발에 총을 맞았고 미군 보초병은 이 지점에서 사망했다.

마을 주민들에게 계속되는 폭격으로 Royalist 호에는 피난민들이 몰려들어 배가 크게 붐볐다.

전보에서 볼 수 있듯이 3월 23일 정부는 Malietoa Manu와 독일 영사 Rose의 손에 맡겨진 권한을 소환하였다고 한다. 우리는 아직 이것에 관해 확인해보지 못했다.

추세는 전체 문제를 찻주전자 속의 폭풍으로 취급하는 것이다. 사모아는 관련 삼국의 골칫거리로 판명되었으며, 이 사건으로 삼국(독일이나 영국으로) 중 한 나라에 섬이 넘겨진다면 전체 문제로 볼 때 그렇게 나쁘지는 않다.

R. 우치다.
제11호

일반 해외 결제, 제물포

아래 서명자는 S.C.R.R의 엔지니어링 회사에 사표를 내고 위 주소에 건물 건설 계약자로서 하도급받을 준비가 된 시설을 열었음을 공지하고 알리는 바입니다. 건축 공사 감독; 측량기사, 설계사; 또한 위와 관련된 모든 내부 공사 계획 또는 설계도를 제공합니다.

또한 저의 오랜 경험이 여러분들에게 완전한 만족을 보장할 수 있을 것임을 말씀드리며, 많은 후원과 성원을 간곡히 부탁드립니다.

R. 우치다.

Bombardment at Apia, Samoa

Advices via Aukland, N. Z., state that on March 15th Admiral Kautz with the United States ship Philadelphia and H. B. M. ships Porpoise and Royalist opened fire on the villages about Apia which was continued for eight days. The trouble has grown out of a factional fight between the followers of the native chiefs Mataafa and Malietoa. As is known the three powers, Germany, England and America, have entered into a tri-partite agreement to protect Samoa.

An attempt was made to settle the native dispute by setting up a provisional government of the islands under Mataafa. This chief however proved recalcitrant to the wishes of the powers and at a meeting of the consuls and senior naval officers held on board the Philadelphia it was decided to dismiss the provisional government. Kautz issued an order to that effect. Against this decision of the powers the followers of Mataafa rebelled. They assembled in large numbers about Apia and were given until 1 o'clock on the afternoon of March 15th to evacuate their positions.

Instead of doing this they began the attack half an hour earlier, upon which the ships opened fire. Several shore villages were soon in flames.

A defective shell from the Philadephia exploded near the American consulate and the marines there narrowly escaped. A fragment struck the leg of Private Rudge necessitating amputation. Another fragment traversed the German consulate smashing the crockery. The Germans took refuge on board the Falke. During the night the rebels attacked Apia and killed three British sailors.

A British marine was shot in the leg by a sentry of his own party; another was shot in the foot and an American sentry was killed at this spot. The bombardment continuing the inhabitants of the town took refuge on the Royalist, greatly crowding the vessel.

As has been seen by the telegrams, on March 23rd the powers placed the government in the hands of Malietoa Manu and the German Consul Rose, it is said, has been recalled. We have seen no confirmation of this, as yet.

The tendency is to treat the whole matter as a tempest in a teapot. Samoa has proved a source of trouble to the three powers concerned and if this incident leads to the handing over of the islands to one of the three powers (either Germany or England) it was not be a bad settlement of the whole affair.

R. UCHIDA.

No. 11

General Foreign Settlement, CHEMULPO.

The undersigned begs to inform the public that he has resigned from the engineering work of the S. C. R. R. and has opened an establishment at the above address, where he is prepared to receive orders as **Contractor of Building Construction; Overseer of Building Construction; Surveyor, Designer; also furnishes plans or sketches of all descriptions connected with above.**

I also beg to state that my long experience will insure full satisfaction to the public and I respectfully solicit their patronage and support.

R. UCHIDA.

코리안 리포지터리
주간판

1권 16호,   1899년 5월 25일, 목요일

유교가 다시 돌아왔다.

다음과 같은 칙령이 공포되어 도시 전역에 게시되었다. 칙령을 통해 신기선 씨와 그의 일파들이 비통해하고 있는 것으로 추정된다. 만약 신 씨가 과거가 아닌 현재를 직면하고, 낡은 종파의 쇠퇴보다는 재정 문제를 해결하기 위해 넉넉한 마음을 갖는다면, 다음과 같은 백 명의 예레미야보다 자신감을 되살리는 데 도움이 될 것이다.

칙령

이 세상의 모든 나라 가운데 그 명예롭고 존경받는 국가종교의 계율을 따르지 않는 국가는 없다. 국가종교는 인간의 마음을 정화하고 그들의 행동을 정부에 맡기기 위해 존재한다.

우리나라의 국가종교는 왜 높이 평가받지 못하고 성과도 없는가? 우리 국가종교는 공자를 숭배하는 것이 아닌가? 황제와 요순은 신의 명령을 받들어 권력 최고의 자리에 올랐다. 우탕문무주공[45]은 완전하고 신성한 교리와 신의 계율의 상속자였다.

그러자 우주의 비밀을 깨친 스승(공자)이 성현들의 가르침을 모았다. 그리고 그의 계율은 아버지와 아들, 왕과 신하, 남편과 아내, 연장자와 젊은이, 친구와 친구에 관한 것이며, 그의 저서로는 사서오경 등이 있다. 이 책들의 주요 사상은 미덕을 알리고 백성을 일깨우는 것이다.

그들은 물리학, 철학, 도덕, 심리학, 인간의 선한 마음, 가족의 질서, 국가의 행정, 우주의 평화를 가르친다. 모든 사람과 수많은 세대가 따라갈 총서!

이 종교 밖에는 인간도 국가도 없으며, 역사의 왕들과 궁정들이 이 종교에 충실했던 것처럼, 악당과 반역자들은 그들의 계획에 치명적인 공포에 휩싸여 있다.

그다음에는 별로 관심이 없는 다양한 현자들의 노고에 대한 언급이 이어지며, 그 후 한국에서 이 숭배의 발흥이 다음과 같이 소개된다.

기자 때 기초를 닦고 삼한 때 백성의 풍속이 부정하고 도가 없어져 쓸모없게 되었느니라.

* * * * * * * *

그렇다면 왜 그렇게 오래전에 시작되어 날마다 그것에서 멀어지고, 그 속에서 입술과 귀로만 훈련하고 몸과 마음으로 어리석은 문학을 섬기고 유일한 과학을 어둡게 하는 것이 현재 시대를 버렸는가? 심지어 국가종교 저작물도 사라지고 있다. 시경(詩經)을 부르지 않으면 학교에서는 들을 수 없다. 우리 책상 위에는 거룩한 작품들이 버려져 있다. 관리들은 자기들만 알고 왕은 모른다. 문인의 슬픔은 관직을 맡을 수 없다는 것이다. 탐욕의 파도가 하늘까지 치솟고, 모든 교리가 땅을 휩쓸고 있습니다. 의례는 폐허로 변하고 계율은 상처 입고 나날이 변화가 일어나고 악독한 역적들이 서로의 발자취를 따라가며 을미년(1895년)이 절정에 이른다. 아아, 이것은 국가종교를 포기한 데 따른 재앙이 아닌가?

이성은 혼란 뒤에 행정이 있어야 하고, 어려움 뒤에 회복해야 한다고 명령하고 있다.
우리는 선조들의 사업을 이어받아 왕과 현인들을 받들었고 백 가지 환난을 겪으며 수많은 두려움 속에서도

THE KOREAN REPOSITORY.

WEEKLY EDITION.

VOL. I. NO. XVI. THURSDAY, MAY. 25, 1899.

CONFUCIANISM REVIVED.

The following edict has been issued and posted through out the city. From it we gather that Mr. Sin Kison and his party are in a wailing mood. If Mr. Sin would face the present instead of the past, if he would set his fertile mind to grapple with the problem of finance rather than decay of an out-of-date cult, it would go farther to revive confidence than a hundred Jeremiads like the following:

EDICT.

Among all the nations of this world there is not on which does not follow the precepts of its honorable and venerated State Religion for a State Religion comes into existence for the pose of purifying the minds of men and bringing their actions under government. Why is it that the State Religion of our nation is not in high esteem and is fruitless? Is not our State Religion the cult of Confucius? Whang-chei and Yo-sun inherited the divine commands and rose to the highest pinnacle. Woo-tong, Mun-mu, and Chu-kong were the heirs of complete and holy doctrines, and the divine precepts. Then the Master(Confucius) the possessor of the secrets of the universe, who gathered together the teachings of the sages. And his precepts relate to father and son, king and courtier, husband and wife, elder and junior, friend and friend, and his writings were the books of Odes, History, Changes, Rites, and the Spring and Autumn Annals. The chief thoughts of these books are the illumination of virtue and the renewal of the people.

They teach physics, philosophy, morals, psychology, cleanliness of person, order in family, administration of the nation, and the peace of the universe. A literature for all beings and myriads of generations to follow! Outside this religion there are no men and no nations, and as the kings and courtiers of history were faithful to it, villains and traitors stood in mortal terror in their schemes.

Then follows a reference to the labors of the various sages of no particular interest after which the rise of the cult in Korea is introduced as follows:

In the time of Kija the foundation was laid and in the time of the Samhan it fell into disuse, for the customs of the people were unclean and the doctrine became extinguished.

* * * * * * * *

How comes it then the present times have abandoned that begun so long ago and daily falling away from it, exercise themselves in it with lips and ears only but with their bodies and their hearts serve a literature of folly, darkening the only science which is real? Even the books of the State Religion are disappearing. If the odes are unsung the schools cannot hear. The holy writings lie abandoned on our desks; officials know only themselves, not the king; the sorrow of the literati is their inability to obtain office; and the waves of covetousness roll high to the very heavens, and every doctrine sweeps the earth; ceremony is in ruins and the precepts lie wounded, and change daily develops and villainous traitors follow in each others foot steps finding a climax in the affair of year eulmi(1895). Alas is not this the disaster following on the abandonment of the State Religion?

Reason dictates that administration should follow disturbance, and restoration should follow trouble. We have inherited the work of our ancestors and ascended the Throne of kings and saints and thro a hundred troubles and a thousand fears,

우리의 유일한 생각은 국가종교를 확립하는 것이었다. 우리의 슬픈 생각은 우리가 홍수를 막고 홍수의 진로를 바꿀 수 있다는 것이었다. 태자의 빛나는 학식이 일찍이 드러나고 그의 학문이 나날이 발전하였느니라, 그리하여 이제부터 우리와 태자는 유교의 최고 감독직을 맡아, 기자(Kija)와 공자의 종교를 조명함으로써 우리 왕실 조상들의 뜻을 실현할 것이다.

그러므로 너희 관료들은 묵묵히 이 사실을 알리라. 종교의 계율을 따르고 당신 자신이 당신 아래에 있는 사람들을 인도하라. 예법을 높이고, 풍속을 지지하며, 성실함으로 명예를 얻고, 각처에서 예법에 대한 헌신을 몇 배로 늘려라. 유학과 학문의 발전을 위해 유학대학을 활용하시오.

이 칙령은 선비의 조직과 관련된 몇 가지 일반적인 지침으로 끝마쳤다.

독자의 기고 글

【모르셀 씨의 다음 기고 글에 대해 이번 호에서는 편집 없이 독자들에게 제공되며 본 기고문에 대해 코리언 리포지터리는 그 내용에 대해 어떠한 책임도 지지 않습니다.】[46]

1899년 5월 12일 제물포에서 보냄.

코리언 리포지터리 편집자님께,

친애하는 편집자님, 제가 본 코리언 리포지터리 5월 4일 자에 실린 기사에서, 저는 어떤 기자가 쓴 토지 문제에 대한 소식을 보게 되었는데, 저는 "일본인이 3년 전에 집 4채가 있는 땅을 샀다."라는 기사에 대해 저는 귀하의 신문에 반론을 게재할 지면을 할애해 주시기를 부탁드립니다. 저는 평생 항상 진실을 고수하고 악마를 부끄럽게 하는 것이 진실임을 강조해 왔습니다. 저는 진리가 높이 평가되어 대개 손해를 입었다는 사실을 지금까지 발견하지 못했습니다! 저는 장기적으로 진실이 최선의 방책이라는 원칙을 고수합니다.

저는 지난달 26일(4월 26일) 자 기고 글에서 다음과 같이 썼습니다. 여기에서 문제가 발생한 땅은 유럽인의 소유 땅입니다. 바로 거기에 같은 서명을 한 유럽인이 저입니다. 그리고 거기에 이 문제에 가장 관심이 있는 사람들이 있습니다. 특히 이 문제는 현재 베를린 외무부에 제출되어 있는데, 그곳에 1898년에 나 자신이 작성한 의정서가 있습니다. 저는 1892년 중국 영사와 당시 감리 사이의 모든 절차, 그리고 1896년 말 이후 일본 오코와라와 한국 관리들 사이의 모든 절차를 그 이후 재직 중인 모든 절차를 잘 감시해 왔습니다.

대서양 화재보험회사, 함부르크.

제국 보험회사, 런던.

뉴욕 생명보험회사, 뉴욕.

광동 조합 보험 협회

양츠 보험 협회

위의 서명된 대리점들은 현재 요율로 위험을 보상할 준비가 되어 있습니다.

제물포, E. MEYER & CO., 드림

저는 앞의 기고 글 중 편집부에서 어떤 이유로든 1892년 중국 영사의 절차를 생략했다는 것을 발견했습니다. 그리고 이 땅의 일부에 대한 허위 판매가 그와 감리 사이에 계약되었다는 사실을 발견했습니다. 그리고 농부가 무장한 경찰을 등에 업고 가서 제 경계석을 훔쳐 가서 자기 소유 땅 경계석에 두었을 때, 저는 그러한 문제를 대중 앞에 알려야 한다는 것이 매우 중요하다고 생각했습니다. 특히 아래 서명자는 제가 쓴 내용에 대한 모든 책임을 지며 당시 문제는 제가 독일 영사관에 전부 다 보고한 것 외에는 없습니다.

이제 또 다른 문제인 1895년에 거래한 "주택 4채가 달린 토지 구매"에 대해 이야기하겠습니다. 오쿠라 씨는 북단 제 땅에 있는 한인 주택에 돈을 빌려줬는데, 빌려준 금액이 현금 15만 전 이었습니다. 돈은 빌려줬는데 회수가 안 되니 오쿠라 씨는 저당권을 압류하고 거기에 집을 지었습니다. 오쿠라(Okura)는 다른 많은 일본인이 이미 수년 동안 그 땅이 저의 소유이고 그 땅에 있는 집들이 단지 위반 건축물이라는 것을 알고 있었지만, 그는 그 집을 차지했습니다. 그리고 1896년 가을 그는 자기가 그 땅에 대한 권리가 있다고 생각했습니다. 제가 일본에서 돌아왔을 때 오쿠라 씨가 집을 짓기 시작했고 저의 머리글자가 있는 경계석 두 개를 없애버렸다는 것을 알았습니다.

our one thought has been to establish the State Religion. Our sad thought has been that We might be able to stem the flood and change its drift. The brilliant learning of the Crown Prince was early manifested and daily his scholarship has advanced so that from now on We and the crown Prince assume the chief supervisor ship of the Confucian cult, and illuminating the religion of Kija and Confucius, will bring to pass the will of our royal fathers.

Therefore, all ye officials with care announce this; follow the precepts of the religion and yourselves lead those beneath you. Exalt the rites and teachings, support the customs and achieve a reputation by your earnestness, and increase everywhere devotion to the rites many fold. Use the Confucian Temple College for the development of scholars and scholarship.

The decree ends up with a few general directions relative to the organization of the Son bi (Literati).

CORRESPONDENCE.

【The following communication from Mr. Morsel is given to the public without editing this time and this paper does not assume any responsibility for its contents.】

CHEMULPO, 12th May 1899.

THE EDITOR KOREAN REPOSITORY.

DEAR SIR:- As I See an article in your issue of the 4th: May from some Cor- respondent hear about the Land trouble, I am obliged to ask again to favour me with Space in your Paper, as I would like to Correct the Gentlemen about "Japanese bought a piece of land with four Houses three years ago", I have always through life made it a point to Stick to the truth and Shame the devil, its true; I have not found that truth is appreciated and usually has been a loss, and yet! I hold to the Principle that in the long run truth bound to Come out best.

I wrote in my article of the 26th: Ultimo that the land over which some trouble here took place as belonging to a European, now this Same European is I am the undersigned, and there for the most Interested in the matter Specially the matters is now before the Foreign office at Berlin where a Protocol as laid down by my self in 1898, I have Kept good watch an all Proceedings both between the China Consul in 1892, and Kamni at that time and Since the end of 1896 between the

Transatlantic Fire Insurance Co., Hamburg.

Imperial Insurance Co., Ltd., London.

New York Life Insurance Co., New York.

Union Insurance Society of Canton, Ltd.

Yangtsze Insurance Association Ltd.

The undersigned agents for the above are prepared to accept risks at current rates.

E. MEYER & CO., CHEMULPO.

Japanese Okowara and the Korean officials Since then in office, I found that in my former letter you for some reason or other left out the Proceedings of the Chinese Consul in 1892., and that a false Sale of part of this piece of land was Contracted between him and the Kamni, and when the farmer with an armed Police force went to take away my Boundary stones and placed in his own, I think this quite of Important that such matters should be brought before the Public and specially as I the undersigned take all responsibility for what I write, beside the matters at the time was by me fully reported to the German Consulate.

I am Coming now to the other matter the "Purchase of a piece of land and four Houses" in 1895 Mr. Okura lent money to a Korean living in a House on my property, an the northern end, the amount loan was 150,000 Cash, the loan Coming true, and money not Coming forward, Mr Okura foreclose the mortgage and Size the House, Mr. Okura Knew as did a lot of other Japanese already many years that the land was mine, and that the Houses on it were only Squatters yet he took the House, and also thought he had a right to the land in Autumn 1896 as I came from Japan I found Mr. Okura had began to build a House and removed two of my Boundary Stones

여기 일본 영사인 이시에 씨에게 건물 건축을 멈춰달라고 신청했는데, 영사는 호의적이었고, 오쿠라 씨에게 연락해서 답을 받았더니 가옥 소유권 증서가 있다고 했습니다. 저는 오쿠라에게 그 소유 증서를 보여줄 수 있는지 물었고, 그가 가지고 온 증서를 봤습니다. 여기에서 저의 통역사는 즉시 영사에게 오쿠라가 "가옥 증서"로 알고 있는 그 증서는 토지에 대한 소유권 증서가 아니라 주택세에 대한 세금 증서라는 것이라고 알려줬습니다. 감리에게 지급할 Kank에 있는 집의 건축 방법과 지붕의 가격을 명시했지만, 대지에 대한 언급은 없었습니다.

그러나 영사는 오쿠라 씨가 계속 건축 진행을 하는 것을 막으려는 조처하지 않았고 오쿠라 씨는 그의 성공에 용기를 얻었으므로 제가 유럽으로 떠난 후 김추아와 함께 모든 것을 차지했습니다. 이전과 비교하면서 저는 집주인으로부터 땅은 내 것이고 오직 집만 담보로 맡길 수 있다는 것을 잘 알고 있다는 증명서를 받았습니다. 더욱이, 오쿠라 씨의 강압적인 행위가 일어난 이후, 지상의 조선인과 그들의 집과 개인 소지품이 지난 21일 자정부터 새벽 사이에 오쿠라 씨가 행동대장이었던 일본인들의 강경파에 의해 완전히 파괴되었습니다. 제가 말하고 싶은 것은 바로 한국인들이 나에게 그들의 대표를 보내, 이곳 주택의 완전한 주인인 제가 지난 몇 년 동안 저의 권리를 박탈당했다는 것에 대해 동정심을 표하며 말했습니다.

만약 제가 아무런 소유 권리도 없는 일본인들에게 조처했다면 그들은 나만큼 많은 말을 할 필요가 없었을 것입니다. 그러므로 참을성 있게 수년을 기다린 후에는 제 소유권을 가져갈 권리가 있습니다. 저는 대리인에게 유럽인은 그렇게 고압적인 조처를 하는 것을 허용하지 않으며, 우리 유럽인은 법을 준수해야 하며 법에 따라서만 시야를 확보하지, 밤에 날뛰는 강도처럼 행동하지 않는다고 말했습니다.

이것이 3년 전쯤 4채의 주택을 포함해 땅을 샀다는 일본인의 진실입니다. 이 일본인의 이름을 소식통이 밝히지 않았지만 이 일본인과 오쿠라 씨는 같은 사람이며 한 사람입니다.

모든 사실을 대중에게 알려주셔서 감사합니다. 저는 진실이 밝혀지기를 기원합니다.

F. H. 모르셀

세일 안내
할인가에 판매합니다.
최고급 미국산 유모차 1대.
포장을 뜯지 않은 상태의 상품입니다.

부산의 W. O. JOHNSON 의사

R. 우치다.
제11호
일반 해외 결제, 제물포

아래 서명자는 S.C.R.R의 엔지니어링 회사에 사표를 내고 위 주소에 건물 건설 계약자로서 하도급받을 준비가 된 시설을 열었음을 공지하고 알리는 바입니다. 건축 공사 감독; 측량기사, 설계사; 또한 위와 관련된 모든 내부 공사 계획 또는 설계도를 제공합니다.

또한 저의 오랜 경험이 여러분들에게 완전한 만족을 보장할 수 있을 것임을 말씀드리며, 많은 후원과 성원을 간곡히 부탁드립니다.

공지합니다.
저는 J. Gaillard Jen 씨가 운영하던 매장을 인수했음을 고객 여러분께 알립니다. 저는 이 지면을 빌어 여러분들의 지속적인 성원을 간청합니다.

J. T. 지아신티

제물포

having my Initials, I applied to Mr. Ishie the Japanese Consul here, asking him to have the Building Stopped, the Consul was good enough and Called Mr. Okura, who on being Interrogated said he had a Title deed, I asked If he was able to show it, on which he produced a deed Knowing here as a "House deed" my Interpreter at once made the Consul aware that it was no Title deed for land that the deed was a Tax deed for House taxes payable to the Kamnie in gave the House in Kank how build and what Roof value of the Home and plainly Stated no Ground.

The Consul however took no steps to Stop Mr. Okura from farther building, and as Mr. Okura got remboldunt by his Success he togethers with Kim Chu-a took the decisive Step totally take the whole after I had left for Europe, In comparing the fore going I got a certificate from the Owner of the House or Houses, that he Knew very well that the Ground was mine, and the House only was let the money on. Farther more, Since the high handed act of Mr. Okura has taken place, the Very Korean-on the Ground, and on which their House and personal effects was will fully destroyed by a Hard of Japanese between Midnight and dawn on the 21st Ultimo and of which hard Mr. Okura was the leader, I said the very Koreans Sent to me a deputation and expressed their Sympathy that I the right full owner had been all this years deprived of my right, and said.

If I had taken the step the Japanese took who have no right at all, they would not have to say much as I Hence after patiently waiting so many years would be in the right to take my own. I told the deputation that a European should not allow himself to take such a high handed step, that we Europeans had to abide by the law and obtain our sights only by law and not like Robbers at night.

Such is the truth of the Japanese as said having some three years ago bought land and four Houses, this Japanese whose name was not given by yan Correspondent and Mr Okura are one and the Same.

Thanking you for giving the truth of it all to the Public. I beg to remain Respectively.

F. H. MORSEL.

**FOR SALE
AT A REDUCTION.**

One best grade American baby carriage. Las not yet been unpacked.

W. O. JOHNSON, M. D., FUSAN.

R. UCHIDA.
No. 11
General Foreign Settlement,
CHEMULPO.

The undersigned begs to inform the public that he has resigned from the engineering work of the S. C. R. R. and has opened an establishment at the above address, where he is prepared to receive orders as **Contractor of Building Construction; Overseer of Building Construction; Surveyor, Designer; also furnishes plans or sketches of all descriptions connected with above.**

I also beg to state that my long experience will insure full satisfaction to the public and I respectfully solicit their patronage and support.

R. UCHIDA.

NOTICE.

I beg to notify the public that I have taken over the store kept by Mr. J. Gaillard Jne. and I take this opportunity to solicit the continuance of their patronage.

J. T. GIACINTI.
CHEMULPO.

코리안 리포지터리
주간판
매주 목요일 발행

편집: 아펜젤러, 존스,
영업: 콥
구독료

1회	–	–	10센,
1개월	–	–	30센
우편료 별도 / 광고료			
1개월 노출 광고			
1줄	–	–	5엔
1/2줄	–	–	3엔
1인치	–	–	1엔
기사식 광고:			
1회			25센,
다음 호부터는	–	–	15센

장기간의 가뭄은 사람들에게 무겁고 커다란 근심 걱정을 불러일으키고 있다. 농부는 메마른 논을 바라보며 자기 앞에 기근이 닥쳐오는 모습을 본다. 도시의 우물은 말라가고 있고 이 역시 적지 않은 불안감을 조성하고 있다.

사람들은 보통 4월 말이나 5월 초에 내리는 봄비가 부족하게 되는 이유가 전기통신과 전선이 구름의 영향과 연결을 차단하기 때문이라 생각한다.

이것은 처음에는 일부의 우려였지만, 지금은 이달이 가기 전에 비가 내리지 않으면 전선을 철거해야 할 것이라는 보고가 나왔다. 우리가 믿을 수는 없지만 오늘 5월 23일 전선을 제거하라는 명령이 이미 내려졌다는 소문이 파다하게 퍼졌다.

*

영국에서 최근 중국 기지에 도착한 브리스크(H. M. S. Brisk)호는 지난해 11월부터 이곳에 주둔하고 있는 영국 해병대를 철수할 목적으로 지난 목요일에 항구를 방문했다.

브리스크호의 함장과 몇몇 장교들은 서울의 지형이 낮고 공격받기 쉬운 여건에 놀라움을 표했으며 서울의 관심 있는 지역을 방문했다.

경비대는 여기에 주둔하는 동안 모범적인 행동으로 모든 사람으로부터 많은 칭찬을 받았으며 목요일 저녁에는 지인들로부터 꽤 좋은 환송을 받았다. 일행 전체는 금요일에 강 기선을 타고 제물포로 떠났다. Brisk 호에 그들이 도착하자마자 브리스크 호는 위하이에서 함대를 위해 우편물을 보냈던 것처럼 바다로 출항했다.

이제 이맘때 대체로 한국인들이 가장 즐기는 일은 나무 주위의 시원한 그림자를 쫓아 하루를 보내는 것이라는 것이 결정적으로 입증되었다!

편집자...

서울에서는 한 가지 더 있는데, 전차를 타는 것이다.

-M.

*

결혼 소식

S. A. Moffett 목사와 M. Alice Fish 양이 6월 1일 결혼한다고 발표했다. 결혼식은 Miss Doty(Susan A) 씨 자택에서 거행될 예정이다. 지난 23일 신랑 신부와 그 친구들 몇 명이 평양에서 왔다.

*

전차는 어느 정도 시간을 지키며 운행된다. 한국인들은 신기함을 즐기고 있으며 한 사람이 승차했다는 소식을 전했으며, 그는 2달러를 다 쓸 때까지 탔다고 한다. 서대문에서 동대문까지의 요금은 10 센 이고, 황후 묘역[47] 까지의 요금은 15 센 이다.

*

크랜스톤 감독은 지난 주일 오후 배재학교 예배당에서 매우 감명깊은 설교를 하셨다.

THE KOREAN REPOSITORY.

WEEKLY EDITION.
PUBLISHED EVERY THURSDAY.

H. G. APPENZELLER, - GEO. HEBER JONES,
EDITORS.

GEORGE C. COBB, - BUSINESS MANAGER.

SUBSCRIPTION RATES.

Single copy	-	Ten sen
Per month	-	Thirty sen

POSTAGE EXTRA / ADVERTISING RATES

Displayed Ad - One month

One column	-	Yen 5.00
One half column	-	Yen 3.00
One inch	-	Yen 1.00

Reading Notices - Per line

Single Issue	-	25 sen
Each subsequent Issue	-	15 sen

The long drought is creating deep and widespread concern among the people. The farmer looks upon his parched rice-fields and sees famine ahead of him.

The wells in the city are running dry and there is no little anxiety in this respect. The cause for the lack of the spring rains which usually come towards the end of April or the beginning of May is attributed to the telegraph and electric wires which shut off the influence and connection with the clouds.

This was whispered at first; then came the report that the wires would be taken down if it did not rain before the end of the moon: today May 23d the rumor was circulated, tho we do not believe it, that the order for the removal of the electric wires had already been given.

*

H. M. S. Brisk which has lately arrived on the China station from England visited the Port on Thursday last for the purpose of withdrawing the British Marine Guard which has been stationed here since last November.

The captain of the Brisk and several of the officers visited the city and points of interest, being surprised at the situation of Seoul in such a low valley and so easy of attack.

The guard have earned high praise from every one for their exemplary conduct during the time they have been here and they received quite a nice send off from their friends on Thursday evening. The whole party left for Chemulpo by the river steamer on Friday. Immediately upon their arrival on board the Brisk, she put to sea as she had on board the mail for the fleet at Wei-hai-wei.

It is now conclusively demonstrated that the most delightful occupation of the average Korean at this time of the year is to spend the day in chasing a cooling shadow around a tree!   EDITOR...
One thing more in Seoul-riding on the street car.   -M.

*

WEDDING BELLS.

The wedding of Rev. S. A. Moffett and Miss M. Alice Fish is announced for June 1. The ceremony will be performed at the home of Miss Doty.(Susan A.) The bride and groom accompanied by a few friends arrived from Pyeng-yang on the 23d inst.

*

The electric cars are running with more or less regularity. Koreans are enjoying the novelty and we are creditably informed that one man rode and rode until he had used up two dollars. The fare from gate to gate is ten sen: and to the Queen's tomb fifteen sen.

*

Bishop Cranston preached a sermon of great power in the Paichai school chapel last Sunday afternoon.

감독과 그의 딸은 23일 서울에서 출발해 중국 홍콩과 상하이로 향했다.

*

얼마 전에 우리 신문에서 알렸던 언더우드 부인의 병은 기대했던 것만큼 호전되지 않았다. 부인은 한강 변에 있는 별장을 나와 멀리 블라디보스토크까지 바다 여행을 할 계획이다.

*

Annam과 Tonkin의 프랑스 부사장이며 1900년 전시회의 한국 부국장인 M. A. Cremoulet 씨가 서울에 있다.

*

사범대학의 헐버트 교수가 〈포럼〉 4월호에 '한국과 한국인'이라는 특이한 관심을 끄는 글을 실었다.

*

우리 신문에서는 서대문에서 동대문까지의 전차 철도 요금이 일등석 10 센, 이등석 6 센이라는 것을 입수하였다.

치과 치료 안내

슬레이드 의사는 모든 환자를 돌볼 수 있을 만큼 서울 방문 기간을 연장할 수 없으므로 반기마다 열리는 나가사키 방문 기간과 연계하여 가을에 전적으로 서울을 방문하도록 노력할 것임을 밝혔다.

삼문출판사에서는

대형, 중형, 소형 서류 봉투를 갖추고 여러분의 주문을 기다립니다.

홍콩 상하이 은행공사

납입자본금 $10,000,000
적립금 £1,000,000,
영업 비용 $10,000,000[24]
주주의 책임 준비금 $10,000,000

일일 잔액이 500엔 이상이면 당좌 예금의 이자는 2퍼센트입니다.

다음 조건에 따라 예금을 받을 것입니다.
12개월 연 5%
6개월 연 4%
3개월 연 3%

제물포 지사

HOLME RINGER & CO.

HOLME RINGER & CO.는
다음 회사를 대리하는 수송 대리 회사임

극동 러시아 증기 항해 회사.
페닌슐라 &
오리엔탈 스팀 내비게이션 컴퍼니.

캐나다 퍼시픽 왕립 우편 기선 회사.
태평양 우편 증기선 회사.
동서양 증기선 회사.
북태평양 증기선 회사.

로열 익스체인지 어슈어런스
코퍼레이션에서
보험증서를 작성함

한국 제물포.

The Bishop and his daughter left Seoul for HONGKONG AND SHANGHAI China on the 23d.

*

Mrs. Underwood whose illness we reported some time ago is not improving as was hoped. She left her summer home at the river and will try a sea voyage, going as far as Vladivostok.

*

M. A. Cremoulet, vice president of France in Annam and Tonkin, and Commissaire Adjoint de la Coree a Exposition de 1900, is in town.

*

Prof. Hulbert of the Normal School has an article of unusual interest on "Korea and the Koreans" in the April number of *the Forum*.

*

We learn that the fare on the street railroad from the West gate to the East gate is ten sen first class and six sen second class.

DENTAL NOTICE.

DR. SLADE, being unable to prolong his visit in Seoul sufficiently to attend to all patients, desires to state that he will endeavour to visit Seoul professionally in the autumn in connection with his semi-annual Nagasaki trip.

Trilingual Press.

Now On Hand
A Large Invoice of
ENVELOPES
LARGE, MEDIUM, SMALL.

HONGKONG AND SHANGHAI
Banking Corporation.

PAID-UP CAPITAL $10,000,000
RESERVE FUND
£1,000,000, Ex. 2s, $10,000,000
RESERVE LIABILITY OF
SHAREHOLDERS $10,000,000

Interest allowed on CURRENT ACCOUNT at 2 per cent. on Daily Balance over Yen 500.

Money will be received on FIXED DEPOSIT on the following terms:—

For 12 months at 5 per cent. per annum; for 6 months at 4 per cent per annum; for 3 months at 3 per cent per annum.

CHEMULPO AGENTS

Holme, Ringer & Company.

HOLME RINGER & CO.

AGENTS BY APPOINTMENT

Representing

Russian Steam Navigation in the ast.
Canadian Pacific Royal Mail Steamship Company.
Pacific Mail Steamship Company.
Occidental & Oriental Steamship Company
Northern Pacific Steamship Company.

Union Insurance Society of Canton.
(Marine)
Yangtsze Insurance Association
(Marine.)
Royal Exchange Assurance. (Fire)
Law Union & Crown Fire Insurance Co.
The Standard Life Assurance Co.

CHEMULPO, KOREA.

전신 뉴스

(다른 신문사로부터 기사 받음)

키(Quay)가 면책되었다.

4월 24일 자 〈필라델피아 신문〉에 따르면 매튜 S. 키(Matthew S. Quay) 미국 상원의원이 토요일 은행 파산 혐의에 대해 무죄 판결을 받았다고 보도했다. 은행 임원 중 한 명인 상원의원 키는 은행에 개인 메모 외에는 아무런 담보도 제공하지 않고 막대한 돈을 빌린 혐의로 기소되었다. 이 사건의 재판은 2주 전에 시작되었고 세간의 큰 관심을 끌었다. 평결이 내려지자, 키 상원의원은 지인들의 축하를 받았다.

비겁한 혐의로 유죄 판결을 받았다.

4월 25일 자 뉴욕 소식. - 산후안 전투에서 비겁한 혐의로 기소된 보병 제71연대 소속 스미스 대령, 휘틀 소령, 오스틴 대위를 상대로 한 사건을 조사하던 일반 군법회의가 다시 열렸다. 이 재판에서 피고인에게 유죄를 선고하고 군 복무에서 추방할 것을 권고하는 판결이 내려졌다.

이탈리아와 중국

5월 3일 이탈리아 내각이 사퇴했다는 소식이 전해졌다. 펠로 총리는 중국 문제에 관한 토론에서 의원 대다수가 정부 정책에 반대하는 것으로 나타났으며 결과적으로 이탈리아의 위상을 저해시킬 수 있는 토론을 연장하는 것은 소용없다고 말했다. 사이공 소식통에 의하면 이탈리아 의회가 중국에서 이탈리아군 철수를 요구할 것을 두려워하여 이탈리아 국방부 장관이 사임했다고 전했다.

13일에는 페루 씨가 자신을 대통령 겸 내무부 장관으로, 비스콘티 베네스타를 외무부 장관으로 하는 새 내각을 구성했다는 소식이 전해졌다.

연방제가 채택되었다.

5월 6일 자 런던 소식. 남호주 연방 국민투표에서 연방제에 찬성 65,000표, 반대 17,000표가 나왔다.

트란스발 소식

6일 자 런던 소식통에 따르면 트란스발의 다이너마이트 독점 문제가 심각해지고 있으며 체임벌린 씨는 이를 협약 위반으로 간주하고 있다고 한다. 약 9,000명의 유틀란트가 서명한 것이라고 주장하는 청원서가 크루거 씨에게 제출되어, 영국 청원서에 언급된 불만 사항을 부인하고 있다.

8일 자 또 다른 소식지 〈런던 크로니클〉에 따르면 아직 최후통첩이나 이에 대한 위협이 프리토리아에 전송되지 않았지만, 체임벌린 씨의 파견은 어조와 경향 모두에서 단호하며 정부가 전쟁의 위험에도 불구하고 유틀란트 인의 불만을 해결하도록 강요하려는 의도가 뚜렷한 논조를 보여준다.

요하네스버그의 〈모닝 포스트〉 특파원 보도로는 심각한 위기가 임박했다는 것이 그곳의 일반적인 여론이라고 말했다. 많은 가족과 일부 저명한 사람들이 마을을 떠날 준비를 하고 있다. 모든 보어인은 어떤 비상사태에도 대비하라는 지침을 받았다.

지난 11일 소식에 의하면 알프레드 마이너(케이프 콜로니 주지사) 경과 크루거 대통령이 블룸폰테인에서 회동한다는 소식이 전해지면서 요하네스버그의 불안감이 누그러졌다고 한다.

16일 자 런던 신문에 따르면, 전직 영국 장교 7명이 반란을 목적으로 용병을 모집하여 반란을 선동한 혐의로 요하네스버그에서 체포되어 남아프리카와 런던에서 커다란 화제를 일으켰다고 한다.

체포된 장교들은 영국 요원이 방문한 프리토리아 교도소로 이송되었다.

미국 철도 사고.

필라델피아-리딩 철도 구간 엑서터에서 급행열차가 관광열차를 추돌했다. 이 사고로 34명이 사망하고 40명이 다쳤다.

영-러 협정

5월 7일 자 뉴스에 의하면 영-러 협정이 발표되었다는 소식이 전해졌다. 그 조항 중 하나에 따르면

TELEGRAPHIC NEWS.
(From Other Papers.)

Quay Exhonerated.

A Philadelphia despatch of April 24th gives the information that United States Senator Matthew S. Quay was acquitted of the charge of bank wrecking on Saturday. The senator, who was one of the officers of the bank, was accused of borrowing enormous sums of money from the bank, giving as security nothing but his personal note. The trial of the case was commenced two weeks ago, and has excited great attention. When the verdict was returned the senator received the congratulations of his friends.

Convicted of Cowardice.

New York, April 25.- The general court-martial which has been investigating the cases against Colonel Smith, Major Whittle, and Captain Austin, of the 71st New York Infantry, who were charged with cowardice at the battle of San Juan, have returned a verdict finding the defendants guilty and recommending that they be expelled from the service.

Italy and China

On May 3rd word was received that the Italian cabinet had resigned. Premier Pellaux stated that the debate on Chinese affairs showed that a large majority of members were opposed to the government's policy, and that consequently it was futile to prolong a discussion which might impair Italian prestige.

A despatch from Saigon states that the Italian Ministry resigned, fearing that Parliament would demand the withdrawal of the Italian men-of-war from China.

On the 13 the word came that M. Pelloux had formed a new Cabinet with himself as President and Minister of the Interior, and Visconti Venosta as Minister of Foreign Affairs.

Federation Succeeds.

London, May 6.- The Federal referendum in South Australia has resulted in 65,000 for and 17,000 against federation.

The Transvaal.

A London despatch of the 6th says it is believed that the dynamite monopoly question of the Transvaal has become acute, Mr. Chamberlain viewing it as a breach of the convention. A petition, purporting to be signed by some 9,000 Uitlanders, has been presented to Mr. Krueger, denying the grievances recited in the British petition.

Another despatch of the 8th states that the *London Chronicle* learns that, although no ultimatum or threat thereof has yet been sent to Pretoria, Mr. Chamberlain's dispatches are uncompromising both in tone and temper and show a distinct intonation that the Government intends to compel the settlement of the Uitlanders' grievances even at the risk of war.

The *Morning Post's* correspondent at Johannesburg states it is the general opinion there that a grave crisis is impending. A number of families and some prominent men are preparing to quit the town. All the Boers have been warned to hold themselves in readiness for any emergency.

On the 11th it was reported that anxiety at Johannesburg had been allayed, owing to a report that Sir Alfred Miner (Governor of Cape Colony) and President Kruger are to meet at Bloemfontein.

A London dispatch of the 16th says that a sensation has been caused in South Africa and in London by the arrest at Johannesburg of seven former British officers, on the charge of inciting to treason by the enrolment of men for the purpose of rebellion.

The officers have been conveyed to Pretoria Gaol, where the British agent has visited them.

American Railroad Accident.

An excursion train was dashed into by an express train at Exeter on the Philadelphia-Reading railroad. Thirty-four persons were killed and forty injured.

Anglo-Russian Agreement

On May 7th news was received that the Anglo-Russian agreement had been published. According to one of its stipulations

뉴창 대출 계약에 따라 얻은 권리는 절대 침해받지 않을 것이지만, 철도는 중국인들이 운영할 것으로 잘 알려져 있다.

런던에서 5월 15일 자 소식 - 하원에서 브로드릭 씨(국무부 차관)는 만주 철도 시스템을 북경과 직접 연결하려는 러시아의 요구에 대한 완전한 사실이 정부에 제출될 때까지 이 사안에 대해 어떤 발표도 하지 않을 것이라고 말했다.

〈타임스〉 기사는 러시아의 요구가 최근 합의의 목적, 즉 갈등 원인을 회피하려는 목적을 직접적으로 좌절시키는 경향이 있다고 지적한다. 중국에 대한 영국의 무역은 영국의 힘에 달려 있으며, 러시아의 조치로 인해 두 국가 모두의 위상이 매우 심각하게 위협받고 있다.

프랑스 장관 사임.

7일 자 보도에 의하면 드레이푸사이트 혐의로 정직 처분을 받은 육군사관학교 교장을 변호하던 중 프랑스 의회에서 야유받은 프랑스 전쟁부 장관 프레이시네 씨가 사임했다고 한다. 공공 사업부 장관인 칸트(Kants) 교수가 프레이시네 후임으로 임명되었다.

드레퓌스 판결.

11일 자 보도에 따르면 파기법원은 5월 29일 월요일에 드레퓌스 사건 수정에 대한 공개 심리를 시작할 예정이라 한다. 심리는 앞으로 4회 이상 진행될 것이며, 판결은 다음 금요일이나 토요일에 내려질 것이라 한다.

수단.

5월 10일 자 런던 소식. 하원의 조지 해밀턴 경은 필라델피아 회사가 Goktieh 육교 건설 계약을 체결한 상황을 충분히 설명했다. 그는 이것이 미국과 영국 입찰 사이에 뚜렷한 차이를 보이는 첫 번째 계약이 아니라는 점에 유감을 표시했다.

키치너 경(Lord Kitchener)은 모든 상인과 정착민들에게 9월에 수단이 개항됨을 알렸다. 외국 물품은 차별 없이 무관세로 반입된다.

5월 13일 자 런던 소식. 프랑스 의회는 아프리카에 관한 영국과 프랑스 간의 협약을 승인했다.

영국 성직자.

5월 7일 자 런던발 소식에 따르면, 영국 정부는 성직자의 복종을 확보하려는 주교의 현재 노력이 효과가 없으면 추가 법안이 필요할 것이라는 교회 권징을 시행하는 개인 회원 법안(Private Members Bill)의 개정안을 통지했다고 알려졌다.

5월 11일 자 런던발 소식. 교회 징계 법안이 하원에서 310대 156표로 부결되었다. 정부의 수정안이 채택되었다.

필리핀 소식.

필리핀인들이 항쟁에 지쳐가는 것처럼 보이기 시작했다. 우리는 〈나가사키 신문〉 소식을 인용해 다음과 같이 전한다.

마닐라 신문은 필리핀 감독관의 두 번째 방문이 지난 3일 있었다는 사실을 보도했다. 이는 지난 28일 금요일 처음 의회가 소집되고 국민의 의지가 평화 또는 전쟁을 확인할 때까지 적대행위를 중단할 것을 요구했을 때보다 더 놀라웠고 더 생산적이었다.

그들은 평화 협상 권한을 루나 장군으로부터 받고 왔다. 오티스 장군은 휴전이나 적대행위 중단을 단호히 거부했다. 3주간의 휴전이 거부된 것에 만족하지 못한 그들은 3개월 동안 "모든 다도해"에서 적대행위를 완전히 중단하라는 새로운 제안을 가지고 돌아왔다.

약간의 심문을 통해 필리핀인들이 모든 섬에 대한 적극적인 주권을 주장하지 않았다는 고백이 즉시 도출되었으나, 그러나 그들은 그룹의 모든 섬이 필리핀의 패권을 인정하는 것은 시간문제라고 믿었다. 그리고 그 기간에 그들은 필리핀을 철저히 분석하고 사람들의 성향을 파악할 기회를 원했던 것 같았다. 필리핀으로서는 참으로 훌륭한 계획이다. 말할 필요도 없이 그 제안은 받아들여지지 않았다.

아침 회의가 끝난 후 귀날도의 사절단은 오디언

the rights obtained under the Newchwang loan contract will in nowise be infringed, but it is well understood that the railway will remain in the hands of the Chinese.

London, May 15- In the House of Commons Mr. Brodrick (Under Secretary of State) stated that until the full facts of the Russian demand to connect the Man
churian railway system direct with Peking are laid before the Government, no announcement on the subject will be made.

The Times says that the demand of Russia directly tends to frustrate the object of the recent agreement, namely, the avoidance of any cause of conflict. British trade in China rests on British power, and the prestage of both is very seriously endangered by Russia's action.

French Minister Resigns.

Despatches on the 7th announced that M. Freycinet, the French Minister of War, has resigned on account of being hooted in the French Chamber, while defending the Governor of the Military College, who was suspended for being an alleged Dreyfusite. Professor Kants, Minister of Public Works, succeeds M. Freycinet.

The Dreyfus Judgment.

A dispatch of the 11th says that on Monday, 29th of May, the Court of Cassa- tion will commence the public hearing of the revision of the Dreyfus case. The arguments will probably extend over four sittings, and judgment will be delivered on the following Friday or Saturday.

The Soudan.

London, May 10, Lord George Hamilton, in the House of Commons, fully ex- plained the circumstances whereby a Philadelphia firm secured the contract to build the Goktieh viaduct. He expressed regret that it was not the first contract showing marked difference between American and British tenders.

Lord Kitchener has given notice of the opening of the Soudan in September next to all traders and settlers. Foreign goods without distinction will be admitted free.

London, May 13. The French Chamber has approved of the Convention between Great Britain and France relating to Africa.

The English Clergy.

London despatches dated May 7 state that the English government has given notice of an amendment to the Private Members Bill enforcing church discipline to the effect that if the present efforts of the Episcopacy to secure the obedience of the clergy are ineffectual, further legislation will be required.

London, May 11th- The Church Discipline Bill has been rejected in the House of Commons by 310 against 156 votes. An amendment by the Government has been adopted.

THE PHILIPPINES.

It begins to look as it the Filipinos were getting tired of their struggle. We quote from the *Nagasaki Press* as follows:

From Manila papers it is learned that the second visit of the Filipino Commissioners was made on the 3rd inst.

It was more productive of surprises than the first one on Friday, 28th ult., when they asked for a suspension of hostilities until Congress could be convened and the will of the people ascertained peace or war.

They came from General Luna with authority to negotiate for peace. General Otis flatly refused any armistice or suspension of hostilities. Not satisfied with being refused an armistice of three weeks, they came back with a new proposition asking for a complete cessation of hostilities in the "entire archipelago" for a period of three months.

A little questioning promptly elicited the confession that the Filipinos did not claim active sovereignty over all the islands, but they believed it only a matter of time until all islands of the group would acknowledge the Filipino supremacy, and in the meantime they apparently wished an opportunity to thoroughly canvas the country and learn the disposition of the people. It is indeed a splendid scheme for Filipino. Needless to say the proposition was not entertained.

After the morning conference guinaldo's envoys visited the American commissioners

시아에 있는 미국 감독관들을 방문하여 상황을 파악하는 데 2시간을 보냈다.

다음 날 아침 정오 직전에 Arguelles 대령과 Luna's 선장은 Calumpit 근처의 미군 방어선을 통과하여 Rio Grande의 남쪽 숙소가 있는 McArthur 장군의 본부로 이송되었다. 그들은 죽었다는 풍문을 들었던 맥아더 장군이 살아있는 것을 보고 놀랐다.

30분간 면담 후 그들은 Mallory 소령 및 Shiel 소령과 함께 정오 열차를 타고 마닐라로 이동했다. 그들은 기지에서 Otis 장군의 보좌관 슬레이든 중위를 만났고 나중에 Ayuntamiento를 방문하여 오티스 장군과 함께 회의했다. 나중에 감독관들은 Schurman 대통령을 방문하여 2시간여 동안 상황을 논의하였다. Arguelles 대령과 짧은 면담에서 필리핀인들은 전체적으로 항복할 의사가 있지만 최종 결론을 통보하기 전에 의회를 개원하기를 원한다는 사실을 알게 되었다.

그들은 무기를 내려놓기 전에 협상하기를 원했지만, 오티스 장군은 이 제안을 받아들이지 않을 것이다.

일반적인 인상은 새로운 몇 가지 제안을 Aguinaldo가 했다는 것이다. 포로 교환 역시 검토 대상이다. 감독관들의 첫 번째 제안은 마지막 마닐라 방문 동안 접수된 제안에 따라 수정 및 변경된 것으로 이해된다. 이번에 그들은 Aguinaldo에서 곧바로 왔다. 아직 합의가 이루어지지 않았고, 필리핀도 항복하지는 않았지만, 곧 항복할 것으로 예상된다.

4월 27일에 벌어진 전투 중 가장 치열한 전투 또는 일련의 교전 중 하나가 정부군의 완전한 승리로 끝났다. 캔자스 자원 병력은 대단한 용기를 보여주었다. 전투에 참여한 반란군의 규모는 2,000명에 달했다. 그 이후로 미국 장군들은 반란군을 그 지역에서 완전히 몰아내기 위해 수 마일에 걸쳐 모든 지역을 샅샅이 수색했다.

임대합니다.

서울에서 3.5마일 떨어진 한강 둔치에 방 6개와 큰 베란다가 있는 여름 별장. 여름 별장은 한강 수위보다 100피트 이상 높은 곳에 있습니다. 서울 삼문출판사, GEORGE C. COBB에게 문의 바랍니다.

9일 마닐라에서 발송된 〈차이나 메일(China Mail) 신문〉은 다음과 같이 보도했다.

곤잘레스는 아폴리나리오 마비니에 이어 필리핀 공화당 정부 총리로 선출되었다. 곤잘레스는 상식적으로 일을 한다는 평판이 있으며, 전임자보다 더 꼼꼼한 업무를 보기 때문에 이것이 필리핀 정부에서 더욱 합리적인 정책으로 이어질 것이라고 여겨진다.

어제 강 함포는 미군 주둔 기지 캠프인 구아과(Guagua)까지 불라칸 강 삼각주 전체에서 반군을 소탕했다.

소식통에 의하면 반군은 산간지대인 누에바 엑시하 지방에 집결해 있고, 이제 미군의 작전도 그 쪽으로 진행될 것이라는 정보가 입수되었다.

멕시코 남부에서 남아메리카를 거쳐 아르헨티나까지 가능한 철도 노선에 대한 조사를 착수하기 위해 1889년 범아메리카 회의에서 임명된 위원회는 2월에 매킨리 대통령에게 공식적으로 보고서를 제출했다. 이 보고서는 인쇄된 형태의 7권으로 구성되어 있으며, 뉴욕에서 부에노스 아이레스까지 간선으로 서반구를 연결하는 프로젝트에 유리하다.

구합니다.

안장 말 및 말 안장과 말 굴레. W. H. Emberley 댁, L. T. 에게 연락해주세요.

in the Audiencia and spent two hours in discussing the situation.

Shortly before noon the next morning, Colonel Arguelles and a captain on Luna's passed into the American lines near Calumpit and were taken to the headquarters of General McArthur, on the south bunk of the Rio Grande. They were surprised to see General MacArthur alive, as it was believed that he was killed. After an interview of half an hour they proceede to Manila on the noon train in company with Major Mallory and Major Shiel is. They were met at the depot by Lieutenant Sladen, A. D. C.(Aide-de-camp) of General Otis, and later on visited the Ayuntamiento, where a conference was held with General Otis. Later the Commissioners visited President Schurman and spent two hours in discussing the situation. In a short conversation with Colonel Arguelles it was learned that the Filipinos as a body were willing to surrender, but they wished to hold their congress before giving a final answer.

They desired to negotiate before laying down their arms, which proposition, however, is just what General Otis will not entertain.

It is the general impression that some new proposition has been tendered by Aguinaldo. The exchange of prisoners is also being considered. It is understood that the first proposition of the Commissioners has been modified and changed according to suggestions received during the last visit to Manila. This time they came direct from Aguinaldo. No agreement has yet been arrived at, and the Filipinos have not surrendered, but it is expected that they will do so at an early date.

One of the hardest fought battles or series of engagements of the war was fought on the 27th of April with a complete victory for the Government forces. The Kansas volunteer troops distinguished themselves for great bravery. Insurgent forces who took the field numbered fully 2,000. Since then the American generals have scoured the whole country for many miles dispersing the rebel forces completely in that section.

FOR RENT

Summer Residence with six rooms and large verandas on the banks of the Han river three and a half miles from Seoul. The property is over 100 feet above the water level. Apply to **GEORGE C. COBB**, Trilingual Press, Soul.

The *China Mail* in a dispatch from Manila on the 9th says:

Gonzales has been elected Premier of the Filipino Republican Government in succession to Apolinario Mabini.

It is believed that this will lead to a more reasonable policy on the part of the Filipinos, as Gonzales has the reputation of possessing common sense and is less inflated than his predecessor in office.

Yesterday the river gunboats cleared of rebels the whole of the delta land in the Bulacan river as far as Guagua, where a depot camp was established by the United States troops.

Information is brought in that the rebel forces are concentrating in strength in the Province of Nueva Excija in the mountains, and the operations of the American troops will now be conducted in that direction.

The commission appointed in 1889, by the Pan-American conference to arrange for a survey of a possible railway from the terminus of the Mexican Southern thru South America as far as Argentina reported officially in February to President McKinley. The report consists of seven volumes in printed form and is favorable to the project of back boning the western hemisphere by a trunk line from New York to Buenos Ayres.

WANTED.—A saddle-horse, saddle and bridle. Write **L. T.**, care W. H. Emberley.

코리안 리포지터리
주간판

1권 17호, 1899년 6월 1일, 목요일

전차

서울에는 전차가 있다. 작년에 한국 회사가 설립되어 이자연 씨가 사장에 취임해 새로 세운 서대문 밖에 있는 서울부 판윤 관저에서 도심을 거쳐 동대문을 거쳐 민 황후의 새 묘역[48] 까지 전차 노선을 건설하기로 했다. 이 계약은 서울-제물포 철도의 최초 계약자인 콜브란과 보스트윅 씨와 체결했다.

공사가 바로 시작되어 지난가을에 선로가 깔렸고 발전소가 건설되었다.

기계와 전차가 도착하자마자 회사는 물론 일반인들 사이에서도 전차가 달리는 모습에 많은 호기심을 가졌다. 지난 1일을 개통일로 정했지만, 기계에 가벼운 사고가 발생하여 연기해야 했다. 1주일 정도 지나 공식 개통식 없이 운행되었다. 회사는 사고를 예방하기 위해 최대한의 주의를 기울이고 있다. 일본에서 온 전차 기사들이 고용되었고, 회사에서 일해 왔기 때문에 어느 정도 수련을 받은 한국인들이 차장으로 고용되었다. 며칠 동안 전차는 대체로 규칙적으로 운행되었고 많은 군중이 전차를 탈 기회를 얻어 이용했다.

전차는 동대문에서 옛 뽕나무 궁전(경복궁)까지 철로 일부만 운행했다. 며칠 동안의 영수 금액은 100달러에 달했다. 이것은 의심할 여지 없이 일단 신기함이 사라졌을 때 평균치를 초과하는 것이다.

26일 전차 회사의 사장은 내외국인 몇 명을 초청하여 황릉까지 전차를 운행했으며 공식적으로 전체 철로 노선을 일반인에게 공개할 것을 공표했다.

그날 아침 사고가 발생했다. 전차 한 대가 평소처럼 느린 속도로 달리고 있었다. 8살에서 10살로 보이는 어린이가 전차보다 약간 앞서 선로를 가로질러 달렸다. 아이는 무사히 도착했고 전차는 계속 달렸다. 선로 반대편에 있던 아버지는 아이에게 다시 오라고 불렀다. 아이는 겁에 질려 전차에 뛰어들어 차에 치여 바퀴에 깔려 거의 즉사했다. 이것은 회사가 처음으로 겪은 심각한 사고였으며 어떤 식으로든 주의력 부족으로 인한 것이 아니었다. 아버지가 아이를 부르지 않았더라면 아이가 위험을 무릅쓰고 건너지 않았을 것이며 사고가 발생하지 않았을 것이다.

비가 내리지 않은 일반적인 봄기운 속에서 여느 때와 다름없이 분주한 서울 시민들은 지난 몇 주 동안 가뭄의 원인에 대해 무분별한 추측에 빠져들고 있다. 어떤 사람들은 전선이 하늘의 영향력을 차단한다고 말하고 있다. 다른 이들은 발전소가 용의 등에 세워져 있어서 방해물이 제거될 때까지 비가 내리지 않을 것이라고 단언한다.

즉사한 아이의 형체가 차 밑에서 들어 올려졌을 때 군중들은 더 이상 자제할 수 없었다. 그들은 자제력을 잃었고 차가 종로에 이르렀을 때 전차 기사와 차장에게 돌이 날아들었고 저항할 방법이 없었던 차장은 안전을 위해 도망쳤다. 성난 군중들의 손에 맡겨진 전차는 산산조각으로 부서졌으며 곧 불 질러졌다.

THE KOREAN REPOSITORY.

WEEKLY EDITION.

VOL. I. NO. XVII.   THURSDAY, JUNE. 1, 1899.

THE ELECTRIC RAILWAY.

Seoul has an electric railway. Last year a Korean company was organized with the Hon. Yi Cha Yun as President to build an electric railroad from the residence of the Governor of Seoul outside the new West Gate thro the heart of the city, out the East Gate to the new tomb of Empress Min. The contract was awarded to Messrs. Colbran and Bostwick, original contractors of the Seoul-Chemulpo Railroad.

Work was commenced at once, the track was laid last fall, and the power-house was built.

As soon as the machinery and cars arrived there was much curiosity in the company as well as among the people to see the cars running. The 1st inst. was set as opening day, but a slight accident in the machinery necessitated postponement. A week or so later without any formal opening cars were run. The greatest care was exercised by the company to prevent accidents. Motor men from Japan were employed and Koreans, who had been in the service of the company, and, therefore, to some extent tried men, were engaged as conductors. For several days the cars ran with more or less regularity and large crowds availed themselves of the opportunity to ride on the cars.

The cars ran only on a part of the road, from the East Gate to the old Mulberry palace. The receipts for a few days amounted to a hundred dollars. This no doubt is in excess of what the average will be when once the novelty has worn off.

On the 26th the President of the Company with a few invited guests, both Korean and foreign, proposed to run a car to the Imperial tomb and thus in a formal way open the whole road to the public.

On that morning an accident occured(sic. occurred). A car was running along at the usual slow rate of speed. A child, between probably eight and ten years of age, ran across the track some distance ahead of the car. He got safely over and the car continued to move on. The father on the other side of the track called the child to come back to him. The child became frightened, ran into the car, was caught under the wheels and killed almost instantly. This was the first serious accident the company had and cannot in any way be attributed to lack of carefulness, for had the father not called the child, he would not have ventured to cross and the accident would not have happened.

The populace of Seoul, laboring under the usual spring excitement, primarily caused by the absence of rain, has for the past few weeks or more been indulging in wild and reckless speculations as to the cause of the drought. The electric wires, some say cut off the influence of heaven; others affirm that as the power-house is built on the back of the dragon, there can be no rain until the obstruction is removed.

When the lifeless form of the child was taken up from under the car, the people could restrain themselves no longer. They lost their self control, and when the car reached Chongno, stones were thrown at the motor-man and the conductor, who having no means of resistance, fled for safety. The car thus left in the hands of the mob, was battered to pieces and then set on fire.

또 다른 차량도 마찬가지로 공격받아 파손되었다. 그런 다음 발전소를 철거하라는 외침이 제기되었지만 동대문에 도달하기 전에 성난 군중들의 성냄도 식었고 당국이 관심을 기울여 건물과 기계의 손상을 방지했다.

일본인인 전차 기사들은 일본 경찰의 보호를 받지 않는 한 일터로 돌아가지 않겠다고 했다. 이 조건에 대해 한국 회사가 허용을 거부했다. 그래서 27일부터 전차가 운행되지 않고 있다. 우리는 이 문제가 일본 영사의 손에 달린 것으로 알고 있으며, 우리는 그가 자국민들이 한국에서 하던 일로 복귀하라고 설득하여 곧 다시 전차가 운행될 것으로 생각한다.

벨과 완충 판 없이 자동차를 운행했다고 외국인들 사이에서 약간의 놀라움이 들리고 있다. 콜브란 씨와 보스트윅 씨는 이 필수 장비가 부착되어 있지 않은데도 회사에서 집요하게 자동차를 운행하게 했다고 말했다. 따라서 회사는 사고를 방지하기 위해 모든 예방 조치를 취했다고 생각하지만, 책임을 져야 한다.

도시와 지방 소식
결혼 축하종

JEANIE PERRY.

너희 종들아 모두 기쁨의 노래 불러라
새신랑 신부의 기쁨을 노래하라
너희 새들아 노래하라 너희 돌림노래를 불러라
즐거운 마음의 소리를 나누게 하라

합창:
나는 기쁨으로 울리는 종소리를 사랑한다
음악이 노래하는 희망과 기쁨이 얼마나 큰지
가슴 설레며 집을 향할 때
나를 기쁘게 맞는 가족이여
마음껏 노래하라

오늘 행복한 날에 울리는 종소리
귀에 기분 좋게 속삭이네
얼마나 기쁘게 울리는지!

대서양 화재보험회사, 함부르크.
제국 보험회사, 런던.
뉴욕 생명보험회사, 뉴욕.
광둥 조합 보험 협회
양츠 보험 협회

위의 서명된 대리점들은 현재 요율로 위험을
보상할 준비가 되어 있습니다.

제물포, E. MEYER & CO., 드림

너희 종들아 울려 퍼지게 해
오늘 축제의 날을 알려라
너희 바람들아 떠들썩하게 소리쳐라
기쁘고 한가롭게 기쁜 소리 전하라
언덕에 메아리치게 대지와 바다 넘어 메아리쳐라
내 사랑 종소리의 즐거운 울림과
생각 밖의 소리여

울려라 널리 울려라 차임 소리
다시는 멈추지 말고
앞으로 올 삶과 건강과 평화와 번영의 시간에도
계속 울려라
하늘의 축복과 함께 승리의 관이 씌워졌네
내 사랑 종소리의 즐거운 울림과
생각 밖의 소리여

어제 내린 비로 오랜 가뭄을 끝낼 수 있어 매우 감사하게 받아들였다. 그것은 사람들 사이의 흥분을 진정시키는 데 오래 갈 것이다.

이번 주에 항구와 도시로 방문객이 상당히 들어왔다. 우리는 오늘 열리는 결혼식이 그것과 관련이 있다고 추측한다. 신랑과 신부 외에도 우리는 평양의 Lee와 Whittemore 그리고 Miss Best, 목포의 Bell과 Owen, 전주의 Tate와 Harrison,

Another car likewise was attacked and wrecked. Then the cry was raised to demolish the power-house, but the ardor of the mob cooled before the East gate was reached and by the exercise of a little care on the part of the authorities, damage to the building and machinery was prevented.

The motor-men, being Japanese, are afraid to return to their work unless protected by Japanese police. This the Korean company refuses to allow. Since the 27th, therefore, the cars have not been running. The matter, we understand, is in the hands of the Japanese Consul, and we hope he will persuade his nationals to return to the work for which they came to Korea and that the cars will soon be running again.

Some surprise is heard among foreigners that cars should be run without the gong and fender. It is due to Messrs. Colbran and Bostwick to say that the company was persistent in having the cars run even tho these necessary appliances were unattached. The company, therefore, must assume the responsibility, tho our own opinion is that every precaution was taken to avoid accidents.

CITY AND COUNTRY.

Wedding Bells.

JEANIE PERRY.

Ring, ye bells, all merrily pealing,
  Ring the joy of the new wedded pair,
Sing, ye birds, and carol your roundelay,
  Let each heart of joy tell its share.
Chorus:
    I love the merry peal of bells,
    What hope and joy its music tells,
    When travelling home right merrily,
    They greet us cheerily. And hark!
    Tis the bells on this happy day
    How pleasantly they strike on the ear
    How merrily they ring!

Ring, ye bells, and tell of this festive day,
  Waft, ye winds the sound, glad and free,
Tell it and let the hill echo it
  Echo it far o'er land and o'er sea.
    I love the merry peal of bells, etc,
Ring, ring out, and cease not your chimes
  again,
  Sound them on through all coming time,
Life, and health, and peace and prosperity,
  Crowned above with blessing Divine.
    I love the merry peal of bells, etc.

The rain of yesterday ended the long drought and was very gratefully received. It will go far towards allaying excitement among the people.

There is quite an influx of visitors into the port and city this week. We suppose the wedding ceremony which comes off today has something to do with it. In addition to the bride and bridegroom we notice Messrs. Lee and Whittemore, and Miss Best, of Pyeng Yang, Messrs. Bell and Owen of Mokpo, Mr. Tate, and Mr. Harrison of

---

Transatlantic Fire Insurance Co., Hamburg.

Imperial Insurance Co., Ltd, London.

New York Life Insurance Co., New York.

Union Insurance Society of Canton, Ltd.

Yangtsze Insurance Association Ltd.

The undersigned agents for the above are prepared to accept risks at current rates.

E. MEYER & CO., CHEMULPO.

송도의 Hardie 부인과 콜리어 부부. 노블 씨는 존스 씨와 함께 항구에서 도시로 돌아왔다. 벨 부인과 해리슨 부인은 서울의 경치와 시끄러움보다 방금 제물포의 바람을 더 좋아한다고 한다.

상임성서실행위원회[49] 정기모임이 화요일 저녁 대영성서공회 사무실에서 열렸다. 일이 너무 많아서 위원회는 어제 오후에 임시 회의를 열어야 했다.

많은 방문객이 다양한 이유로 서울을 방문하는 동안 매우 중요한 문제, 즉 시각장애인을 위한 한국어 교육 문제가 논의되었다. 평양의 홀 박사님은 어제 오후 선교공동체 모임에서 승인된 뉴욕 점자 제도를 기반으로 한 점자를 거의 완성했다. Mr. Emberley와 Mrs. Hall은 시각장애인을 위한 사업에 큰 관심이 있으며 그들의 노력을 통해 이 '어둠 속에 있는 사람들'을 위해 많은 좋은 일이 이루어지기를 바란다.

선편 운항 안내

도착

5월 21일 지푸에서 겐카이 호; 5월 2일 오사카 항구경유 기소가와 호 ; 5월 24일 오사카 항구경유 타마가와 호; Kobe 항 경유 Higo 호; 지푸에서 사가미 호 ; 5월 25일 평양에서 경채 호 ; 5월 26일 군산에서 메이요 호; 5월 27일 진남포에서 기소가와 호.

출발.

5월 22일 겐카이에 호 여러 항구경유 고베행; 5월 23일 기소가와 호 진남포행; 5월 25일 Tamagawa 호 여러 항구를 거쳐 오사카행; 히고 호 치푸행 ; 5월 26일 나가사키 경유 블라디보스톡행 사가미 호; 경채 호 평양행 ; 5월 28일 기소가와 호 여러 항구경유 오사카행 ; 5월 29일 메이요 호 군산행

삼문출판사는

감리교회 한국선교회 관리하에 있습니다. 지금 출판사에는 여러 봉투 **대형, 중간, 소형 크기**가 갖춰져 있습니다.

또한 교회에 맞는 교회 회계장부 일체가 갖춰져 판매 중입니다. 본보기 사양을 보내주세요.

코리언 리포지터리

1896년, 1897년, 1898년 발행 지난 호 책이 아직 재고가 있으며 신청하는 사람들에게 공급할 수 있습니다. 가격은 한 세트에 3달러이며 우송료는 미포함입니다.

H. G. Appenzeller에게 주문하십시오.

Chun Ju, Mr. and Mrs. Hardie and Mr. and Mrs. Collyer of Song do. Mr. Noble has returned to the city from the port with Mr. Jones. Mrs. Bell and Mrs. Harrison, we hear, prefer the breezes of Chemulpo just now to the sights and sounds of Seoul.

The regular meeting of the Permanent Executive Bible Committee was held Tuesday evening at the office of the British and Foreign Bible Society. There was so much business that the committee was obliged to hold an adjourned session yesterday afternoon.

While the many visitors have been in Seoul for various reasons a question of much importance has been discussed, viz., the education of the blind in the Korean language. Mrs. Dr. Hall of Pyeng-yang has nearly perfected a system based on the New York point system which was endorsed at a meeting of the missionary community yesterday afternoon. Mr. Emberley and Mrs. Hall are both very much interested in the work for the blind and it is hoped that through their efforts much good may be accomplished for these 'darkened' people.

SHIPPING NEWS.
ARRIVALS

May 21 Genkai from Chefoo; May 2 Kisogawa from Osaka via ports; May 24 Tamagawa from Osaka via ports; Higo from Kobe via ports; Sagami from Chefoo; May 25 Kyengchae from Pyeng-yang ; May 26 Meiyo from Kunsan; May 27 Kisogawa from Chingnampo.

DEPARTURES.

May 22 Genkai for Kobe via ports; May 23 Kisogawa for Chingnampo; May 25 Tamagawa for Osaka via ports; Higo for Chefoo; May 26 Sagami for Vladivostock via Nagasaki ; Kyengchae for Peng-yang ; May 28 Kisogawafor Osaka via ports ; May 29 Meiyo for Kunsain.

THE Trilingual Press.

Under the management of the Korea Mission of the Methodist Episcopal church.

Now On Hand
A Large Invoice of

ENVELOPES

LARGE, MEDIUM, SMALL.

A SET OF CHURCH RECORDS

adapted to the Korea church

ARE NOW ON SALE.

SEND FOR SPECIMEN SHEETS

Back Numbers.

o THE

KOREAN REPOSITORY

For 1896, 1897, and 1898

are still on hand and can be furnished to those applying for them. The price is three dollars a set, postage not concluded.

Apply to H. G. Appenzeller.

코리안 리포지터리
주간판
매주 목요일 발행

편집: 아펜젤러, 존스,

영업: 콥

구독료

1회	– –	10센,
1개월	– –	30센

우편료 별도 / 광고료ㅈㅈㅈ

1개월 노출 광고
1줄	– –	5엔,
1/2줄	– –	3엔
1인치	– –	1엔

기사식 광고:
1회	– –	25센,
다음 호부터는	– –	15센

발전 !!

모두가 알다시피 현 정부는 매우 보수적이다. 최근에는 오래된 법과 최근에 제정된 법을 모두 포함하여 국가의 법률을 재검토하는 데 주의를 기울였다. 수정 사항이 제안되었다. 일간지 중 한 곳에 따르면 최근 운동은 7가지 세부 사항에서 법률 수정을 요청하는 청원서에 구체화하여 있다.

고등재판소[50] 명칭 변경; 예산에 조항이 없는 서비스에 대한 법률책을 최근 조사한 사람들의 급여 지급; 개정된 법률의 공포; 군대에 적용되는 법률 및 규정의 일부 변경; 여성 교육의 향상; 사람들에게 예방 접종을 놓기 위해 13개 도에 의사를 배치; 그리고 마지막으로 범죄자의 참수형과 신체 절단형이 포함된 고전 법의 재제정 등이다.

마지막 권장 사항은 다소 그 범위를 넓혔다. 최근 제정된 법이 중범죄와 경범죄, 지도자와 공범자 사이에 충분히 차별을 두지 않는다는 불만이 제기되고 있다. 따라서 오래된 법이 부활하여야 하고, 범죄자(배신자를 의미하는 것으로 추정)는 참수되어야 하며, 그들의 부모, 가족이나 자녀는 죽임을 당하거나 노비로 팔려야 하며, 재산은 몰수되어야 한다.

중추원[51] 은 주중에 조직 개편되어 정부가 중요한 문제를 신속하게 처리하기 위해 더 이상 중추원에 넘기지 않아도 된다. 평의회는 처음과 같이 50명의 위원으로 구성되어 있으며, 회의가 없는 기간에도 월급은 25엔에서 40엔 이 계속 지급된다.

*

약 1주일 전 〈漢城新報(Kanjo Shimpo)〉[52] 에 따르면, 20여 명의 보부상의 이름이 적힌 탄원서가 만민공동회(萬民共同會) 지도자들, 특히 윤치호와 방한덕에 의해 행해진 악행을 규탄하는 탄원서가 왕실에 올려졌다고 한다. 탄원서에는 그 남자들이 이제 편안하고 중요한 지위에 있다고 명시되어 있는데 전자는 원산에 후자는 의주에 있다. 이는 탄원자들의 생각으로는 한국 사물의 영원한 적합성과 일치하지 않는 상태이다.

*

폐간 공지

이번 호를 마지막으로 〈주간 리포지터리〉는 폐간합니다. 다음 주부터는 Mr. W. B. Emberley가 편집 책임을 맡아 새로이 〈독립신문(the Independent)〉을 복간합니다. 우리는 오랜 친구를 환영하고 기꺼이 그에게 양보하려 합니다. 서울에는 영어신문이 필요합니다. 우리는 필요 때문에 공급하려고 노력했고 이제 더 이상 요청(필요)이 없으므로 폐간합니다.

주간 리포지터리의 사업은 〈독립신문(the Independent)〉에 인계됩니다. 모든 구독자의 명단이 그 신문사로 넘겨지게 됩니다. 구독료가 연체된 분들에게는 청구서를 보낼 것이며, 리포지터리 계정이 가능한 한 빨리 폐쇄될 수 있도록 Mr. W H. Emberley에게 즉시 보내 주시기를 바랍니다.

기간이 만료되지 않은 고객은 〈독립신문(the Independent)〉으로 대체해서 보내드립니다. 광고는

THE KOREAN REPOSITORY.

WEEKLY EDITION.
PUBLISHED EVERY THURSDAY.

H. G. APPENZELLER, - GEO. HEBER JONES,
EDITORS.

GEORGE C. COBB, - BUSINESS MANAGER.

SUBSCRIPTION RATES.

Single copy	- -	Ten sen
Per month	- -	Thirty sen

POSTAGE EXTRA / ADVERTISING RATES

Displayed Ad - One month

One column	- -	Yen 5.00
One half column	- -	Yen 3.00
One inch	- -	Yen 1.00

Reading Notices - Per line

Single Issue	- -	25 sen
Each subsequent Issue	- -	15 sen

PROGRESS !!

The present government, as everybody knows, is strongly conservative. Of late it has given attention to the re-examination of the laws of the country, both the old laws and those of more recent enactment. Changes are suggested. According to one of the daily papers the latest movement is embodied in a petition asking for modification of the laws in seven particulars.

The change of the names of the Supreme Court; the payment of salaries of the men who recently examined the statute books for whose services no provisions was made in the budget; the publication of the laws revised; some changes in the laws and regulations applying to the army; the advancement of education for women; the placing of doctors in each of the thirteen provinces to vaccinate the people; and lastly the re-enactment of the ancient law of decapitation and the mutilation of the bodies of criminals. The last recommendation is somewhat amplified. Complaint is made that the laws recently enacted do not discriminate sufficiently between greater and lesser crimes, between the leaders and their accomplices. The ancient law should therefore be revived, the criminals (by which we presume traitors are meant) should be decapitated, their parents, family and children then killed or sold into slavery, and their property confiscated.

*

The Privy Council was changed during the week so that the government, in order to expedite consideration of important matters, is no longer compelled to refer them to the Council. The Council consists, as at the beginning, of fifty members, and while relieved of arduous duties their salaries, which range from yen 25 to yen 40 per month, continue.

*

A week or so ago, according to *the Kanjo Shimpo*, a petition bearing the names of some twenty men, Peddlers, was presented to the Throne rehearsing the evil, wrought by the People's Meeting and by Messrs. Yun Chiho and Pang Handuk in particular, as the leaders. The petition farther states that the men are now in comfortable and important magisterial positions, the former at Wonsan and the latter at Weju, a condition inconsistent, in the mind of the memorialists, with the eternal fitness of things in Korea.

*

FINIS.

With this issue the WEEKLY REPOSITORY will cease to appear. Next week the Independent, under the editorship of Mr. W. B. Emberley, will re-appear. We welcome our old friend and gladly give way to him. Seoul needs an English newspaper. We tried to supply the want and now that there is no longer any necessity we withdraw.

As to the business of the WEEKLY REPOSITORY it will be turned over to *the Independent*. The names of all our subscribers will be handed over to that paper. Those in arrears with their subscription will receive bills which they will please send at once to Mr. W H. Emberley, so that the REPOSITORY accounts can be closed as soon as possible. Unexpired subscriptions will be filled by *the*

〈독립신문(the Independent)〉에 게재할 것이며, 광고주께서 중단을 원하시면 즉시 통지해 주십시오. 후원자 여러분의 따뜻한 관심에 감사드리며, 〈독립신문(the Independent)〉의 새로운 경영진에게도 성원해주실 것을 부탁드립니다.

*

더 많은 양해가 요청되었다.

지난 14일 〈Japan Times〉 기사에는 다음 단락이 있다.

최근 한국 정부로부터 어장을 임차한 러시아 포경회사의 사례에 따라 일본 당국도 일본 어민들의 이익을 위해 같은 주제로 협상에 들어간 것으로 알려졌다. 한국 당국은 우리의 제안을 호의적으로 받아들이는 경향이 있다고 한다.

*

뉴욕에서 보내온 기사에 따르면, 뉴올리언스에서 온 전보들은 남쪽에서 그곳에 도착하는 선박 승무원들이 미국 군함 마리에타와 여왕 폐하의 배 인트레피드가 큰 국제적인 사랑의 잔치로 생각했던 니카라과에서 최근 사건을 묘사하고 있다고 보도했다.

레예스 장군 휘하의 반군 운동이 무너지자, 영국과 미국 선박에서 동등한 해병대가 블루필즈에 상륙했다.

영국과 미국 해병이 섞인 두 조의 경비가 배치되어 미국인과 영국 중위가 번갈아 가며 명령을 내린다. 영국군과 미군이 혼합된 군대를 지휘하는 미국 장교의 기록상 최초의 사례라고 한다. 군인들은 피의 형제임을 선언하고 군복의 단추를 교환했다.

영사관에는 미국 국기와 영국 국기가 교차하여 걸려 있었고 순찰 임무를 마치고 지나갈 때마다 군인들은 환호했다.

홍콩 상하이 은행공사

납입자본금 $10,000,000
적립금 £1,000,000,
영업 비용 $10,000,000[24]
주주의 책임 준비금 $10,000,000

일일 잔액이 500엔 이상이면 당좌 예금의 이자는 2퍼센트입니다.

다음 조건에 따라 예금을 받을 것입니다.

12개월 연 5%
6개월 연 4%
3개월 연 3%

제물포 지사

HOLME RINGER & CO.

HOLME RINGER & CO.는
다음 회사를 대리하는 수송 대리 회사임

극동 러시아 증기 항해 회사.
페닌슐라 &
오리엔탈 스팀 내비게이션 컴퍼니.

캐나다 퍼시픽 왕립 우편 기선 회사.
태평양 우편 증기선 회사.
동서양 증기선 회사.
북태평양 증기선 회사.

로열 익스체인지 어슈어런스
코퍼레이션에서
보험증서를 작성함

한국 제물포.

Independent.

Advertisments will be also given to *the Independent* and if our patrons wish then discontinued they should send notice at once.

We wish to thank our patrons for their kindly interest and only trust that they will extend like interest to the new management of *the Independent*.

*

MORE CONCESSIONS ASKED.

The Japan Times of the 14th ult. has the this paragraph:

Following the example set by the Russian Whaling Company, which lately obtained a lease of fishing grounds from the Korean Government, our authorities are reported to have likewise entered into negotiations on the same subject in the interest of our fishermen. It is said the the Korean authorities are inclined to regard our proposals favorably.

*

According to a despatch from New York, telegrams from New Orleans report that the crews of vessels arriving there from the south describe the recent episode in Nicaragua, in which the United States warship Marietta and her Majesty's ship Intrepid figured as "a big international love-feast." On the collapse of the insurgent movement under General Reyes, equal parties of Marines were landed at Bluefields from the British and American ships.

Two watches, each composed of British and American Marines mixed, were arranged, the command being given alternately to an American and a British lieutenant. It is said to have been the first instance on record of an American officer commanding mixed British and American troops. The men declared blood brothership, and interchanged the buttons of their uniforms. At the Consulate the United States and British flag were displayed crossed, and the men cheered them every time they passed on patrol duty.

HONGKONG AND SHANGHAI
Banking Corporation.

PAID-UP CAPITAL $10,000,000
RES..VE FUND
    £1,000,000, Ex. 2s, $10,000,000
RESERVE LIABILITY OF
   SHAREHOLDERS $10,000,000

Interest allowed on CURRENT ACCOUNT at 2 per cent. on Daily Balance over Yen 500.

Money will be received on FIXED DEPOSIT on the following terms:—

For 12 months at 5 per cent. per annum; for 6 months at 4 per cent per annum; for 3 months at 3 per cent per annum.

CHEMULPO AGENTS

Holme, Ringer & Company.

HOLME RINGER & CO.

AGENTS BY APPOINTMENT

Representing

    Russian Steam Navigation in the ast.
    Canadian Pacific Royal Mail Steamship Company.
    Pacific Mail Steamship Company.
    Occidental & Oriental Steamship Company.
    Northern Pacific Steamship Company.

    Union Insurance Society of Canton. (Marine)
    Yangtsze Insurance Association (Marine.)
    Royal Exchange Assurance. (Fire)
    Law Union & Crown Fire Insurance Co.
    The Standard Life Assurance Co

CHEMULPO, KOREA.

"동방의 잇사갈"[53]

개항 이후 한국의 정치사를 짚어본 C. S. Addis 씨는, 2년 전에 작성된 아래 인용문에서 다음과 같은 관찰을 통해 오늘날에도 설득력이 있는 사려 깊은 내용의 기사를 마무리하고 있다.

"한국의 미래는 유쾌한 추측의 주제이지만 교화하려는 경향이 없다". 그런데도 우리가 고려한 사건들로부터 추론할 수 있는 한·두 가지의 광범위한 원칙이 있는데, 이는 미래의 정치 관계의 일반적인 추세를 나타내는 지표 역할을 하거나 적어도 다음과 같은 결론에 기초한 결론을 우리에게 허위 또는 불충분한 전제라고 경고하는 신호 등 역할을 할 수 있다. 한 가지 분명한 것은 한국이 여전히 잇사갈로 남아 있어야 한다는 것이다.

국가의 모든 부침이 다른 사람들에게 의존하는 국가적 천재성을 조금이라도 보강하거나 강화한 것처럼 보이지는 않는다. 국가가 짊어지고 있는 짐은 바뀌었고 그게 전부이다. 좋은 정부는 피지배자들의 특정한 반응적이고 호혜적인 태도에 의해서만 효과적으로 될 수 있다.

한 국가의 믿음을 무너뜨리고 그 구성원들이 통치할 수 있는 능력을 약화하는 것은 절대로 적지 않은 해악이다.

그것은 국민성의 문제이며, 세상의 모든 정치적 묘책이 그것을 바꾸는 데 도움이 될 수는 없다. 한국의 최선의 희망은 내각과 의회의 개편이 있지 않다. 그것은 정치적 만화경의 단순한 이동보다 더 조용하고, 더 강력하고, 더 영구적인 기관에서 그 근원을 두고 있다.

그것은 오늘날 한국에서 벌어지고 있는 교육과 선교 활동의 참으로 놀라운 부흥기에서 발견될 것이다.

영업 공지.

관계가 있는 분들에게 알리고자 함은, 저는 "대한독립신문"으로 알려진 신문 및 인쇄소 전체를 인수했으며, 앞으로 이 신문과 관련된 모든 업무는 "삼문출판사"에서 다른 공지가 있을 때까지 제가 처리할 것입니다.

우리는 영어, 중국어, 한국어로 표현되는 급보(急報), 공지, 카탈로그, 회람, 청구서 용지, 편지 용지, 봉투, 등을 제작합니다. 명함 제작의 전문성을 가지고 있습니다.

W. H. EMBERLEY, 서울, 한국.

1899년 6월 1일.

"THE ISSACHAR OF THE EAST."

Under this caption Mr. C. S. Addis after traversing the political history of Korea since the opening of the country, closes a thoughtful article with the following observations which tho written two years ago are not without force to-day:

"The future of Korea is a pleasing subject of speculation, which, however, does not tend to edification". Nevertheless, there are one or two broad principles to be deduced from the events we have been considering which may usefully serve as finger-posts to indicate the general trend of future political relations, or at least, as beacons to warn us off conclusions based upon false or insufficient premises. One thing seems clear, Korea must remain an Issachar still.

Not all her vicissitudes of fortune appear to have braced or strengthened in the slightest degree the national genius for depending upon others. The burden beneath which she couches has been changed, that is all. Good government can only be made effective by a certain responsive and reciprocal attitude on the part of the governed. It is not the least of the evils of misrule that it breaks a nation's faith and saps in its members the very capacity for being ruled.

That is a question of character, and not all the political nostrums in the world can avail to change it. It is not in the shuffling of cabinets and councils that the best hope of Korea lies. That has its source in agencies more silent, more potent, more permanent than the mere shifting of the political kaleidoscope.

It will be found in the truly wonderful renaiscence(sic. renaissance) of educational and missionary activity at work in Korea today.

BUSINESS NOTICE.

To whom it may concern I have taken over the entire management of the papers and plant known as the "Korean Independent," and hereafter, all business connected with these papers will be transacted by me until further notice at the office of the "Trilingual Press."

We are prepared to execute all kinds of printing work in Enlish, Chinese, or Korean; Expresses, Notices, Catalogues, Circulars, Billheads, Letterheads, Envelopes, &c., &c. Visiting cards a speciality.

W. H. EMBERLEY,
    Seoul, Korea.

June 1st, 1899.

"하나님의 열정이 없는 개혁가들의 영향력은 정화되고, 치유되는 것이 보이지 않는다."

이것은 제때 좋은 일을 할 것이라고 믿을 수 있다. 거기에 한국의 최고이자 유일한 희망이 있다. 빠른 구현을 기대하는 것은 헛된 일이다. 내각은 하루 만에도 만들 수 있지만 인격을 형성하기에는 한 세대가 너무 짧다. 독립은 첫 번째 단계에 불과하며, 그것이 도달하고 수 세기에 걸친 억압과 잘못된 통치에 굴복한 사람들이 동료 인간들 사이에서 머리를 꼿꼿이 세우는 법을 배우기까지는 오랜 시간이 걸릴 것이다.

공지.
6월 1일부터 서재필(Philip Jaisohn)과 삼문출판사(the Trilingual Press) 사이에 체결되었던 계약이 폐지되고, 지금부터 삼문출판사는 독립신문 출판사와는 아무런 관련이 없습니다.
George C. Cobb, 매니저

우편 일정,
한국 우편

우편물은 매일 오전 9시에 제물포를 제외한 모든 지점으로 출발한다. 제물포로는 매일 오전 9시 30분과 오후 7시 출발.

우편물은 오전 7시와 10시에 우편함에서 수거된다. 또한 오후에는 1시, 4시 그리고 6시에 수거함.

우편물 도착 시간은 제물포에서 오전 6시와 오후 4시 30분.

송도, 해주, 평양에서 오후 2시 30분.

원산에서 오후 2시.

공주, 수원, 전주, 대구, 동내에서 오후 3시.

우편물 배달은 오전 7시 30분과 오전 9시, 그리고 오후 3시와 6시에 우편집배원이 배달한다.

일본 우편.
발송 우편물은 매일 오전 7시와 오후 7시에 제물포와 모든 외국 항구로 출발한다. 우편물 도착은 제물포에서 매일 오전 5시, 오후 5시에 도착한다.

R. 우치다
11호

일반 해외 결제, 제물포

아래 서명자는 S.C.R.R의 엔지니어링 회사에 사표를 내고 위 주소에 건물 건설 계약자로서 하도급받을 준비가 된 시설을 열었음을 공지하고 알리는 바입니다.

건축 공사 감독; 측량기사, 설계사; 또한 위와 관련된 모든 내부 공사 계획 또는 스케치를 제공합니다.

또한 저의 오랜 경험이 여러분들에게 완전한 만족을 보장할 수 있을 것임을 말씀드리며, 여러분의 많은 관심과 성원을 부탁드립니다.

R. 우치다.

한국어를 배우는 학생들은

종로 서점이나

H. G. APPENZELLER에게서

SCOTT의 매뉴얼과 사전을

구매할 수 있다.

권당 가격은 금화 2.50엔이다.

"God's passionless reformers, influences That purify, and heal, and are not seen."

This may be trusted to do their good work in time. There lies the best, the only hope for Korea. It is vain to expect its speedy realization. Cabinets can be made in a day, but a generation is all too short for the formation of character. Independence is but the first step, and it must needs be long before even that is reached and a people bowed by centuries of oppression and misrule, have learned to hold their heads erect among their fellow-men.

NOTICE.

From June 1st the contract formerly existing between Philip Jaisohn and the Trilingual Press is abrogated, and from this time on the Trilingual Press has no connection whatever with the Independent Printing Office.

GEORGE C. COBB,
Manager.

MAIL SCHEDULE
KOREAN MAIL

Mail leaves Soul for all points except Chemulpo at 9 a. m daily, and for Chemulpo at 9:30 a. m. and 7 p. m. daily

Mail is collected from boxes at 7 and 10 a. m. and 1, 4. And 6 p.m.

Mails arrive from Chemulpo at 6 a. m. and 4:30 p. m.; from Song do, Haiju and Pyeng Yang at 2:3o p. m.; from Wonsan at 2 p. m.: from Konju, Suwon, Chun-ju, Taiku, and Tongnai at 3 p m. Mails are delivered by carriers at 7:30 and 9 a. m., 12 m., and 3 and 6 p. m.

JAPANESE MAIL.

Mails leave for Chemulpo and all foreign ports at 7 a. m. and 7 p. m. daily.

Mails arrive from Chemulpo at 5 o'clock morning and evening.

R. UCHIDA.
No. 1l
General Foreign Settlement,
CHEMULPO.

The undersigned begs to inform the public that he has resigned from the engineering work of the S. C. R. R. and has opened an establishment at the above address, where he is prepared to receive orders as **contractor of Building Construction; Overseer of Building Construction; Surveyor, Designer; also furnishes plans or sketches of all descriptions connected with above.**

I also beg to state that my long experience will insure full satisfaction to the public and I respectfully solicit their patronage and support.

R. UCHIDA.

STUDENTS OF KOREAN

Can Get

SCOTT'S MANUAL AND DICTIONARY

At The

CHONG-NO BOOK STORE,

Or Of

H. G. APPENZELLER.

Price of Each 2·50 gold yen.

중국의 멍에.[54]

르드야드 키플링 (작가에게 사과를 드리며)
L. & C Express의 상하이는 다음과 같은 멍에를 감수하고 있다.

중국의 멍에를 지고,
그것은 옛날부터 온다.
영국 망명자들이 있는 곳
그곳에서 힘들게 얻은 금을 위해 수고했다.
주강이 흐르는 곳
우리의 고대 상인들은 머물렀고,
멀리 떨어져 있고, 친구도 없고,
경멸하면서도 두려워하지 않았다.

중국의 멍에를 지고,
홍콩의 이득을 기억하자.
척박한 바위가 되살아났다.
구불구불한 거리가 평범해졌다.
뿌리가 뽑힌 해적 유령,
강도들이 휩쓸고 지나갔고,
팍스 브리태니커의 통치
중국의 흔들림을 대체한다.

중국의 멍에를 지고,
누가 중국 무역을 공급하는가?
수년간의 인내심을 가진 사람
상업 노조가 만들어졌는가?
홍콩의 큰 유리한 위치에 있는 사람
실물 수업은 다음과 같이 가르쳤다.
그 정의, 평화, 안전
그녀의 존재로 인해 가져왔는가?

중국의 멍에를 지고,
멀리 상하이를 잘 생각하고,
갯벌이 도시가 되다
영국인의 관심사가 있는 곳.
앵글로색슨족 말고 누가
그 놀라운 변화를 불러왔고,
천박한 태만과 무기력에서
가장 넓은 범위의 삶에?

중국의 멍에를 지고,
만다린의 속임수를 중지하고,
3번의 불법 조세,
뚜쟁이의 압박.
우리가 싸운 조약
용감한 옛날에,
오랫동안 추구했던 자유,
대담한 투쟁을 통해 다시 가져와!
중국의 멍에를 지고,
Hart의 확고한 손이 어떻게 보이는지 보라.
금전적 부담을 덜었다
가장 타락한 땅에서.
그의 권한은 확장되었지만
널리 퍼진 캐세이 전역에

임대 안내

서울에서 3.5마일 떨어진 한강 변에
방 6개와 넓은 베란다가 있는 여름 별장.
건물은 수면보다 100피트 이상
높은 곳에 있습니다.

서울 삼문출판사
GEORGE C. COBB에게 신청하십시오.

세일합니다

할인가에 판매합니다.
최고급 미국산 유모차 1대.
포장을 뜯지 않은 상태의 상품입니다.

부산의 W. O. JOHNSON 의사

공식 압박 종료
더 밝은 날을 가져올 것이다.

중국의 멍에를 지고,
타쿠의 해안을 기억하고,
원명원(이화원)의 Peiho-sack,
그리고 이전에 있었던 모든 것;
보울비- 드 노먼- 앤더슨
그들의 기억은 분명히 간청한다
그렇게 흩어진 순교자의 피
발전의 씨앗이 되어야 한다.

중국의 멍에를 지고,
다른 인종을 두려워하지 말고,
과거의 전통을 기억하고,
여전히 맨 앞자리를 차지하고,
조약을 존중하자
지나간 날에 사들인 친애하는,
천상의 마음으로
지급하는 불가항력이다.

중국의 멍에를 지고,
단순한 철칙이 아닌,
그러나 친근한 빛과 인도
학교에 옛 세상 아이의.
수 세기에 걸친 속박에서
중화민족은 자유,
이교도의 어둠에서 나올 때까지
우리가 보는 영광스러운 빛!

THE CHINA BURDEN.

(With apologies to Rudyard Kipling.)
"Shanghai" in the L. & C Express takes up the burden in the following strain :

Take up the China burden,
It comes from days, of old
Where English men in exile
There toiled for hard won gold;
Where by Pearl River flowing
Our ancient merchants stayed,
Remote, apart, unfriended,
Contemned yet not afraid.

Take up the China burden,
Remember Hongkong's gain,
The barren rock reclaimed.
The crooked street made plain.
The pirate haunts uprooted,
The robbers swept away,
The rule of Pax Britannica
Replacing Chinese sway.

Take up the China Burden,
Who feeds the China trade?
Who has with years of patience
Commercial union made?
Who from Hongkong's great vantage
The object-lesson taught,
That justice, peace and safety
Are by her presence brought?

Take up the China burden,
Think well of far Shanghai,
Mud-flats become a city
Where English interests lie.
Who but the Anglo-Saxon
Brought on that wondrous change,
From crass neglect and torpor
To life of widest range?

Take up the China burden,
Stop tricks of Mandarin,
The thrice illegal imposts,
The Squeeze of go-between.
The treaties that we fought for
In the brave days of old,
The freedom so long sought for,
Bring back through struggle bold!
Take up the China burden,
See how a Hart's firm hand
Has eased financial burdens
In that most venal land.
Were his powers but extended
Throughout far-spread Cathay,
Official squeezing ended
Would bring a brighter day.

Take up the China burden,
Remember Taku's shore,
The Peiho-sack of Yuen- Ming Yuen,
And all that went before;
Bowlby-De Norman-Anderson,
Their memories surely plead
That martyr's blood thus scattered
Of progress should be seed.

Take up the China burden,
Dread none of other race,
Remember past traditions,
Take still the foremost place,
Let treaties be respected
Dear bought in by gone days,
For with the mind Celestial
Tis force majeure that pays.

Take up the China burden,
No merely iron rule,
But friendly light and leading
Of old world child to school.
From centuries of bondage
The Chinese nation free,
Till out of heathen darkness
A glorious light we see!

FOR RENT

Summer Residence with six rooms and large verandas on the banks of the Han river three and a half miles from Seoul. The property is over 100 feet above the water level. Apply to GEORGE C. COBB, Trilingual Press, Soul.

FOR SALE
AT A REDUCTION.
One best grade American baby carriage. Has not yet been unpacked.
W. O. JOHNSON, M. D., FUSAN.

【미주】

1 대한국은 1883년부터 장교를 양성하고 군대를 근대식으로 훈련하기 위해 미국에 군사교관을 보내 줄 것을 요청하였다. 이에 1888년 4월 수석교관 다이(Dye, W. M.), 조교관 커민즈(Cummins, E. H.), 리(Lee, J. G.)와 일본의 미국영사관에 근무하던 닌스테드(Nienstead, F. J. H.) 대령 등 4명의 미국인 교관이 내한하였다. 유영익, 「미국군사교관(美國軍事教官) 용빙시말기(傭聘始末期) 편고(片考)」, 『군사(軍史)』 4, 1982.

2 삼문출판사는 올링거 선교사가 1887년 내한하여 출판 사업의 중요성을 절감하고, 서울 정동의 배재학당 안에서 출판소로 출발했다. 당시 국내의 유일한 인쇄소로서 미이미교회인쇄소라 불리기도 했는데 1892년부터는 『The Korean Repository』를 창간하고 1899년 6월까지 발간했다. 1896년부터는 〈독립신문〉을 인쇄하기 시작하였으며, 협성회의 〈매일신문〉, 윤치호의 〈경성신문〉 등을 인쇄해 줌으로써 한국 출판 문화의 산실이 되었다. 김광우, 『한국감리교회100년』, 전망사, 1990, pp. 60.61.

3 윌리엄 매킨리는 미국 25대 대통령이다. 그는 1897년 3월 4일 취임하여 근무하던 중 1901년 9월 14일 암살당했다. 스페인과의 전쟁을 승리로 이끌었으며 미국 산업을 위해 보호관세 제도를 시행했다.

4 랜디스 의사는 영국성공회 한국선교 초대 책임자 코르프 주교를 따라 한국선교에 뜻을 둠. 1891 제물포에 성누가병원 개설, 1892 고아를 위한 작은 학교 개설, 1898.4. 장티푸스로 소천. 김승태, 『내한선교사총람 1884-1984』, 한국기독교역사연구소, 2020, pp. 340, 341 참조

5 영국성공회 한국선교 초대 책임자 코르프(Charles John Corfe) 주교. Ibid. p. 217. 참조

6 명동성당은 1898년 5월 29일 성신 강림 대축일에 조선 교구장 뮈텔 주교의 집전으로 역사적인 축성식을 했다.

7 1898년 독립협회 활동에 대항하기 위해 보부상들이 중심이 되어 조직된 어용단체.

8 위해(威海)는 중국 북동부 해안에 있으며 1898년부터 1930년까지 영국이 조차한 지역이었다

9 "어린이들은 레퀴엠(Requiem)을 다 불렀고, 기리에는 교대로, 상투스와 아뉴스 데이와 미사의 응답송을 불렀으며, 디에스 이레(Dies irae)까지 불렀다." 『뮈텔주교일기 2』, 한국교회사연구소 1986. p. 358

10 조병직은 권재형과 함께 의정부 찬정에 임명되었다.

11 영희전(永禧殿)은 조선 후기 태조 이하 역대 왕들의 어진(초상화)을 모시고 제사 지내던 진전(眞殿).

12 저장성(浙江省, 절강성)은 중국 동남 연해안에 있는 성(省)이다. 성도는 항저우이다.

13 백동화는 니켈로 만들어지고, 1개에 25문의 가치를 가지는 것으로 규정되었으나, 생산비용은 5문 정도여서, 주조 이익이 많았다.

14 여순항 Port Arthur는 현, 뤼순(旅順)의 별칭이었다.

15 "작일 황태자 전하 천추 경절(광무 3년 음, 2월 초 8일)에 독립협회 회원들이 본관으로 모여 경축한다 하더니 군부와 경무청에서 병정과 순건검을 많이 파송하여 금지 하는지라 회원들이 모이지 못하고 돌아 갔다더라." 〈대한독립신문〉 광무3년 3월 20일 월요일, 3면 생일 기사.

16 Newchwang(牛莊, 營子, 營口), 1858년 텐진조약(天津條約) 후 상류의 뉴쟝(牛莊)이 개항장이 되고 영국 영사관이 설치되었다.

17 바스티(Basti) 군은 인도 우타르 프라데쉬(Uttar Pradeshis) 주에 속한 군이며, 바스티 시는 바스티 군의 군도이다.

18 원세성(元世性)은 조선 후기 황국협회 측의 의관(議官), 보안회의 임원 등을 역임한 정치인. 1898년 11월 중추원의 관제가 개정, 공포되면서 새로이 50명의 의관(議官)을 임명할 때 황국협회(皇國協會) 측으로서 의관이 되었다. 자료: encykorea.aks.ac.kr

19 신기선(申箕善)은 대한제국기 『양원집』, 『유학경위』 등을 저술한 학자, 문신이다. Ibid.

20 민종묵(閔種默)은 일제강점기 이조참판, 사헌부 대사헌, 형조판서 등을 역임한 관료이다. Ibid.

21 "남장동 사는 박 부인이 자기의 남편 감옥서에 갇힌 전의관 리승만씨의 일로 상소를 받들고, 궐문 밖에서 대죄하더란 말은 이왕 기재 하였거니와 장소 구폐 조목이 나린 후에는 칙임관 외에 바로 상소를 못한다 하는 고로 박 부인(박승선)이……" 〈독립신문 3월 28일 자〉, 잡보.

22 윤치호(尹致昊)는 1899년 1월 덕원감리 겸 덕원부윤으로 전임되었고, 2월 원산항재판소 판사를 겸직했다. 대한제국기 중추원 의관, 한성부 판윤 등을 역임한 관료. 정치인이다. 자료: history.go.kr

23 'APRIL 30, 1899'는 편집상의 실수이다. VOL. I, NO. IX. 의 일자는 'APRIL 6, 1899' 가 맞다.

24 역자는 'RES. VE FUND'를 RESERVE FUND로, 'Ex. 2s'는 Expenses to sales로 번역했다.

25 1892년 1월 미국 북감리교 한국선교부는 배재학당 내 미이미활판소에서 영문 잡지 『코리안 리포지터리(The Korean Repository)』를 창간하였다. 독립신문 발간 4년 전의 일이다.

26 여기서 말하는 3국 동맹은 1882년 독일·오스트리아·이탈리아 간의 동맹을 말한다.

27 공상적 낙천주의를 지칭하는데, 『Dickens 작 David Copperfield』 중의 인물 Micawber에서 유래했다.

28 엄황귀비를 황후로 승격시키고자 하는 운동이 1897년부터 1906년까지 지속해 일어났으나 황후에 책봉되지는 못하였다.

29 Sirdar(commander-in-chief), 본디 이집트군의 영국인

30 크랜스톤은 1896년 미감리회 감독으로 피선되었고 1898.8.25. 내한하여 선교회 주관, 선교지 시찰 등의 활동을 했다. 김광우, 『한국감리교회100년』, 전망사, 1990, p.449

31 1899년 미감리회 한국선교회 연차총회는 5월12일 서울에서 개최되었으며 크랜스톤은 외국주재 감독이었고 당시 선교회 총무는 W. A. Noble이었다. Ibid.

32 선조소경대왕(宣祖昭敬大王)은 음력 1567년 7월부터 1608년 2월까지 재위함.

33 민영환(閔泳煥)은 고종(高宗)시기의 대표적인 척신(戚臣)으로 자(字)는 문약(文若), 호(號)는 계정(桂庭)이다.

34 오늘날 한자어 '협회(協會)'는 보통 'Association'의 한국어 번역으로 쓰이지만, 본래 '협회'의 뜻은 어떠한 사람 또는 대상을 '돕는 모임'이라는 뜻이다, 이 때문에 독립협회의 영어 표기는 Independence Association이 아닌 Independence Club이 되었다.

35 영국 해군은 1885년 3월 1일부터 1887년 2월 1일까지 조선의 양해나 동의 없이 무력으로 강점해 주둔했다. 영국군은 거문도를 발견자의 이름을 따서 'Port Hamilton'이라고 명명했다. 자료: encykorea.aks.ac.kr

36 명성황후를 암살한 사건의 중심인물인 미우라(三浦梧樓)는 그 후 일본 정계의 원로가 되어 자작이 되었다.

37 이른바 천주교 신자들의 '황성신문사 난입 사건'을 말한다.

38 윤치호(尹致昊)는 1899년 1월에 덕감리 겸 덕원부윤으로 전임되었고, 2월부터 원산항재판소 판사를 겸직했다.

39 서울에 전차가 개통된 것은 일본 도쿄에 전차가 개통되기 3년 전의 일이다.

40 『Korean Sketches』 이 책은 캐나다 북장로교 제임스 스카스 게일(James Scarth Gale, 1863.2.19 ~ 1937.1.31) 선교사가 1898년에 출간했다.

41 개틀링 기관총은 여러 개의 총신을 가진 초기의 기관총이다.

42 병인양요 때 프랑스군은 인천 물치도 섬을 Boisée Island라고 불렀는데 이는 프랑스 함대의 이름을 딴 것이다. 마찬가지로 월미도는 프랑스군 사령관의 이름을 따서 Roze Island(월미도)라 불렀다. 인천시, 『인천개항100년사 1983』 참조.

43 최근 국립지리정보원이 측정한 남산의 정확한 높이는 270.9m이다.

44 1885~1941년까지 북·남감리교회는 전도사 2년, 집사목사 2년을 거쳐야 장로 목사(Elder Pastor) 안수를 받을 수 있었다. 장로 목사 안수를 받지 않으면 성례전과 치리를 할 수 없었다. 정원화·이진만, 『문막교회117년사』, pp. 105, 147.

45 공자는 성인(聖人)의 계보를 요순우탕문무주공(堯舜禹湯文武周公)으로 설정했는데 그중 주공을 가장 존경하여 자신의 본보기로 삼았다.

46 리포지터리 편집자가 밝혔듯이 이 기고문은 교정을 안 한 글이고 또한 글쓴이가 독일인이라 편지 여러 곳에 오자 탈자가 너무 많아 역자 임의로 바른 스펠링을 굵은 글씨로 표기했음. 이번 호 다른 페이지에서 발견된 영문 오자 탈자 역시 바른 스펠링 굵은 글씨로 역자가 임의로 수정 표기했음.

47 1899년 개설된 전차 노선은 서대문에서 동대문을 거쳐 청량리 홍릉에 있던 명성황후의 묘역 인근까지 운행되었다.

48 명성황후의 묘역은 처음 청량리 현, 홍릉 임업시험장 일대에 조성되었으나 1919년 고종이 승하한 후, 남양주 금곡에 황제릉이 조성되었고, 홍릉에 있던 명성황후의 묘소도 금곡으로 옮겨져 합장되었다.

49 1887년 2월 언더우드와 아펜젤러 선교사가 조직한 상임성서위원회는 1893년 5월 상임성서실행위원회(the Permanent Executive Bible Committee of Korea)로 개편되었다. 류대영·옥성득·이만열, 『대한성서공회사 II』, 대한성서공회, 1994, p.28

50 대한국 재판소 조직법은 최고법원을 고등재판소라고 하였다가, 1899년 개정안에서 고등재판소를 평리원(平理院)으로 개칭하였다. encykorea.aks.ac.kr

51 중추원은 1894년에 설립되어 일제강점기까지 존속하였으며, 한일합병 전에는 초기 의회와 같은 역할을 하였고 일제강점기에는 조선 총독의 자문 역할을 한 기관이다. Ibid.

52 한성신보는 서울에서 일본인 아다치 겐조가 일본의 한국 침략을 위한 선전 기관지로 1895년에 창간한 일간 신문이다. Ibid.

53 잇사갈은 야곱의 아홉째 아들 이름이다. 야곱에게는 훗날 고대 이스라엘의 열두 지파의 조상이 될 총 12명의 아들이 있었다. 『성경전서』, 창세기 30장 참조.

54 Rudyard Kipling은 영국 작가로서 노벨문학상 수상자이며 1899년 필리핀-미국 전쟁(1899-1902)에 관한 시 'The White Man's Burden'을 발표해 미국이 필리핀 국민과 그 나라에 대한 식민 지배를 맡을 것을 촉구했다. www.bbc.co.uk 에서 kipling_rudyard 참조.

【부록 / Appendix】

01 발행 번호와 기사 제목 / Issue No. & Article Subject

02 삼문출판사 / The Trilingual Press

03 공동 편집자와 영업 관리자 / Editors & Business Manager

【부록 / Appendix】 01

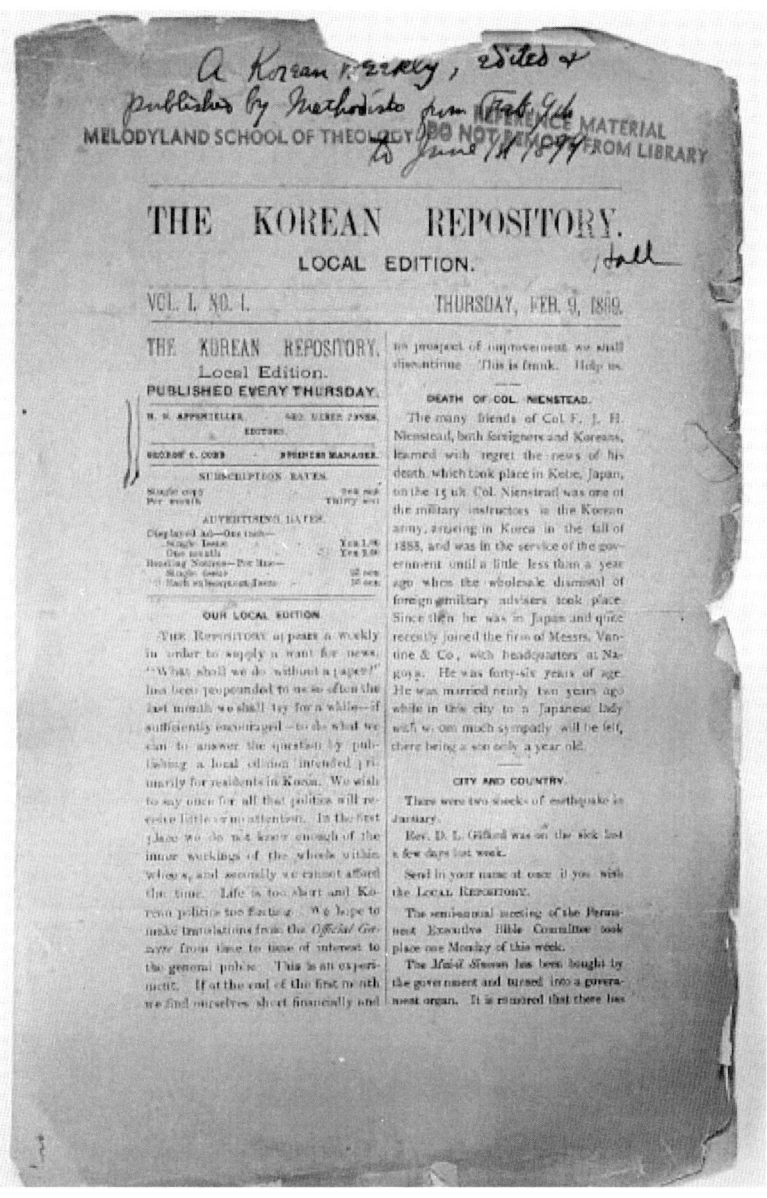

발행 정보 및 날짜 / Issue No. & Date	
V. I. No. 1	1899.02.09
기사 제목 및 게재 면 / Article Subject & Page	
*Our Local Edition - 1　　*Death of Col. Nienstead -1	
*City And Country - 1~2	
*Telegraphic News - 3~4	

발행 정보 및 날짜 / Issue No. & Date	
V.I.No.2	1899.02.16
기사 제목 및 게재 면 / Article Subject & Page	
*The Russian Charge D' Affairs and Consul General - 1
*The Seoul-Chemulpo Railroad - 1
*Death Invades Japanese Minister's Home - 2
*City And Country - 2
*Telegraphic News - 3
*Theology In Embryo - 4
*A Progressive Youth 4
*Memorial To Dr. Landis 4	

발행 정보 및 날짜 / Issue No. & Date	
V.I.No.3	1899.02.23
기사 제목 및 게재 면 / Article Subject & Page	
*Death Of President Faure - 1
*The Fighting At Manila - 1
*A Years Work - 1
*The Chinese New Year - 2
*Test Of Literary Knowledge - 2
*City And Country - 2
*Telegraphic News - 3~4	

발행 정보 및 날짜 / Issue No. & Date	
V. I . No. 4	1899.03.02

기사 제목 및 게재 면 / Article Subject & Page
*Memorial Service At The Catheedral - 1
*Filipinoes Well Armed - 1
*A City And Country - 1
*Korean Social - 2
*Notice - 3
*Notes From MokPo - 3
*Telegraphic News - 3
**Books And Periodicals - 4

발행 정보 및 날짜 / Issue No. & Date	
V. I . No. 5	1899.03.09

기사 제목 및 게재 면 / Article Subject & Page
*Changes In The Cabinet - 1
*Can This Be So ? - 1
*Manila In Flames - 2
*City And Country - 2
*Official Circular - 4
*In Search Of Truth - 4
*CAIETY At The Port - 4

발행 정보 및 날짜 / Issue No. & Date	
V. I . No.6	1899.03.16
기사 제목 및 게재 면 / Article Subject & Page	
*The War In The Philippines - 1 *Telegraphic News - 2 *The Foreign Cemetery - 2 *Plausible But Not Conclusive - 3 *City And Country - 3 *A Correction - 4 *Notes From WonSan - 4 *Lessons On The Human Body - 4	

발행 정보 및 날짜 / Issue No. & Date	
V. I . No. 7	1899.03.23
기사 제목 및 게재 면 / Article Subject & Page	
*His Imperial Highness The Crown Prince - 1 *Korea A Great Highway For Trade - 1 *Official Gazette - 2 *City and Country - 2 *Health Of Philippine Troops - 4 *Buddha's Bones - 4 *Books And Periodicals - 4 *Official Circular - 4	

발행 정보 및 날짜 / Issue No. & Date	
V. I. No. 8	1899.03.30

기사 제목 및 게재 면 / Article Subject & Page

*Russia Secures Whaling Ports - 1
*OulSan 울산, SungChinPo 성진보, ChinPoDo 진포도 - 1
*Ministerial Changes - 2
*The Philippine Situation - 2
*Official Gazette, Edicts - 3
*No Appeal - 3
*City And Country - 3
*Easter Tide Services - 4
*From Pyeng Yang - 4
*Shipping News - 4

발행 정보 및 날짜 / Issue No. & Date	
V. I. No. 9	1899.04.06

기사 제목 및 게재 면 / Article Subject & Page

*A Word From The Manager - 1
*Japanese Emigration - 1
*The War In The Philippines - 2
*We Hope So! - 4
*As Others Say - 4
*Italy In China - 4
*The Americal Minister Goes On Fulro - 4
*Of Interest To Fruitists, Letter To Appenzeller From Allen - 5
*City And Country - 6
*Easter Observances - 6
*Mixed News - 7
*The World At Large - 7
*The Doshisha - 8
*New Battleship, "MAINE" - 8

발행 정보 및 날짜 / Issue No. & Date	
V. I. No. 10	1899.04.13

기사 제목 및 게재 면 / Article Subject & Page
*A Visit To Qualpart, - 1~3, 8
*Cabinet Changes - 4
*War In Earnest - 4
*Telegraphic News - 4
*Official Gazette - 6
*Compliments By Wire - 6
*A Correction - 6
*To Charity Bazar Patrons - 6
*City And Country - 6
*Shipping News - 7

발행 정보 및 날짜 / Issue No. & Date	
V. I. No. 11	1899.04.20

기사 제목 및 게재 면 / Article Subject & Page
*A Visit To Qualpart, A.A.Pieters (Continued From Last Issue) - 1~3
*Bible Society Day - 4
*Graduation Of The Normal Class - 4
*Professor Hulbert On The Japanese Invasion Of Korea 1592 - 4
*A New Danger To The Empire - 5
*Twenty-Fifth Anniversary [Communicated] - 6
*City And Country - 6
*The Guard Again - 6
*Shipping News - 7
*Telegraphic News - 7
*Presidential Candidates - 7
*A Visit To Qualpart, A.A.Pieters (Continued From Third Page) - 8

발행 정보 및 날짜 / Issue No. & Date	
V. I . No. 12	1899.04.27

기사 제목 및 게재 면 / Article Subject & Page
*Editorial Letter - 1
*Viscount Miura - 2
*Telegraphic News From Other Papers - 3
*Another Demand for Territory - 3
*An Editor Assaulted - 4
*The Guard Again - 4
*Honors-Hulbert - 5
*City and Country - 5
*A Visit To Qualpart, A.A.Pieters (Continued From Last Issue) - 6~8
*Shipping News - 8

발행 정보 및 날짜 / Issue No. & Date	
V. I . No. 13	1899.05.04

기사 제목 및 게재 면 / Article Subject & Page
*Athletic Sports - 1
*The Trouble At Chemulpo - 2
*Annuity Goes On - 3
*Queen Victory To Press, Mckinley - 4
*Japan's Foreign Policy - 4
*Sin The Squeezer - 4
*The Guard Once More - 5
*Oracular - 5
*Back Number - 6
*War Drawing To A Close - 6
*From WonSan - 6
*A Brawl And A Flight - 7
*City And Country - 7
*The American Soldier In The Philippines - 7
*Steam Service On Northern Korean Coast - 8

발행 정보 및 날짜 / Issue No. & Date	
V. I . No. 14	1899.05.11

기사 제목 및 게재 면 / Article Subject & Page
*Street Railway Running - 1
*Bible Society Day - 2
*City And Country - 3
*General Dye - 4
*The British Admiral Visits Seoul - 5
*Hight of Mountains In Seoul - 5
*Very Welcome News - 6
*Telegraphic News From Other Papers - 6
*The Philippine War. -6
*Duke of Devonshire Speaks.-6
*Australian Federation Bill.-6
*American Captain Too Talkative.-6
*The Chinese Loan.-6
*France and Siam.-6
*Great Britain in South Africa.-6
*Filipino Proclamation - 7
*World At Large - 8

발행 정보 및 날짜 / Issue No. & Date	
V. I . No. 15	1899.05.18

기사 제목 및 게재 면 / Article Subject & Page
*Methodists Gather - 1
*A Safe and Pleasant Trip - 1
*Revenge - 2
*Insurance Case In Court - 2
*City And Country - 3
*Dental Notice - 3
*Shipping News - 3
*The Seoul-Fusan Railway - 4
*British Occupation Of Kowloon - 4
*Affairs In the Philippines - 6
*Regular Meetings of Commissioners - 6
*Glimpses of Soldier Life - 6
*Bombardment At APIA, Samoa - 8

발행 정보 및 날짜 / Issue No. & Date	
V I . No. 16	1899.05.25

기사 제목 및 게재 면 / Article Subject & Page
*Confucianism Revived. - 1
*Edict - 1
*Correspondence - 2
*Wedding Bells - 4
*Telegraphic News From Other Papers - 6
*The Philippines - 7

발행 정보 및 날짜 / Issue No. & Date	
V I . No. 17	1899.06.01

기사 제목 및 게재 면 / Article Subject & Page
*The Electric Railway - 1
*City And Country - 2
*Wedding Bells - 2
*Shipping News - 3
*Progress - 4
*FINIS - 4
*More Concessions Asked - 5
*The Issachar Of The Esat - 6
*Notice - 7
*Mail Schedule - 7
*R. UCHIDA - 7
*THE CHINA BURDEN. - 8

【부록 / Appendix】 02

배재학당과 삼문출판사의 초기 모습으로 왼쪽 건물이 삼문출판사 건물이다. 아펜젤러 기념사업회 제공

아펜젤러의 요청으로 1888년 내한한 올링거 선교사(Franklin Ohlinger)는 출판사업의 중요성을 절감하고, 서울 정동의 배재학당 안에 출판사를 마련하였다. 삼문출판사는 1889년 초 미국 감리교회 선교부의 문서선교를 적극 추진하려고 올링거가 설립한 출판사 겸 인쇄소였다.

코리안 리포지터리는 삼문출판사(三文出版社, The Trilingual Press)에서 발간되었다. 한국기독교 출판사로는 최초가 되는 감리교의 삼문출판사, 이 '三文'은 한글, 영어, 중국어로 인쇄할 수 있었기 때문에 세 가지 언어란 의미에서 붙여졌다. 당시 서울 정동에 있었기 때문에 '정동예수교출판소'라고 불리기도 하였고, 미국 감리교 선교사들의 약자인 'MEM(Methodist Episcopal Mission)'을 중국어 '美以美(메이이메이)'로 읽고 표기한 데서 '美以美活版所'로 불리기도 하였다. 다른 이름으로는 '韓美華出版所'라고도 불렀다. 1900년에는 '한국감리교출판사'로 개칭했다.

삼문출판사는 우리나라 최초의 영문 잡지 The Korean Repository를 위시하여 여러 종류의 기독교 신문, 잡지 등 정기간행물을 발간했다. 또한 일반 서적과 교과서 및 기독교 출판사 명성에 걸맞은 대부분의 성경과 찬송가, 교리서 등을 출간했다.

코리안 리포지터리는 한국에 거주하는 외국인뿐만 아니라 한국에 관심이 있는 외국인에게 근대 한국의 정치, 경제, 문화, 풍습, 종교, 언어를 소개하는 유일한 소통 창구였다.

【부록 / Appendix】 03

「코리안 리포지터리 1899」 공동편집자

아펜젤러 (Henry Gerhard Appenzeller, 亞扁薛羅)

아펜젤러 선교사는 감리교회 첫 번째 주재선교사로 파송되어 1885년 4월 5일 부활절 주일 오후 3시에 장로교회 첫 번째 주재선교사 언더우드와 함께 제물포에 도착했다. 왕립 아시아협의회 조선지부 선구자로서 1899년 발행 코리안 리포지터리를 편집하였다.

존스 (George Heber Jones, 趙元時)

존스 선교사는 만 20세 때인 1888년 5월 17일 한국에 도착해 서울을 중심으로 선교하기 시작해 성서번역위원, 배재학당 당장, 협성신학교장으로 초기 감리교 발전에 많은 공헌을 했다. 1892년 코리안 리포지터리, 1900년 신학월보, 1901년 코리아 리뷰 창간 및 편집위원으로 참여해 한국을 대외에 알리는 일에도 여러가지 기여를 했다.

「코리안 리포지터리 1899」 영업 관리자

콥 (George C. Cobb)

1898년 미감리회 선교사로 내한한 콥 선교사는 三文出版社에서 인쇄 기술자로 일하며 출판사 책임자로 있었고, 1899년에는 코리안 리포지터리 영업 관리책임을 맡았다.

사역 중 아내의 병으로 1900년 귀국하였다.

THE KOREAN REPOSITORY.
Weekly Edition.
PUBLISHED EVERY THURSDAY.

H. G. APPENZELLER, - GEO. HEBER JONES,
EDITORS.

GEORGE C. COBB - BUSINESS MANAGER.

리진만 선교사

편역자는 우간다, 인도네시아 선교사역 이후 필리핀 EARIST 행정대학원에서 박사 과정을 수료했다.

코오롱 컨벤션 팀장, 인니산업부 자문관, FIABCI Global Leadership Summit 2026 유치위원회 위원장을 역임했다.

저서
『국제회의 기획·운영』, 『매서인은 교회설립의 선구자였다』,
『문막교회 117년사』(공저), 『아펜젤러, 존스 선교사 원주에 가다』(공저)

번역서
「1889년 아펜젤러 선교사 중부순행 일기」, 「1889년 존스 선교사 중부순행 일기」,
「1893년 베어드 선교사 2차 선교여행 일기」, 「1899년 피터스 선교사 제주도 탐방기」,
「1908년 왐볼드 선교사 사경회 보고서」, 『이스라엘의 출애굽과 투탕카멘의 죽음』

Missionary Jimmy Lee

The translator and transcriber completed his doctoral studies at Graduate School of Public Administration, EARIST in the Philippines after serving as a missionary in Uganda and Indonesia.

He served as the head of the Kolon Convention Team, advisor to the Ministry of Industry, Indonesia and commissioner of the FIABCI GLS 2026 Hosting Commissions.

Books
『Convention Planning & Operation』
『The Colporteur was a Pioneer of the Church Planting』
『117 Years History of Munmak Methodist Church』
『Missionary H. G. Appenzeller & G. H. Jones Go To Wonju』

Translations
「Journal of H.G. Appenzeller from August 16, 1889」
「A Journey Through Southern Korea in 1889, by G.H. Jones」
「William M. Baird Diary 1893, 2nd exploratory and evangelistic journey」
「A Visit to Quelpart 1899, by Alexander A. Pieters」
「33 Days of Country Classes 1908, by Katheirne C. Wambold」
『The Exodus and the Death of Tutankamun by Mary N. Wyatt』